國家社科基金
GUOJIA SHEKE JIJIN HOUQI ZIZHU XIANGMU
後期資助項目

新出楚簡《容成氏》研究

Study on Newly Found *Rongchengshi* of Chu Bamboo Slips

單育辰 著

中華書局
ZHONGHUA BOOK COMPANY

圖書在版編目（CIP）數據

新出楚簡《容成氏》研究/單育辰著. —北京：中華書局,2016.3
（國家社科基金後期資助項目）
ISBN 978-7-101-11526-0

Ⅰ.新…　Ⅱ.單…　Ⅲ.竹簡文-研究-中國-楚國(？～
前223)　Ⅳ.K877.54

中國版本圖書館 CIP 數據核字（2016）第 023908 號

書　　　名　新出楚簡《容成氏》研究
著　　　者　單育辰
叢　書　名　國家社科基金後期資助項目
責任編輯　秦淑華
出版發行　中華書局
　　　　　　（北京市豐臺區太平橋西里 38 號　100073）
　　　　　　http://www.zhbc.com.cn
　　　　　　E-mail：zhbc@zhbc.com.cn
印　　　刷　北京天來印務有限公司
版　　　次　2016 年 3 月北京第 1 版
　　　　　　2016 年 3 月北京第 1 次印刷
規　　　格　開本/710×1000 毫米　1/16
　　　　　　印張 23¼　插頁 2　字數 286 千字
國際書號　ISBN 978-7-101-11526-0
定　　　價　80.00 元

國家社科基金後期資助項目出版説明

　　後期資助項目是國家社科基金設立的一類重要項目，旨在鼓勵廣大社科研究者潛心治學，支持基礎研究多出優秀成果。它是經過嚴格評審，從接近完成的科研成果中遴選立項的。爲擴大後期資助項目的影響，更好地推動學術發展，促進成果轉化，全國哲學社會科學規劃辦公室按照“統一設計、統一標識、統一版式、形成系列”的總體要求，組織出版國家社科基金後期資助項目成果。

全國哲學社會科學規劃辦公室

目　録

前　言

　　上海博物館於 1994 年從香港分兩次購得（或獲贈）共 1200 餘支竹簡。據分析，這兩批竹簡出土於一墓，墓地或與湖北荊門郭家崗的郭店楚墓接近，其下葬時間或許也與其相仿。自 2001 年起，上海博物館陸續公布了這批竹簡：

　　2001 年由上海古籍出版社出版了《上海博物館藏戰國楚竹書（一）》，其内容爲：《孔子詩論》《紂衣》《性情論》；

　　2002 年由上海古籍出版社出版了《上海博物館藏戰國楚竹書（二）》，其内容爲：《民之父母》《子羔》《魯邦大旱》《從政》（甲篇）、《從政》（乙篇）、《昔者君老》《容成氏》；

　　2003 年由上海古籍出版社出版了《上海博物館藏戰國楚竹書（三）》，其内容爲：《周易》《中弓》《亙先》《彭祖》；

　　2004 年由上海古籍出版社出版了《上海博物館藏戰國楚竹書（四）》，其内容爲：《采風曲目》《逸詩》《昭王毀室·昭王與龔之脾》《柬大王泊旱》《内豊》《相邦之道》《曹沫之陳》；

　　2005 年由上海古籍出版社出版了《上海博物館藏戰國楚竹書（五）》，其内容爲：《競建内之》《鮑叔牙與隰朋之諫》《季庚子問於孔子》《姑成家父》《君子爲禮》《弟子問》《三德》《鬼神之明·融師有成氏》；

　　2007 年由上海古籍出版社出版了《上海博物館藏戰國楚竹書（六）》，其内容爲：《競公瘧》《孔子見季趄子》《莊王既成·申公臣靈王》《平王問鄭壽》《平王與王子木》《慎子曰恭儉》《用曰》《天子建州》（甲本）、《天子建州》（乙本）；

　　2008 年由上海古籍出版社出版了《上海博物館藏戰國楚竹

書(七)》,其內容爲:《武王踐阼》《鄭子家喪》(甲本)、《鄭子家喪》
(乙本)、《君人者何必安哉》(甲本)、《君人者何必安哉》(乙本)、
《凡物流形》(甲本)、《凡物流形》(乙本)、《吳命》;

2011年由上海古籍出版社出版了《上海博物館藏戰國楚竹
書(八)》,其內容爲:《子道餓》《顏淵問於孔子》《成王既邦》《命》
《王居》《志書乃言》《李頌》《蘭賦》《有皇將起》《鶹鷅》。

此批竹簡仍在陸續出版中,據《文滙報》介紹,這批楚簡共有
80餘篇文章①,現在已整理出版了56篇(56篇是整理者人爲所
分,並非原始狀態的自然篇章),所剩應該不多,大概還要出二至
四册,這批楚簡就應該全部公布了。從已經發表的看,上博藏簡
的內容十分豐富,解決了很多古文獻、古文字上的疑難。不過我
們也要看到,正因爲此批竹簡數量相當龐大,內容極爲複雜,所以
《上海博物館藏戰國楚竹書》整理者儘管做了不少努力,也只是初
步的工作,不可能做到盡善盡美。每册上博簡發表之後,學者們
都會在網站以及期刊、論文集中發表新的研究成果,雖然這些研
究成果有大有小,但卻大大地推動了上博簡研究的深入發展。

本書以上博二《容成氏》爲研究對象,分爲三大部分對《容成
氏》進行研究。首先,介紹上博二《容成氏》的研究概況,包括對簡
文排序和釋字的研究概況。其次,按照我們對簡文的排序寫出釋
文,並作比較詳細的集釋,寫出自己的考釋,旨在疏通原文,儘量
爲學術界提供一個比較可靠的文本,以便以後做進一步的研究。
最後,我們從《容成氏》的內容及所謂的學派屬性、《容成氏》中的
古史體系與史觀、《容成氏》中所見的上古帝王、《容成氏》中所見
的九州、《容成氏》與其他文獻的對讀五個方面對《容成氏》進行
一些探討。

我們認爲,如果簡文排序和文字考釋不正確,那麽一切深入
研究都無從談起,所以我們對《容成氏》的研究著重做了以上兩方

---

① 施宣圓《上博戰國竹簡解密》,《文滙報》2000年8月16日。

面的工作。实际上,《容成氏》的内容包羅萬象,遠不是這本小書能夠窮盡的。同時,我們匯集的諸家考釋也可能有或多或少的遺漏;我們在集釋後所附的按語有些是一種猜測,難免有不當之處;此外,對一些文字的疑難,我們也無法做出合理的解答。正是這些方面欠缺的存在,使我們的研究還有待進一步的深入,懇請大家不吝批評指正。

2007 年 6 月我以碩士學位論文《〈曹沫之陳〉文本集釋與相關問題研究》通過答辯,暑期漫長,遂發興匯集《容成氏》相關研究成果,在以後幾個月的時間裏把當時能見到的絕大部分相關成果輸入電腦,2008 年以"新出楚简《容成氏》与中国早期国家形成的研究"爲題申請吉林大學 2008 年"985 工程"研究生創新基金資助項目並得到資助(項目號 20081203),2009 年 2 月 20 日完成項目的主體内容《〈容成氏〉文本集釋及相關問題研究》,項目結項於 2009 年 12 月(結題證書號 985CXXM028)。後來給過許多師友審讀,以致於小文在學界多被稱引。

2011 年我以"新出楚简《容成氏》研究"爲題申請國家社科基金後期資助項目,有幸得到資助(11FZS006),便在《〈容成氏〉文本集釋及相關問題研究》的基礎上展開修訂增補工作,舊日因條件所限未能過目的論著以及這兩年出現的新的研究成果,我都盡力搜集並補充了進去,新增 40 餘篇研究論著(所收論著截止到 2012 年 9 月 1 日,在此之後發表的資料,若比較重要,亦酌情收入),並修改了很多條按語,原來所做的釋文也有所修訂。相應改寫了第一章和第三章,第三章增加一節"《容成氏》中的古史體系與史觀",最後形成這本小書的面貌。小書還受到出土文獻與中國古代文明研究協同創新中心的資助,特此致謝!

凡　例

一、本書是對《上海博物館藏戰國楚竹書(二)》中的《容成氏》所做的研究。

二、本書所利用的圖版爲馬承源主編《上海博物館藏戰國楚竹書(二)》一書的竹簡圖版。

三、原簡所有的句讀符號在釋文中均略去，在説明中加以説明。

四、釋文中通假字、異體字隨文注明，加以（）號；無法辨認的字或缺字，釋文中用□號表示；凡補字用□字表示；凡衍字用〔某〕表示；凡訛字用〈某〉表示。

五、凡殘去半支簡或近半支簡用 ▭▭（表示佚失上部）或 ▭▭（表示佚失下部）號表示；殘去整支簡用 ▭▭▭ 號表示。

六、本書竹簡的編號基本采用了《上海博物館藏戰國楚竹書(二)》中的《容成氏》的編號，但殘斷的竹簡則按其殘存位置標爲"某簡上、某簡中、某簡下"，完整的簡則祇標爲"某簡"。竹簡排序已按多位學者的意見做了較大的調整。

七、對每一簡基本按照："説明、拼合編聯、釋文、集釋、按"加以處理。

説明：是對每一簡的基本描述（采用李零《〈容成氏〉釋文考釋》一文對《容成氏》竹簡所做的描述）。

拼合編聯：説明對竹簡拼合編聯的依據。凡標爲"某簡上"者指其爲某支整簡的上部殘簡；凡標爲"某簡中"者指其爲某支整簡的中部殘簡；凡標爲"某簡下"者指其爲某支整簡的下部殘簡；凡標爲"某簡"則爲整簡，沒有殘斷。

釋文：結合最新研究成果對《容成氏》所做的隸定和釋讀。

集釋：依論著發表時間先後扼要匯集學者們對該簡的研究成果。爲了清晰起見，對不同文字或詞句的考釋成果用◇號標出。

按：筆者對該簡集釋所做的取捨和探討。

八、"集釋"中引用論著的具體出處參看《參考論著（含相關論著）目錄》。

第一章 《容成氏》研究概況

第一節 《容成氏》簡文排序情況概述

整理者李零首先對《容成氏》進行了排序,他對《容成氏》的很多編聯是可信的,爲我們進一步研究《容成氏》奠定了良好的基礎。不過隨着發表時間的推移,學者們也發現了一些問題,並解決了整理者未能解決的一些編聯難點。

陳劍 A 一文發表的時間較早,他在李零編聯的基礎上,提出很多創建性意見,他的主要意見是:

把簡 11 下與簡 13 編聯;把簡 14 與簡 8 上編聯;把簡 8 下與簡 12 下排在一起;把簡 12 下與簡 23 下排在一起;把簡 23 下與簡 15 上編聯;把簡 30 與簡 16 編聯;把簡 22 與簡 33 下排在一起;把簡 35 拆分爲簡 35 中與簡 35 下,並把簡 34 與簡 35 中排在一起;把簡 41 與簡 36 編聯;把簡 37 與簡 42 下編聯。

可以看出,陳劍 A 一文對《容成氏》的排序貢獻很大,是我們對《容成氏》進一步整理不可缺少的重要研究成果。

對《容成氏》的排序也做出很大貢獻的是郭永秉 B,他雖然沒有像陳劍 A 那樣對《容成氏》進行整體排序,但他的文章解決了《容成氏》中的幾處重大疑難,他的主要意見是:

釋出了簡 32 上的"又=吴=迥=(又吴迥,又吴迥)",並與簡 5 的"又吴迥"相對比,從而得到了簡 31＋32 上＋4 下＋5 這樣的編聯組;把簡 35 下與 43 上編聯。

他對簡文編聯的具體情況是①:

　　　　☑□氏之有天下,厚愛而薄斂焉,身力以勞百姓,【35B】其政治而不賞,官而不爵,無勵於民,而治亂不共(?)。故曰:賢及□☑【43】

　　　　孝辰(?),方爲三佸,救聖之紀:東方爲三佸,西方爲三佸,南方爲三佸,北方爲三佸,以虁于溪谷,濟於廣川,高山升,蓁林【31】入,焉以行政。於是乎始爵而行祿,以壞(讓)于有虞迵,有虞迵曰:“德速蓑(衰)☑【32】☑□於是乎不賞不罰,不刑不殺,邦無飢(?)人,道路無殤【4】死者。上下貴賤,各得其殃(所)。四海之外賓,四海之内貞。禽獸朝,魚鱉獻。有虞迵匡天下之政十又九年而王天下,三十有七【5】年而終。

　　吸收到我們對《容成氏》新排序中的,還有李承律、王暉認爲簡7下與簡9編聯的意見(李承律僅把簡7下和簡9排在一起,未直接編聯);白于藍A認爲簡21與簡22直接編聯的意見。

　　本書對《容成氏》的排序有新的意見,它們是:

　　我們舊曾認爲簡35下＋43上排在簡1＋2＋3之後而排在簡31之前,現根據簡35下“汲(汲一庭)”字的考釋,並根據典籍所云“大庭氏”在黄帝(軒轅氏)之前,以及《莊子·胠篋》《漢書·古今人表》、《太平御覽》卷七八引《遁甲開山圖》、《初學記》卷九引《帝王世紀》、司馬貞《三皇本紀》、《金樓子》中“大庭氏”都非常靠前;以及《莊子·胠篋》《漢書·古今人表》《金樓子》中“容成氏、大庭氏”相聯的情況,把簡35下＋43上提前至篇首,並認爲簡35下之前殘缺了半支簡;簡43上之後殘缺了半支簡;然後再與簡1連讀。

　　簡43上與簡1上可排在一起,本書暫定簡43上後面佚失了

---

① 　下文引自郭永秉《從上博楚簡〈容成氏〉的“有虞迵”説到唐虞史事的疑問》。

半支簡,不過也有再佚失一支或兩支整簡的可能。

簡 3 與簡 31 可排在一起,不過簡 3 和簡 31 之間應佚失了一支乃至數支簡,本書暫定佚失一支。

我們在陳劍 A 認爲簡 15 上與簡 24 下可排列在一起的説法的基礎上,認爲:陳劍 A 以及後來的學者未把這兩段殘簡直接拼合的原因大概是從《上博二》一書最前所載的彩色小圖版看,如果二支殘簡直接拼合的話,就明顯要比別的簡長出一大截。但是,從彩色小圖版簡 15 上字迹的大小看,簡 15 上的縮放比例明顯與他簡不同,其縮放比例是偏大的。若依沒有縮放的原大黑白圖版的尺寸來看,簡 15 上 15.5 釐米;簡 24 下 29 釐米,二者拼合後 44.5 釐米,與他簡的長度完全相合。所以我們認爲應該從子居的意見(他並沒有説明簡 15 上與簡 24 下可以直接拼合的原因)把簡 15 上與簡 24 下直接拼合。

下面再把各家的編聯成果全部列於下,以方便大家檢索。其中的簡號是各家自己編定的簡號,與本文的簡號略有不同。

【李零】把整篇簡文分爲 13 個編聯組:

(1)1+2+3;

(2)4+5+6+7+8+9+10;

(3)11;

(4)12+13+14+15;

(5)16+17+18+19+20+21;

(6)22;

(7)23;

(8)24+25+26+27+28+29+30;

(9)31+32;

(10)33+34;

(11)35+36+37+38+39+40+41;

(12)42+43;

(13)44＋45＋46＋47＋48＋49＋50＋51＋52＋53

【廖名春】

15＋23

【陳劍 A】把整篇簡文分爲 4 個編聯組：

(1)1＋2＋3；

(2)35B；

(3)4＋5＋6＋7＋43；

(4)9＋10＋11＋13＋14＋8＋12＋23＋15＋24＋25＋26＋27＋28＋29＋30＋16＋17＋18＋19＋20＋21＋31＋32＋22＋33＋34＋35A＋38＋39＋40＋41＋36＋37＋42＋44＋45＋46＋47＋48＋49＋50＋51＋52＋53

【讀本】基本采用陳劍 A 的編聯，小有不同之處①：

(1)1＋2＋3；

(2)35B；

(3)4＋5＋6＋7＋43＋9＋10＋11＋13＋14＋8＋12＋23＋15＋24＋25＋26＋27＋28＋29＋30＋16＋17＋18＋19＋20＋21＋31＋32＋22＋33＋34＋35A＋36＋37＋38＋39＋40＋41＋42＋44＋45＋46＋47＋48＋49＋50＋51＋52＋53

【白于藍 A】把其中的幾支簡的排序變更爲：

21＋22＋31＋33＋34＋32＋35A＋38

【陳劍 B】對陳劍 A 又做了一些補充說明，他說：

　　舊文《上博簡〈容成氏〉的竹簡拼合與編連問題小議》原將此段簡文及下文按 21—31—32—22—33—34—35A—38 的簡序連讀。但其中簡 21 與簡 31 相連處的"製孝辰(?)"難以講通。白于藍《〈容成氏〉編連問題補議》將此段簡文及下

① 在【蘇建洲 K】中，【讀本】"21＋31＋32＋22＋33＋34＋35A"的排序更改爲"21＋22＋31＋33＋34＋32＋35A"，其他皆同。

文重新編連,按 21—22—31—33—34—32—35A—38 的順序連讀,也存在有幾處兩簡連讀難以講通的問題。今簡序仍暫依舊文之説,但分成幾段釋寫,表明其不一定能連讀。

　　以上一大段簡文,原書的簡序是 35A、36～42。本文的編連順序,是依舊文《上博簡〈容成氏〉的竹簡拼合與編連問題小議》的方案。當時並解釋説:"從簡 40 以後至此處(按即上引簡文之末),大意是説湯雖然攻滅夏桀,但隨後天下大亂,且湯行政事不善,故尚未得以王天下。湯乃立賢人伊尹以爲佐,天下遂得治,湯終於得衆而王天下。"後來蘇建洲、于凱二先生均主張仍依原書 35A、36～42 的簡序編排。平心而論,兩種編排方案都有一些疑點和不容易解釋的地方。看來這個問題還值得進一步研究。

【黄人二 A】

缺簡＋4＋缺簡＋5＋6＋7＋缺簡＋12＋11＋13＋14＋8＋9＋10＋23＋15＋24＋25＋26＋27＋28＋29＋30＋缺簡＋31＋缺簡＋16＋17＋18＋19＋20＋21＋缺簡＋22＋缺簡＋33＋34＋缺簡＋1＋2＋3＋缺簡＋35＋36＋37＋38＋39＋40＋41＋42＋43＋44＋45＋46＋47＋48＋49＋50＋51＋52＋53 正＋53 背＋缺簡。

又,簡 23 無以繫之。

【于凱】

35A＋36＋37＋38＋39＋40＋41＋42

【陳麗桂】

13＋14＋15＋……＋23＋……＋24＋25＋26＋27＋28＋29＋30＋……＋31＋……＋……＋16＋17＋18＋19＋20＋21＋22＋……＋……＋32＋……＋33＋34

【王志平 A】

30＋16＋31＋32

【郭永秉 B】辨認出簡 32 中的相關之字與簡 5 的"有昊迥"相

同,並發現簡 32 與簡 5 在文義上有聯繫,遂把相關幾支簡重新排序爲:

(1)35B＋43;

(2)31＋32 上＋32 上後面已佚失的半支簡＋4 上已佚失的半支簡＋4 下＋5(他又認爲也有可能簡 32 上與簡 4 下直接拼合而爲:31＋32 上＋4 下＋5)

【李承律】把整篇簡文分爲 13 個編聯組:

(1)1＋2＋3;

(2)35B;

(3)31A＋31B＋32A＋32B;

(4)4A＋4B＋5＋6＋7;

(5)9＋10＋11A＋11B;

(6)13A＋13B＋14A＋14B＋8A＋8B;

(7)12A＋12B＋23A＋23B＋15A＋15B＋24A＋24B＋25＋26＋27＋28＋29＋30＋16A＋16B＋17＋18＋19＋20＋21;

(8)22;

(9)33A＋33B＋34;

(10)35A;

(11)43A＋43B;

(12)36＋37;

(13)38＋39＋40＋41＋42A＋42B＋44＋45＋46＋47＋48＋49＋50＋51＋52＋53

【黄人二 B】

6＋7＋8＋9＋10＋12＋11＋13＋14＋15＋16＋17

【王瑜】

(1)1＋2＋3

(2)35B＋……4＋5＋6＋7＋43＋……9＋10＋……＋11＋13＋14＋8＋……＋12＋23＋15＋……＋24＋25＋26＋27＋28＋

29＋30＋16＋17＋18＋19＋20＋21＋22＋31＋……＋33＋34＋
32＋……＋35A＋……＋38＋39＋40＋41＋36＋37＋42＋44＋
45＋46＋47＋48＋49＋50＋51＋52＋53

【王暉】

1＋2＋3＋4＋5＋6＋7＋9＋10＋12＋8＋11＋13＋14＋15＋
23＋24＋25＋26＋27＋28＋29＋30＋16＋17＋18＋19＋20＋21
＋22＋31＋32＋33＋34

【牛新房 A】主要的意見在於簡 7 的拆分及簡 10 和簡 11
連讀:

(1)1＋2＋3;

(2)35B＋43＋7B;

簡 7 不能綴合,應分爲 7A、7B 兩部分,7B 應接在簡 43
之後。下面先依照原整理者的意見將釋文抄錄如下:

昔堯處於丹府與藋陵之間,堯賤施而喆＝(時時),實不
勸而民力,不刑殺而無盜賊,甚緩而民服。於是乎方【6】百里
之中,率天下之人就,奉而立之,以爲天子。於是乎方圓千
里,於是於(乎)持板正立,四向爯,和懷以來天下之民。【7】

原整理者認爲"方圓千里"下脱"之中"二字,"於是於持
板正立"的"於是於"是衍文,這樣看似合理,實際上卻存在着
很大的問題。首先,作爲抄本雖然會存在脱漏或衍文,但整
體來看並不太多,何以在這一支簡中會出現這麼多的問題?
其次,"方圓千里"從現在語法來看是很通順,但在先秦文獻
中沒有這樣的用法。查先秦文獻可知,一般説"方百里"、"方
千里",而不説"方圓百里"、"方圓千里"。上文即作"方百里
之中",而非"方圓百里之中"。細看放大圖版,斷折處剛好在
"方圓千里"的"里"字的下面,只要與上文的"里"字對比一
下,就可看出,此所謂的"里"字實際上並非"里"字,中間沒有
一豎筆,下部也沒有兩橫,整理者可能是把殘簡的折痕當作

兩橫了。所謂的"圓"字釋讀也有問題。從上下文看,每敘述完古代帝王的善政之後,都用"於是乎"引領一段說明其效果的話,而關於"有虞週"之前的這位古代帝王,若按原來的編排卻沒有這樣的一段話,所以,我們認爲簡7應分開,其下半段應接在簡43之後,其内容爲:

☑□是(氏)之有天下,厚愛而泊(薄)僉(斂)安(焉),身力以裞(勞)百省(姓)。【35B】其政絝(治)而不賞,官而不筮(爵),無萬(勵)於民,而絝(治)嬰(亂)不□。古(故)曰:臤(賢)及□☑【43】☑□於是於(乎)坴板正立,四向陜禾(和),懷以來天下之民。【7B】

這樣就解決了上述的問題。

(3)31+32+4+5+6+7A;

(4)9+10+11+13+14+8;

簡10、11的連讀問題。下面先依照原整理者的意見將釋文抄録如下:

堯以天下壤(讓)於臤(賢)者,天下之臤(賢)者莫之能受也。萬邦之君皆以其邦壤(讓)於臤(賢)【10】☑□□□臤(賢)者,而臤(賢)者莫之能受也。於是虖(乎)天下之人,以【11】堯爲善興臤(賢),而釆(卒)立之。

簡11是殘簡,只有下半段,應當接在此處是沒問題的。這支殘簡的上部有大約可容三個字的位置,但此段竹簡與別處相比明顯發白,字迹無法辨識,遍查《容成氏》篇的竹簡,唯有此處出現這種情況,這不能不令人生疑。再從内容看,簡11現只有18個字,按每簡42—45字計算,其上當有24—27字,但從文意的連貫性看,似乎容不下這麼多字。若此處没有文字,直接連讀,反而更合適:

堯以天下壤(讓)於臤(賢)者,天下之臤(賢)者莫之能受也。萬邦之君皆以其邦壤(讓)於臤(賢)【10】〈臤(賢)〉者,而

叞（賢）者莫之能受也。於是虖（乎）天下之人，以【11】堯爲善
興叞（賢），而窣（卒）立之。

　　但這樣就多出一個"賢"字，結合此段竹簡明顯發白的情
況看，我們推測，簡 11 的上半段可能是抄錯了，被發現後用
刀刮去，也就是説其上本無字，這樣恰好和第 10 簡連讀。至
於多出的那個"賢"字，可能是漏刮了，或者故意留下以便標
明與上文連讀。還有一種可能，讓賢分爲三個等級，還有比
"萬邦之君"更低一級的"君長"讓賢的内容，但從字數統計上
來看，尚少 5—8 字，故仍不排除刮去字的可能。

　　(5)12＋23＋15＋24＋25＋26＋27＋28＋29＋30＋16＋17＋
18＋19＋20＋21＋22；

　　(6)33＋34；

　　(7)35A＋38＋39＋40＋41＋36＋37；

　　(8)42＋44＋45＋46＋47＋48＋49＋50＋51＋52＋53

　　【李守奎 A】把整篇簡文分爲 5 個編聯組：

　　(1)1＋2＋3

　　(2)35 下

　　(3)4＋5＋6＋7＋……＋43＋9＋10＋……＋11＋13＋14＋8
＋……＋12＋23＋15＋……＋24＋25＋26＋27＋28＋29＋30＋
16＋17＋18＋19＋20＋21＋22＋31＋……＋33＋34＋32

　　(4)35 上

　　(5)36＋37＋38＋39＋40＋41＋……＋42＋44＋45＋46＋47
＋48＋49＋50＋51＋52＋53

　　【王韜】把整篇簡文劃分成一個大的編聯組：

　　1＋2＋3＋……＋35B＋43＋31＋32＋8＋4＋5＋6＋7＋13
＋14＋12＋9＋10＋11＋……＋23＋15＋24＋25＋26＋27＋28＋
29＋30＋16＋17＋18＋19＋20＋21＋22＋……＋33＋34＋……
＋35A＋38＋39＋40＋41＋36＋37＋……＋42＋44＋45＋46＋

47＋48＋49＋50＋51＋52＋53

【李春利】

1＋2＋3＋35B＋……＋4＋5＋6＋7＋43＋……＋9＋10＋12＋8＋11＋13＋14＋15＋23＋24＋25＋26＋27＋28＋29＋30＋16＋17＋18＋19＋20＋21＋31＋32＋22＋33＋34＋……＋35A＋36＋37＋38＋39＋40＋41＋42＋44＋45＋46＋47＋48＋49＋50＋51＋52＋53

【單育辰 B】在權衡各家的意見之後，在陳劍 A 排序的基礎上，又吸收了郭永秉 B、白于藍 A、李承律的意見，編聯爲：

□□□＋1＋2＋3＋□□□＋35 下＋43 上＋□□□＋31＋32 上＋4 下＋5＋6＋7＋9＋10＋□□□＋11 下＋13＋14＋8 上＋8 下＋□□□＋12 下＋□□□＋23 下＋15 上＋□□□＋□□□＋24 下＋25＋26＋27＋28＋29＋30＋16＋17＋18＋19＋20＋21＋22＋□□□＋33 下＋34＋□□□□□□□□□□□□□□＋35 中＋□□□＋38＋39＋40＋41＋36＋37＋□□□＋42 下＋44＋45＋46＋47＋48＋49＋50＋51＋52＋53＋□□□

【王青】

1＋2＋3＋35 下＋……＋4＋……＋5＋6＋7＋43＋9＋……＋10＋11＋……＋13＋14＋8＋12＋……＋23＋15＋24＋……＋25＋26＋27＋28＋29＋30＋16＋17＋18＋19＋20＋21＋22＋31＋32＋33……＋34＋35 上＋36＋37＋38＋39＋40＋41＋42＋……＋44＋45＋46＋47＋48＋49＋50＋51＋52＋53

【子居】

1＋43＋35B＋31＋32＋4＋5＋6＋7＋9＋10＋……＋11＋13＋14＋8A＋8B＋……＋12＋23＋15＋24＋25＋26｜27＋28＋29＋30＋16＋17＋18＋19＋20＋21＋22＋33＋34＋……＋35A＋38＋39＋40＋41＋36＋37＋2＋3＋42＋44＋45＋46＋47＋48

＋49＋50＋51＋52＋53

【陳劍 F】

1＋缺上半支＋35B＋43＋缺下半支＋31

【鄧少平 C】

1＋43＋……＋35B

【孫飛燕 H】

1＋43＋……＋35B＋32＋……＋4＋5＋6＋7＋……＋9＋……＋31＋10＋……＋11＋13＋14＋8＋……＋12＋23＋15＋24＋25＋26＋27＋28＋29＋30＋16＋17＋18＋19＋20＋21＋22＋……＋33＋34＋35A＋……＋38＋39＋40＋41＋36＋37＋2＋3＋……＋42＋44＋45＋46＋47＋48＋49＋50＋51＋52＋53

【夏世華 A】

1＋43＋35B＋32＋4＋5＋6＋7＋9＋10＋11＋13＋14＋8＋12＋23＋15＋24＋25＋26＋27＋28＋29＋30＋16＋17＋18＋19＋20＋21＋22＋31＋33＋34＋35A＋38＋39＋40＋41＋36＋37＋2＋3＋42＋44＋45＋46＋47＋48＋49＋50＋51＋52＋53

【王坤鵬】

1＋2＋3＋43＋35B＋……＋32＋4＋5

【本書的編聯】

在我們發表《容成氏》全篇竹簡的新排序之後，又有上揭子居、陳劍 F 等文章談到竹簡的排序，經過比較後，我們認爲自己的舊排序還是可信的，故沒有吸收這兩家文章的新觀點。

不過，我們現在的意見要比舊排序有一些小的更動：

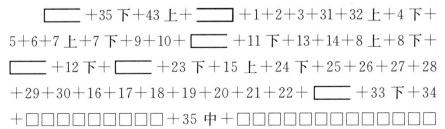

＋38＋39＋40＋41＋36＋37＋ ▭ ＋42 下＋44＋45＋46＋47
＋48＋49＋50＋51＋52＋53＋ ▭

這些更動爲：一是把簡 35 下＋43 上提前至篇首，並認爲簡
35 下之前殘缺了半支簡；簡 43 上之後殘缺了半支簡；然後再與簡
1 連讀。二是把簡 7 標爲簡 7 上＋簡 7 下。三是把 15 上＋24 下
直接拼合。四是根據編繩痕迹，對簡 35 中簡首及簡尾的缺字做
了重新估計。

第二節　《容成氏》釋字情況概述

《容成氏》在已公布的上博簡中，不僅是内容最爲重要的一
篇，其釋字難度也非常大。自 2003 年初《容成氏》公諸於世以
來①，在近十年的時間裏，有關研究文章已達三百篇。遺憾的是，
本篇簡文還有許多問題，尤其是字詞考釋的問題，仍然没有得到
解決，下面把這些難點擇要列出，以便大家做進一步研究：

（1）簡 1"喬結氏、壎遟氏"是上古帝王名，但它是可與典籍中
某個帝王名相對照的稱號，還是祇見於《容成氏》的上古帝王名，
現在未能解決。

（2）簡 1 中也是上古帝王名號的"桎丨氏、桎丨"，李零隸首字
爲"樺"，第二字未隸定；廖名春隸定爲"樺屯"，讀爲"混沌"；何琳
儀隸定爲"樺丨"，亦讀爲"混沌"，陳立從之；邱德修 A 釋爲"樺
劜"；陳劍 B 隸定爲"桍丨"；單育辰 B 隸定爲"桎丨"，疑讀爲"祝
融"，葉曉鋒從之隸定，讀爲"朱明"；陳劍 F 釋首字爲"杬"；張金
良隸定爲"樺乁"，讀爲"伏羲"；李鋭 B 釋爲"皇覃"或"狂神"。我
們認爲第一字應隸定爲"桎"，讀爲"祝"。其下的"丨"在楚文字中
單獨出現過 4 次（郭店殘簡 27、上博六《用曰》簡 3、《容成氏》簡 1、

---

①　雖然《上海博物館藏戰國楚竹書（二）》的版權頁是"2002 年 12 月"，但學術
　　界拿到書，已經到了 2003 年 1 月。

上博八《李頌》1 背），用爲偏旁出現過 2 次（即"訠"字，見郭店《緇
衣》簡 17、上博一《紂衣》簡 10），此字舊已衆説紛紜，如《郭店楚墓
竹簡》整理者疑"丨"爲"字之未寫全者"；陳高志認爲是"璋"的象
形；劉信芳讀爲"引"；李零釋爲"川"省，讀爲"訓"；顔世鉉讀爲
"文"；白于藍認爲與"弗"或"白"音有關；王寧讀爲"絢"；禤健聰認
爲是《説文》卷十一下的"〈"（古文作"甽"）；蘇建洲讀爲"沌"或
"類"；楊澤生釋爲"及"；裘錫圭釋爲"針"讀作"遜"或"慎"；張金良
釋爲"乀"，讀爲"儀"①。郭店《緇衣》簡 17 中的"訠"，《郭店楚墓
竹簡》整理者釋爲"信"；蘇建洲讀爲"述"；張金良釋爲"訠"，讀爲
"歎"或"瞻"②。上博六《用曰》簡 3 中的"丨"，張光裕釋爲"十"；

---

① 荆門市博物館《郭店楚墓竹簡》，文物出版社 1998 年，第 134 頁；劉信芳
《郭店簡〈緇衣〉解詁》，《郭店楚簡國際學術研討會論文集》，湖北人民出
版社 2000 年，第 170 頁；李零《郭店楚簡校讀記（增訂本）》，北京大學出
版社 2002 年，第 64 頁；顔世鉉《郭店楚簡散論（三）》，《大陸雜誌》第 101
卷第 2 期（2000 年），第 76 頁；白于藍《郭店楚墓竹簡考釋（四篇）》，《簡帛
研究二〇〇一》，廣西師範大學出版社 2001 年，第 192～193 頁；王寧《郭
店楚簡〈緇衣〉文字補釋》，簡帛研究網 2002 年 9 月 12 日，http://www.
jiAnBo.org/Wssf/2002/wangning03.htm；禤健聰《讀楚簡零釋》，簡帛研究
網 2003 年 1 月 3 日，http://www.jiAnBo.org/Wssf/2003/xuAnjiAn-
chong01.htm；蘇建洲《〈郭店·緇衣〉考釋一則》，簡帛研究網 2003 年 6 月
25 日，http://www.jiAnBo.org/Wssf/2003/sujiAnzhou21.htm；楊澤生《孔
壁竹書的文字國別》，《中國典籍與文化》2004 年第 1 期，第 77 頁；裘錫圭
《釋郭店〈緇衣〉"出言有丨，黎民所訠"——兼説"丨"爲"針"之初文》，《古
墓新知——紀念郭店楚簡出土十周年論文專輯》，國際炎黄文化出版社
2003 年，第 1～6 頁；張金良《釋乀》，復旦大學出土文獻與古文字研究中心
網 2009 年 2 月 3 日，http://www.guwenzi.com/SrcShow.Asp? Src_ID=
685。

② 荆門市博物館《郭店楚墓竹簡》，文物出版社 1998 年，第 130 頁；蘇建洲
《〈郭店·緇衣〉考釋一則》，簡帛研究網 2003 年 6 月 25 日，http://www.
jiAnBo.org/Wssf/2003/sujiAnzhou21.htm；張金良《釋乀》，復旦大學出土
文獻與古文字研究中心網 2009 年 2 月 3 日，http://www.guwenzi.com/
SrcShow.Asp? Src_ID=685。

陳偉釋爲“章”；李鋭釋爲“謹”；楊澤生釋爲“針”，讀作“及”；張金良釋爲“乁”，讀爲“佟”①。從郭店《緇衣》簡 17、上博一《紂衣》簡 10 與今本《禮記・緇衣》對照起來看，“丨”相當於今本的“章”字，“訂”相當於今本“望”字，則“丨”很可能是陽部字或是與陽部相近的一個字。我們在集釋裹把它讀爲“融”，不過證據不甚充分。我們亦曾懷疑“丨”會不會不是字而是代表缺字符號。“桎”字的確切用法，也須以後來解決。

（3）簡 3“{厃}叀者漁澤”的“叀”，李零把它隸定爲“蠆”，讀爲“疣”；何琳儀讀爲“蠆（浸）”；劉信芳 B 讀爲“頑”；邱德修 B 讀爲“瘤”。陳劍 A 把“蠆”改隸作“叀”是正確的，可具體讀法大家意見不一，如蘇建洲 C 把它讀爲“疣”；周鳳五讀爲“禿”；何有祖 A 讀爲“慢”。不過這些考釋恐怕難以成立。

（4）簡 3“漿棄不燅”的“漿”，李零隸作“滺”；何琳儀認爲從“广”省從“害”從“出”從“水”，疑讀“害”；蘇建洲 C 隸作“瀣”，蘇建洲 G 讀爲“癈”；周鳳五認爲從“丬”從“止”從“水”，“害”省聲，並讀爲“瑕”；邱德修 A 釋爲“蚤”；陳劍 B 隸作“漿”，蘇建洲 J 從之，並讀爲“癘”。陳劍 B 的隸定是正確的，但它相當於什麽字，仍難考釋。

（5）簡 3“俾敊”，何琳儀讀“卑末”；邱德修 A 讀“卑伏”；裘錫圭讀爲“蔽芾”；白于藍 C 讀爲“罷弊”；林素清 A 讀爲“罷贏”；鄭

①　張光裕《〈用曰〉釋文考釋》，《上海博物館藏戰國楚竹書（六）》，上海古籍出版社 2007 年；陳偉《〈用曰〉校讀》，簡帛網 2007 年 7 月 15 日，http://www.Bsm.org.cn/show_Article.php? id＝623；李鋭《讀〈用曰〉札記（二）》，簡帛網 2007 年 7 月 20 日，http://www.Bsm.org.cn/show_Article.php? id＝638；楊澤生《上博簡〈用曰〉中的“及”和郭店簡〈緇衣〉中的“出言有及，黎民所愼”》，簡帛網 2007 年 7 月 30 日，http://www.Bsm.org.cn/show_Article.php? id＝680；張金良《釋乁》，復旦大學出土文獻與古文字研究中心網 2009 年 2 月 3 日，http://www.guwenzi.com/SrcShow.Asp? Src_ID ＝685。

公渡讀"卑服"；夏世華 B 讀爲"罷痛"。從語義及典籍用字習慣看，林素清 A 的讀法較爲合適，但楚文字中是否確實有"俾"通"罷"、"攽"通"赢"的例子，還有待新的發現。

（6）簡 31"方爲三佸，救（求）聖（聲）之紀：東方爲三佸，西方爲三佸，南方爲三佸，北方爲三佸"中的"佸"，李零疑讀爲"調"；《讀本》讀爲"誥"；陳劍 B 引董珊説認爲與"牧"同義；晏昌貴 B 讀爲"罄"；王志平 A 認爲"佸"讀爲"宫"，王志平 C 有補充説明；王輝 A 讀爲"造"；大西克也讀爲"曹"；"戰國時代"讀爲"朝"；夏世華 B 讀爲"造"，解爲"祭名"。但此數説或於語音或於文義不合，都不令人滿意。上博五《三德》簡 12"百乘之家，十室之佸"，有學者讀"佸"爲"聚"，不知與此有無關係。

（7）簡 6"堯賤施而峕＝▮（賓－賽）"，"峕＝"李零讀爲"時時"；張通海讀爲"是時"；牛新房 A 讀爲"待時"；黄人二 C 讀爲"之日"；林素清 A 讀爲"時是"。這個合文（或重文）符倒底是怎麽個讀法，難以確知，我們姑從"待時"一説。其中的"▮（賓－賽）"字，李零隸定爲"賓"，疑爲"賞"之誤，黄人二 C 從之；劉信芳 A 根據此字在楚簡中出現的情況，改釋爲"賽"，《讀本》從之；徐在國讀爲"賓"；王志平 B 讀爲"實"；林素清 A 釋爲"實"；鄧少平 B 釋爲"貢"；夏世華 B 釋"貯"讀"著"。簡 29 又有"民乃▮"，與簡 6"▮（賽）"形接近但有差異，不過一般都認爲它也是"賽"。簡 29 的"▮"，李零釋爲"賽"，認爲其義是"爭利競勝"；蘇建洲 E 認爲"賽"義爲"報神福"；何有祖 A 把"賽"讀作"塞"，認爲是"安"義；陳偉 D 把"賽"讀作"塞"，亦認爲是"安"義；林素清 A 認爲是"實"之訛；子居、易泉釋"賽"讀"息"；夏世華 B 釋"賽"讀"愆"。我們同意林素清的説法，並根據文義及上博六《吴命》"▮（賽）在波濤之間"這句話，猜測這三個"賽"爲"實"的訛混之形（也有可能是語音相通），用爲"實"。雖然在先秦古文字中，"塞、實"訛混的例子尚未發現更多，但我們可以舉出漢隸字形相混的例子：《角王巨虚鏡》"國實受福家庶昌"的"實"作"䁗"①,這個"實"已與"賽"很難分辨了。不過這個意見還須進一步檢驗。

(8)簡7下"垔板正立(位)"的"垔板",李零讀爲"持板";何有祖A讀爲"匡反";淺野裕一釋爲"立板",劉信芳C從之;王志平B讀爲"持鞭";王暉釋爲"立版"。按,"垔"字在甲骨文中有基本相同字形,但甲骨文中都是用爲"失"的②。此字可否讀爲"持"還有待思考。

(9)簡14"舜於是乎始免蓺开耨蓌,价而坐之{子}"這句話,也是衆説紛紜:"蓺"字,李零疑與"藙"形近混用,讀爲"刈";陳劍B讀爲"芟";范常喜A讀爲"蓺",認爲是"種"的意思。我們認爲李零説可信。"开"字李零隸定爲"䢒",讀爲"厮";何琳儀隸定爲"开",讀爲"肩";蘇建洲C亦隸定爲"开",讀爲"錢";范常喜A釋爲"关",讀爲"卷";林素清B隸定爲"䢒",讀爲"植";白于藍D隸定爲"开",讀爲"揭"或"荷";夏世華B隸定爲"䢒",讀爲"投"。根據最新公布的材料,何琳儀釋"开"是正確的,但此字讀爲何字不詳。"蓌"字,李零讀爲"鎛";郭永秉C讀爲"芰";尹遜讀爲"接";林素清B讀爲"薕",我們在集釋裏采用了李零讀爲"鎛"的意見。"价"字,李零讀爲"謁";何琳儀認爲即"介",是"分"的意思;陳偉D釋爲"介",認爲是"止息"的意思;趙建偉讀"价"爲"席";范常喜A釋爲"介",認爲是"輔相"的意思;郭永秉C讀爲"芥(辛)"或"葛";林素清B讀爲"藉"。按:郭永秉C及尹遜把"价"連上"蓌"字讀爲"芰葛"或"接葛",要比他家説法好一些,但文獻只見"班荊、滅葭、搴草、昧茮、接草"諸説,尚没見"芰葛"或"接葛"。並且,把"蓌"歸上讀用做農具講,似更符合語感,我們這

①　漢語大字典字形組《秦漢魏晉篆隸字形表》,四川辭書出版社1985年,第503～504頁"實"條、第1686頁。

②　參看趙平安《戰國文字的"遊"與甲骨文"夆"爲一字説》,《古文字研究》第二十二輯,中華書局2000年,第275～277頁。

裏暫不從郭、尹之説，而猜測"价"或許讀爲"拜"，但我們的説法也不敢説有多少依據。

(10)簡 24 下的"▣㴇湝流"中的"▣㴇(濈)"二字暫從蘇建洲 G 説讀爲"開塞"，"湝"讀爲"皆"是我們的意見，但"開塞皆流"這種釋法實不能確定。

(11)簡 37"喑、聾、跛、▣、瘻、窠、僂始起"中的"▣"，何琳儀釋爲"幻"；劉釗 B 釋爲"眇"；邱德修 A 釋爲"垕"；劉信芳 B 釋爲"昌"字，讀爲"張"；黃德寬 B 釋爲"杳"，讀爲"眇"；范常喜 B 釋爲"瞑"；王輝 B 讀爲"眩"。劉釗 B 認爲此字是會意字，即"眇"字的本字，並引《韓詩外傳》卷三"太平之時，無痟、癃、跛、眇、尪、蹇、侏儒、折短"證之，有可能是正確的，但並非定論。其中的"窠"字，李零隸定爲"窠"；蘇建洲 G 隸定爲"窠"，讀爲"府"；邱德修 A 釋爲"痛"；劉信芳 B 亦隸定爲"窠"，讀爲"瞎"或"曚"；王輝 C 亦隸定爲"窠"，讀爲"痗"。蘇建洲 G 的隸定是正確的，我們根據古音試把它讀爲"癠"，但不見得正確。也有可能 ▣ 字"宀"下從並不是"某"，參本簡"葚"心上之"某"形作 ▣，與之不同。

(12)簡 38 有一字作"▣"，李零隸定爲"妖"，但簡文"妖北去其邦"實在難以理解。

(13)簡 39 的"德惠而不貤，祇三十亖而能之"中的"貤"是困擾學術界很久的難字，蘇建洲 B 把它讀爲"恃"；陳偉武讀爲"賊"；邱德修 A 讀爲"側"；白于藍 B 釋爲"賅"，讀爲"貶"，並認爲和典籍"惠而不儉、惠而不費"有關；張崇禮 A 釋爲"度"，讀爲"斫"；季旭昇 B 認爲"刵"旁可以釋爲"砥、視"，而讀之爲"失"；陳偉 E 釋"刏"讀"訖"；徐在國 B 釋"叚"讀"賈"；飛虎釋"叚"讀"瑕"訓"缺失"，林文華則訓爲"止盡"；海天釋"叚"讀"遐"，並認爲前面的"不"無義；季旭昇 C 引趙平安説認爲"從已見的材料看，刏和叚還是有可能是兩個字。刏當叚講的例子，可以看作叚的省形或叚的借字"；季旭昇 C 釋"刏"讀"逆"；孫飛燕 H 釋"叚"；顧史考釋

"賀(貨)";范常喜 F 釋"質"。楚文字中"斁、敼、賀、刞"爲一字，現已數見，如郭店《語叢四》簡 26＋27"家事乃有賀：三雄一雌，三鍾一莛(提)，一王母【27】抱三嬰兒";上博六《孔子見季起子》簡 14"民之行也，好刞美以爲☐";新公布的上博七《吳命》簡 7"故用使其三臣，毋敢有遲速之期，敢告刞日"①，似乎爲這些字的釋讀顯現了一縷曙光，不過"刞日"在《吳命》也可以有多種讀法，復旦大學出土文獻與古文字研究中心研究生讀書會讀之爲"視日"，也祗能説是可備考的一種説法。從郭店《語叢四》押韻看，"雌、提、兒"皆是支部字，"賀"也應是與"支"部相近的一個字，這個字的確切釋讀，還有待來日。又，在清華一《保訓》簡 8"叚"作"厲"、清華二《繫年》簡 58"叚"作"易"，但趙平安已經談到，"刞"和"叚"可能還是兩個字，"刞"當"叚"講的例子，可以看作"叚"的省形(如上博三《周易》簡 54"叚(叚)"的省"又"之體)。其中的"秕"字，何琳儀疑"牟"之異文;《讀本》讀爲"積";王輝 A 釋爲"孫"，讀爲"羚";邱德修 A 讀爲"務";陳偉武讀爲"刺";白于藍 B 讀爲"訾";夏世華 B 讀"牟(積)"。我們認爲"秕"或許以"矛"爲聲旁，並試讀爲"柔"，連相關字讀爲"柔三十夷而能之"，也祗是一種猜測。

　　(14)簡 41 的"以霞四海之内"的"霞"，李零隸定爲"雹"，讀爲"批";徐在國、何琳儀隸定爲"霞"，認爲有"下"義;楊澤生 B 隸定爲"酉"，讀爲"柄"，又認爲可讀爲"併";黃錫全隸定爲"雹"，釋爲"沘";邱德修 A 釋"化"讀"伐";陳劍 B 隸定爲"霞"，讀爲"略";王輝 A 隸定爲"霄"，讀爲"霸";白于藍 B 隸定爲"雹"，讀爲"包";林文華 B 隸"雹"讀爲"被"。按：從字形上看，"霞"字"雨"下爲"瓜"是毫無問題的，但"霞"如何釋讀仍有疑問。

---

① 復旦大學出土文獻與古文字研究中心研究生讀書會讀"刞日"爲"視日"，恐不確。參看復旦大學出土文獻與古文字研究中心研究生讀書會《〈上博七·吳命〉校讀》，復旦大學出土文獻與古文字研究中心網 2008 年 12 月 31 日，http://www.guwenzi.com/SrcShow.Asp? Src_ID＝577。

(15)簡 45 的"尃亦以爲槿",李零讀爲"溥夜以爲淫";邱德修 A 讀"尃"爲"晡";郭永秉 F 讀爲"博弈以爲欣(或'忻'、'訢')"。我們曾懷疑"尃"讀爲"附","亦"從李零讀爲"夜","附夜"就是"白天爲淫樂猶不足,還要把夜晚附上爲樂"的意思,不過此説衹是一種猜測,此句的讀法尚待進一步思考。

(16)簡 45 的"邼",李零認爲"或即戰國時期的石邑",但戰國時的石邑與殷末的"邼"時間相距過遠,且典籍中殷、西周時代也沒有"石"這個古國名,李零的推測可能是有問題的,但這個字能否相當於典籍中殷、西周時代的某個國的名稱,學術界還沒有什麼説法。

可以看出,《容成氏》字詞的疑難還有不少,有些字如第(2)條的"桎"和"丨"、(13)的"貿"還見於多種古文字資料。這些疑難字詞的釋讀,尤其那些見於多種古文字材料的疑難字的釋讀,是和古文字整體釋讀水平的發展與提升息息相關的,在現有情況下,似乎還沒有太令人滿意的成果,我們期待以後楚簡的進一步發現與公布能爲我們最後解決它們提供更好的條件。

當然,隨着古文字考釋水平的迅速發展,《容成氏》中已經解決的疑難字詞要比未解決的多得多。最近兩年,也有被新識出來的文字。因爲已被學者們解決的問題實在不少,我們擇要談一談一些比較有意義的考釋。

對《容成氏》的考釋,應以整理者李零及陳劍 A、陳劍 B 二文貢獻最大,因爲這三篇文章發表較早,已成爲研究《容成氏》的基礎論文而爲大家熟知,所以,我們在這裏更偏重選取一些發表較後的重要意見:

(1)簡 1"其德酉清"的"酉清",李零疑是清靜無爲的意思;何琳儀讀爲"酒清";黃德寬讀爲"尊清";黃人二 A 讀爲"莊靖",並與郭店《尊德義》簡 13"淑德清牭"對讀;顏世鉉 A 讀爲"瀏清"或"滶清",認爲即"淑清";史傑鵬亦讀爲"瀏清",認爲即"淑清",

孫飛燕從之；楊澤生 B 讀爲“輶清”；陳英傑 B 讀爲“澹清”；邱德修 B 讀爲“猶清”；田煒讀爲“清猷”；連劭名讀爲“猶清”；劉洪濤與《史牆盤》“青（静）幽高祖”的“静幽”對讀；夏世華 B 讀爲“欲清”。我們認爲黄人二把此詞和郭店《尊德義》與劉洪濤把此詞和《史墙盘》相關詞句對讀是非常合理的，“酉清”（或“清酒、青幽”）連稱，存世典籍中尚未發現，但在出土文獻中卻出現了三次，這是因先秦古書缺佚已多，它在典籍中未能發現並不奇怪。我們在《説苑・政理》找到一句話：“昔者堯、舜清微其身，以聽觀天下，務來賢人。”這個“清微”倒是和本篇的“酉清”意思相近。

　　（2）簡 3“思役百官而月請之”、簡 20“思民毋惑”、簡 44“思民道之”、簡 49“思民不疾”，孟蓬生首先把《容成氏》中後三例的“思”讀爲“使”，後來陳斯鵬、沈培又有詳盡的論述①，現在“思”可讀爲“使”的意見已爲學術界普遍接受。

　　（3）簡 5＋6“三十有七年而没（殁）終”的“没”，李零隸定爲“民”，讀爲“泯”；陳劍 A 疑讀爲“殁”；蘇建洲 C 隸定爲“奴”，讀爲“禄”，蘇建洲 G 又讀爲“繹”；郭永秉 E 引陳劍説或讀“考”或讀“壽”。我們認爲陳劍 A 意見是正確的，此字原篆作“ ”；“没”字在郭店《唐虞之道》簡 2 作“ ”、上博四《曹沫之陳》簡 9 作“ ”、上博五《鬼神之明》簡 2 作“ ”、上博五《三德》簡 3 作“ ”、上博五《三德》簡 17 作“ ”，上博七《鄭子家喪》甲本簡 2 作“ ”，是會

---

① 　孟蓬生《上博竹書（二）字詞札記》，簡帛研究網 2003 年 1 月 14 日，http://www.jiAnBo.org/Wssf/2003/mengpengsheng01.htm；陳斯鵬《論周原甲骨和楚系簡帛中的“囟”與“思”——兼論卜辭命辭的性質》，《第四屆國際中國古文字學研討會論文集》，香港中文大學 2003 年，第 393～413 頁，又《文史》2006 年第 1 輯，第 5～20 頁；沈培《周原甲骨文裹的“囟”和楚墓竹簡裹的“囟”或“思”》，《漢字研究》第 1 輯，學苑出版社 2005 年，第 345～366 頁。又可參看單育辰《〈曹沫之陳〉文本集釋與相關問題研究》（吉林大學 2007 年碩士學位論文第 11 頁）的相關論述。

意字,象一手在旋渦中挣扎之形①。"ㄅ"與上六個"没"形相比,祇是"没"所從"回"形略有訛變而已。

(4)簡 32 上"又₌吴₌迴₌(有吴迴,有吴迴)",原被整理者李零釋爲"來(?),亦₌迴₌",文義變得無法理解,經過郭永秉A、郭永秉 B 與簡 5 的相關之字對比而釋出實爲"又(有)₌吴₌迴₌",並認爲"有吴迴"是上古帝王名,從而解決了這個疑難問題。

(5)簡 16"戉役(疫)不至",李零根據典籍用語習慣把"戉"讀爲"癘",並説"楚簡或用爲'列'",這個字的發現,對常見於包山簡的"戉"字的釋讀提供了重要線索②,包山簡的"戉",似乎是一個行政區劃單位的名稱,可惜的是,這個楚國的行政區劃單位,雖然已經知道它的讀音,但於典籍似無所記載,無法對照。

(6)簡 24 下"蹠(脛)不生之毛",沈培 A 根據典籍中出現的"我有圃,生之杞乎!"(《左傳·昭公十二年》)、"登此昆吾之虚,綿綿生之瓜"(《左傳·哀公十七年》)、"終古斥鹵生之稻粱"(《吕氏春秋·樂成》)、"終古舄鹵兮生稻粱"(《漢書·溝洫志》)而認爲"生之毛"(可以表示爲"動之名")是古漢語中的一種特殊語言習慣,甚確。

(7)簡 21"盬不折骨"的"盬",我們曾做過討論③,當時認爲"張新俊把它隸定爲'䜣'並認爲其字從'采'得聲而讀爲'饎',要勝於舊説"。這個字的考釋現在又增添了一種新的説法:陳劍 C 把它釋爲"羹"。張新俊所釋的"饎"典籍多見,《陳公子甗》(《集

---

① "没"字的考釋可參看單育辰《〈曹沫之陳〉文本集釋與相關問題研究》,吉林大學 2007 年碩士學位論文,第 11~12、34~36 頁中的相關論述。

② 辭例見滕壬生《楚系簡帛文字編(增訂本)》,湖北教育出版社 2008 年,第 1059 頁。按:此字或以此形構成之字又見上博三《周易》簡 49 及簡 45,今本一作"列"一作"冽"。

③ 單育辰《〈曹沫之陳〉文本集釋與相關問題研究》,吉林大學 2007 年碩士學位論文,第 12 頁。

成》3.947)中"用▨稻粱"的"▨",上中部從"米"從"匕"從"巳",陳漢平釋之爲"饎",是可信的。如武威漢簡《儀禮·特牲》簡10"主婦視釱爨于西堂下"中的"釱",今本即作"饎";又如《周禮·饎人》之"饎"或作"饎",《説文》卷五下説:"釱,饎或从配。"但古文字中的"饎"多從"巳"得聲,與"盬"還是不一樣。現在我們認爲陳斯鵬B讀"哉"的説法可能更好些。至於"鸞"在古文字中出現的辭例和各家的考釋,陳劍C徵引的非常全面,我們就不多談了。

(8)簡33下:"下不亂泉。所曰聖人,其生賜(易)養也,其死賜(易)葬。"原來大家都覺得"賜"也能講通簡文,郭永秉D根據與《説苑·反質》《漢書·楊王孫傳》相對照,才明瞭"賜"應破讀爲"易"。並且,郭永秉D由二書中"亂泉"一語證實了牛淑娟把第一字釋爲"亂"的意見。

(9)簡41的"羿宗鹿(離)族殘群"中的"羿",李零讀爲"亡",單從此簡來看,還是比較合適的,不過此字又見包山簡130反、上博四《昭王與龔之脾》簡8、天星觀楚簡等[1],如果讀爲"亡"或"亡"音,那些簡文文義難通;何琳儀認爲《容成氏》中的"羿"即"搁",讀爲"亢";黃錫全釋爲"網";周鳳五B認爲是包山簡"從网從卄從畢聲"之字的省文,讀爲"夷";陳劍E釋爲"罩",讀爲"剿"。後來,程燕、李守奎B據新公布的清華一《楚居》中的"樊"字,把它釋"樊",正確無疑,此字可依程燕説讀"叛"。

(10)簡36"強弱不絢諹"的"絢諹",李零讀爲"辭揚";陳劍A讀爲"治諹";蘇建洲F讀爲"辭聽";陳英傑A讀爲"治諹",范常喜E、林文華從之;何有祖C讀爲"慈諹";董珊讀爲"辭讓",黎廣基亦有此説。從文義看,董珊的説法還是比較合適的。

(11)簡37"執兵欽暴",董珊(陳劍A引)首先發現"欽"應讀

---

① 具體辭例及各家的説法可參看陳劍《楚簡"羿"字試解》,《簡帛》第四輯,上海古籍出版社2009年,第135～159頁。

爲"禁",這對考釋相關古文字有着重要意義,此字先後出現於子彈庫楚帛書甲篇"山川瀕谷,不欽□行"、郭店《尊德義》簡 2＋3 "正(征)欽,所以攻□也"。上博六《競公瘧》簡 8:"舉邦爲欽。"楊澤生言這些"欽"字都可能讀爲"禁",這個意見是正確的①。此後,孫飛燕 A 又考釋了《容成氏》此句的"執",她根據《左傳·宣公十二年》"夫武,禁暴、戢兵"而把它讀作"戢"。這是非常正確的。

我們對《容成氏》中字詞的考釋也有不少新的意見。除了上面已經指出的把"桎丨氏"讀爲"祝融氏"(見第 2 條);認爲"賽"是"實"字形的訛混(見第 8 條);把"价"讀爲"拜"(見第 10 條)外,還有:

(1)簡 35 下的"𠃊",我們依據上博三《周易》簡 9"𣳈(汋－盈)"字的字形與之對照,亦把它釋爲"盈",並認爲簡文的"□盈氏"應即文獻中的"大庭氏",由此出發,我們對相關簡序做了一些調整;

(2)根據簡 31"衡於溪谷",秦樺林、孫飛燕 D 把"衡"讀爲"越"的意見,我們考釋了子彈庫楚帛書乙篇"乃上朕(騰)迡(登),山陵不戡,乃命山川四海,熱氣寒氣,以爲其戟,以涉山陵"中的"戟(越)";

(3)根據簡 8 下劉信芳 A、陳劍 A、劉樂賢等與上博二《子羔》簡 5 及與典籍對照而釋"敀"爲"博"的意見,進一步證實了李學勤把朱德熙舊釋爲"廐"的齊陶文中的"敀"字改釋爲"陶搏"的"搏"

① 楊澤生《説〈上博六·競公瘧〉中的"欽"字》,簡帛網 2007 年 7 月 20 日,http://www.Bsm.org.cn/show_Article.php? id＝640;沈培《〈上博(六)〉字詞淺釋(七則)》,簡帛網 2007 年 7 月 20 日,http://www.Bsm.org.cn/show_Article.php? id＝642。

的意見①；

（4）簡 23 下“水滎（潦）不浴”的“浴”，李零釋爲“湝”；陳劍 B 釋爲“洞”讀爲“通”，我們改釋爲“浴”，讀爲“谷”，並與《淮南子·脩務》中的“水潦得谷行”相參照；

（5）簡 39＋40 的“入自北門，立於中✦”，末字何琳儀隸定爲“宋”。我們認爲此字是“余”字的一種訛變，並讀爲“塗”，“中塗”是都城的居於中央的大道的意思，簡文所言“門、塗”，地點正好連貫；

（6）簡 45 九邦有一國作“✦”形，李零 A 隸定爲“郍”，學者皆從之，但此字左旁明顯不從“舟”，應從“肉”從“邑”，今隸定爲“䢞”，但不知何地。

（7）簡 47“文王於是乎素端、䙴、裳”，“䙴”字作“✦”形，李零隸定爲“襩”，讀爲“褰”；《讀本》分析爲從“睊”從“弅”從“府”；蘇建洲 K 認爲從“䁅”從“弅”從“府”；《讀本》引季旭昇説認爲下似從“穴”從“又”；張通海 A 認爲從“睊”從“弅”從“衣”從“又”；我們曾認爲從“睊”從“弅”從“六”從“又”，“睊”爲聲符，讀爲“屨”。新公布的上博七《凡物流形》甲本簡 7、乙本簡 6 有字作：✦、✦，亦從“六”從“又”從“土”，可隸定爲“㙜”，它與《容成氏》“䙴”的下部完全相同，我們把《凡物流形》中的這個字讀爲“屨”。這個新字形的出現，對我們把“䙴”讀爲“屨”的考釋有利。不過現在看，《容成氏》的“䙴”大概是雙聲字，構成此字的“䁅”（此字以“睊”爲聲）和

---

① 朱德熙《戰國文字中所見有關厰的資料》，《朱德熙古文字論集》，中華書局 1995 年，第 157～165 頁。李學勤言“戰國齊燕陶文常見的‘故’字，有過多種釋讀，從新發現的荊門包山、郭店楚簡看，恐均未安”。見李學勤《王恩田〈陶文大系〉序》，《清路集》，團結出版社 2004 年，第 190 頁。李學勤釋“故”爲“博”的意見參看李學勤《燕齊陶文叢論》，《上海博物館集刊》第六期，1992 年，第 171 頁。關於“故”字考釋的衆多説法，可參看郝導華、郭俊峰、禚柏紅《齊國陶文幾個問題的初步探討》，《齊魯文化研究》第六輯，山東文藝出版社 2007 年，第 19～28 頁。

"窒"（此字以"交"爲聲）都應表音。

（8）簡50及簡53的"聞者百姓，至（桎）約諸侯"，李零把"聞者"讀爲"昏捨"，疑同《書·牧誓》"昏棄厥肆祀弗荅；昏棄厥遺王父母弟不迪"的"昏棄"，把"至約"讀爲"制約"；孟蓬生把"至約"讀爲"質約"；黃人二Ａ把"聞者"讀爲"泯諸"；《讀本》引季旭昇説把"至約"讀爲"桎約"，認爲"有箝制諸侯的意思"；趙建偉把"聞者"讀爲"泯屠"；張通海Ａ認爲"至約"即"極端約束"；范常喜Ｃ把"聞者"讀爲"聞諸"，並認爲其中"聞"義爲"聽説、知道"，把"至約"讀爲"致約"；牛新房引白于藍説把"至約"讀爲"縶約"，認爲"'縶'指拘禁、束縛，'縶約諸侯'似指商紂拘禁文王之事"；蘇建洲Ｋ認爲"約"或可隸定爲"紲"，"至紲"或讀爲"制斂"。我們從李零説把"聞"讀爲"昏"；依趙建偉説把"者"讀爲"屠"；依季旭昇説把"至"讀爲"桎"，但認爲"桎約諸侯"並非如季旭昇説是"有箝制諸侯的意思"，而應如白于藍所言"指商紂拘禁文王之事"，但並不像白説那樣把"至"讀爲"縶"。並認爲此處"桎、約"二字爲同義連用，相當於典籍中的"束縛桎梏"。

第三節　《容成氏》釋文

下面是我們調整簡文後所作的釋文，釋文采用了比較寬松的隸定，爲更明晰地瞭解文意，我們把它分了段，具體簡序調整和釋字理由，請參看第二部分《集釋》的相關部分：

　　　　容成氏、大汹（盈一庭）氏之有天下，厚愛而薄斂焉，身力以勞百姓，【35下】其政治而不賞，官而不爵，無厲（勵）於民，而治亂不夬。故曰：賢及□【43上】

　　　　尊盧氏、赫胥氏、喬結氏、倉頡氏、軒轅氏、神農氏、桎（祝）丨（融？）氏、墉遷氏之有天下也，皆不授其子而授賢。其德酋清，而上愛【1】下，而一其志，而寢其兵，而官其材。於是

乎暗聾執燭,瞽(矇)戍(瞽)鼓瑟,跛躄守門,侏儒爲矢,長者
酥(懸)戾(鐮),僂者坟(枚)數,癭【2】者煮鹽,{戾}亶者漁澤,
羸棄不舉。凡民俾(罷)攵(羸)者,教而誨之,飲而食之,思
(使)役百官而月青(省)之。故當是時也,無并【3】

　　□□□孝弔,方爲三俈,救(求)聖之紀:東方爲三俈,西
方爲三俈,南方爲三俈,北方爲三俈,以衝(越)於溪谷,濟於
廣川,高山陞,蓁林【31】入,焉以行政。於是於(乎)始爵而行
禄,以襄(讓)於有吳迵,有吳迵曰:"德速蓑(衰)【32 上】矣。"
於是乎不賞不罰,不刑不殺,邦無飤〈飢〉人,道路無殤【4 下】
死者。上下貴賤,各得其碟(列)。四海之外賓,四海之内貞
(庭)。禽獸朝,魚鼈獻。有吳迵匡天下之政十又九年而王天
下,三十有七【5】年而歿終。

　　昔堯處於丹府與藋陵之間,堯戔(散)貤(施)而峕=(待
時)寏(賽一實),不勸而民力,不刑殺而無盗賊,甚緩(寬)而
民服。於是乎方【6】百里之中,率天下之人就奉而立之,以爲
天子。於是乎方圓千里,【7 上】於是於(乎)岂(持)板正立
(位),四向隊禾(和),懷以來天下之民。【7 下】是以視賢,履
地戴天,篤義與信,會(合)在天地之間,而橐(包)在四海之
内,運(畢)能其事,而立爲天子。堯乃爲之教,曰:"自【9】内
(入)焉,余穴窺焉,以求賢者而讓焉。"堯以天下讓於賢者,天
下之賢者莫之能受也。萬邦之君皆以其邦讓於賢【10】□□
□□賢者,而賢者莫之能受也。於是乎天下之人,以【11
下】堯爲善興賢,而卒立之。

　　昔舜耕於鬲丘,陶於河濱,漁於雷澤,孝養父母,以善其
親,乃及邦子。堯聞之【13】而美其行。堯於是乎爲車十又五
乘,以三從舜於畎畝之中,舜於是乎始免靯(刈)开耨蓑(鎒),
价(拜?)而坐之{子}。堯南面,舜北面,舜【14】於是乎始語堯
天地人民之道。與之言政,敀(悦)簡以行;與之言樂,【8 上】

敓（悦）和以長；與之言禮，敓（悦）敀（博）以不逆。堯乃悦。堯【8下】□□□ 堯乃老，視不明，聽不聰。堯有子九人，不以其子爲後，見舜之賢也，而欲以爲後。【12下】舜乃五讓以天下之賢者，不得已，然後敢受之。

舜聽政三年，山陵不處，水潦（潦）不浴（谷），乃立禹以爲司工（空）。禹既已【23下】受命，乃卉（草）服、箁箬、冒（茅）芺（蒲）、藝，手足騈胝，【15上】面矸鱃（黮），脛不生之毛。𤲶（開）湚（塞）湝（皆）流，禹親執枌（畚）耜，以陂明都之澤，決九河【24下】之滯（遏），於是乎夾州、徐州始可處。禹通淮與沂，東注之海，於是乎競（青）州、莒州始可處也。禹乃通蔞（涞）與易，東注之【25】海，於是乎藕州始可處也。禹乃通三江、五湖，東注之海，於是乎荊州、揚州始可處也。禹乃通伊、洛，并里（瀍）、澗，東【26】注之河，於是於（乎）豫州始可處也。禹乃通涇與渭，北注之河，於是乎敘州始可處也。禹乃從漢以南爲名谷五百，從【27】漢以北爲名谷五百。

天下之民居奠，乃飭（力）食，乃立后稷以爲經（田）。后稷既已受命，乃食於野，宿於野，復穀（穀）羹土，五年乃【28】穰。民有餘食，無求不得，民乃賓，驕怠始作，乃立皐陶以爲李（理）。皐陶既已受命，乃辨陰陽之氣而聽其訟獄，三【29】年而天下之人無訟獄者，天下大和均。舜乃欲會天地之氣而聽用之，乃立質以爲樂正。質既受命，作爲六律六【30】郎（呂），辨爲五音，以定男女之聲。當是時也，癘疫不至，妖祥不行，禍災去亡，禽獸肥大，草木晉長。昔者天地之佐舜而【16】佑善，如是狀也。

舜乃老，視不明，聽不聰。舜有子七人，不以其子爲後，見禹之賢也，而欲以爲後。禹乃五讓以天下之賢【17】者，不得已，然後敢受之。禹聽政三年，不製革，不刃金，不略矢。田無蔡，宅不空，關市無賦。禹乃因山陵平隰之可封邑【18】

者而繁實之。乃因近以知遠，去苛而行簡。因民之欲，會天
地之利。夫是以近者悦紃（怡），而遠者自至。四海之内及，
【19】四海之外皆請貢。禹然後始爲之號旗，以辨其左右，思
（使）民毋惑。東方之旗以日，西方之旗以月，南方之旗以蛇，
【20】中正之旗以澳（熊），北方之旗以鳥。禹然後始行以儉，
衣不裂（襲）美，食不重味，朝不車逆，春不毇米，嬰裁不折骨，
製【21】表（服）鞁（皮）専（附）。禹乃建鼓於廷，以爲民之有詿
〈訟〉告者訐（鼓）焉。戵（擊）鼓，禹必速出，冬不敢以寒辭，夏
不敢以暑辭。身言【22】□□□□□□□，下不亂泉。所
曰聖人，其生易養也，其死易葬。去苛慝，是以爲名。

　　禹有子五人，不以其子爲後，見【33下】皋陶之賢也，而欲以
爲後。皋陶乃五讓以天下之賢者，遂稱疾不出而死。禹於是乎
讓益，啓於是乎攻益自取。【34】□□□□□□□□□啓王天下
十又六年〈世〉而桀作。桀不述其先王之道，自爲[芑（改）爲，]
[□□□□□□□□□□□□]【35中】不量其力之不足，起師以伐
岷山氏，取其兩女琰、琬，妝北去其邦，䀛（堅）爲丹宫，築爲璿
室，飾爲瑶臺，立爲玉門。其驕【38】泰如是狀。湯聞之，於是
乎慎戒徵賢，德惠而不剶，觓（柔）三十尼（夷）而能之。如是
而不可，然後從而攻之，降自戎（陑）遂，入自北【39】門，立於
中余（塗）。桀乃逃之歷山氏，湯或（又）從而攻之，降自鳴條
之遂，以伐高神之門。桀乃逃之南巢氏，湯或（又）從而攻之，
【40】遂逃去，之蒼梧之野。

　　湯於是乎徵九州之師，以霙四海之内，於是乎天下之兵
大起，於是乎羿（叛）宗鹿（離）族戔（殘）群安（焉）備。【41】當
是時，強弱不紃（辭）諹（讓），衆寡不聽訟，天地四時之事不
修。湯乃専（溥）爲征作（籍），以征關市。民乃宜（多）怨，虐疾
始生，於是【36】平有喑、聾、跛、⬤、瘻、窠、僂始起。湯乃慧
（謀）戒求賢，乃立伊尹以爲佐。伊尹既已受命，乃執（戠）兵欽

（禁）暴，羕（永）得于民，遂迷天【37】□□□□□□□□賊盜，夫是以得衆而王天下。

湯王天下三十又一世而紂作。紂不述其先王之道，自爲苣（改）爲，於【42下】是乎作爲九成之臺，寘盂炭其下，加圜木於其上，思（使）民道之。能遂者遂，不能遂者入而死。不從命者，從而桎梏之，於是【44】乎作爲金桎三千。既爲金桎，或（又）爲酒池，厚樂於酒，専（附）夜以爲權（淫），不聽其邦之政。於是乎九邦叛之，豐、鎬、郍、䣏、于（邘）、鹿、【45】黎、崇、密須氏。

文王聞之，曰：“雖君無道，臣敢勿事乎？雖父無道，子敢勿事乎？孰天子而可反？”紂聞之，乃出文王於【46】夏臺之下而問焉，曰：“九邦者其可來乎？”文王曰：“可。”文王於是乎素端、䵍（屨）、裳以行九邦，七邦來服，豐、鎬不服。文王乃起師以嚮【47】豐、鎬，三鼓而進之，三鼓而退之，曰：“吾所知多庽（存），一人爲無道，百姓其何罪？”豐、鎬之民聞之，乃降文王。文王時（持）故時而教民【48】時，高下肥毳（磽）之利盡知之。知天之道，知地之利，思（使）民不疾。昔者文王之佐紂也，如是狀也。

文王崩，武王即位。武王【49】曰：“成（盛）德者，吾敓（說）而代之；其次，吾伐而代之。今紂爲無道，昏者（屠）百姓，至（桎）約諸侯，天將誅焉，吾勴天威之。”武王於【50】是乎作爲革車千乘，帶甲萬人，戊午之日，涉於孟津，至於共、縢之間，三軍大犯。武王乃出革車五百乘，帶甲三千，【51】以少（宵）會諸侯之師於牧之野。紂不知其未有成政，而得失行於民之唇（脣）也，又亦起師以逆之。武王於是乎素冠冕，以造【52】各（類）于天，曰：“紂爲無道，昏者（屠）百姓，至（桎）約諸侯，絕種侮姓，土玉水酒，天將誅焉，吾勴天威之。”武王素甲以陳於殷郊，而殷【53】□□□□

容成氏【53反】

第二章　《容成氏》集釋

第一節　上古帝王事迹（共九簡）

簡 35 下

説明：本簡長 18.8 釐米，上殘，下端完整。現存 18 字。

拼合編聯：我們舊曾認爲簡 35 下＋43 上在簡 1＋2＋3 之前
而在簡 31 之後，現根據簡 35 下"𣪏（汭—庭）"字的考釋，並根據
典籍所云"大庭氏"在黃帝（軒轅氏）之前，以及《莊子·胠篋》《漢
書·古今人表》、《太平御覽》卷七八引《遁甲開山圖》、《初學記》卷
九引《帝王世紀》、司馬貞《三皇本紀》、《金樓子》中"大庭氏"都非
常靠前；又以《莊子·胠篋》《漢書·古今人表》《金樓子》中"容成
氏、大庭氏"相聯的情況，把簡 35 下＋43 上提至篇首，並認爲簡
35 下之前殘缺了半支簡；簡 43 上之後殘缺了半支簡；然後再與
簡 1 連讀。其中簡 35 下與 43 上編聯，從郭永秉 B（又見郭永秉
E）説。他説："陳劍……在解釋簡 32'始爵'二字的含義時，陳先
生指出：'爵'用作動詞，'始爵而行禄'謂此時才開始制定實行爵
禄之制，跟前文簡 43'官而不爵，無勵於民'相呼應。這是很正確
的意見。所以按照這種看法，簡 43 必須排在簡 32 之前，才能使
得簡文前後照應。我們發現簡 35B 的下端完整，文章也恰好是
完足的，因此把簡 43 接在簡 35B 之後讀適可解決這個問題。這
也可以從另一個角度説明，把簡 31、32 提到前面來的編連很可能
就是最符合實際情況的方案。"可信。

釋文：

　　■ 容成氏、大 汛（盈－庭）是（氏）之又（有）天下，厚忎（愛）而洦（薄）酓（斂）安（焉），身力弖（以）袰（勞）百眚（姓），

集釋：

【李零 A】湯是之又（有）天下，厚忎（施）而洦（薄）酓（斂），安身力弖袰（勞）百眚（姓）

　　◇忎：上半與第三簡"濾"字所從相同，下從心。從文義看，應讀"施"。◇安身力弖袰百眚："身"指自己。

【陳劍 A】⊘□氏之有天下，厚愛而薄斂焉，身力以勞百姓

　　◇"□氏之有天下"，"氏"前一字圖版上已看不清楚，原釋爲"湯"，不可信。"□氏之有天下"與簡1"［尊］盧氏……墟遷氏之有天下也"相類，而與後文内容不諧，故提前至此。但它上與第3簡、下與第4簡是否緊接都不能肯定，有可能連讀，也有可能中間尚有缺簡，暫時分開釋寫。殘去的"□□氏"或是在"堯"之前的上古帝王的最後一個，其後的帝王即堯。

【何琳儀】◇𧹈：上從"害"省，疑讀"愒"。"害"與"曷"聲系可通，如《書·湯誓》"時日曷喪"。《孟子·梁惠王上》引"曷"作"害"……《詩·大雅·民勞》"汔可小愒"。傳："愒，息也。"字亦作"憩"。《爾雅·釋詁下》："憩，息也。"釋文："憩，本或作愒。"簡文大意謂"休養生息而減輕賦斂"。

【黃人二 A】"厚施而洦斂"之"洦"，整理者讀"薄"，則第八簡"悦□以不逆"之"□"，應隸"伯"，而讀爲"薄"。又第三簡"濾棄不廢"之"濾"字，所從聲符與"厚施"之"施"字同，則"濾棄不廢"疑可讀爲"弛（右偏旁從"施"字之右偏旁）棄不廢"。"安身力以勞百姓"，"力"訓同簡六"賞不勸而民力"之"力"；"安"，讀"焉"，訓"則"。

【周鳳五 A】◇𧹈："施"字從心，從害省聲，其"害"字與簡三所從相同。害，古音匣紐月部；施，書紐歌部，可以通假。《左傳·昭

公二十六年》：“公厚斂焉，陳氏厚施焉。”“斂、施”相反爲義，與簡文可以互相參照。

【張通海 A】由相對爲言、相反成辭來看，李零所説無誤，“厚施”也可作“施厚、施博，博施”等。《管子·形勢解》第六十四：“民之所以守戰至死而不衰者，上之所以加施於民者厚也。故上施厚，則民之報上亦厚；上施薄，則民之報上亦薄。故薄施而厚責，君不能得之於臣，父不能得之於子。故曰‘往者不至，來者不極’。”

【王志平 B】身力：最早見於《後漢書·桓譚傳》“是以衆人慕効，不耕而食，至乃多通侈靡，以淫耳目。今可令諸商賈自相糾告，若非身力所得，皆以臧畀告者”，也即“躬耕”。“耕”與“勞”是密切相關的。《禮記·月令》……注：“既耕而宴飲，以勞群臣也。”

【孫飛燕 E】此處“愛”可解釋爲“惠”，《韓非子·内儲説上》：“愛多者則法不立，威寡者則下侵上。”《管子·權修》：“厚愛利足以親之。”

【按】◇汃：此字殘甚，但尚存“ ”形，諸家皆未釋，我們與上博三《周易》簡 9 的“ （汃－盈）”字相比①，發現二者有一致的地方，我們懷疑此字亦爲“盈”字之殘，簡文的“□盈氏”應即文獻中的“大庭氏”，“盈”喻母耕部，“庭”定母耕部，二字古音近。我們又根據典籍《莊子·胠篋》《漢書·古今人表》《金樓子》中“容成氏、大庭氏”相聯的情況（詳本文第三章第二節所述），把“大庭氏”之前的古帝王補爲“容成氏”。◇惎：李零讀爲“施”；陳劍 A 讀爲“愛”；何琳儀認爲上從“害”省，疑讀“愒”；周鳳五亦認爲從害省

---

① 關於《周易》簡 9“盈”字的字形來源，可參看趙平安《關於“及”的形義來源》，簡帛網 2007 年 1 月 23 日，http://www.Bsm.org.cn/show_Article.php? id＝509；又載《中國文字學報》第二輯，商務印書館 2008 年，第 17～22 頁；又載《新出簡帛與古文字古文獻研究》，商務印書館 2009 年，第 97～105 頁。

聲,讀爲"施"。此字原篆作🀄,其上部確與楚簡中某些用爲"害"字的上部有點相近,但那些"害"皆不從心。此字在《容成氏》簡 1 亦出現過,作🀄,其與本簡的🀄相比,只是上部"旡"的方向相反而已,故陳劍 A 讀爲"愛"是可信的。與🀄相近的"怎"字形在楚簡中也能看到,如郭店《尊德義》26 的🀄、上博四《曹沫之陳》簡 12 的🀄等。

簡 43 **上**

説明:本簡長 24.6 釐米,上端完整,下殘。現存 24 字。

拼合編聯:簡 43 上與簡 1 上可排在一起,爲筆者説,這裏暫定簡 43 上後面佚失了半支簡,不過也有再佚失一支或兩支整簡的可能。

釋文:

亓(其)其政絤(治)而不賞,官而不篕(爵),無萬(勵)於民,而絤(治)嬰(亂)不关。古(故)曰:臤(賢)及□ ▭▭ 尊

集釋:

【李零 A】亓政絤(治)而不賞,官而不篕(爵),無萬(勵)於民,而絤(治)嬰(亂)不尿。古(故)曰:臤(賢)及□

◇其政絤而不賞,官而不篕:指不靠賜賞而達到政治。◇無萬於民,而絤嬰不尿:指不靠爵禄而得人以任。以上是講商湯及紂事。

【陳劍 A】其政治而不賞,官而不爵,無勵於民,而治亂不□。故曰:賢及□☑

◇此簡跟下面一簡(辰按:指簡 9)可能緊接,也可能中間尚有缺簡。

【安大】◇萬:黄讀作"賴",郭店簡有一字從"貝"從"萬",讀作"賴"。

【何琳儀】◇关:據殘存筆劃,可補"关"字,在簡文中讀"倦"。

【邱德修 A】"官而不筴"即"管而不爵",謂商紂衹會管控屬下而不知封爵功臣……夃,象雙手捧冠形,即"弁"字,此借作"辨"用……"而治亂不辨",謂商紂連政治上軌道或政治上混亂都無法辨別。

【陳劍 B】其政治而不賞,官而不爵,無勸於民,而治亂不共(?)。故曰:賢及□☑

【王志平 B】讀"萬"爲勉,"萬、勉"均爲明母元部字。

【林文華 B】此"萬"字與《郭店·緇衣》的"購"以及《上博五·競建内之》的"漢",應該是同一字……蓋《郭店·緇衣》簡 13～14:"《吕刑》云:'一人有慶,萬民購之。'""購"字形體作🐕,今本《禮記》《尚書》相應的文句作"賴",可證"購"當爲"賴"……《容成氏》"無萬於民","萬"與"購、漢"皆"賴"之通假,有"利"之意,"無萬於民"即"無利於民",意指堯不用特別施利於人民,人民自然歸服,

【按】◇萬:李零讀爲"勵";黄德寬、林文華 B 讀爲"賴";王志平 B 讀爲"勉"。此處暫從李零説。◇𢧜:何琳儀隸定爲"关"讀爲"倦";陳劍 B 疑讀爲"共";邱德修 A 釋爲"弁"讀"辨"。"共"字形不確,何琳儀所説的字形是,可參《楚系簡帛文字編(增訂本)》第 753 頁、《上海博物館藏戰國楚竹書(一—五)文字編》第 397～398 頁"倦"字所從,與此甚近。但在簡中是否讀爲"倦"存疑。

簡 1

説明:本簡長 44.5 釐米,完簡。共 43 字。

拼合編聯:簡 1 與簡 2 編聯,從李零説。

釋文:

膚(盧)是(氏)、若(赫)疋(胥)是(氏)、喬結是(氏)、倉頡是(氏)、軒緩(轅)是(氏)、新(神)戎(農)是(氏)、栓(祝)丨(融?)是(氏)、墉遷是(氏)之又(有)天下也,皆不受(授)亓(其)子而受

（授）叞（賢），亓（其）惪酋清，而上惥（愛）

集釋：

【李零　A】膚（盧）是（氏）、茖（赫）疋（胥）是（氏）、喬結是（氏）、倉頡是（氏）、軒緩（轅）是（氏）、訢（神）戎（農）是（氏）、樟 是（氏）、墉遷是（氏）之又（有）天下也，皆不受（授）亓子而受（授）叞（賢），亓惪酋清，而上惥（愛）

◇膚是：上文疑脱一簡，作“昔者訟成是、□□是、□□是、□□是、□□是、□□是、□□是、□□是、□□是、□□是、□□是、□□是、□□是、尊”，“訟成”即“容成”，“是”讀“氏”。案：上古傳説帝王很多（《史記·封禪書》引《管子·封禪》佚篇謂古者封禪泰山有七十二家），除伏羲、女媧、燧人、神農、祝融所以備“三皇”，太昊、少昊、黃帝、炎帝、顓頊、帝嚳、堯、舜所以備“五帝”。此外著稱者還有大庭氏、柏皇氏、中央氏、卷須氏（可能是倉頡氏之誤）、栗陸氏、驪連氏、赫胥氏、尊盧氏、渾沌氏、昊英氏、有巢氏、朱襄氏、葛天氏、陰康氏、無懷氏十五人（《漢書·古今人表》、漢代緯書、譙周《古史考》、皇甫謐《帝王世紀》、司馬貞《補三皇本紀》等）。其説不僅見於漢代以來的古書，在先秦古書中也有不少記載。如《莊子·胠篋》：“昔者容成氏、大庭氏、伯皇氏、中央氏、栗陸氏、驪畜氏、軒轅氏、赫胥氏、尊盧氏、祝融氏、伏犧氏、神農氏，當是時也，民結繩而用之，甘其食，美其服，樂其俗，安其居，鄰國相望，雞狗之音相聞，民至老死而不相往來。”語句相似，正以“容成氏”爲首。又《六韜》佚文《大明篇》述“古之王者”有柏皇氏、栗陸氏、驪連氏（或黎連氏）、軒轅氏、赫胥氏、尊盧氏（或宗盧氏）、祝融氏、伏犧氏、神農氏、共工氏、庸成氏（即容成氏）、混沌氏、昊英氏、有巢氏、朱襄氏、葛天氏、陰康氏、無懷氏、中央氏（《太平御覽》卷七六、《資治通鑒外記》卷一、《路史·前紀六》引，參看周鳳五《太公六韜佚文輯存》，收入《毛子水先生九五壽慶論文集》）。◇ ，《郭店楚墓竹簡·緇衣》第十七簡“出言又（有） ”，第四字與此相同。◇

墉遷氏之又天下也：此句及以上所見八名，可考者尊盧氏、赫胥氏、倉頡氏、軒轅氏、神農氏（參看梁玉繩《漢書人表考》的有關考證），待考者喬結氏、樟⿱氏、墉遷氏。◇酋清：疑是清靜無爲的意思。

【廖名春】◇疑"喬結氏"當讀爲"高辛氏"。"高"爲宵部見母，"喬"爲宵部群母，韻同聲近。《詩·周頌·般》："墮山喬嶽。"《玉篇·山部》引"喬"作"高"。"辛"爲真部心母，"結"爲質部見母，韻近聲異。《詩·小雅·天保》："吉蠲爲饎。"《大戴禮記·遷廟》、《周禮·秋官·蠟氏》賈疏引"吉"作"絜"。而"騞"可與"挈"通。《周禮·地官·草人》："騞剛用牛。"鄭注："故書騞爲挈。"◇"樟⿱"當爲"樟屯"，讀爲"混沌"。"樟"爲微部匣母，"混"爲文部匣母，聲同韻近。從"昆"之字與從"軍"之字常混，如"混"可作"渾"。如《左傳·文公十八年》："謂之渾敦。"《正義》："莊子稱：'中央之神，其名爲混沌。'混沌與渾敦，字之異耳。"而從"軍"之字則與從"韋"之字通。《周禮·天官·内司服》："褘衣。"鄭玄注："玄謂褘衣畫翬者，翬、褘聲相近。"……"⿱"當爲"屯"，可與郭店簡《老子》乙本第十六簡"子孫以其祭祀不屯"之"屯"字比較。"屯"讀爲"沌"，亦可讀爲"敦"。如《莊子·天地》："渾沌氏。"《路史·前紀四》引《風俗通》作"渾屯氏"。◇"墉遷"疑讀爲"伏羲"。"伏羲"之"伏"又作"包、宓、虙、庖"等，而從"包"之字與"膚"通。《漢書·地理志》："枹罕。"顏師古注："枹讀曰膚。""遷"從"畢"。"畢"字金文或從單，或從干。而"單"或"干"皆爲元部字，也許和歌部字的"羲"或"戲"可通用。《説文》"畢"字從"華"，而"華"《廣韻》北潘切，平桓幫。又卑吉切，元部。其韻與"羲"或"戲"之歌部可對轉。《禮記·玉藻》："一命縕韍幽衡，再命赤韍幽衡。"《説文·韋部》"韠"字引"韍"皆作"韠"。"韍"爲月部幫母字，亦可爲"畢"古音爲元部一證。《管子·封禪》："管仲曰：古者封泰山，禪梁父者七十二家，而夷吾所記者十有二焉。昔無懷氏封泰山，禪云云；虙羲封泰山，禪云云；神農封泰山，禪云云；炎帝封泰山，禪云云；黃帝封泰山，禪亭亭；顓頊封泰山，禪云云；帝嚳封泰山，禪云云；堯封泰山，禪云云；舜封泰山，禪云云；禹封泰山，禪會稽；湯封泰山，禪云云；周成王封泰山，禪社首。皆受命然後得封禪。"《史記·封禪書》同。《莊子·胠篋》："昔者容成氏、大庭氏、伯皇氏、中央氏、栗陸氏、驪畜氏、軒轅氏、赫胥氏、尊盧氏、祝融氏、伏羲氏、神農氏。""伏羲"雖在"神農"前，但皆在諸氏後。《帝王世紀》："女媧氏没，大庭氏王有天下；次有柏皇氏、中央氏、栗陸氏、驪連氏、赫胥氏、尊盧氏、混沌氏、皥英氏、有巢氏、朱襄氏、葛天氏、陰康氏、無懷氏，凡十五世，皆襲庖羲氏之號。《易》稱庖羲氏没，神農氏作，是爲炎帝。"也有相同之處。簡文"墟遲氏"居諸氏最後，與上述文獻雖有一定出入，但大體上還是相應的。◇"容成氏"後可補"大庭氏、伯皇氏、中央氏、栗陸氏、驪畜氏、祝融氏、昊英氏、有巢氏、葛天氏、陰康氏、朱襄氏、無懷氏"。其中"大庭、柏皇、中央、栗陸、驪畜、祝融"六氏據《莊子·胠篋》補。"昊英、有巢、葛天、陰康、朱襄、無懷"六氏據《漢書·古今人表》、《六韜》佚文《大明》篇、《帝王世紀》補。

【陳劍 A】[尊]盧氏、赫胥氏、喬結氏、倉頡氏、軒轅氏、神農氏、椲丨氏、壚遲氏之有天下也，皆不授其子而授賢。其德酉清，而上愛

【安大】◇酉清：何（辰按：指何琳儀，下同）讀"酒清"，《禮記》"酒清人渴而不敢飲也"。黃（辰按：指黃德寬，下同）讀作"尊清"，"尊"可能是省寫。

【何琳儀】◇茖（赫）疋（胥）是（氏）：檢《璽匯》0045"疋茖司馬"乃三晉官璽。其中"疋茖"疑與簡文"茖疋"有關。◇丨：《考釋》闕釋。按，《説文》："丨，上下通也，引而上行讀若囟，引而下行讀若退。"（古本切）本簡丨當讀若"退"。簡文"椲丨是"可讀"渾沌氏"（《史記·五帝本紀》）或"渾敦氏"（《左傳·文公廿十八年》），上古

傳説中之帝王。首先，"韋"與"軍"聲系可通。《易·繫辭》上"日月運行"釋文"運，姚作違。"……其次，"退"與"敦"亦可相通。《詩·大雅·棫樸》"追琢其章"。《荀子·富國》引"追"作"雕"……凡此可證"敦"與"追"實乃一音之轉。而"追"又可與"退"相通。《禮記·檀弓下》"文子其中退然如不勝衣"。釋文"退"作"追"。是其佐證。通過以上典籍異文的分析，可知"樟丨"與典籍之"渾沌、渾敦、混沌、渾淪、昆侖、倱伅"等，皆一音之轉。

【許全勝】◇喬結是：喬、高，古音極近。此篇"豐鎬"之"鎬"，第47、48簡皆作"喬"，第45簡字從示從喬聲。結，古音在見母質部；辛，在心母真部。聲母較近，韻母對轉，故可通。

【黄人二 A】◇廖名春讀"喬結氏"爲"高辛氏"，讀"神農氏"下之兩氏爲"混沌（渾敦）氏、伏犧氏"，疑皆不可從。案，"結"（脂部）、"辛"（真部）二字音韻懸遠，未若古書常見之"僑極氏"，以之脂押韻較佳，然實不可確定。且依前舉古書中諸氏之狀況，"高辛氏"無由排於此處。當從整理者所言，簡文若有見"高辛氏"，當於第二部分出現較恰當，然其宜稱"帝"而不爲"氏"。"樟□是"之"樟"字，聲母與"混"同，但一微部一文部，韻部不同；"□"字字形奇詭，若《緇衣》"出言有章"之"章"字，亦不可確知，雖然，卻不爲"屯"字。"壙還是"之讀爲"伏犧氏"，亦不可信，"伏"字一般楚文字多從"包"得聲，"犧、畢"兩字聲韻皆遠，聲母一喉音一脣音，韻部一歌部一脂部，故恐不能假。簡文續云"皆不授其子而授賢"，似接續一大段尚賢禪讓故事後之語氣。◇"其德酉清"，疑讀爲"其德莊靖"，意"其德莊且安"。郭店簡《尊德義》簡一三有"其德清酒"，周鳳五考之頗詳，可參看（《郭店楚簡識字札記》，《張以仁先生七秩壽慶論文集》第359頁）。

【顔世鉉 A】◇酉清：簡文"酉"當讀爲"瀏"。"酉"從"西"聲，"瀏"從"劉"聲，而"劉"則以"卯"（顔按：非天干之"卯"）爲聲。《説文》"西"字之古文作"卯"。故"酉、瀏"皆從"卯"得聲，二者有語音

相近的關係。《詩・鄭風・溱洧》："溱與洧,瀏其清矣。"……簡文
"酉清",可通"瀏清、漻清",亦猶"淑清"。此又可比喻君主爲政之
德……《孔子家語・好生》載孔子答魯哀公之語云:"舜之爲君也,
其政好生而惡殺,其授賢而替不肖,德若天地而靜虛,化若四時而
變物。是以四海承風,暢於異類,鳳翔麟至,鳥獸馴德。無他也,
好生故也。"此段話可與簡文參看。"授賢而替不肖",猶簡文"不
授其子而授賢";"德若天地而靜虛",猶簡文"其德瀏清";"四海承
風,暢於異類,鳳翔麟至,鳥獸馴德",猶簡文"而上愛下,而一其
志,而寢其兵"。

　　【楊澤生 B】◇酉清:"酉"應該讀作"輶"。《説文・車部》:
"輶,輕車也。"這是"輶"的本義。古文獻中常以"輶"形容德。
《詩・大雅・烝民》:"人亦有言:德輶如毛,民鮮克舉之。"鄭玄箋:
"輶,輕。"《禮記・中庸》:"是故君子篤恭而天下平。《詩》曰:'予
懷明德,不大聲以色。'子曰:'聲色之於以化民,末也。'《詩》曰:
'德輶如毛',毛猶有倫;'上天之載,無聲無臭',至矣!"鄭玄注:
"言化民常以德,德之易舉而用其輕如毛耳。"南朝梁王筠《昭明太
子哀策文》:"仁器非重,德輶易遵。"

　　【讀本】◇墉遑:即"伏羲"……"膚"古音幫紐魚部,而"膚"……
從"虍"聲……"虍",曉紐魚部,可説明幫、曉二紐有互通的可能。
陸志韋説這可能是喉牙音脣化的緣故,他也舉出"膚"字有喉牙音
通脣音的現象(陸志韋《古音説略》,《陸志韋語言學著作集》一)。
◇《郭店》屬於 ▨ 一系的寫法,除上述字形類似"丁"外,其他如 ▨
(3.17)或是另外一種常見作"一橫筆"者如 ▨(6.23),皆與"丁"不
類……丁,古音端紐耕部;擎,溪紐真部,韻部真耕在楚系方言常
見相通……但聲紐則少見通假例證。

　　【邱德修 A】(喬結是)宜釋作"高辛氏"。古文字的"喬"是從
高作,……"結"爲"辛"字之借,因爲古書有"鵠"作"結"之例,如:
《周禮・春官・巾車》"前樊鵠纓";《鄭注》:"杜子春云:鵠或爲

結。”即其證。“帝嚳高辛氏”後人有組合成“高嚳氏”者。“樟丨是”，就是“樟乙氏”，釋作“樟虺氏”。

【陳劍 B】［尊］盧氏、赫胥氏、喬結氏、倉頡氏、軒轅氏、神農氏、樟（?）丨氏、壎遷氏之有天下也，皆不授其子而授賢。其德酋清，而上愛

◇簡文及《莊子·胠篋》敍上古帝王皆以“容成氏”爲首，《淮南子·本經》中有一大段文字敍述上古之事，云“昔容成氏之時……逮至堯之時……舜之時……晚世之時，帝有桀、紂……是以稱湯、武之賢”，跟簡文全篇結構甚爲相近，而以“昔容成氏之時”開頭，也是將容成氏置於上古帝王的首位。◇“樟”字原釋爲“樟”（此字右半略有模糊，諦審圖版似是“夸”字形）。◇簡文所存帝王名跟古書難以對應的有“喬結氏、樟（?）丨氏、壎遷氏”三人。研究者（所釋）……從古音通假的距離來看，這些讀法都不同程度地存在困難……其實，這些在古人看來就屬縹緲難稽的上古帝王名，在流傳的過程中或湮没不顯，有幾個没有保存在現有古書裏，實屬正常，似不必一定要在古書中找到對應者。◇古書中“容成造歷，倉頡作書”之説常常同時出現，“容成”亦是兼有上古帝王和黃帝史官兩種説法，跟“倉頡”情況相類。

【淺野裕一】其德猶（悠）清

【陳立】◇喬結氏：從文字而言，所指爲（《漢書·古今人表》的）“僑極”的可能性爲高。“喬、僑”同爲“巨嬌切”，上古音屬群紐宵部，雙聲疊韻；“結”字爲“古屑切”，上古音屬見紐質部；“極”字爲“渠力切”，上古音屬群紐職部，二者發聲部位相同，見、群旁紐。而職、質通假之例，亦見於郭店簡《窮達以時》簡六之“杕”字，“杕”字於簡文中通假爲桎……亦知“結”通假爲“極”應無問題。◇樟丨氏：《説文》“丨”字云“下上通也，引而上行讀若囟，引而下行讀若退”……“樟”字爲“于鬼切”，上古音屬匣紐微部，“渾”字爲“户昆切”，上古音屬匣紐文部，二者聲紐相同，文、微陰陽對轉……

"沌"字爲"徒損切",上古音屬定紐文部。透過音韻的分析,可知"丨"於此讀若"退",與"沌"關係爲近,二者發聲部位相同,透、定旁紐,文、物陽入對轉。讀爲"渾沌氏",應無疑問。

【陳英傑 B】◇ 𧧃:此字當是"詹"的省寫,這種省寫的"詹"見於戰國時期的王命傳賃銅龍節,字作 𣎳,上博簡《緇衣》9 號"民具爾詹(瞻)",詹作 𧮫,此簡中讀爲"澹清"。但此字跟見於上博簡《緇衣》24 簡的"猷"所從相同。我們也主要是從意義上加以疏通,證據雖不充分,但也還算有一定的可信性。

【邱德修 B】酋,借作"猶"字用……"其德猶清",謂他們品德高尚,清靜無爲,大公無私。

【田煒】◇酋清:"酋"當讀作"猷"。《大戴禮記·虞戴德》中引孔子的一段話:"猷德保,保惛乎前,以小繼大,變民示也。"王聘珍解詁:"猷,謀也。德,謂德政。"其中"猷德保"無論從語法上説,還是從"猷德"連言的角度看,都與"其德猷清"非常接近……"德猷"在文獻中不乏其例:《文選·王儉〈褚淵碑文〉》有"德猷靡嗣",李善注:"德猷,令德徽猷也。"……唐中宗《禁進獻奇巧制》:"蒿宮茅柱,實興國之清猷;玉席珠衣,乃危邦之弊化。""清猷"就是善謀,"化"也是"猷也"。

【史傑鵬】◇酋清:"酋"可以讀成"瀏",《説文·水部》:"瀏,流清貌。"《詩經·鄭風·溱洧》:"瀏其清矣。"正把"瀏"和"清"放在一起用。"酋"和"瀏"古音都在幽部,不過聲母不同,前者屬從母,後者屬來母……"酋"字可能是從"酉"得聲的……古書中"酉"聲字和"酋"聲字通假的情況很多……"酉"上古音余母幽部,余、來兩母都是舌音,可以通假。從"酉"得聲的字和"瀏"的聲符"丣"聲字有通假關係,比如《周禮·天官·大宗伯》:"以槱燎祀司中、司命。"《風俗通義·典祀》引"槱"作"柳"……"瀏、漻、潚、淑"四個字都在幽部,很顯然完全是屬於一個同源詞族的……古書上經常用"清、淑"等詞來修飾"德"……《六韜·盈虛》"旌別淑德,表其門間”……把“其德酋清”讀爲“其德淑清”又似乎更加妥當。從“酋”得聲的字和從“朿”得聲的字在古書上有通假的例子，比如《詩經·新台》：“得此戚施。”《説文·黽部》引“戚施”的“戚”作“䵷”，可以爲證……《楚辭·嚴忌〈哀時命〉》：“形體白而質素兮，中皎潔而淑清。”

【連劭名】◇“酋清”當讀爲“猶清”……“清、明”義通。《淮南子·精神》云“清目而不視”。高注：“清，明也。”……“清、靜”義近。《淮南子·原道》云“清靜者，德之至也”。是知“其德酋清”是指“至德”。《周禮·師氏》云“以三德教國子，一曰至德”。鄭注：“至德，中和之德，覆燾持載，含容者也。”

【孫飛燕 B】◇酋清：郭店簡《尊德義》13 簡有這樣一句話：教以樂，則民𠭁（淑）德清㽙……《容成氏》的“其德酋清”與《尊德義》的“淑德清㽙”含義應該類似，這一點黄人二已經指出……《容成氏》的 🔲 隸定爲“酋”，《尊德義》的 🔲 隸定爲“㽙”……二者有共同的部首酉，從漢字構成的一般規律來説似應從酉得聲。“酋清”形容“不授其子而授賢”“一志寢兵官才”的上古帝王，理當與靜虚無爲義近。這樣來看，顔世鉉、史傑鵬的意見無疑是最合理的。他們認爲簡文“酋清”，可通“瀏清、瀏清”，亦猶“淑清”。【附】lht（網名）：史牆盤銘文“青（靜）幽高祖”的“靜幽”是描述高祖品德的，同“酋清”記録的很可能是一個詞。“酋清”疑應讀爲“幽靜”。（辰按：【附】lht（網名）即【劉洪濤】先行發表的意見）

【單育辰 B】桎（祝）丨（融？）氏

【葉曉鋒】楚簡中的“丨”就是“芒”或“萌”，“芒”與“萌”在古籍中經常通用，是同源詞。裘先生認爲“丨”釋爲“針”的很大依據就是象形。有句俗話叫“針尖對麥芒”，是針鋒相對的意思，可見“針”和“芒”在形體上有相似之處。“丨”既然可能釋爲“針”，那同樣也有可能釋爲“芒”。兩者都是筆直鋭利的……上博簡容成氏中的一般釋爲“樟丨氏”的三個字，單育辰（2008）改釋爲“桎（祝）

丨(融?)”,如果單育辰對“栓”的隸定是正確的,那麼“栓”可能是從“主”得聲,當讀爲“朱”,“栓丨氏”當讀爲“朱明氏”,“朱明”就是“祝融”。詳見楊寬(1939)。

【陳劍 G】◇𣏾:根據已有的對戰國文字中同類常見變化的認識,可以推知,“夲”下半的所謂“主”形,其原始形體應該作一橫筆下加一豎筆或斜筆之形……這部分形體顯然正是“亢”字。其個別的中間一筆還作一斜筆形,仍然保留著“亢”字較原始的特徵……《容成氏》簡 1“杭”字見於古帝王名“杭丨是(氏)”……在其所列舉的諸位古帝王名中,“喬結氏、壎遟氏”均於古書無考。在釋出“杭”字後,我們仍然沒有在古書中找到對應者。

【張金良】《說文·乁部》:“流也,從反厂,讀若移。”《說文·厂部》:“厂,抴也,明也。象抴引之形。”……“厂、乁”古音相近,據《說文》“曳”字從“乁”得聲,“厂、乁”在字義上也有聯繫。古文字往往反正無別,竊疑這兩個字實爲一字而《說文》誤分爲二。“乁”字小篆作“乁”,從字形上看,和“丨”字相近,二者很可能即爲一字……下文徑隸定“丨”爲“乁”,在簡文中的釋讀按照“移”字的讀音進行討論……從“樟乁氏”出現的位置來看,很有可能即“伏羲氏”,“伏羲、樟乁”古音也比較接近,上古音“伏”是並母職部字,“樟”是匣母微部字,就聲母而言,“伏”是脣音並母字,“樟”是喉音匣母字,古脣音字與喉音字關係密切,典籍中多可相通。就韻母而言,一在職部,一在微部,主要元音相同,或可相通。上古音“羲”是曉母歌部字,“移”是餘母歌部字,疊韻。

【李銳 B】裘錫圭在考釋“丨”字時所指出此字與“朕”所從之“关”形(𦫵)有關係之意見,值得重視。“丨”古音見紐文部,“朕”古音定紐侵部(或謂端紐侵部,或定紐蒸部),聲韻似稍有差別。不過沈培在討論“惢”字時,已經說明了從“关”形得聲的字,可以讀爲曉母的“訓”,同時還解釋了從“关”聲之字與文部字相通的問題。所以,從“关”形得聲的“朕”字,確有可能從“丨”得聲。本簡此處疑讀爲“順”……上博簡《容成氏》簡1的“栲丨氏”,陳劍指出“栲”當爲“杭”字。“杭丨氏”,疑讀爲“皇覃氏”,羅泌《路史》卷四引《春秋命曆敍》有“皇覃氏,一曰離光氏”。“杭、皇”古音皆爲匣紐陽部;《考工記·弓人》云“撟角欲孰於火而無燂”,鄭注:“故書燂或作朕。”“燂”(從覃聲)與“朕”古音皆爲定紐侵部。然依聲求之,“杭丨氏”,或還可以讀爲“狙神氏”。羅泌《路史》卷三列有“狙神氏”,其引《春秋命曆敍》云:“人皇氏没,狙神次之。”“狙”從巨聲,古音群紐魚部,與匣紐陽部的“杭”字古音近。而從“朕”聲的“勝”字,古音與“申、伸、陳”相通,故“丨”可讀爲“神”。孰者爲是,抑或另有他説,存疑待考。

【夏世華B】疑“酉”當讀爲“欲”。《墨子·明鬼下》“齊君由謙殺之,恐不辜;猶謙釋之,恐失有罪”,孫詒讓《閒詁》:“王云:‘由、猶皆欲也……《大雅·文王有聲》篇匪棘其欲,《禮器》作匪革其猶’。”“欲”即想、想要的意思。

【劉洪濤】簡文“其德酉清”的“酉清”應當與《孔子家語·好生》的“靜虛”和史牆盤銘文的“靜幽”義近,疑應讀爲“幽靜”,是史牆盤銘文“靜幽”的倒文。“清、靜”二字音義皆近,可以通用……上古音“幽”屬影母幽部,“酉”屬從母幽部。二字韻部相同,聲母也有關係,例如從“酉”聲之“猶”《廣韻》有居祐切一音,屬見母,與影母音近,因此可以通用……“其德幽靜”是説遠古時代帝王的統治不用謀慮,他們的德行都是清靜無爲的。

【按】◇喬結,廖名春讀“高辛”,許全勝從之;黃人二A讀爲“僑極”,陳立從之。此四家所讀與簡文音韻並不密合,應以存疑爲好。◇“桱丨”,李零隸首字爲“樟”,第二字未隸定;廖名春隸定爲“樟屯”,讀爲“混沌”;何琳儀隸定爲“樟丨”,亦讀爲“混沌”,陳立從之;邱德修A釋爲“樟甿”;陳劍B隸定爲“栲丨”;單育辰B隸定爲“桱丨”,疑讀爲“祝融”,葉曉鋒從之隸定,並讀爲“朱明”;陳劍F釋首字爲“杭”;張金良釋爲“伏羲”;李鋭B釋爲“皇覃”或

"狟神"。按：首字應以隷定爲"桎"爲是，此字右旁作▮，細察便可發現上部應如陳劍 B 所言從"大"，下部所從爲"主"，其與楚文字常見的"主"不同者，只是於左右加了兩撇做飾筆①。又，上博六《用曰》簡 3："丨其有成德，閉言自關。諅其有中墨，良人真焉。"其中"丨、諅"連用，與本簡的"桎、丨"連用可相參照，應該不是巧合，此亦爲▮從"主"之一證。我們懷疑"桎"字從"主"得聲，在典籍中"主"（章紐侯部）和"祝"（章紐覺部）常通用，如《山海經・南山經》"其名曰祝餘"，郭注"祝餘或作桂（辰按："桂"爲"柱"之誤）荼"；《周禮・天官・瘍醫》"掌腫瘍、潰瘍、金瘍、折瘍之祝藥"，鄭注："祝當爲注，讀如'如注病'之'注'，聲之誤也。""注、柱"及《容成氏》的"桎"皆從"主"聲，故"桎"可讀爲"祝"。"丨"，此字單獨出現過 3 次（郭店殘簡 27、上博六《用曰》簡 3、《容成氏》簡 1），用爲偏旁出現過 2 次（即"訮"字，見郭店《緇衣》簡 17、上博一《紂衣》簡 10），此字舊已衆説紛紜，從郭店《緇衣》簡 17、上博一《紂衣》簡 10 與今本《禮記・緇衣》對照起來看，"丨"相當於今本的"章"字，"訮"相當於今本"望"字，我們感覺應該往陽部字的方向考慮，若不顧與傳世文獻相當的字對照而立新説者，恐怕是有問題的。從本簡的"桎丨氏"的"桎"或可讀爲"祝"的情況看，似乎把"丨"限定到了"融"上，"融"，喻紐冬部；"章"，章紐陽部；"望"，明紐陽部。語音是有通假的條件的。在上古傳説中，"祝融"是個常見的帝王，並且也常和"軒轅、神農"位置相接。而此篇正缺"祝融"這一

---

① 徐家嶺楚墓 M10 出土《醓茯想簠》銘原釋文作"醓茯想之飤固"，其中的"茯"原篆爲"▮"，此書隷定爲"茯"，是錯誤的。此字左旁是"丂"（楚文字中"主、丂"已同形），不過其所加的兩撇飾筆連起來罷了。此字應隷定爲"攷"，"攷"郭店多見，皆用爲"巧"（參看《楚系簡帛文字編（增訂本）》第 310 頁），銘中或亦用爲"巧"，舊釋的"醓茯想"也應改釋爲"沈巧想"，"沈巧想"爲人名。此銘圖版見河南省文物考古研究所、南陽市文物考古研究所、淅川縣博物館《淅川和尚嶺與徐家嶺楚墓》，大象出版社 2004 年，第 259 頁圖二四六、彩版六七；釋文見第 362 頁。

常見的帝王,這似乎不是巧合。又按:此字後來在上博八《李頌》1背中又出現,辭例爲"亂本曾枝,浸毁丨分","丨"與脂部相押,我又以爲"丨"也有可能不是字而代表缺字符號①。◇"墉遷",廖名春讀"伏羲",《讀本》從之。按:"墉"與"伏"、"遷"與"羲"語音難通。◇《讀本》認爲楚文字的"賢"從"丁"得聲,誤。據陳劍説,楚文字"賢"右面的 是由金文的 ("掔"的初文)這樣的形體演變而來的②。◇酉清:李零疑是清靜無爲的意思;何琳儀讀爲"酒清";黄德寬讀爲"尊清";黄人二 A 讀爲"莊靖",並與郭店《尊德義》簡 13"其(辰按:"其"爲"淑"之誤釋)德清牆"對讀;顏世鉉 A讀爲"瀏清"或"滲清",認爲即"淑清";史傑鵬亦讀爲"瀏清",亦認爲即"淑清",孫飛燕從之;楊澤生 B 讀爲"輶清";淺野裕一讀爲"悠清";陳英傑 B 讀爲"澹清";邱德修 B 讀爲"猶清";田煒讀爲"猷清";連劭名讀爲"猶清";劉洪濤與史牆盤"青(靜)幽高祖"的"靜幽"對讀;夏世華 B 讀爲"欲清"。我們認爲黄人二把此詞和郭店《尊德義》與劉洪濤把此詞和史牆盤相關詞句對讀是非常合理的,"酉清"(或"清牆、青幽")連稱,存世典籍中尚未發現,但在出土文獻中卻出現了三次,這是因先秦古書缺佚已多,它在典籍中未能發現也是不奇怪的。◇簡 1 前李零認爲應脱一簡,並補脱簡之文爲"昔者訟成是、□□是、□□是、□□是、□□是、□□是、□□是、□□是、□□是、□□是、□□是、□□是、□□是、尊";而廖名春亦補脱簡之文爲"大庭氏、伯皇氏、中央氏、栗陸氏、驪畜氏、祝融氏、昊英氏、有巢氏、葛天氏、陰康氏、朱襄氏、無懷氏"。這兩種補法恐怕是有問題的,《容成氏》所缺的一簡大概不會全是

---

① 復旦吉大古文字專業研究生聯合讀書會《上博八〈李頌〉校讀》,復旦大學出土文獻與古文字研究中心網 2011 年 7 月 17 日,http://www.gwz.fudAn.edu.cn/SrcShow.Asp? Src_ID=1596 引單育辰説。

② 陳劍《柞伯簋銘補釋》,《甲骨金文考釋論集》,綫裝書局 2007 年,第 1～7頁。

排列古帝王名的文辭,而很可能説了一些其他的話,然後才排列一些帝王名。從簡 1 已經舉出了很多帝王的情況看,簡 1 前的缺簡所舉的帝王名大概不會超過三位。又從篇題作《容成氏》看,其首列的帝王必是"容成氏"。現在根據我們對簡 35 下",庭)"字的考釋,並把簡 35 下＋43 上提前至篇首,這樣重新排序之後,也否認了《容成氏》的篇首所缺全是帝王名的説法。

簡 2

説明:本簡長 44.6 釐米,完簡。共 40 字。

拼合編聯:簡 2 與簡 3 編聯從李零説。

釋文:

下,而一亓(其)志,而寢亓(其)兵,而官亓(其)才(材)。於是虍(乎)唫(暗)聾執燭,臱(矇)戈(瞽)鼓蕊(瑟),垄(跛)䟗(躃)戰(守)門,牧(侏)需(儒)爲矢,長者酥(懸)厇(鎛),婁(僂)者坟礜(數),瘻(癭)

集釋:

【李零 A】下,而一亓志,而寢亓兵,而官亓才(材)。於是虖(乎)唫(暗)聾執燭,椙戈鼓蕊(瑟),垄(跛)䟗(躃)戰(守)門,牧(侏)需(儒)爲矢,長者酥厇,婁(僂)者坟礜(數),瘻(癭)

◇官亓才:"才"通"材"。此句指任官以能。《國語·晉語四》記胥臣對文公問八疾,有"官師之所材也"説,與此所述相似。《晉語四》有"因體能質而利之者也",韋昭注:"師,長也。材,古裁字。"後説疑非原義。◇唫聾:即"暗聾",聾啞人。"暗"字典籍亦作"瘖"。《禮記·王制》:"瘖聾、跛躃、斷者、侏儒、百工,各以其器食之。"《晉語四》所謂"聾聵司火"與此類似,"嚚瘖不可使言"也是講"瘖"。◇椙戈:從文義看,似相當"矇瞽",意思是瞎子。《晉語四》有"矇瞍修聲"。◇垄䟗:即"跛躃",瘸子。《王制》"跛躃",鄭玄注:"兩足不能行也。"古代多以瘸子或受刖刑者守門。◇牧需:

即"侏儒",矮人。《晉語四》有"侏儒不可使援",韋昭注:"侏儒,短者,不能抗援。"又"侏儒扶盧",韋昭注:"扶,緣也。盧,矛戟之秘,緣之以爲戲。"◇爲矢:造矢。◇長者:疑讀爲"張者",與下"僂者"相反,指凸胸仰首的人。◇酥厇:待考。◇婁者:即"僂者",彎腰駝背的人。◇坅舋:待考。下字見中山王大鼎,用爲"數"字。案《晉語四》有"戚施直鎛,蘧蒢蒙璆""蘧蒢不可使俯,戚施不可使仰"等語。疑"蘧蒢"就是這裏的"僂者","戚施"就是這裏的"長者"。◇瘦者:即"瘦者",指患有大脖子病的人。"瘦"字的左半略殘,對照第三十七簡,可知是從疒旁,而非人旁。

【陳劍 A】下,而一其志,而寢其兵,而官其材。於是乎喑聾執燭,矉工鼓瑟,跛躃守門,侏儒爲矢,長者□宅,僂者坅數,瘦

【何琳儀】◇楣攻:"楣"與"矇"、"攻"與"瞽",均爲雙聲通轉。◇酥:……當是從"首"得聲之字。酥宅,疑讀"戚施"。《詩·邶風·新台》"燕婉之求,得此戚施"。傳:"戚施,不能仰者。"或作"醜齷"(《説文》引《詩》)、"規觌"(《玉篇》)等,皆爲一音之轉。◇坅護:疑讀"部婁"。《左傳·襄公廿四年》"部婁無松柏",注"小阜"。或作"坅嶁"(《淮南子·原道》)、"培塿"(《墨子·佚文》)、"杯樓"(《史記·滑稽列傳》索隱)、"附婁"(《説文》)等,皆一音之轉。

【許全勝】◇楣戉:第一字從木冒聲,愚謂可讀"瞀"。"冒、瞀"皆明母幽部字。《玉篇》:"瞀,目不明貌。"《莊子·徐無鬼》:"予適有瞀病。"第二字從工戈聲,"戈"在見母歌部;"瞽"在見母魚部。歌、魚古多通假。此二字可讀爲"瞀瞽"。◇長者:應與上文"侏儒"相對,即《晉語四》"僬僥不可使舉,侏儒不可使援"之"僬僥",是古之長人。◇酥厇:"酥厇"疑可讀爲"相宅","酥"疑爲"相"之形誤。"厇、宅"通,第十八簡"厇不工",李注讀爲"宅不空"是也。◇坅護:"護"字李注隸定有誤。坅護,疑讀爲"土螻",漆器,爲鎮墓獸形,楚墓中多有。參李家浩《信陽楚簡"樂人之器"研究》(《簡

帛研究》第三輯)。"僂者"相當於《晉語四》"戚施不可使仰"之"戚施"。"圫"字從支,兼表動作,與下文漁澤之"漁"從支同,在此指製作土螻。

【孟蓬生】◇長者、瘻者:細繹簡文,"長者"與"侏儒"相對,"婁者"與"痩者"相對。因此"長者"應指身體特長的人,"婁"當讀爲"瘻"。《説文・疒部》:"瘻,頸腫也。從疒,婁聲。"

【徐在國 A】◇穌:當分析爲從"禾","首"聲,釋爲"秀"。"秀、首"二字古通。如《春秋・成公五年》:"會晉荀首于穀。"《公羊傳》"首"作"秀"。所以"秀"可以"首"爲聲符。簡文"秀"疑讀爲"繇"。"由、首"二字古通。如《戰國策・西周策》:"昔智伯欲伐仇由。"高誘注:"仇由,狄國,或作仇首也。""由、繇"二字古通,典籍例證很多,詳高亨《古字通假會典》714～716 頁。簡文"秀"從"首"聲,所以"秀"可讀爲"繇"。《廣韻・宥韻》:"繇,卦兆辭也。"《左傳・閔公二年》:"成風聞成季之繇。"杜預注:"繇,卦兆之占辭。"簡文"秀(繇)宅"義與卜宅近。◇仕數:相同的形體又見於仰天湖十二號簡(《楚系簡帛文字編》971 頁)。均應分析爲從"支","土"聲。馬王堆帛書《式法》中"責"條"仕者,三遷",陳松長《馬王堆帛書藝術》隸書本作"事者,三遷"。"小生"條"仕者,再遷",隸書本作"土者,再遷"。其中"仕"字寫法與 ![img] 相同,可證 ![img] 當釋爲"仕"。"仕"在簡文中當讀爲"事"。"仕、事"二字古通。如:《詩・大雅・文王有聲》:"武王豈不仕?"《晏子春秋・諫下》引"仕"作"事"。簡文"仕數"當讀爲"事數"。《説文》:"事,職也。"古漢語中"數"字用法較多。《周禮・地官・大司徒》:"三曰六藝:禮、樂、射、御、書、數。""數"是六藝之一。《左傳・僖公十五年》:"龜,象也;筮,數也。""數"指筮數。"數"又指歷數。《淮南子・氾論》:"萇宏,周室之執數者也。"高誘注:"數,歷數也。"我們暫取後説。"事數"指職掌天文。

【楊澤生 A】◇穌宅:根據形聲字的一般規律,此字釋作"秀"

是比較有道理的。當然,由於古文獻中從"首"得聲的"道"與從"舀"的"稻"和"蹈"相通,此字是"稻"字或體的可能性也不能完全排除……簡文"長者"應與上文"侏儒"相對,因此,"長者"應指身體特長的人,可能是身體特別高的人……如果此字釋"秀"或"稻"可信,根據傳世文獻"首"和"秀"、"誘"和"牖"相通,出土文獻中"秀"與"牖"相通,"秀"或"稻"似乎可讀作"牖"。《説文·片部》:"牖,穿壁以木爲交窗也。"……由此,簡文"牖宅"的意思似乎應該是爲住宅穿鑿窗牖或塞緊窗户,而窗牖通常穿於屋頂或壁上,位置較高,所以這種工作交給長者去做最爲方便。但是,牖是宅的一部分,長者的工作物件應該是宅而不是牖,而且把"牖"講作穿牖或塞牖似乎也缺乏訓詁上的根據,所以此字是否一定從"首"得聲還應該重新考慮。我們不妨先把此字看作從"首""禾"聲的字。"禾"與"垸"的古音聲母相同,都是匣母;韻母相近,分別是歌部和元部,有陰陽對轉關係。古書"萑"和從"完"的"莞"相通,而《説文》説"萑讀若和",所以此字可以釋作"垸"。《説文·土部》:"垸,以桼和灰而髹也。"……垸宅的工作常常要面對位置較高的牆和屋頂,如果由長者來做當然非常合適;特别是在髹漆過程中,髹漆者所用禾把一類的刷子常常高於首部,因此簡文"垸"字所從的"首"置於"禾"之下,實際還可能有表意作用……"垸"的意思是"髹漆",上文所釋"秀"字是否可以讀作"髹"呢?"秀"和"髹"雖然都是幽部字,但其聲母分別屬心紐和曉紐,相差較大。因此,我們還是主張將此字釋作"垸"。

【黄錫全】◇《晉語四》有"戚施直鎛,蘧蒢蒙璆""蘧蒢不可使俯,戚施不可使仰"……長者,根據上下文義,當指個子高大而有某種缺陷之人。《左傳·哀公十四年》:"陳豹者,長而上僂,望視。"杜注:"肩背僂。"簡文的"長者"可能就是指這種長人……"酥"從禾,首聲,相當於"直"。首,書母幽部。直,章母職部。聲母同屬舌音,韻部也近。所以,"酥"疑讀"導"或"擣(搗)"。韋昭

注:"直,主擊鎛。"宅,與"擇"通。如《論語・里仁》"擇不處仁"。《文選・思玄賦》李注、《困學紀聞》並引"擇"作"宅"……此處的"宅"可釋讀爲"鐸"或"鎛"。"宅、鐸"同音(定母鐸部)。鎛,幫母鐸部。諸字音近。鐘架一般較高,所以適合長者敲擊或撞擊。◇"坆嫛"相當於"蒙璆"。"坆"從土攴聲。攴,滂母屋部。蒙,明母東部。聲母同屬脣音,韻部對轉。"璆"從蓼聲,來母幽部。嫛,來母侯部。聲母相同。這可能不是偶然的巧合。從蓼從嫛的字可與從卯的字相通……《禮記・檀弓下》"設蔞翣"。鄭注:"《周禮》蔞作柳。"是"嫛、蓼"音近可通之證。韋昭注:"蒙,戴也。璆,玉磬。不能俯,故使戴磬。"頭戴或頂磬似乎不大合情理。"蒙"可能是個借字,原當是"坆",義爲敲擊。《説文》攴,"小擊也"。擊,"攴也"。段注:"此云小擊,同義而微有別。"《漢書・刑法志》"璆磬金鼓"。顏師古注:"璆,美玉名,以爲磬也。"此借"嫛"爲"璆"……此句意思可能是説,個子高大仰者敲擊鐸鎛或鐘,個子矮小駝者可敲擊石磬。表示不論有何殘疾都可各盡所能。

　　【蘇建洲 C】◇乎:《容成氏》的"乎"字,整理者均隷作"虖",但從字形上看來,明顯從"介"。比較清楚的對比如簡 14 的"虖"與同簡"价而坐之"同形……"虖"……重點在"虍"聲,所以《容成氏》的"乎"隷作"虖"應無問題。◇長者:筆者以爲"長者"的確有可能是"張者",所指的毛病是"腹張(脹)",出土及傳統醫學文獻常見此一病症。◇繇宅:本文賛同徐氏之説。扶風齊家村 H3:1 卜甲……有"用由逋妾",李學勤以爲"由"疑讀爲占繇的"繇","逋妾"指逋逃的女奴,所以内容與奴婢逃亡有關。可見"繇"的用法與"卜"相去不遠。其次,"卜宅"見於古籍,如《尚書・召誥》:"太保朝至洛,卜宅,厥既得卜,則經營。"《禮記・表記》:"卜宅寝室。"《孝經・喪親章》:"卜其宅兆而安措之。"

　　【讀本】◇季旭昇以爲亦可能是由"虖"一系發展而來,省掉下部的口形,再增添"人"旁左右二飾筆,遂成"介"形。◇《呂氏春秋·季春紀·盡數》："形不動則精不流,精不流則氣鬱,鬱處頭則爲腫爲風,處耳則爲挶爲聾,處目則爲䁾爲盲……處腹則爲張爲府(建洲按:畢沅以爲是"疛"字之誤)……輕水所多,禿與癭人……苦水所多,尫與傴人。"……筆者以爲"長者"的確有可能是"張者"……所指的病症就是"腹張(脹)"……《張家山漢簡·脈書》簡7:"疛,其從脊胸起,使腹張(脹),得氣而少可,氣癐殹。"《説文》曰:"疛,小腹病。"……上引《吕氏春秋·季春紀·盡數》……"張、疛"與"聾、盲"同時出現,與簡文類似。

【邱德修 A】上字從百("首"之省文)禾聲,此借作"荷"用,爲看守的意思。下字爲古文"宅"……"坆"爲"枚"之借字……"坆䶥"就是"枚數",指計算數目的工作。

【陳劍 B】下,而一其志,而寢其兵,而官其材。於是乎喑聾執燭,臬(瞽)戉(工)鼓瑟,跛躃守門,侏儒爲矢,長者酥厇(宅?),僂者坆數,癭

◇按"臬"(許全勝)讀爲"瞽"可從,"戉"則應逕讀爲"樂工"之"工"。目不明曰瞽,"瞽工"猶"瞽工"。《韓非子·八説》:"上下清濁,不以耳斷而決於樂正,則瞽工輕君而重於樂正矣。"◇《論衡·自然》舉"傴者抱關,侏儒俳優"爲例,謂"語稱上世使民以宜",簡文"官其材""喑聾執燭,瞽工鼓瑟,跛躃守門"云云,正是這類"上世使民以宜"的語(即傳説)。古書類似説法多見,如《國語·晉語四》:"官師之所材也,戚施植鎛,蘧除蒙璆,侏儒扶盧,蒙瞍循〈脩〉聲,聾聵司火。"《禮記·王制》:"喑、聾、跛、躃、斷者、侏儒、百工,各以其器食之。"注:"器,能也。"《淮南子·齊俗》:"伊尹之興土功也,修脛者使之蹠钁,強脊者使之負土,眇者使之準,傴者使之塗,各有所宜,而人性齊矣。"

【張通海 A】◇"跛躃"連文,指"瘸子"。《管子·入國第五十四》:"所謂養疾者,凡國、都皆有掌養疾,聾、盲、喑啞、跛躃、偏枯、握遞,不耐自生者,上收而養之疾官,而衣食之,殊身而後止。此

之謂養疾。"可與簡文互參。

【李若暉】"坆"當釋爲"敚"。《説文》三下攴部："敚,閉也。從攴,度聲。讀若杜。劅,敚或從刀。"段注："杜門字當作此。'杜'行而'敚'廢矣。""坆"則改聲符爲十,爲"敚"之易旁字。"坆"在此當讀爲"劅",義爲治土。《説文》四下刀部："劅,判也。"……《説文》六上木部"梼,判也",段注："土裂曰㙋,木裂曰梼。"……"墢"當讀爲塿。《説文》十三下土部："塿,座土也。""座,塵也。"《廣雅·釋土》"塿,土也",王念孫疏證："塿,謂疏土也……""坆墢"當讀爲劅塿,義爲刨土使鬆。鬆土是農事中必不可少的環節,但必須彎腰躬身,正適合僂者去做,因此《容成氏》説"僂者坆墢"。我們還可以參考《淮南子·齊俗》:"伊尹之興土功也,修脛者使之蹠钁,強脊者使之負土,眇者使之準,偏者使之塗,各有所宜,而人性齊矣。"許慎注："偏人塗地,因其俛也。"《劉子·適才》"故伊尹之興土功也,修脛者使之蹠钁,強脊者使之負土,眇目者使之準繩,偏僂者使之塗地。因事施用,仍便效才,各盡其分而立功焉",正襲《淮南》此文。《莊子·逍遥遊》……《釋文》引司馬彪曰"塗地令平"……亦可知"塗地"乃是平整土地,正與本文"僂者坆墢"相似。

【陳斯鵬 A】◇長者酥宅：原隸定(酥)正確,或隸"稻"也可,誠如何、徐二先生所言,字當以首爲聲。循其結構推求,疑即《説文》禾部的"裧"字(辰按："裧"應爲"稾"之誤印,下同),"裧"從道聲,而"道"又從首聲,故"裧"與"稻"祇是聲旁繁簡不同,殆即一字之異體……從上下文例可知"裧宅"當是"長者"所從事的役務……("稾"字)筆者以爲似乎有兩種可能：其一,讀爲"修"。從首聲之字古與從舀聲之字通,如"道"通"稻"……而從攸聲之字也與從舀聲之字相通假,如"悠"通"滔"……所以,"裧"自然也具備與"修"通假的條件。"修宅"即治宅……其二,讀爲"築"。從聲符看,"裧"當屬舌音幽部字,而"築"的聲紐也是舌音,韻屬覺部,爲幽部對應的入聲韻,所以二字也有通假的可能。古籍於"宅"常言"築"……許全勝指出“長者”應與上文“侏儒”相對,恐當以許説爲是。古言人高曰“長”,如《國語·晉語九》:“美鬢長大則賢。”身材高大異於常人者謂之“長人”,如《墨子·大取》:“長人之異。”……“長者”修築房宅,正好是發揮了他們的體格優勢。

【劉信芳 B】《吕氏春秋·數盡(盡數)》亦有一段關於廢疾者的記載:“精不流則氣鬱,鬱處頭則爲腫爲風,處耳則爲挶爲聾,處目則爲瞙爲盲,處鼻則爲鼽爲窒,處腹則爲張爲疛,處足則爲痿爲蹶。輕水所多,禿與癭人;重水所多,尰與躄人;甘水所多,好與美人;辛水所多,疽與痤人;苦水所多,尫與傴人。”我們將大致相類的殘疾者之名歸類列表於下,然後依次説明。

容 2	喑聾	椙戉	跛躃	張	婁	瘦	憂
容 37	喑、聾	宔	跛	（字）	婁	瘦	又
數盡	挶、聾	瞙、盲	尰躄	張	尫、傴	瘦	疛

◇《左傳》成公十年“張入廁”,杜預注:“張,腹滿也。”字或作“脹、痕”,《廣雅·釋詁》:“痕,病也。”◇“穌”字從首聲猶從道聲,字即“糶”字異構,《説文》:“糶,糶米也。”段注:“糶,擇也。擇米曰糶米,漢人語如此,雅俗共知者。”漢少府屬官有糶官,掌擇米……簡文“宅”應讀爲“擇”,古音同在鐸部定紐……擇米即精加工米。◇坆譽:“坆”應讀爲“枚”……“坆數”即“枚數”,“枚”本爲計數之籌,《左傳·襄公二十一年》“識其枚數”,孔疏:“今人數物猶云一枚二枚也。”簡文“枚數”謂計數。

【蘇建洲 K】椙戉:李零之説可信,不須改釋。《荀子·哀公》“古之王者有務而拘領者矣”,楊注:“‘務’讀爲‘冒’。”而《尚書·洪範》:“曰‘蒙’,恒風若。”《史記·宋微子世家》作“曰‘霧’,常風若”,可見“椙”與“矇”音近可通。

【邱德修 B】簡文“長者”即“張者”,亦即“倀者”,謂罹患雞胸的病人。

【王暉】"坆"從"攴"，"土"聲，應是"敊"的異體字……可讀爲"度"，在此蓋爲卜算術數之義。

【范麗梅】"坆"從"土、攴"，會擊拍黏土之意，正是"博"之會意字……"嚳"應讀作"塿"……從"婁"之字，亦有反訓爲細密的意思，例如"數"，有細密之意……從"婁"之"塿"……應當還有密土之意，與"埴"的意思相當。

【王青】◇"長者"疑即文獻中提到的"尫者"。《說文·長》："長，久遠也，從兀從匕。""長"與"尫"都從"兀"。《呂氏春秋·盡數》注云"尫"爲"突胸仰向疾也"……在古代有以殘疾之人爲巫覡的傳統，而尫者由於突胸向天，人們更感覺他們是具有神奇感應能力的人，正好與下文"縣宅"通。◇"坆嚳"可讀作"事數"，但是此"數"不是指天文、曆法，而是指氣數，"事數"應該是指從事占卜之類的事情。

【張崇禮 B】劉信芳把"酥"釋爲"臸"，是正確的……"臸"應該就是表示春搗穀物的專用字，可讀爲"擣"或"搗"……《說文》："擣，手椎也。一曰築也。"邵瑛《群經正字》："今經典'擣'作'搗'……此隸變之譌。"《說文》："築，擣也。"築，是在築墻時先設夾板，然後填土於其中，用杵擣之，使土堅實。這和加禾于臼中，以杵擣之，動作是一樣的……我們認爲"長者擣尓"的"尓"，也應該讀爲"度"……《詩·大雅·緜》："捄之陾陾，度之薨薨，築之登登，削屢馮馮。"鄭玄箋："度，猶投也。築墻者捊聚壤土，盛之以虆，而投諸版中。"……簡文"擣度"連言，也應該是指相同的築墻動作。身材高大的人，揮動杵築的幅度大，可以把土擣得更結實；隨著牆體的升高，要想把土投入版中，身材高大的人顯然也有優勢。【附"蕭三餘"在 2010 年 6 月 18 日的發言】宋·王觀國《學林》卷五："在《漢書》用'導'字，在《史記》用'臸'字，而其官皆以擇米麥爲職，則'臸、導'皆訓擇，又可知也。"《釋名》："導，所以導櫟鬢髮，使人巾幘之裏也，或曰：櫟鬢，以事名之也。"……劉信芳讀爲"導擇",猶言選擇。至確。"庀"同"宅"。《論語·里仁》:"里仁爲美,擇不處仁。"《後漢書·張衡傳》李賢注引作"宅不處仁"。是張衡所見作"宅"也。《釋名》:"宅,擇也,擇吉處而營之。"《孟子》亦作擇。【附"病書生"在 2010 年 6 月 20 日的發言】◇酥:我一直在懷疑第一個字是不是"懸"。【附"苦行僧"在 2010 年 6 月 20 日的發言】如果此字確是"縣"字的話,"縣宅"或可讀爲"懸鐸"。古書中有與"懸鐸"相關的記載,如《淮南子·氾論》:"禹之時,以五音聽治,懸鐘、鼓、磬、鐸,置鞀,以待四方之士。""長者縣(懸)宅(鐸)"的意思就是個子高的人負責懸掛鐸,不過此處的"鐸"當是代指所有須要懸掛的樂器。古代懸掛樂器的架子應該不會太低,所以需要個子高的人來懸掛樂器。

【夏世華 B】"酥",疑從委省聲,可讀爲"衛";"長"疑讀如年長之長。"長者衛宅",是説用年長者守門,看衛家宅。

【按】◇蘇建洲 C 認爲《容成氏》中的"乎"下從"介",誤;應從《讀本》引季旭昇説認爲"乎"下所從爲"人"旁加二飾筆;此"乎"字現隸爲"虎"。◇㠯戉,李零讀爲"矇瞽",何琳儀、蘇建洲 K 從之;陳劍 A 釋爲"楯工";許全勝讀爲"督瞽";陳劍 B 釋爲"督工"。從與典籍對照及音韻角度看,以李零説法爲好,《周禮·春官·宗伯》三見"瞽矇"一詞,與此基本相同。◇長者:李零疑讀爲"張者",指凸胸仰首的人;許全勝認爲"長者"指身體長的人,陳斯鵬從之;《讀本》亦讀爲"張者",認爲其義指腹張(脹)的人;劉信芳 B 亦認爲是"腹滿"之"張";邱德修 B 讀爲"張(倀)",認爲即雞胸病人;王青讀爲"尪者"。按:《讀本》、劉信芳 B 的"漲者"不合文例,許全勝之説確切。◇酥庀,何琳儀釋爲"戚施";許全勝釋爲"相宅";徐在國釋爲"秀(縣)宅",蘇建洲 C 從之;楊澤生 A 釋作"牖宅"或"垸宅";黃錫全釋爲"直鐸"或"直鏄";邱德修 A 釋爲"荷宅";陳斯鵬隸爲"巢宅",讀爲"修宅"或"築宅";劉信芳 B、蕭三餘釋爲"巢擇";張崇禮 B 釋爲"擣度";病書生疑第一字爲"懸",苦行僧在此基礎上讀二字爲"懸鐸"；夏世華 B 釋爲"衛宅"。按：病書生釋"酥"爲"懸"是正確的，"酥"字作🔣，正象木上懸首形，祇不過繫首之繩和木相連而使"木"變得像"禾"而已。"㞑"苦行僧讀爲"鐸"，方嚮也是正確的，但"鐸"非可懸之物，不如讀爲"鎛"（"鎛"字黃錫全已釋），"鎛"幫紐鐸部，與定紐鐸部的"㞑"古音相近。◇婁，李零讀爲"僂"；孟蓬生讀爲"瘻"。按：李零説正確，若依孟蓬生説則與簡末的"瘻"重複。◇坆彎，何琳儀釋爲"部婁"；許全勝釋爲"土塿"；徐在國釋爲"仕（事）數"；黃錫全釋爲"蒙珍"；李若暉釋爲"坆（歠一劇）塿"；邱德修 A、劉信芳 B 釋爲"枚數"；王暉釋第一個字爲"歠"讀"度"；范麗梅釋爲"博塿"；王青釋爲"事數"。按：邱、劉釋爲"枚數"甚確，"枚數"是計數的意思，與"僂者"因駝背而身體前俯，正適合低頭用算籌計數。

簡 3

説明：本簡長 44.5 釐米，完簡。共 40 字。

拼合編聯：簡 3 與簡 31 可排在一起，爲筆者説，不過簡 3 和簡 31 之間應佚失了一支乃至數支竹簡，我們這裏暫定爲佚失一支。這裏佚失的内容，一是繼續説明從尊盧氏到墟遟氏那些上古帝王的美行；二是講做"以襄（讓）于有吳迴"的主語的那個上古帝王的美行。郭永秉 B 説："從'以讓于有虞迴'來看，'有虞迴'之前一定還至少有一個古部族執政的故事。這個禪天下給有虞迴的可能是簡 35B 的'□氏'，但也有可能是殘缺簡文中的某位遠古帝王，根據文義分析，後一種可能性要更大。"基本可信。

釋文：

者煮盧（鹽），{㞑}亘者鮫（漁）澤，槳棄不熨。凡民俾（罷）攸（羸）者，爻（教）而茖（誨）之，歙（飲）而飤（食）之，思（使）役百官而月青（省）之。古（故）叜（當）是旹（時）也，亡（無）并□□□

集釋：

【李零 A】者煮盧斥,蚤者鮫(漁)澤,灅弃不癹(廢)。凡民俾敊者,季(教)而惎(誨)之,歠而飤(食)之,思役百官而月青(請)之。古(故)尝(當)是旹(時)也,亡并

◇煮盧斥:疑讀"煮鹽醯"或"煮鹹醯"。《禮記‧曲禮下》:"鹽曰鹹醯。"《包山楚簡》第一百四十七"煮盧","盧"字同此。◇蚤者:或可讀爲"疣者",指長有贅疣的人。◇鮫澤:即"漁澤",打魚於澤。◇灅弃不癹:第一字不識,所從與第三十五簡"忎"字同。"癹"讀爲"廢"。原文似乎是説上述殘疾者皆得其用。◇俾敊,待考。◇思役百官而月青之:願其聽用於百官而月月請謁之。◇亡并:此下疑有脱簡。以上是泛論上古帝王。

【陳劍 A】者煮鹽,斥蚤者漁澤,□棄不□。凡民俾敊者,教而誨之,飲而食之,思役百官而月請之。故當是時也,無并

【何琳儀】◇宅蚤者:"宅"當屬下讀作"宅蚤者漁澤"。其中"蚤"之原篆,上從"首",下從"蟲",應是"憂"之異文。簡文"蚤"疑讀"濅"。《説文》:"濅,澤多也。"簡文意謂"居於沼澤之人則捕魚於澤"。"濅"與"澤"對文見義。◇:原篆左從"疒"省,右上從"害",右中從"出",右下從"水"。疑讀"害"。《説文》:"害,傷也。"參見下文 35 簡。◇敊:可讀"末"。《儀禮‧士喪禮》"赬末",注"今文末爲斾也"。是其佐證。簡文"俾敊",當讀"卑末",指出身地位低下者。《後漢書‧樂巴傳》:"興立學校,以獎進之,雖幹吏卑末,皆課令習讀,程式殿最,隨能升授。"與簡文可以互證。◇返:原篆作。《考釋》釋"役",未知所據。簡文"返"疑讀"反"。《廣雅‧釋詁》三"反,治也"。王念孫删"反"字,似不足據。

【蘇建洲 A】◇役:《容成氏》簡 3"思役百官而月請之"的"役"、簡 16"癘役(疫)不至",前者何琳儀釋字形爲"返"。但是後者由文例來看一定要讀作"疫",而本來字形是"役",所以前者仍應該從整理者釋讀爲"役"。而且"返",古音幫紐元部與"役"余紐錫部,聲韻皆遠,所以亦不可能是假借字。兩個"役"字曾出現於

《郭店》6.45"耳目鼻口手足六者,心之役也",《馬王堆帛書·五行》作"役"。《郭店》的"役"字,顏世鉉釋爲"役"……今由《容成氏》簡可補足證據。

【蘇建洲 C】◇𧗊:此字在《郭店》讀作"憂",如《郭店·五行》5"如君子亡中心之𧗊(憂)"。而"憂、疣"古音相近,故得通假。"疣者"見於《馬王堆·五十二病方》"令疣者抱禾"。◇㦂:簡文多作"㦂"(參簡 1),可分析爲從心旡聲,所以本字嚴格來説,右上應從"旡"。同時也説明陳劍釋簡 35 📷 爲"愛"是對的。至於字形右中不從"出"。出,西周金文作 📷(永盂),戰國楚系鄂君啟舟節作 📷。另外,《容成氏》簡文作 📷(簡 22),均與本簡字形所從不類。反與《郭店》11.28"武"作 📷 形近,"止"下一筆可能是飾筆。所以,本字應隸定作"𣲔"。◇奡:仔細觀察字體,實在看不出有從"攴"的形構,反倒類似楚系"犬"字的下半部。至於字形爲何,由於字形模糊,應以不識字來處理。

【周鳳五 A】◇𧗊:簡文從百從虫;百,《説文》"首"字,在此當是聲符。首,古音書紐幽部;禿,透紐屋部,可以通假。又,《古文四聲韻》屋韻收古文"獨",其字從目從虫,蓋即"蜀"字。其上端所從目形與簡文"百"相似,則簡文也可能爲"蜀"字之訛。蜀,禪紐屋部,與"禿"可以通假……上古以禿者歸入殘疾人之列。如《禮記·問喪》:"然則禿者不免,傴者不袒,跛者不踊,非不悲也,身有痼疾,不可以備禮也。"◇㦂:字當從屮從止從水,害省聲;這裏的"害"爲《説文》……的"轄"字所從……然則此字可以讀作"瑕"。《禮記·聘義》:"瑕不揜瑜,瑜不揜瑕。"鄭注:"瑕,玉之病也。"簡文"瑕棄",指身有殘疾爲人所棄;"瑕棄不廢"則殘疾人各有所司,足以自立。

【蘇建洲 G】◇𣲔:以爲似可讀作"癈"。"癈"幫紐月部,與"害、旡"韻部疊韻或相近。聲紐幫、匣古楚地有相通之例,如《阜陽漢簡詩經》簡 66"柄矢弗縵",今本《衛風·考槃》首章作"永矢

弗謢"……永,匣母陽部;柄,幫母陽部,……其次,《説文》:"癈,固
病也。"段注:"按此當云癈固,病也……癈猶廢,固猶錮,如瘖、聾、
跛躄、斷者、侏儒皆是。"段玉裁所説與簡文背景相同,值得注
意……其三,本簡整理者原讀作"滰棄不廢",但第四字由筆劃看
來應不是"廢",縱使是"廢"字,但"癈、廢"根本説來仍爲二字……
本簡"癈棄",指身有殘疾爲大衆所棄之人。而"癈棄不□"的意思
大概等同於上述《周禮·地官·旅師》"辨其……癈疾可任者",即
整理者所説"上述殘疾者皆得其用"。

【讀本】◇陳美蘭以爲"尾"是衍文。◇"役"……字形同《郭
店·五行》簡45作"耳目口鼻手足六者,心之𨿳也"。《馬王堆帛
書·五行》相應字作"役",可見簡文釋爲"役"是對的。袁國華以
爲𨿳應釋爲"遞"……"役"古音屬余紐錫部;"度",定紐鐸部……
(參袁國華《郭店楚墓竹簡·五行》"遞"字考釋》,《中國文字》新
26期)……"役、度"……二者聲紐同爲舌頭音……韻部則爲旁
轉……換言之,本字應隸作"遞",讀作"役"。字亦見於簡16"癘
遞(役,疫)不至",亦可證明讀作"役"是對的。

【何有祖A】◇尾�者:筆者懷疑"宅"和"𢠽"都讀如本字。
"宅𢠽者"即讀作"𢠽宅者",指因失去住宅而𢠽愁的人……捕魚於
澤,對住宅的要求比較低,這種生活客觀上是適合"𢠽宅者"的。

【邱德修A】滰,即"蚤"的異體字……"滰棄"者,就是"早
棄"……"攴"字……借作"伏"字用。總之,"俾攴"就是"卑伏",也
就是"卑賤"的意思……"思"動詞,借作"使"字用。

【陳劍B】者煮鹽,尾𪢮者漁澤,槊棄不舉。凡民俾攴者,教而
誨之,飲而食之,思役百官而月青(請?)之。故當是時也,無并

【蘇建洲J】陳劍隸作"舉",應該是可以的。"舉"見於《包山》
202"舉禱",讀作"與禱"。亦見於中山王方壺"舉賢使能",讀作
"舉賢使能"。則簡文讀作"不與、不舉"在文意上似與李零讀作
"不廢"正好相反……筆者以爲"槊"或可讀作"癈"。前者可能從

"旡"(見紐物部)得聲，而"癘"是來紐月部，聲紐關係密切，如
"京"，古音見紐陽部；從"京"諸字如"諒、涼、椋"，古音來紐陽
部……《説文》："癘，惡疾也。"……所以簡文"㿃棄"即"癘棄"，也
就是"惡疾棄"……至於"㝅"字，筆者以爲應讀作"舉"，"不舉"即
不予任用。雖然患癩是殘廢的一種，但是擔心互相傳染，所以不
予任用。

【李承律】◇本句前六句及下二句是四字句，本句爲五字句。
從字數上考慮，"厇"爲衍字。◇《詩經·小雅·緜蠻》"飲之食之，
教之誨之"和本句思想最近。

【張通海 A】◇從句式上看，前後都是四字句，這是一個五字
句，"厇"在這裏仍讀爲"宅"，或在"宅"前省一"於"亦未可知。"煮
鹽於宅"，同樣能夠體現人盡其才。

【裘錫圭】"俾攽"應讀爲"蔽芾"，"俾"從"卑"聲。"卑"和從
"卑"聲之字，古或與"蔽"通。《史記·淮陰侯列傳》"從間道萆山
而望趙軍"，《集解》引如淳注："萆音蔽，依山自覆蔽。"……《説文》
的"芾"字……應該是從"市"聲的……所以我們把簡文的"攽"讀
爲"蔽芾"之"芾"，是不會有問題的。《詩·召南·甘棠》"蔽芾甘
棠"，毛傳："蔽芾，小貌。"……簡文所説的"凡民蔽芾者"，當指雖
已成年但身材顯著比一般人矮小者。張家山西漢早期墓所出《二
年律令》的《傅律》中，有如下一條："當傅，高不盈六尺二寸以下，
及天烏者，以爲罷癃。"簡文的"凡民蔽芾者"，大體上應與《漢律》
所説的"高不盈六尺二寸以下"者相當。簡文説"教而誨之，飲而
食之，使役百官而月請之"，當是教育這些人，使有一些工作能力，
來爲官府服力所能及的雜役，以獲得廩食維持生活的意思。

【劉信芳 B】《容》37"又"……與《容》3"蠆"適相對應……"又"
讀爲"頍"，《説文》："頍，顫也。"……玄應引《説文》云："謂掉動不
定也。"……《説文》又有"疢"字，與"頍"音義同……《容》3"蠆"字，
讀爲"頍"或"疢"，可謂文從字順。"頍"爲四肢顫動之疾，《數盡》

“疛”爲“跳動”（高誘注：“疛，跳動，皆腹疾。”《玉篇》：“疛，心腹疾也。”）之疾，於文義亦合。

【沈培 B】這裏把他（辰按：指陳劍）給我的電子郵件的相關内容抄在下面：……《容成氏》簡 3 説“凡民俾敔者，教而誨之，飲而食之，思役百官而月請之”，馬王堆三號漢墓醫書《十問》簡 45～46：“舜曰：必愛而喜之，教而謀之，歙而食之，使其禎堅強而緩事之。”兩者雖内容不相干但文句大同，對比之下可知《十問》“教而謀之”的“謀”當讀爲“誨”（原未注），《容成氏》的“思”則與《十問》的“使”相當（“思”後省略了“其”），也確當讀爲“使”。

【張通海 B】◇恁：此字釋爲“謀”更爲恰當……“謀”《説文》古文一從“母”從“口”，一從“母”從“心”。再説，“教”本身就含有“誨”意，若再釋爲“誨”，便顯重複，“謀”意爲“爲……謀”。《孔子詩論》26 簡“得而謀之”之“謀”，正從“母”從“心”，亦當如此釋讀。本篇 37 簡“湯乃恁（謀）戒求𦀣（賢）……”同。

【邱德修 B】畐，係“蟯”字之初文；……簡文借“蟯”爲“瘤”字用……“瘤者漁澤”，謂患有腫瘤的人從事打魚的工作。

【白于藍 C】“俾”從“卑”聲，典籍中從“卑”聲之字與“罷”及從“罷”聲之字多可相通。《説文》：“䡃，別也。從丮卑聲。讀若罷。”……“敔”字，原篆作♯，筆者以爲當釋爲“敝”……從字形看，（九店楚簡 44、包山楚簡 213、包山楚簡 260）之“敝”字，如將其所追加的聲符“采”去掉，剩餘部分則與“俾敔”之“敔”字形全同。其次，上古音“敝、弊”……均爲並母月部字，“蔽”……爲幫母月部字，而“市、芾”亦爲幫母月部字。可見“市”用爲“敝”字之聲符……典籍記載，對民之無行乏德者可稱爲“罷”或“罷士”。如《國語·齊語》：“罷士無伍，罷女無家。”韋昭注：“罷，病也。無行曰罷。”……這種“罷”或“罷士”，在《周禮》中被稱作“罷民”。《周禮·秋官·大司寇》……鄭玄注中，“役諸司空，坐日訖，使給百工之役也。役月訖，使其州里之人任之，乃赦之”與簡文“思役百官而月青（請）之”在文義上是十分接近的……簡文“百官”亦與鄭注之“百工”相當……簡文“月青（請）”與鄭注之“月訖”亦相當……“敝”……第一種可能是“罷敝”與“罷”同義。《周禮・秋官・大司寇》賈公彥疏：“……罷謂困極罷弊”……第二種可能是“敝”在此或可讀爲“憋”。《廣雅・釋詁三》：“憋，惡也。”……所謂“罷民”也就是“邪惡”之民。若此，則簡文“凡民俾（罷）敝（憋）者”也可以理解爲民之罷惡者。

【林素清 B】“俾”讀作“罷”。俾，古音幫紐支部；罷，並紐歌部……“敝”從市聲，古音幫紐月部，可以讀作“蠃”。“蠃”，來紐歌部。二字聲紐幫、來諧聲，韻部月、歌對轉，可通……“罷蠃”一詞……又見《周禮・冬官・廬人》……鄭注：“言罷蠃宜短兵，壯健宜長兵。”文獻中屢見“罷士、罷民”等詞。

【牛新房 A】從上下文都是四字爲句看……疑此“厇”字是涉上文“穌厇”之“厇”字而衍，當删（從白于藍説）。

【鄭公渡】《容成氏》03“俾敝”是否可以讀作“卑服”，二者聲韻近，通假例參看《會典》438、439 頁【市－福】【匐－服】。卑服，可指使衣服粗劣，穿粗劣的衣服。《尚書・無逸》：“文王卑服，即康功田功。”孔傳：“文王節儉，卑其衣服。”一説謂從事卑賤之事。參閲清牟庭《同文尚書・無逸之訓》。

【孫飛燕 F】“青”當讀爲“省”。“青”是清母耕部字，“省”是心母耕部字，聲母同爲齒頭音，韻部相同，當可通假。《爾雅・釋詁下》：“省，察也。”邢昺疏：“省謂視察。”……在傳世文獻中，“月省、日省、時考、日考、月考”等説法常見……《中庸》：“日省月試，既稟稱事，所以勸百工也。”……“思（使）役百官而月青之”的含義爲：讓“俾敝者”爲百官役使，並月月省察“俾敝者”的工作。【dong.B 在 2009 年 9 月 2 日的發言】：“青”可讀爲“精”。“精”之義當爲明審。《戰國策・魏策四》“無精於此者”，鮑彪注：“精，猶明。”

【單育辰 F】孫飛燕……認爲“省”是“視察”的意思，但我們認爲應該是"省恤"之義,《禮記‧曲禮上》"昏定而晨省"、《新書‧道術》"心省恤人謂之惠"之"省"即此義。

【夏世華 B】白說"俾"字可從,當讀爲"罷"……後一字疑讀爲"痡"。《山海經‧北山經》"其中多鮒鮒之魚",郭璞注:"鮒或作鯆。"據此可知,"攽"與"痡"亦當可以相通。《説文》:"痡,病也。"……"青",疑讀爲"静",《説文》:"静,審也。"

【劉信芳 C】俾攽,連語,讀爲"匍匐"。《詩‧邶風‧谷風》"凡民有喪,匍匐救之",鄭玄箋:"匍匐言盡力也。"

【按】◇亶者:李零把"匚"連上讀爲"煮鹵匚",並疑讀爲"煮鹽醝",又把"亶"隸定爲"蟺",讀爲"疣";陳劍 A 把"蟺"隸作"亶",並把"匚"連下讀爲"匚亶者";何琳儀讀爲"宅蟺(漫)者";蘇建洲 C 認爲"亶"與郭店《五行》簡 5 中之字爲一字,亦讀爲"疣";周鳳五把它隸定爲"亶"讀爲"禿";《讀本》引陳美蘭説,李承律、牛新房引白于藍説並以爲"匚"是衍文;何有祖 A 認爲"宅慢者"即讀作"慢宅者";張通海 A 認爲應是"煮鹽於宅","於"字省;劉信芳 B 亦隸定爲"蟺"讀爲"煩";邱德修 B 隸定爲"亶"讀爲"瘤"。按:陳美蘭、李承律、白于藍並以爲"匚"是衍文,甚確,其原因應如白于藍所言涉上文"酥匚"之"匚"而衍。"亶"字應從陳劍 A 隸定,但字義難以確釋,諸家讀法皆有問題,蘇建洲 C 以爲此字與郭店《五行》簡 5 中之字爲一字也是錯誤的,郭店那字從"百"從"心",與此簡的"亶"下從"虫"並一不樣。◇瘃:原篆作𦡊,李零隸作"瀘";何琳儀認爲從"疒"省從"害"從"出"從"水",疑讀"害";蘇建洲 C 隸作"漊",蘇建洲 G 進一步讀爲"瘕";周鳳五認爲從"爿"從"止"從"水","害"省聲,並讀爲"瑕";邱德修 A 釋爲"蚤";陳劍 B 隸作"瘃",蘇建洲 J 從之,並讀爲"瘕"。按:陳劍 B 的隸定是正確的,李零已言此字所從與簡 35 下一字所從相同,參看簡 35 下"怎"字的考釋,但"瘃"義不詳。◇奐:李零隸作"癹",並讀爲"廢";陳劍 B 隸作"奐",蘇建洲 J 做了一些補充,並讀爲"舉"。

按:蘇建洲 J 讀爲"舉"可以考慮。◇俾攷,何琳儀讀"卑末";邱德修 A 讀"卑伏";裘錫圭讀爲"蔽芾";白于藍 C 讀爲"罷弊";林素清 A 讀爲"罷羸";鄭公渡讀"卑服";夏世華 B 讀爲"罷痛";劉信芳 C 讀爲"匍匐"。從讀法看,林素清 A 的讀法較爲直接,此暫從之。又,睡虎地秦簡《法律答問》"罷瘁(癃)守官府",其義與簡文亦近。◇誒:李零讀爲"誨",李承律引《詩・綿蠻》"飲之食之,教之誨之"、沈培 B 引陳劍説引馬王堆醫書《十問》"教而謀之,歙而食之"認同李零讀"誨"之説;張通海 B 讀爲"謀"。李零、李承律、陳劍之説有典籍可證,是正確的。◇思:邱德修 A 讀爲"使",甚確,參簡 20 引孟蓬生所言。◇役:李零釋爲"役";何琳儀釋爲"返";蘇建洲 A 已由郭店與馬王堆帛書《五行》之"役"字相比較而仍釋之爲"役"。◇青:李零讀爲"請";孫飛燕 F 讀爲"省";dong.B 讀爲"精";夏世華 B 讀爲"靜"。我們認爲讀"青"爲"省"是正確的,但字義不應如孫飛燕所説是"視察"的意思,應該是"省恤"之義。

簡 31

説明:本簡長 24.6 釐米,上端完整,下殘。現存 24 字。

拼合編聯:簡 31 與簡 32 上編聯,從李零説。

釋文:

孝訇,方爲三佫,救(求)聖(聲)之綰(紀):東方爲三佫,西方爲三佫,南方爲三佫,北方爲三佫,吕(以)衛(越)於溪浴(谷),淒(濟)於坓(廣)川,高山陞,蓁林

集釋:

【李零 A】孝君,方爲三佫,敕(尋)聖(聲)之綰(紀):東方爲三佫,西方爲三佫,南方爲三佫,北方爲三佫,吕衛於溪浴(谷),淒(濟)於坓(廣)川。高山陞(登),蓁林

◇孝君:此簡與上簡之間有脱簡,"孝君"以上不詳。◇方爲

三佸："佸"疑讀爲"調"。上文是講十二律,這裏似乎是説以十二律分屬四方,每方各爲三調,即下文所述。◇敠聖之紀:即"尋聲之紀"。"尋"有順沿之義,這裏似指十二佸是從十二律推演而來。◇衞:疑同《説文·足部》"躗"字,讀法有待研究,含義當與"濟"字相近。《改併四聲篇海》引《龍龕手鑑》有"蹣"字,訓爲"踐也"。◇淒:即"濟",簡文"濟"字多從"水"從"妻"。◇蓁林:指草木叢生之地。

【陳劍 A】孝辰,方爲三佸,救聲之紀:東方爲三佸,西方爲三佸,南方爲三佸,北方爲三佸,以躗於溪谷,濟於廣川,高山陞,蓁林

◇"製孝辰"(辰按:"製"字見簡 21,此爲簡 21＋簡 31 連讀後所得)及下文"方爲三佸,救聲之紀:東方爲三佸,西方爲三佸,南方爲三佸,北方爲三佸"其義待考。◇"辰"原作"脣",應即"辰"之繁體,與嘴脣之"脣"無關。此字左邊筆劃有殘缺,對比第 52 簡"脣(辰)"字自明,原釋"君"恐誤。◇"救"原誤釋爲左從"尋"。

【徐在國 A】◇救:諦審原簡形體,發現此字與楚文字中的"救"字形體相近(詳參《戰國文字編》第 198～199 頁),當分析爲從"攴""求"聲,釋爲"救"。

【讀本】簡文的"佸"……不知是否與甲骨文的"某告"有關。黃錫全以爲"告"有"示"義……(《"告"、"吉"辨》,《古文字論叢》26～27頁)。而《史記·殷本紀》"作《帝誥》",索隱:"誥一作佸。"所以"誥、佸"可通。"誥"有"示"義,如《尚書·序》"雅誥奧義",《釋文》:"誥,示也。"

【何有祖 A】◇救:此字左形與《容成氏》29 號簡"無求不得"之"求"是一字。此字當釋作"救",讀作"求"。"求聲之紀"意與"尋聲之紀"同。

【白于藍 A】◇似可讀作"求聖之紀"。"紀"可指法度、準則。《管子·心術上》:"故必知不言無爲之事,然後知道之紀。"……因

此"求聖之紀"蓋是説尋求聖人的法度或準則,這就可以與後文云"所曰聖人,其生賜養也,其死賜葬,去苛慝,是以爲名"這句話相對應。◇將簡 22 與簡 31 相連,則簡 22 簡尾"身言"二字可與簡 31 簡首之"孝厚"連讀爲一句。這樣"身言孝厚,方爲三佫,救(求)聖之紀"又都是四字句,讀起來亦較順暢。"身言孝厚"之"身"字,應當身體力行講,典籍中這樣的例子很多,如《孟子·盡心上》:"堯舜,性之也;湯武,身之也;五霸,假之也。"趙岐注:"身之,體之行仁。"……《禮記·內則》:"五帝憲,養氣體而不乞言,有善則記之爲惇史……"鄭玄注:"惇史,史之孝厚者也。"鄭注中有"孝厚"一詞。故"身言孝厚"應是説禹身體力行並講述孝厚之道。

【邱德修 A】《説文·足部》:"蹬,衛也。從足,衛聲。"段注:"當云'蹬,蹠也'……"又"蹠"字下段注:"李軌曰:'蹠,蹋也。'"

【陳劍 B】孝辰(?),方爲三佫,救聖(聽?)之紀:東方爲三佫,西方爲三佫,南方爲三佫,北方爲三佫,以蹬於溪谷,濟於廣川,高山陛,蓁林

◇禹"方爲三佫"之事,古書未見。此"佫"字跟"罄"的異體"佫"沒有關係,它在戰國文字中常用爲製造之"造",其右半所從的所謂"告"跟祝告之"告"並非一字(參看後文簡 52"造"字注釋)。董珊提出,這十二"佫"或即古書的"十二牧",簡文是説每方設立三人以爲帝王之輔佐,深入四方民間以行政事。《尚書·堯典》云舜時有"十有二牧"(今在古文《舜典》中),此説還見於不少其他古書,並且往往以"(四方)方三人"來解釋。如《韓詩外傳》卷六第十七章:"王者必立牧,方三人,使闚遠牧衆也……故牧者所以開四門,明四目,通四聰也。"《白虎通義·封公侯》謂唐虞之"牧"係"使大夫往來牧諸侯,故謂之牧。旁(方)立三人,凡十二人"。《説苑·君道》:"周公踐天子之位,布德施惠,遠而逾明。十二牧,方三人,出舉遠方之民……故牧者所以辟四門,明四目,達四聰也。"董珊此説確實很有可能是合於事實的。古書云十二牧

輔佐帝王“明通四方耳目”（《史記·五帝本紀》）、“通（或達）四聰”，似乎也可以跟簡文“救聖（聽）之紀”相聯繫。“偙”跟“牧”從讀音看難以相通，它究竟表示的是什麽詞，還有待進一步研究。

【晏昌貴 B】◇此字左半稍有殘泐，但右半上部不封口，確與“君”字有别。但楚系文字“唇”字上半在兩橫畫之間有一斜畫，此字左半雖泐，但並無斜畫的痕迹，是否“唇”字，殊難斷定。《容成氏》八號簡讀作“於是乎始語堯”之“始”字和三十二號簡讀作“治爵而行禄”之“治”字，構形與此字絕類，在簡文中這個字又讀作“辭”，可見是之部字，在此或當讀爲“慈”，“孝慈”乃常語。◇《吕氏春秋·古樂》：“帝嚳命咸黑作爲聲歌九招、六列、六英。”……簡文“偙”即“帝嚳”，代指帝嚳聲歌之九招、六列、六英，以下每方三偙可能是將六列、六英平均分配到四方。書缺有間，已難詳明。

【王志平 A】孝（效）唇（辰），方爲三偙（宫），救（求）聲之紀：東方爲三偙（宫），西方爲三偙（宫），南方爲三偙（宫），北方爲三偙（宫）。以衛（依）於溪谷，淒（資）於廣川，高山登，蓁林

◇“孝”讀爲“效”。“孝”爲曉母幽部字，“效”爲匣母宵部字，聲韻並近。《説文》：“效，象也。”“辰”，……十二律與十二辰是密切相關的。《易緯乾鑿度》卷上“日十干者，五音也；辰十二者，六律也”，鄭玄注：“六律益六吕，合十二辰。”◇“偙”……爲溪母覺部字……疑當讀爲“宫”字。“宫”爲見母冬部字，聲母相近，韻母陽入對轉。五音以宫音爲主，《國語·周語下》云：“夫宫，音之主也。”……舉宫可以賅五音。◇“救”……讀爲“求”。一律爲一宫，那麽十二律可成十二宫。“一紀”爲十二，“每方三宫”適爲十二宫。“天地之佐舜而效辰，方爲三宫，求聲之紀”，意指十二律效法十二辰，由於十二辰分屬十二月，可以劃分爲一年四季，一季三月，四季分屬四方，則恰爲十二月。這與一方三宫、一紀四方十二宫的情形是非常相似的。◇“東方爲三宫，西方爲三宫，南方爲三宫，求聲之紀”是指四方各有相應的十二宫配位。◇“依”原爲從

"止"、從"衛"之字,疑從"韋"得聲,可讀爲"依"。"韋"爲匣母微部字,"依"爲影母微部字,聲韻並近。◇"次"原爲"淒"字……疑當讀爲"資"。"淒"爲清母脂部字,"資"爲精母脂部字,聲韻相近。《廣雅・釋詁一》:"資,取也。"……所謂"依於谿谷,資於廣川"是指音樂模仿自然。古書中有很多關於夔制樂效仿自然的記載,前文引《呂氏春秋・古樂》:"帝堯立乃命質爲樂。質乃效山林谿谷之音以歌。"……"高山登,蓁林入",簡文疑指取法高山、蓁林之聲,與"依於谿谷,資於廣川"之意同。

【王輝 A】"告"疑讀爲"造"。《呂氏春秋》……《音初》:"(孔甲)乃作爲《破斧之歌》,實始爲東音。(塗山氏之女)實始作爲南音。(整甲)徙宅西河,猶思故處,實始作西音……有娀氏有二佚女……實始作爲北音。""造、作"義近,"作爲"四方音,即造四方之音。"衛"疑爲"達"字之訛誤……達,《釋詁》、毛傳皆云:"率,循也。"……《呂氏春秋・古樂》:"帝堯立,乃命質爲樂。質乃效山林谿谷之音以歌。"《説文》:"效,象也。"即摹仿、師法,與遵循義近。簡文與《古樂》同有"溪谷",簡文"高山、蓁林"即《古樂》之"山林"。《容成氏》與《古樂》所説皆質依照、仿效自然界的聲音以製作古樂,也就是"正樂"。

【邱德修 B】簡文"敳",即今"尋"字,作動詞用,爲"尋繹"的意思。

【王暉】◇𢇍:以爲此字爲"司",當讀爲"詞"。◇𤇾:此字隸定爲"使",此字右半部的寫法與《容成氏》第 9 簡"畢能其事"……中"事"上半部寫法完全相同。

【王志平 C】《禮記・樂記》云:"聲相應,故生變;變成方,謂之音。"……"變成方,謂之音"當是指"變聲"按照四方十二律的配位,旋宮而成十二均(宮)。這裏的"方"既是"四方"的"方",也是音樂上專指旋宮意義上的"方"……十二宮分屬四方……古代典籍中是有類似的説法的。《樂動聲儀》云:"春宮秋律,百卉必凋。

秋宫春律,萬物必勞。夏宫冬律,雨雹必降。冬宫夏律,雷必發聲。"……按照先秦時期流行的陰陽五行思想,"春宫、秋宫、夏宫、冬宫"與"東宫、西宫、南宫、北宫"的説法是一致的……十二月律"還相爲宫",就是所謂"旋宫",古書中也稱之爲"當月自宫"……《隋書·音樂志》引皇侃《禮記疏》云:"旋相爲宫者,十一月黄鐘爲宫,十二月大吕爲宫,正月太蔟爲宫,餘律放此。"

【大西克也】"告 B"(辰按:指?形)的通假範圍絶大多數是幽部精系聲母字。首先舉出在楚系簡牘和銅器銘文中讀作"造"的"告、賠、敂、佶、郜"等字,其聲旁都作"告 B"。"造"古音爲幽部從母……簡文此處出現了五個"佶"字,"告"旁都作"告 B"……由此可見其讀音應爲幽部精系聲母……竊以爲若將此"佶"字讀作"曹",文義比較通順。"曹"訓"輩、群"等。"爲曹"即古書所見的"分曹",是分班的意思。此簡的大意是:"……每方作三個班。'救聲之紀'是:東方作三個班,西方作三個班,南方作三個班,北方作三個班,四方共作十二個班,分曹並進,以過溪谷,渡大河,登高山,涉蓁林……""救聖之紀",應從白于藍讀作"救聖之紀",意爲尋求聖人的法度或準則……"救聖之紀"屬於禹的事迹……《吕氏春秋·孝行覽》所云"禹周於天下,以求賢者",與此事相對應。

【秦樺林】《上海博物館藏戰國楚竹書(三)·周易》簡22《大畜》卦云:"曰班車戈?。""戈?",今本《周易》、馬王堆帛書《周易》、帛書《昭力》所引《易》俱作"衛"。……簡文"戈?"實乃"歲"字……簡文"戈?"實際上是從"戉"省,從二"止"的訛變字……何琳儀……把"歲"歸爲匣母月部字……《上海博物館藏戰國楚竹書(四)·逸詩·交交鳴鳥》簡4有"戈?"字,與"溝(屬)、萬(勵)、貝、大"等月部字協韻,則"戈?"確屬月部。可見,從聲韻關係看,簡文"戈?(歲)"與"衛"皆爲匣母月部字,屬同音通假……長沙子彈庫楚帛書《四時》:"山陵不戠?。""戠?"字從"止","戈?(歲)"聲。"歲"本從"戉"得聲,則"戠?"可讀爲"述",即"越"字。《釋名·釋天》云:"歲,越也。"

（"戔"訓"治"，《廣雅・釋詁》云："越，治也。"）又如《上海博物館藏戰國楚竹書（二）・容成氏》簡 31："以衛於溪谷。""衛、戔（歲）"同音假借……亦讀爲"越"（"衛"訓"度"，《説文》"越，度也"）。

【郭永秉 E】此字和《容成氏》多用作"始"的"司"字（如簡 8、簡 32）共同特點是"弓"的下橫省略。按照我們下文對簡文的編連看，這種省略下橫的"司"字的寫法都出現在《容成氏》一篇開頭幾支竹簡中，以下皆不如此作，看來不是偶然的現象。簡 31 的"司"也應該讀爲"始"。"始方爲三告"和下文簡 32 的"司（始）爵而行禄"句式相同。簡首的"孝"字當屬上讀，惜簡文殘缺，不明其義。

【白于藍 D】"蓁"似當讀作"榛"，參《故訓匯纂》1134 頁。

【戰國時代】或可斷讀爲"孝 司（治），方爲三告……"，"孝治"見《孝經》：……"孝治"其目的或結果爲"得萬國之歡心"……《説苑・君道》："周公踐天子之位，布德施惠，遠而逾明。十二牧，方三人，出舉遠方之民，有饑寒而不得衣食者，有獄訟而失職者，有賢才而不舉者，以入告乎天子。"……四方十二牧各來朝見天子，此即《容成氏》之"方爲三朝"。《韓詩外傳》卷六亦有一章"王者必立牧，方三人，使闚遠牧衆也"，主旨與《説苑・君道》此章相類。（《説苑・君道》）"故牧者，所以辟四門，明四目，達四聰也"句將每方三人的十二牧與辟四門相聯繫，可見辟四方之門有政治象徵意義。又古書皆記載堯舜之朝有四門，《尚書・舜典》："賓於四門，四門穆穆。""月正元日，舜格于文祖，詢于四嶽，辟四門，明四目，達四聰。咨十有二牧。"……以上記載都説開闢四門之目的是爲了廣視聽，這大概就是"救聲（聽）之紀"的意思……將《容成氏》之"告"讀爲"朝"，能得到比較合理的解釋。又《三德》簡 12："監（臨）川之都，兩澗之邑，百乘之家，十室之告（朝），宮室汙池，各慎其宅（度），毋失其道。"……"十室之告（朝）"應該指有十個側室的大宗家朝。

【孫飛燕 D】"衛"當讀爲"越"。"越"古音屬匣紐月部，"衛"亦屬匣紐月部。二者聲韻全同,當可通假。"越"的含義亦爲渡……
《六韜·龍韜·奇兵》:"奇伎者,所以越深水、渡江河也。"《墨子·
兼愛中》:"譬若挈太山越河濟也。"簡文"越於溪谷",含義當爲渡
溪谷。

【夏世華 B】"孝"後之字當從陳說釋作"唇",古籍多載從"辰"
聲之字用作"祇"的例子,疑簡文"唇"字亦可讀爲"祇",訓敬……
"孝祇"意爲對祭祀不僅祭品豐潔,而且能致其敬畏之心……"身
言孝祇"是說禹能躬行祭祀,教民孝、敬。……"佶"當音"造",疑
讀爲"造",在簡文中是一種祭名,指在常祭之外向大神呼號以求
福之祈禱告祭……"方爲三造","三"爲概言之辭,即分赴四方名
山大川,呼號告神以求福。……"敥"讀爲"覃"。《爾雅·釋言》
"流,覃也。覃,延也",……"覃聖之紀"即延續聖人治政的綱
紀……(衝)疑讀爲"委"。該字從"韋"聲,古從"韋、委"之字常可
通……《說文》:"委,隨也。"……"委於溪谷"即沿着溪谷而行。

【劉信芳 C】佶,《集韻》:"譽,或作佶。"《廣雅·釋詁》:"譽,分
也。"《國語·魯語上》"帝譽能序三辰以固民",韋昭注:"三辰,謂
日月星也。謂能次序三辰,以治曆明時,教民稼穡以安也。"

【按】◇孝:王志平 A 讀爲"效";戰國時代認爲其義爲"孝順"
的"孝"。按:其字字義難定。◇訇:李零釋爲"君";陳劍 A 隸定
爲"唇",釋爲"辰";白于藍 A 釋爲"厚";晏昌貴 B 認爲此字與本
篇的"始、治"所從相同,讀爲"慈";王志平 A 認爲此爲"辰"字,與
十二律有關;王暉讀爲"詞";郭永秉 E 隸定作"訇",讀爲"始";戰
國時代讀爲"治";夏世華 B 釋"唇"讀"祇"。按:此字應以郭永秉
E 隸定爲"訇"是,但字義不詳。◇佶:李零疑讀爲"調";《讀本》讀
爲"誥";陳劍 B 引董珊說認爲與"牧"同義;晏昌貴 B、劉信芳 C 讀
爲"譽";王志平 A 認爲"佶"讀爲"宮",王志平 C 又有補充說明;
王輝 A 讀爲"造",解爲"作";王暉釋爲"使";大西克也讀爲"曹";
戰國時代讀爲"朝";夏世華 B 讀爲"造",解爲"祭名"。按:"佶"

字在上博五《三德》簡 12 中也出現過,辭例爲"百乘之家,十室之
佶",蘇建洲把它讀爲"聚"①,可能是正確的。《容成氏》此處之
"佶"或許亦與"聚"有關係。◇救:李零隸定爲"敆",邱德修 B 釋
"尋"解爲"尋繹"義,夏世華 B 讀爲"覃";陳劍 A、徐在國隸定爲
"救";何有祖 A、白于藍 A、王志平 A 讀爲"求"。按:應以陳劍 A
隸定爲是,其義大概如何有祖 A 所云讀爲"求"。◇聖:李零讀爲
"聲";白于藍 A、大西克也讀爲"聖";陳劍 B 讀爲"聽"。◇衛:李
零讀爲"甄";邱德修 A 解爲"蹋";王志平 A 讀爲"依";王輝 A 疑
爲"達"字之訛,即"率";秦樺林、孫飛燕 D 讀爲"越";夏世華 B 讀
"委"。按:"衛、越"聲韻全同,秦樺林、孫飛燕 D 的説法是可信
的。又,子彈庫楚帛書甲篇有句作:"乃上朕(騰)𬻿(登),山陵不
戴,乃命山川四海,熱氣寒氣,以爲其㦤,以涉山陵。"其中的"戴、
㦤"應爲一字,"㦤"字又見上博三《周易》簡 22,此字馬王堆帛書
本與今本皆作"衛",可見"㦤"應與"衛"音相近(又上博四《逸詩·
交交鳴鷖》簡 4"君子相好,以自爲㦤。豈汝是好,唯心是萬"。
"㦤"與元部的"萬"相押,此亦爲與"衛"音近之證),那麽,子彈庫
的"戴、㦤"也應如秦樺林所言讀爲"越"("㦤"恐非如秦樺林所言
即"歲"字),但秦樺林訓"㦤"爲"治"義甚誤②。"山陵不戴(越)、
以爲其㦤(越)"的"越"與"以涉山陵"的"涉"文意正好相成,是"跨
越、踰越"的意思。子彈庫那句話的意思是説:四神於是向上走,
但山陵居於其前,越不過去,於是命令山川四海和熱氣寒氣,(借
助它們上升的水蒸氣的力量,)幫助四神跨越這些山陵。◇淒:李

---

① 蘇建洲《〈上博(五)〉柬釋(二)》,簡帛網 2006 年 2 月 28 日,http://www.
　Bsm.org.cn/show_Article.php? id=250。

② 秦樺林把"越"訓爲"治"的意見的詳細論述可參其發於簡帛研究網之文:
　秦樺林《釋"㦤""戴"》,簡帛研究網 2004 年 8 月 17 日,http://www.
　jiAnBo.org/Admin3/html/qinhuAlin01.htm;又,秦樺林《"戴"字所從聲旁
　"㦤"試説》簡帛研究網 2005 年 9 月 4 日,http://www.jiAnBo.org/Admin3/
　2005/qinhuAlin002.htm。

零讀爲"濟";王志平 A 讀爲"資"。按:李零説是,楚簡"妻、齊"二字多通用(參看《簡牘帛書通假字字典》第 143~144 頁)。此簡文"北方爲三佸"以上的那些簡文文意不是很清楚,仍有待進一步研究。◇棄:李零 A 如字讀;白于藍 D 讀爲"榛"。按:二字無別。

簡 32 上

説明:本簡長 24.3 釐米,上端完整,下殘。現存 26 字,其中重文 3。

拼合編聯:把簡 32 上與簡 4 下拼合,從郭永秉 B 説。他説:"簡 32 下端和簡 4 上端已殘,大致可以推知其内容應該是,有虞迵認識到爵而行禄的根源在於德衰,在治理天下的時候進行改革,重新使治政原則回到'不賞不罰,不刑不殺'上來。也不排除簡 32 與簡 4 其實就應當拼合爲一支整簡、當中並無缺簡的可能。"可信。如今我們在集釋中把簡 4 下簡首保存的殘字▓釋爲"矣",也增加了簡 32 上與簡 4 下直接拼合的可能。

釋文:

内(入),安(焉)吕(以)行正(政)。於是於(乎)乧(始)簧(爵)而行彔(禄),吕(以)襄(讓)於又(有)＝吳＝迵＝(有吳迵,有吳迵)曰:"悳(德)速襄(衰)

集釋:

【李零 A】内(入),焉吕行正。於是於(乎)乧(治)簧(爵)而行彔(禄),吕壤(讓)於來(?),亦＝迵＝,曰悳速襄(裏)

◇吕壤(讓)於來(?):似指禪讓之事。◇亦＝迵＝:此句含義不詳。◇曰悳速襄:"襄"讀爲"裏",或即"衰"字。下文殘缺。

【陳劍 A】入,焉以行政。於是乎治爵而行禄,以襄於來(?),亦＝迵＝,曰德速襄(衰)☐

◇"高山陸,棄林入,焉以行政"即"陸高山,入棄林,焉以行政"。

【白于藍 A】今將簡 32 移至簡 34 與簡 35 之間,則"入焉以行政。於是乎治爵而行祿……"這些事情是發生在禹之子啟的身上的……"自取"後當省略了賓語,從文義上看,似指"其位"。關於"入"字,《春秋·桓公十五年》:"許叔入于許。"……孔穎達《疏》:"入者,自外之辭,本其所自之處……"簡文"入焉以行政"(辰按:據其編聯,此爲 34+32 上編聯後所得)之"入"蓋即用此義。"焉"用與"之"同,在此亦指代"其位"。典籍中"行政"一詞很常見,可指執掌國家政權。如《史記·周本紀》:"周公、召公二相行政,號曰'共和'。"故"入焉以行政"似指入居其位以執掌國家政權。

【邱德修 A】"焉"訓"安"也……《廣雅》亦云:"焉,安也。"……"安以行政",謂樂教成功,民心安定,自能平安無事地去執政……"於"爲"烏"字的古文省,於此作介繫詞用,無義。"來",今之"徠"字,使動動詞,謂招徠……"以讓於徠",謂讓賢於天下,而招徠賢能的人到來……"亦亦"即"翼翼",亦即"小心翼翼",謂恭慎的樣子……"亦亦通通",謂讓賢的目的即可恭慎求賢,萬事通達……(衰)借作"催"字用……"曰德速催",謂要求賢者彼此間要以德行互催迫。

【陳劍 B】入,焉以行政。於是乎始爵而行祿,以襄於來(?),亦=迵=,曰德速蓑(衰)▢

◇按此字原作"訇",本篇用爲"始"之字多次出現,皆作"訇"形,而用爲"治"之字則作"綯"形,如簡 43"治而不賞、治亂"之"治"皆是。"爵"用作動詞,"始爵而行祿"謂此時才開始制定實行爵祿之制,跟前文簡 43"官而不爵,無勵於民"相呼應。◇此處簡文難以理解,但"曰德速蓑(衰)"可能跟《孟子·萬章上》的"萬章問曰人有言:至於禹而德衰"有關。萬章所敍是以"不傳於賢而傳於子"爲禹之德衰,《漢書·刑法志》則云:"禹承堯舜之後,自以德衰而制肉刑。"又《莊子·天地》:"子高曰:昔堯治天下,不賞而民勸,不罰而民畏。今子賞罰而民且不仁,德自此衰,刑自此立,後世之亂自此始矣。"簡文前文言堯之前"不賞不罰,不刑不殺",堯時"不勸而民力,不刑殺而無盜賊……其政治而不賞,官而不爵,無勵於民",而禹"始爵而行禄",禹之"德衰"或即指此而言,跟《莊子·天地》文相類。

【晏昌貴 B】《墨子·尚賢中》:"昔三代聖王,堯、舜、禹、湯、文、武之所以王天下、正諸侯者,此亦其法已,既曰若法,未知所以行之術,則事猶若未成,是以必爲置三本。何謂三本?曰爵位不高,則民不敬也。蓄禄不厚,則民不信也。政令不斷,則民不畏也。故古聖王高予之爵,重予之禄,任之以事,斷予之令。"可與簡文參照。

【王志平 A】入,焉以行政。(辰按:據其編聯此句上接簡 31)

◇行政:制樂與行政有密切的關係,《禮記·樂記》"禮節民心,樂和民聲,政以行之,刑以防之。"

【郭永秉 A】32 號簡"曰"字以上的三個字其實都有重文符號,李零只標出了兩個,是不對的。因此,這句話應當讀爲"以讓於□□迵,□□迵曰:'德速衰……'"。這就解決了"曰"的主語問題……其實這個"某某迵"在簡文中已經出現過……《容成氏》4號、5號、6號簡云:"□於是乎不賞不罰,不刑不殺,邦無饑(?)人,道路無殤死者。上下貴賤,各得其所(?)。四海之外賓,四海之内貞。禽獸朝,龜鼈獻。又吳迵匡天下之政十有九年而王天下,三十有七年而歿(?)終。"李零把"又吳迵"讀成"有無通"……我認爲,32 號簡"迵"字上的兩字其實也是"又吳"。從放大的照片看,把第一個字讀作"來",毫無根據,此字很清楚是"又",對比第五簡的"又"字就可以知道。第二字釋作"亦",看似很有道理,其實此字所從的"大"的左邊部分並没有點畫;而在字的右上角還可以依稀辨出所從"口"的出頭部分,因此没有問題也當是"吳"字。所以32 號簡的相關文字應當釋讀爲:"以讓于又吳迵,又吳迵曰:'德速衰……'"……"又吳迵"是一個專有名詞。把它代到 5 號簡中也文從字順。陳劍指出，6 號簡"殁終"以上"講堯以前的古帝王"。但是如果把"又吳迵"解釋成"有無通"，"匡天下之政十有九年而王天下，三十有七年而殁（？）終"的主語就沒有了，這和《容成氏》的行文特點不符。所以最合理的解釋是把"又吳迵"看成一個專有名詞……"又"在這裏應該讀作"有"，當無疑義……"有吳迵"的"吳迵"有可能是一個部族名稱。在古書中能排在堯以前的古代部族，古音又能與"吳迵"對應的，看來只能是"無終"。"吳"和"無"都是魚部字，雖然聲紐有疑母和明母之別，但牙音和唇音相諧的例子也有不少，二字相通應該沒有問題。"迵"從"同"聲，與"終"所從得聲的"冬"都是舌頭音，韻部則分別是東部和冬部。根據東冬不分部的説法，二字的上古音也是極爲接近的，可以假借。裘錫圭通過對銅器上"無終"族名的考釋，認爲"此族早在商代（不晚於殷墟一期）就已存在"，並認爲"'無終'之名大概很早就從一般的族氏變成部落或部落聯盟的稱號了"……現在可以回過頭來討論第三十一號、三十二號簡的位置問題了。既然有"以讓於有無終"的説法，顯然是無終部族"匡天下之政"與"王天下"之前的事情。所以這兩支簡無疑應當放在 4、5、6 三支簡之前。由此我們也解決了堯以前的這位"古帝王"（其實應該説是古部族）的問題。從"以讓於有無終"來看，"無終"之前還應當至少有一個古部族執政的故事，這也許就是第三十五簡的"□氏"。所以對於簡文"方爲三佁"的含義，也要放在無終部族以前的背景中去考慮，對此我們還沒有確定的意見……但把"三佁"與舜使夔制樂聯繫，現在看來是完全不可信的。

【郭永秉 B】"又吳"當讀成作爲部族名稱的"有虞"。這其實可以舉上博簡《子羔》簡 9"有吳是"讀成"有虞氏"爲證……認爲"迵"不能讀爲副詞"同"，而應作爲有虞部族首領的名字解。古書記載的古史傳説的人名形式中，在部族名稱後加上部族首領私名的例子是極爲常見的……而形式與"有虞迵"最爲接近的，是"有過澆"(《左傳·哀公元年》)……值得注意的是,《左傳·哀公元年》敍述少康爲躲避澆的追殺而"逃奔有虞",而把二姚嫁給少康的有虞酋長是"虞思"。《左傳·昭公三年、昭公八年》還記載有虞舜的後人"虞遂"。舜以後的有虞部族首領可以稱"虞思",其後人可稱"虞遂",那麼舜之前的有虞部族首領稱"有虞迵"是很好理解的。所以"有虞迵"就是指有虞部族名迵的酋長……在《容成氏》作者看來,"不賞不罰,不刑不殺"是使得有虞迵的統治取得成功甚至王天下的根本所在。我們注意到,《慎子》佚文謂"孔子云:'有虞氏不賞不罰,夏后氏賞而不罰,殷人罰而不賞,周人賞且罰。罰,禁也;賞,使也。'"……對有虞氏治政原則的概括與《容成氏》完全相同。

【黄人二 C】◇▨:疑字形可能同於"差"的上部,或可讀爲"差"(清母歌部),則當轉讀爲"垂"(邪母歌部),即《尚書·堯典》"汝共工"之"垂"。

【郭永秉 E】疑此字其實是"奴"字。其所在的竹簡左側略有殘壞,因此"女"形左邊的一筆已經泐損……此字除去"女"旁外的部分,似應是"又"……"奴"字的這種寫法跟郭店簡《老子》甲組……簡 9 的最後一個"奴"字最爲相似。因此此字似宜改釋爲"奴"……又疑此字仍應視作"安"字之訛寫。待考。

【子居】以襄(相)於有無,有無通,通曰德遂衰:《容成氏》或其他先秦古籍文例中都没有郭永秉所言寫法……像"有窮后羿",只見被稱爲后羿或羿、夷羿,没見到有被稱爲"有窮羿"的情況。"有過澆"原文當讀爲"昔有/過澆"而不是讀爲"昔/有過澆"……若"有虞迵"以"□□氏"之政爲"德速衰"……按郭先生的編聯,直接就跳到了"有虞迵匡天下之政",且其政爲"不賞不罰,不刑不殺,邦無饑人,道路無殤死者。上下貴賤,各得其所。四海之外賓,四海之内貞。禽獸朝,魚鱉獻"這樣的狀況,雖仍可言治,但相對於之前諸氏"治而不賞,官而不爵,無勸于民,而治亂不共"屬於等而下之的情況,那麽"有虞迥匡天下之政"從何談起呢? 既未能讓,亦未能匡,"有虞迥"何以爲賢?

【孫飛燕 H】"叡"左下和右下一般從"土"從"攴",此字下部與"彔"的下部近似,當是涉上文"彔"而訛。"彔"字形作⬚。類似的情況如簡 29 的⬚字下部從"而",李零已經指出蓋涉下文"而"字而誤。

【按】◇安:李零讀爲"焉";邱德修 A 解爲"安定";郭永秉 E 疑是"奴",又疑爲"安"之訛寫。按:此字不妨直接視爲"安"之訛變的寫法。◇於是於:"於是乎"作"於是於"之例又見簡 7、27。◇嗣:李零讀爲"治";陳劍讀爲"始"。從本篇用字習慣看,陳劍的説法應該是正確的。◇以襄(讓)於又(有)=吳=迥=(有吳迥,有吳迥)曰:李零釋爲"呂壤(讓)於來(?),亦=迥=";邱德修 A 釋爲"以讓於徯,翼翼通通";其中"又吳迥"略殘,郭永秉 A 與簡 5 的相關之字對比而釋爲"以讓于又吳迥,又吳迥曰",並認爲"又吳迥"是古帝王名;郭永秉 B 則進一步認爲"又吳"應讀爲"有虞","迥"則爲人名;黄人二 C 把"又"釋爲"差"讀爲"垂"。按:郭永秉的意見是正確的,把此簡的"又吳迥"與簡 5 相關之字相對照便可明瞭。◇衰:李零如字讀;邱德修 A 讀爲"催"。按:邱説誤。

簡 4 下

説明:本簡長 19.3 釐米,上殘,下端完整。現存 19 字。

拼合編聯:簡 4 下與簡 5 編聯,從李零説。

釋文:

矣。"於是虗(乎)不賞不罸,不型(刑)不殺,邦無飤〈飢〉人,道迯(路)無殤

集釋:

【李零 A】□。於是虗(乎)不賞不罸,不型(刑)不殺,邦無飤(食)人,道迯(路)無殤

◇飤人：即"食人"，指吃人（人吃人或獸吃人），或者"食"是"飢"字之誤寫。

【陳劍 A】▨□於是乎不賞不罰，不刑不殺，邦無飢（？）人，道路無殤

【何有祖 A】◇飤：此字當釋作"飤"。《説文》："飤，糧也。"段注：以食食人物，其字本作食，俗作飤。此處的飤人當指遊食之人。《商君書錐指》卷一第 8 頁《墾令第二》篇"則辟淫遊惰之民無所於食。民無所於食則必農"……禮鴻案："范本及《七國考》引作遊食。"……則"辟淫遊惰之民"也作"辟淫遊食之民"。

【王志平 B】《大戴禮記・誥志》："不賞不罰而民咸盡力。"《司馬法》："有虞氏不賞不罰而民可用，至德也；夏賞而不罰，至教也；殷罰而不賞，至威也；周以賞罰，德衰也。"《太平御覽》卷六三二引《慎子》曰："孔子云：有虞氏不賞不罰，夏后氏賞而不罰，殷人罰而不賞，周人賞且罰。罰，禁也；賞，使也。"《莊子・天地》："昔堯治天下不賞而民勸，不怒而民畏。"

【李承律】《古文四聲韻》卷一・一七所收的《道德經》的"飢"（飢）和"飤"非常類似，並且其中古《尚書》飢、籀韻" 飣 "字形也從"人"……《管子・輕重丁》："國無飢民。"

【王暉】"飤"字後代古文獻中均寫作"食"，是"以食物供養"之義，……"邦無飤人"是説邦國之中沒有被專門供養起來的官僚階層。

【張伯元】"海内皆臣，歲登成熟，道毋飢人，踐此萬歲"是秦十六字磚銘文（原注：見於西安杜陵《秦漢瓦當博物館》。又見路東之《問陶之旅》，紫禁城出版社 2008 年，第 278 頁）。其上"道毋飤人"有人將它釋成"道毋飢人"，在漢磚中確實也有用秦篆刻成"道毋飢人"的……我們主張……"道毋飤人"中的"飤"，讀爲"飼"，解釋爲拿食物給人吃。"道毋飤（飼）人"是説：道路上沒有給食物吃的人。意譯爲：道路上沒有挨餓乞食的人。鑒於此，《容成氏》的

“飤”字也可以作如是解：飤者，飼也①。

【孫飛燕 H】内，……該字字形作 ，與簡 32“内”字（字形作 ）非常相近。

【夏世華 B】“食人”可據《吕氏春秋·仲秋紀》“食人，以其饑也”來理解，“邦無食人”，謂邦中無須以糧食賑濟饑民，亦即民皆自足。然而這種理解與“道路無殤死者”句式不合，故仍疑以“‘飢’之誤字”爲佳。

【李零 B】中國歷史博物館編《中國通史陳列》（第 76 頁，圖版 5－1－6，朝華出版社 1998 年）……定爲秦代……其銘文釋文作：“海内皆臣，歲登成孰（熟），道毋飢人。”……（近年出土）16 字磚，比前者多出 4 字，銘文作：“海内皆臣，歲登成孰（熟），道毋飤人，踐此萬歲。”……如果單看 12 字磚，確實很容易把“飤”字當成“飢”字，今得 16 字磚，才真相大白，磚銘的這個字從“食”從“人”，無疑是“飤”字。它可以證明，簡文的這個字並不是“飢”字的訛寫……“飤人”應該怎麽讀，仍是問題。

【按】◇矣：原皆未釋，此字殘，作 形，此殘形保留的大概是“矣”字所從“矢”的部分，這裏釋爲“矣”。◇飤〈飢〉人：李零 A 讀爲“食人”，又認爲“飤”或是“飢”之訛誤；何有祖 A 認爲“飤人”指“遊食之人”；李承律證成“飤”或是“飢”之訛誤之説；王暉認爲“飤（食）”是“以食物供養”之義；張伯元認爲“飤”讀“飼”。按：“飤”或是“飢”之訛誤的意見是正確的，此篇訛字較多（詳後所舉），且“飤、飢”筆劃極近，二字訛混是不足爲奇的。再者，如果理解爲“邦無飤（食）人”的話，語氣偏重，與下句所言“道路無殤死者”並不相稱。張伯元已引《秦十六字磚銘》中“道毋飤人”，他銘（12 字

---

① 釋秦漢磚中的“飤人”爲“拿食物給人吃”是路東之的意見，參看路東之《問陶之旅——古陶文明博物館藏品掇英》，紫禁城出版社 2008 年，第 278～285 頁，此書收同文或相類之文的磚數件，出土於山西洪洞，這些磚大都刻作“飤人”，但同類型磚也有刻作“飢人”者。

磚銘)則作“道毋飢人”,我們可以認爲此是“飤人”應爲“飢人”之
訛確證。後來李零 B 又認爲 16 字磚的“飤人”是正確的,而 12 字
磚銘的“飢人”反而是誤字,從文義看,李零説是不可信的。

簡 5

説明:本簡長 44.6 釐米,完簡。共 46 字,其中合文 1。

拼合編聯:簡 5 與簡 6 編聯,從李零説。

釋文:

死者。上下貴戔(賤),各尋(得)亓(其)殜(列)。四海(海)之
外宝(賓),四海(海)之内貞(庭)。肣(禽)戰(獸)朝,魚蟲(鼈)獻。
又(有)吴迵坒(匡)天下之正(政)十又九年而王天下,卅=(三十)
有七

集釋:

【李零 A】死者。上下貴戔(賤),各尋(得)亓殜(世),四海
(海)之外宝(賓),四海(海)之内🔲。肣(禽)戰(獸)朝,魚蟲(鼈)
獻,又(有)吴(無)迵(通),坒(匡)天下之正(政)十又(有)九年而
王天下,卅=(三十)又(有)七

◇殤死者:連上爲讀,指非自然原因的死亡者。◇各尋亓殜:
即“各得其世”,指每個人都能盡享天年。◇宝:即“賓”,指賓服,
順從。◇🔲:疑是“貞”字的異體。“貞”可訓“定”。

【陳劍 A】死者。上下貴賤,各得其所(?)。四海之外賓,四海
之内貞(廷?)。禽獸朝,魚鼈獻,有無通。匡天下之政十有九年而
王天下,三十有七

【安大】◇“又吴”讀作“有虞”,馬承源在《子羔》篇中已提及。

【蘇建洲 A】◇🔲:右旁與“世”不類,參《郭店》7.3“世”作🔲、
《上博(二)·子羔》簡 8“殜”作🔲……🔲的右旁應從“桀”,如“傑”
《郭店》10.5 作🔲,《容成氏》簡 35 作🔲,右旁與🔲完全同形,所以
應隸定作“殜”(辰按:爲“殜”之誤印)。筆者以爲簡文應讀作“上

下貴賤,各得其宜",“桀",古音群紐月部;“宜",疑紐歌部,聲母同爲喉音,韻則對轉,可以通假。傳世文獻多有相應思想,如《禮記·樂記》:“所以官序貴賤‘各得其宜'也"……值得注意的是,簡42“湯王天下三十又一‘世'而受(紂)作"。其中“世"字乍看與 形近,但細看仍有區別,其右上從三直筆,與一般的“世"同。而簡40讀作“桀"的字,上似三直筆,與其他《容成氏》三個“桀(傑)"並不相同,應是訛誤。

【陳偉 A】◇ :列,字本作“殜"……“殜"疑當讀爲“列"。“世、列"月部疊韻,其間或所從之字或可通假。《汗簡》卷上之一錄《史說》“列"即作“迣"。《漢書·鮑宣傳》“男女遮迣",顏注引晉灼曰:“迣,古列字也。"……簡文可讀爲“列",訓爲“位"。《左傳·襄公十五年》云:“王及公、侯、伯、子、男,甸、采、衛大夫,各居其列,所謂周行也。"“各居其列"猶“各得其列"。

【陳劍 B】死者。上下貴賤,各得其殊(所)。四海之外賓,四海之內貞(庭)。禽獸朝,魚鼈獻,有無通。匡天下之政十又九年而王天下,三十有七

◇我們釋爲“殊"讀爲“所",是考慮到楚文字中“朿、枼、朱"三個偏旁已經時有混淆的情況,同時“各得其所"之説古書習見。“殊"從“乍"得聲,跟“所"聲母都是齒音,韻部魚鐸陰陽對轉,可以相通。◇簡文“四海之外賓,四海之內廷"是説天下皆來朝見之意。分別言之,則“四海之外"非天子之臣,雖爲表示服從而來,但係賓客,故言“賓",“賓"乃動詞“來朝、來賓"之意。古書“來賓"之説多見,如《韓詩外傳》卷六:“先王之所以拱揖指麾,而四海來賓者,誠德之至也,色以形于外也。詩曰:‘王猷允塞,徐方既來。'"而“四海之內"乃天子之臣,來至朝廷朝見曰“廷",“廷"亦爲動詞,或作“庭"(“廷、庭"同音,簡文“貞"與之端、定鄰紐,耕部疊韻,音近可通),古書“來庭、不庭"亦多見。前引《韓詩外傳》卷六所引《詩》見於《大雅·常武》,下文即云:“四方既平,徐方來庭。"參看

王國維《與友人論詩書中成語書二》,《觀堂集林》第一册。

【王志平 B】原作"又(有)吴(無)通",今按"吴、無"音韻有别。"同"原爲從辵、同聲之字,可讀爲同。

【李承律】◇ ※:"桀"群母月部,"宜"疑母歌部,聲母同屬喉音,韻部對轉。故蘇建洲認爲"桀"可讀爲"宜"……《荀子·正論》:"聖王在上,決德而定次,量能而授官,皆使民載其事而各得其宜。"

【許文獻】◇ ※:《説文》"朱"爲"困"字古文……此字亦當從"歹"從"朱"……頗疑此字當讀爲"困",以表"窮盡終極"或"結束"之義,以符合簡文"上下貴賤、四海之外"等不同階級或範圍人群之分際。

【王暉】◇ ⊕:《古文四聲韻》卷二尤韻引古《孝經》的古文"由"字……此"由"字應讀作《書·牧誓》中"王父母弟不迪"的"迪",其義爲"用"。

【馮勝君 A】◇ ※(殊):此字右旁所從是"桀"旁的標準形體(參看 2-1),則 ※ 可能應從蘇建洲釋爲"殊",讀爲"宜"。桀,群紐月部;宜,疑紐歌部。群、疑鄰紐,歌、月對轉。"各得其宜"一詞,典籍習見。《禮記·樂記》:"所以官序貴賤,各得其宜也。"

【按】◇殊:李零隸定爲"殊",讀爲"世";蘇建洲 A 隸定爲"殊",讀爲"宜",李承律、馮勝君從之;陳偉 A 隸定爲"殊",讀爲"列";陳劍 B 隸定爲"殊"讀爲"所";許文獻認爲此字從"歹"從"朱",讀爲"困"。按:楚文字中"枼、桀、枭"三個偏旁確實不好區分,馮勝君曾把"枼"分爲 4 型、"桀"分爲 3 型、"枭"分爲 1 型,對進一步考察這三種字形很有幫助。但從字形上看,※ 有"歹"旁作限制,大概祇能如李零説釋爲"殊",並暫依陳偉 A 説讀爲"列"。另外,楚文字目前尚未发现有确切无疑的從"乍"從"木"的"枭"形;而"枼、桀"兩形在楚文字中是有訛混的,比如上博七《君人者何必安哉》甲本簡8、乙本簡8的"桀"分别作 ※、※,即與馮勝

君所分的 1—4 的"枼"形混同。◇貞:李零讀爲"定";陳劍 B 讀爲
"庭";王暉釋爲"由",屬字形誤認。從與典籍相對照看,陳劍 B
的説法是比較合理的。◇又吳迵:李零讀爲"有無通";何琳儀讀
"又吳"爲"有虞"。按:"又吳迵"應爲人名,詳簡 32 上郭永秉説。

第二節　堯舜事迹(共一一簡)

簡 6

説明:本簡長 44.6 釐米,完簡。共 43 字,其中重文 1。

拼合編聯:簡 6 與簡 7 編聯,從李零説。

釋文:

年而没(殁)冬(終)。昔堯凥(處)於丹府與藋陵之閒(間),堯
戔(散)貤(施)而旹₌(待時)寊(賽一實),不愳(勸)而民力,不型
(刑)殺而無覜(盜)惻(賊),甚緩(寬)而民備(服)。於是虖(乎)方

集釋:

【李零 A】年而民(泯)冬(終)。昔堯凥(處)於丹府與藋陵之
閒(間)。堯戔(賤)貤(施)而旹₌(時時),寊不愳(勸)而民力,不
型(刑)殺而無頪(盜)惻(賊),甚緩而民備(服)。於是虖(乎)方

◇民冬:上字疑是"民"字的異寫或"敃"字的省略(參看李零
《郭店楚簡校讀記》),讀爲"泯";下字則讀爲"終",義同文獻中的
"泯没",是死亡的委婉説法。簡文上文所述不詳爲何人。《潛夫
論·五德志》謂"(神農)後嗣慶都,與龍合婚,生伊堯,代高辛氏。
其眉八彩,世號唐",或所述爲帝嚳高辛氏(其説亦見《宋書·符瑞
志》)。高辛氏在位之年,古書有三説:一爲六十三年(今本《竹書
紀年》、《太平御覽》卷八十引陶宏景説、《路史·後紀九》同);一爲
七十年(《藝文類聚》卷十一引《帝王世紀》);一爲七十五年(《太平
御覽》卷八十引《帝王世紀》)。這裏合"匡天下之政十有九年"與
"王天下"至"泯終"的"四十有七年",爲六十六年,近之。◇丹府

與藋陵：爲堯幼時居住的地方。今本《竹書紀年》、《易·繫辭下》疏引《世紀》《宋書·符瑞志》皆云堯生於丹陵，"丹陵"似是二者的合稱。◇旹＝：重文，疑讀爲"時時"，指順應天時。參看下文第四十八簡"文王時故時而孚（教）民時"。◇寊：據上文第四簡"不賞不罰"，疑是"賞"字之誤。◇力：效力。◇不型殺：即"不刑殺"，義同上文第四簡的"不型（刑）不殺"。◇甚緩：指爲政寬和。◇方：下文作方圓。

【劉信芳 A】首先，原簡"賽"字字形清晰，不宜看作"賞"的誤字。該字所從"貝"上爲"工"形，"工"的下部一橫與"貝"的上部筆劃寫糊，就字形而言，應隸作"賽"字。相同的字形見郭店簡《老子》乙 13"賽其事"之"賽"。其次，整理者讀"戔施"爲"賤施"，我們改讀爲"踐施"。"踐施"猶"踐履"，馬王堆漢墓帛書《十六經·立政》78 行上："踐立（位）履參。"再次，我們讀上引句例至"賽"字絕句。據《書·堯典》，堯協和萬邦，平章百姓，黎民於變時雍，敬授人時，是所謂"堯踐施而時時"……堯時黎民依時耕作，事成則報神福，是所謂"時時賽"也。遠古人民農桑以足衣食，是生存行爲的自然過程，而不是君主政治勸勉的結果，此所謂"不勸而民力"。

【陳劍 A】年而殁（？）終。昔堯處於丹府與藋陵之間，堯賤肔而時＝賓（？），不勸而民力，不刑殺而無盜賊，甚緩而民服。於是乎方

◇以上講堯以前的古帝王，下面開始講堯。

【安大】◇寊：徐讀作"賓"。

【蘇建洲 C】◇𠬝：疑本字上應從"女"，亦少一豎筆。"女"作𡥡（《郭店》8.2）、𡦈《上博二·子羔》12，可比較。下從"又"，則字可釋爲"奴"，或可讀爲"祿"。"奴"，泥紐魚部；"祿"，來紐屋部，聲同爲舌頭音；韻部旁對轉。如"濾"與"漉"同源，前者是魚部，後者是屋部，是爲例證。《三國志·吳志·吳主傳》："吾觀孫氏兄弟雖

各才秀明達,然皆禄祚不終。"可與簡文參看。但由於字形的變因仍大,暫釋爲"奴",以俟後考。

【蘇建洲 G】◇殁:字可釋爲"奴",或可讀爲"繹"。奴,泥紐魚部;繹,余紐鐸部。聲紐同爲舌頭音,韻部魚鐸陰入對轉。《廣雅·釋詁》:"殁、繹、結、冬,終也。"……"繹"與"殁"《廣雅》同訓,簡文讀作"斁終"或與"殁終"相去不遠。但由於字形的變因仍大,暫釋如此,以俟後考。

【讀本】"實"……相同字形亦見於《郭店·老子乙》簡 13"⿰其事",讀作"賽"。上部的"工"形實是"玉"字(參何琳儀、徐在國……《古幣叢考》56 頁)……原簡文字有借筆的現象。

【陳劍 B】年而⿰終。昔堯處於丹府與藋陵之間,堯戔詑而昔=實(賽?),不勸而民力,不刑殺而無盜賊,甚緩而民服。於是乎方

【王志平 B】◇詑:貤,《説文》:"重次第物也。從貝,也聲。"◇賽:實,《説文》"南蠻賦也",謂遠方貢賦。◇力:即"力耕"之"力"……《淮南子·主術》云:"堯之有天下也,非貪萬民之富,而安人主之位也。以爲百姓力征,強淩弱,衆暴寡。於是堯乃身服節儉之行,而明相愛之仁以和輯之。是故茅茨而不剪,采椽而不斲,大路不畫,越席不緣,大羹不和,粢飯不毇。巡狩行教,勤勞天下,周流五嶽,豈其奉養不足樂哉!舉天下而以爲社稷,非有利焉。年衰志憫,舉天下之重而傳之舜,猶卻行而脫躧也。"此殆所謂"賤貤"。◇《史記·禮書》"古者帝堯之治天下也,蓋殺一人、刑二人而天下治",《路史》卷二十引作"殺一人,刑三人則天下治"。《孔叢子·論書》:"子張問曰:堯、舜之世,一人不刑而天下治何?則以教誠而愛深也。"《太平御覽》卷八十引《尚書大傳》"堯之王天下,一人不刑而四海治",陳壽祺輯本《尚書大傳》卷四作"堯、舜之王,一人不刑而天下治"。

【李承律】郭店楚簡《性自命出》:"未賞而民勸,含福者

也。"……《吕氏春秋·長利》:"當堯之時,未賞而民勸,未罰而民畏。"……《新序·節士》:"昔堯之治天下……以至無慾至公之行示天下,故不賞而民勸,不罰而民畏,舜亦猶然……"

【王暉】◇尻,爲"居"的本字……筆者認爲應依本字釋讀。◇堯賤施而時時,貪不勸而民力……(𠂤)字形應隸定爲"貪"字。

【牛新房 A】"旹₌"似應讀爲"待時","待"與"時"皆从"寺"得聲,"待時"乃典籍習語。

【黄人二 C】◇整理者原讀"尻"爲"處",主要是根據包山竹簡簡 32"居尻(處)名族"一詞而來……但(其)於"丹陵與藿陵"有云"爲堯幼時居住的地方"……疑以讀"居"爲佳……戰國楚地,"尻、處"意義接近,以意相通,得以互假……上博藏簡第四册《昭王毀室》簡 5"王徙尻於坪(平)萬(從水)"、《鄂君啓節》"王尻哉郢之遊宫",包山楚簡簡 7"尻郢里"、簡 10"尻於復域之少(小)桃邑",皆讀爲"居",而不宜讀爲"處"。◇若視爲重文,整理者讀爲"時時"甚是;若爲合文,疑當讀爲"之日"。然"時時"頗不詞,若真讀爲"時時",第一個"時"疑以音近通假爲"之"。◇《新序·節士》云:"伯成子高曰:'昔堯之治天下,舉天下而傳之他人,至無慾也;擇賢而與之其位,至公也。以至無慾至公之行示天下,故不賞而民勸,不罰而民畏,舜亦猶然……'"其"故不賞而民勸,不罰而民畏",相當於簡文之"賞不勸而民力,不型(刑)殺而無盜惻(賊)",是疑簡文"賞不勸"三字,爲"不賞"二字之誤摹。

【林素清 B】貤"字從"貝","它"聲,當讀作"貨"。它,透紐歌部;"貨"從"化"聲,"化、貨"皆曉紐歌部,韻部相同,聲紐則舌根音與舌尖音互諧……"時時",後一"時"讀作"是"……在此乃肯定句中賓語前置的介詞。所謂"寶"字乃"寶"字誤釋……此字應從"貝","缶"省聲,"缶"字稍有訛變……"時是寶"即"寶時",亦即"以時爲寶"……(簡文也可讀作"時之寶",與"時是寶"義同)……《管子·白心》……所言"以時爲寶"也可與簡文參看。

【郭永秉 E】◇𩾏：陳劍認爲可能從“丩”得聲，可讀爲“考”，引郑子姜首盤“考終有卒”爲證；又認爲此字所從“又”疑與“攴”無別，所以此字疑即“收”字，可讀爲“壽”，“壽終”習見古書。此字似有待進一步研究。

【鄧少平 B】把“賓”看成是“貢”的繁文更爲妥貼。何琳儀指出：“删簡同形，如果没有具體辭例，有時也會造成文字混淆。郭店《老》乙 13‘賽其兌’、‘賽其事’之‘賽’，容易誤解爲從‘宀’從‘貢’，是‘貢’之繁文。”可見，“貢”之繁文可以寫作“賓”……“堯賤施而時時貢”，其意爲堯薄施諸侯而諸侯以時來貢。

【孫飛燕 E】在傳世文獻中，“博施、施廣”常見……《容成氏》的“戔”當讀爲“散”。“戔”爲從母元部，“散”爲心母元部，聲母均爲齒頭音，韻部相同，可以通假。郭店簡《老子》甲 25 簡“其幾也，易後也”，“後”字今本作“散”。傳世文獻中的“散施”一詞與“廣施、博施”所表達的意思是相同的：《戰國策·韓策一·顔率見公仲》：“公仲好内，率曰好士；仲奢於财，率曰散施。”

【夏世華 B】◇𧶠：疑該字當釋作“貯”，即“貯”字，從“貝”，“宁”聲。古從“者、宁”之字常互通……“著”，明也，……“昔₌”爲時之重文，第二個“時”字讀爲“是”，“時是著”猶著時，即明天時、農時。

【按】◇没：李零隸定爲“民”，讀爲“泯”；陳劍 A 疑讀爲“殁”；蘇建洲 C 隸定爲“奴”，讀爲“禄”，蘇建洲 G 又讀爲“繹”；郭永秉 E 引陳劍説或讀“考”或讀“壽”。按：陳劍 A 説是正確的，此字原篆作𩾏；“没”字在郭店《唐虞之道》簡 2 作𣷱、《曹沫之陳》簡 9 作𣸭、上博五《鬼神之明》簡 2 作𣸭、上博五《三德》簡 3 作𣸭、上博五《三德》簡 17 作𣸭，上博七《鄭子家喪》甲本簡 2 作𣸭，是會意字①。𩾏與上六個“没”形相比，“没”所從“回”形略有訛變而已。◇尻：

---

① “没”字的考釋參看單育辰《〈曹沫之陳〉文本集釋與相關問題研究》，吉林大學 2007 年碩士學位論文，第 11～12、34～36 頁中的相關論述。

李零讀爲"處";王暉、黃人二 C 讀爲"居"。按：從包山簡 32"居尻(處)名族"看，"尻"在當時多用爲"處"字。◇戔：李零讀爲"賤";劉信芳 A 讀爲"踐";孫飛燕 E 讀爲"散"。應以孫飛燕讀爲是。◇貤：李零讀爲"施";王志平 B 讀爲"貤";林素清 A 讀爲"貨"。按：李零讀爲"施"於文義甚適，"施"的這種用法典籍常見。上博六《慎子曰恭儉》簡 4 亦有此字，辭例爲"均分而廣貤"，"貤"亦用爲"施"。又《璽彙》0127 有一字作，是反文，除了多一人旁外，與此字完全同形，《璽彙》之字原皆釋爲"府"，李家浩改隸爲"貨"而讀爲"賮"，並說其義爲"散匹帛與三軍"①，由《容成氏》看，李家浩的考釋很可能是正確的。◇旹＝：李零讀爲"時時";牛新房讀爲"待時";黃人二 C 讀爲"之日";林素清 B 讀爲"時是"。這裏姑從牛新房説讀爲"待時"。按：上博四《相邦之道》簡 1 有"待時"一語，作"靜以待時"。◇賽：李零隸定爲"寞"，並疑爲"賞"之誤，黃人二 C 從之;劉信芳 A 根據此字在楚簡中的情況，改釋爲"賽"，《讀本》從之;徐在國讀爲"賓";王志平 B 讀爲"實";林素清 A 釋爲"寶";王暉釋爲"貪";鄧少平 B 釋爲"貢";夏世華 B 釋"貯"讀"著"。按：此字原篆作，劉信芳 A 把此字釋爲"賽"是正確的。本篇簡 29 有字作形，辭例爲"民有餘食，無求不得，民乃賽，驕怠始作"，此二字字形有較大差別，但從文義看，應爲一字異體。但是若把此二字釋爲"賽"，簡文文義實在難通。我們懷疑它們都應用爲"實"字，詳見簡 29 按語。"待時實"，可參《淮南子·本經》："逮至堯之時，十日並出，焦禾稼，殺草木，而民无所食。"故須等待穀物豐實。◇緩：我們把它讀作"寬"，這樣更符合典籍習慣，"寬、緩"古文字常通②。

①　李家浩《戰國官印考釋三篇》，《出土文獻研究》第六輯，上海古籍出版社 2004 年，第 12～14 頁。

②　參看白于藍《簡牘帛書通假字字典》，福建人民出版社 2008 年，第 321 頁。

簡 7 上

說明：本簡長 25 釐米，下殘，上端完整。現存 25 字。

拼合編聯：簡 7 上與簡 7 下拼合，從李零説。牛新房認爲此二支殘簡不能拼合，他認爲：“首先……何以在這一支簡中會出現這麼多的問題？其次，‘方圓千里’……在先秦文獻中没有這樣的用法。查先秦文獻可知，一般説‘方百里’、‘方千里’，而不説‘方圓百里’、‘方圓千里’……細看放大圖版，斷折處剛好在‘方圓千里’的‘里’字的下面，只要與上文的‘里’字對比一下，就可看出，此所謂的‘里’字實際上並非‘里’字，中間没有一豎筆，下部也没有兩横，整理者可能是把殘簡的折痕當作兩横了。所謂的‘圓’字釋讀也有問題（辰按：“圓”字釋讀應無問題）……我們認爲簡 7 應分開，其下半段應接在簡 43 之後。”牛新房的具體説法見本書第一章第一節。李零把二支簡拼合，文義確實不是很順，但從此兩段簡右側刻削的弧度正好可以相接看，李零拼合似乎没有什麼問題。我們仍從李零對簡 7 上與簡 7 下的拼合。

釋文：

百里之审（中），衛（率）天下之人遣（就）奉而立之，吕（以）爲天子。於是虖（乎）方圆（圓）千里，

集釋：

【李零 A】百里之审（中），衛（率）天下之人遣（就），奉而立之，吕爲天子。於是虖（乎）方圆（圓）千里，

◇遣：即“就”，有來、至之義。參看李零《古文字雜識（兩篇）》（《于省吾教授誕辰一百周年紀念文集》）的第二篇。◇方圆千里：此句下疑脱“之中”二字。

【陳劍 A】百里之中，率天下之人就，奉而立之，以爲天子。於是乎方圓千里，

【黃人二 A】◇就：“就”字疑從下讀，讀爲“造”。郭店簡《尊德義》有“戚父”，《窮達以時》作“造父”，山東臨沂銀雀山漢簡 0184

云：“唐勒與宋玉言御襄王前，唐勒先稱曰：人謂就父登車攬轡，馬協斂整齊，調均不摯，步趨。”又3588：“御有三，而王梁、就〔父〕。”同一人而云“戚、就、造”，知三字因地域之別，乃有此異稱。《史記·屈原賈生列傳》云“懷王使屈原造爲憲令”……知簡文乃堯前一位帝王，率天下之人，造爲法令，承宣祖業，立堯爲天子。

【陳偉D】◇“率”疑屬上讀。“率”有順服義。《逸周書·大匡》：“三州之侯咸率。”孔晁註：“率，謂奉順也。”又，原釋文釋爲“就”的字，不帶“辵”旁的部分，在楚簡中有時也讀爲“戚”。如郭店竹書《五行》13號簡說“溫則悦，悦則戚，戚則親”……在這裏讀爲“戚”，訓爲親近，似亦通。《容成氏》5號簡說：“四海之外賓，四海之内定。”與此句式及文意皆相近，可參照。

【陳劍B】百里之中率，天下之人就，奉而立之，以爲天子。於是乎方圓千里，

【王坤鵬】於是乎方百里之中，率天下之人就。奉而立之，以爲天子。於是乎方圓千里。於是於持（？）板正位，四向委和，懷以來天下之民。

“方百里之中”在句中是作狀語，意爲在百里平方大小的地方；“於是乎方圓千里”單獨成句，指堯的統治區在天下之人“奉而立之”後，幅員已至千里平方。……“天下之人就”語意完足，“率”非動詞，而是語氣助詞。清王引之《經傳釋詞》卷九“率”字條下引王念孫曰“率，語助也。”又引《書·湯誓》“夏王率遏衆力，率割夏邑，有衆率怠弗堪協”，《君奭》“率惟兹有陳，保又有殷”等典籍中相同用法證之。

【按】◇遱：李零釋爲“就”；黄人二A連下讀，讀爲“造”；陳偉D讀爲“戚”。從楚簡用字習慣看，李零釋爲“就”是比較合適的。◇於是虖（乎）方【6】百里之审（中），衛（率）天下之人遱（就）奉而立之：李零在“就”下逗；黄人二A把“就（造）”屬下讀；陳偉D把“率”屬上讀，陳劍B從之；王坤鵬認爲“率”爲語氣助詞，並在

"就"下加句號。我們把這句話重新標點如上，此句的意思是說：
"（堯所處的）百里之中的人，率領天下的人到堯前，奉他爲王。"

簡 7 下

説明：本簡長 19.5 釐米，上殘，下端完整。現存 18 字。

拼合編聯：簡 7 下與簡 9 編聯，從李承律、王暉説。李承律已把簡 7 下和簡 9 排在一起，但他認爲簡 7 下和簡 9 分屬兩個編聯組，而未直接編聯；王暉則認爲簡 7 與簡 9 可直接編聯。按，簡 6＋7 上説"方百里之中，率天下之人就奉而立之，以爲天子"；簡 9 又説"畢能其事，而立爲天子。"文義正好相承，這是簡 7 下與簡 9 編聯在一起的原因。

釋文：

於是於（乎）坒（持）板正立（位），四向陜禾（和），寱（懷）吕（以）速（來）天下之民。

集釋：

【李零 A】〈於是於〉坒板正立（位），四向陜，禾（和）寱（懷）吕速（來）天下之民。

◇於是於：衍文。◇坒板：疑讀"持板"，指手持板笏一類東西。◇四向陜："四向"，四方。"陜"，待考。◇速：同"徠"，這裏是使來之義。

【陳劍 A】於是乎持(?)板正立，四向陜和，懷以來天下之民。

【何琳儀】◇陜：當爲"委"之異文。《左傳·成公二年》"王使委於三吏"注："委，屬也。"《國語·越語》"委制於吳"注："委，歸也。"

【蘇建洲 C】◇ 𨒌：由文意來看是對的，但從殘存筆劃與簡 32、47 的"來"字相比較，不似。

【何有祖 A】◇坒：下從立，古文字中從立從土互作，如堂字，《中山王器文字編》41 從土，《古璽文編》附 65 從立……而《楚系

簡帛文字編》匡作從止從壬。又容成氏 5 號簡"匡天下之正"之匡
也從止從壬……《詩·小雅·六月》："王出於征,以匡王國。""板"
讀作反,《説文》:"反,覆也。"這裏的"反"指天下之不正。"匡反正
位",意思是匡正天下的不當的情形。與容成氏 5 號簡"匡天下之
正"意同。

【邱德修 A】"四向阩禾",即"四方穌和"。

【陳劍 B】於是乎竖板正立,四向阩禾(和?),懷以來天下
之民。

【淺野裕一】立板正位、四向陳、和懷以來天下之民。

【王志平 B】"持"……讀爲"持"。"板"讀爲"鞭"。《楚辭·天
問》"伯昌號衰,秉鞭作牧",注:"鞭以喻政,言紂號令既衰,文王執
鞭持政,爲雍州之牧也。"《太平御覽》卷八三三引《公孫尼子》:"舜
牧羊於潢陽,遇堯,舉爲天子。"

【顏世鉉 B】簡文"阩",讀作"綏";"阩",所從"禾"可視爲"委"
之省聲……郭沫若……説:"綏從委得聲,委從禾得聲,禾聲與綏
沙古音同在歌部……"故簡文當斷讀作"四向綏和"……《爾雅·
釋詁》:"綏,安也。"……《禮記·學記》……鄭注:"懷,來也,安
也。"懷,亦有安也、柔也之意……《呂氏春秋》……高注:"懷,柔
也……"簡文的大意是,使四方和合安定,進而懷柔天下之民,使
之來歸。

【王暉】◇前一字作上"止"下"立"。從前後文義看,蓋可讀爲
"立版",指營建城郭基址版牆之類。◇四向秈禾暨,以迷(來)天
下之民,……(秈)原整理者讀爲左"阝"而右"禾",然左旁應是
"西"字,依《字彙》禾部,左"西"右"禾"的此字應是"秈(籼)"的異
體字。

【黃人二 C】◇簡文"於是於"三字,視爲"之中"二字之誤摹,
錯抄是也。◇阩:爲"委"之異文,而轉讀爲"歸","禾"匣母歌部,
"歸"見母微部,"委"微部,"委"是否從"禾聲",董同龢列入待考。

【白于藍 D】“衛(率)”字整理者釋爲“迷”。似爲“衛(率)”。

【王坤鵬】《説文》：“委，隨也。”徐鉉曰：“委，曲也，取其禾穀垂穗委曲之兒。故從禾。”段玉裁注：“隨其所如曰委。”其意指柔曲、順從。《詩經·召南·羔羊》“委蛇委蛇”，鄭《箋》云：“委蛇，委曲自得之貌。”……“四向”泛指外界。全句指堯與外人交接中順和的態度。

【劉信芳 C】“於是於(乎)岦(立)板正立(位)”……(岦)所從“止”有可能是形符，如是則該字乃“立”之異構，以區別於用作“位”的“立”。

【按】◇於是於〈乎〉：李零認爲三字皆爲衍文；陳劍讀爲“於是乎”；黃人二 C 把“於是於”視爲“之中”二字之誤摹。按：陳劍的説法是正確的，“於、乎”音近可通。“於是於(乎)”本篇共三見，除此簡外，又見於簡 32 上、簡 27，此詞等同於本篇常見的“於是虘(乎)”。◇阫：何琳儀釋爲“委”，解爲“歸”義；邱德修 A 釋爲“飯”；淺野裕一釋爲“陳”；顏世鉉 B 釋爲“綏”；黃人二 C 釋爲“歸”；王暉釋爲“秜”；王坤鵬釋“委”解爲“順和”。按郭店《緇衣》簡 31＋32“言不陒(危)行，不陒(危)言”的“陒”，今本做“危”，不知與本簡的“阫”有没有關係。◇岦板：李零讀爲“持板”；何有祖 A 讀爲“匡反”；淺野裕一釋爲“立板”，劉信芳 C 從之；王志平 B 讀爲“持鞭”；王暉釋爲“立版”。按：“岦”字在甲骨文中有基本相同字形，但甲骨文中都是用爲“失”的[①]。此字可否讀爲“持”還有待思考，此暫從李零説。◇𧾷：李零 A 釋爲“迷”；白于藍 D 釋爲“衛(率)”。按：此字有些漶漫，誠如蘇建洲 C 所説，不似“迷”字，今姑依文義從李零説。◇此簡語句確如牛新房言，問題較多，但其原因尚須繼續研究。

[①]　參看趙平安《戰國文字的“遊”與甲骨文“𡕥”爲一字説》，《古文字研究》第二十二輯，中華書局 2000 年，第 275～277 頁。

簡 9

説明:本簡長 44.5 釐米,完簡。共 40 字。

拼合編聯:簡 9 與簡 10 編聯,從李零説。

釋文:

是吕(以)視既(賢),顏(履)地貮(戴)天,竺(篤)義與信,會(合)才(在)天地之閲(間),而橐(包)才(在)四海(海)之内,遷(畢)能亓(其)事,而立爲天子。堯乃爲之孝(教),曰:"自

集釋:

【李零 A】是吕視既(賢):顏(履)地貮(戴)天,竺(篤)義與信,會才(在)天地之閲(間),而橐(包)才(在)四海(海)之内,遷(畢)能亓事,而立爲天子。堯爲之孝(教)曰:"自

◇視:下部作立人,與"見"字有別。下文同。這裏是考察之義。下面所述是其選用的標準。◇貮:即"戴"。原從"首"從"弌","弌"疑同"戈"。◇會:與下"橐"字互文。◇橐:即"包",與上"會"字俱有囊括無遺之義。

【陳劍 A】是以視賢,履地戴天,篤義與信。會在天地之間,而包在四海之内,畢能其事,而立爲天子。堯乃爲之教曰:"自

【黄人二 A】◇"堯爲之教曰",應爲"堯乃爲之教曰",簡文"乃"字無見釋文,蓋出版之失。

【王志平 B】《大戴禮記·虞德戴》:"戴天履地以順民事。"《左傳·僖公十五年》:"君履后土而戴皇天。"《吳越春秋·王僚使公子光傳》:"子胥曰:吾聞父母之讎不與戴天履地。"

【史黨社】本段話語與《墨子·辭過》語句相似……《辭過》曰:"凡回於天地之間,包于四海之内,天壤之情,陰陽之和,莫不有也,雖至聖不能更也。""回",蘇時學認爲當作"同",孫詒讓非之,並以"回"爲訛字。簡文之"會"……邱德修……以爲當"聚合"義,應是。《墨子》此處的"回"字,當與"會"通。其中"天壤"一詞又見於《管子》《列子》《莊子》等先秦古籍。

【連劭名】"會、遇"同義,指時。《素問・五運行大論》云:"左右周天餘而復會也。"王注:"會,遇也,合也。"《説苑・雜言》云:"遇不遇者,時也。""橐"即"包",義同"中"。《周易・泰》九二:"苞荒,用馮河,不遐遺,明亡,得尚於中行。"虞翻注:"在中稱包。"得"時"與"中",故立爲天子。

【黄人二 C】"會、合"("合"見母緝部)二字意義相近。

【張通海 C】前面講堯一系列的成政舉措,這裏談他篤厚信義,彙聚、包攬國内人才……如果不把"才"讀爲如字,即"賢才",就不易講通。

【夏世華 B】《禮記・坊記》"故君子於有饋者,弗能見,則不視其饋",鄭玄《注》:"不視,猶不内也。"孔穎達《疏》:"視,納也。""視賢"與納賢同……"履、戴"同爲動詞,"與"亦當與"篤"字同爲動詞。《管子・霸言》"諸侯之所與也",尹知章《注》:"與,親也。"……"才"當讀如"茲",此也。

【按】◇貳(戴):上博六《慎子曰恭儉》簡 5 出現過一個"耆"字,亦用爲"戴",對"耆"的來源問題,曾有過一些討論①,可以參看。◇與:李零如字讀,夏世華 B 解"與"爲"親"義。按:李説是。◇才:李零讀爲"在";夏世華 B 讀爲"茲"。按:李説是。

簡 10

説明:本簡長 44.4 釐米,完簡。共 42 字。

拼合編聯:簡 10 與簡 11 下前面佚失的上半支簡編聯,從李零説。

釋文:

---

① 沈培《試釋戰國時代从"之"从"首(或从'頁')"之字》,簡帛網 2007 年 7 月 17 日,http://www.Bsm.org.cn/show_Article.php? id=630;蘇建洲《對於〈試釋戰國時代从"之"从"首(或从'頁')"之字〉一文的補充》,簡帛網 2007 年 7 月 18 日,http://www.Bsm.org.cn/show_Article.php? id=635。

内(入)安(焉),余穴規(窺)焉,吕(以)求殹(賢)者而壤(讓)安(焉)。"堯吕(以)天下壤(讓)於殹(賢)者,天下之殹(賢)者莫之能受也。萬邦之君皆吕(以)亓(其)邦壤(讓)於殹(賢)

集釋:

【李零 A】内(入)焉,余穴規(窺)焉。"吕求殹(賢)者而壤(讓)焉。堯吕天下壤(讓)於殹(賢)者,天下之殹(賢)者莫之能受也。萬邦之君皆吕亓邦壤(讓)於殹(賢)

◇内:疑讀"入"。◇穴規:疑讀"穴窺",指鑿孔於牆,令試用者入其内,自外觀察之。◇萬邦之君皆吕其邦壤於殹:下文應接"者"。

【陳劍 B】内(納)焉,余穴窺焉,以求賢者而讓焉。"堯以天下讓於賢者,天下之賢者莫之能受也。萬邦之君皆以其邦讓於賢

【孫飛燕 G】𠆤:將該字與"余"及"余"作爲偏旁的字相比較,可以發現其差別主要有兩點:一是没有"余"字最下的一撇;二是該殘字的豎筆也没有像"余"那樣穿過第二横筆到達第一横筆。因此,其字形應該還是與"宗"接近……筆者認爲,簡 10 應該上接簡 31……"宗"讀爲"崇",意爲高。穴指洞窟。古代賢能之士常常隱逸于山林藪澤巖穴之間……簡文"高山登,藜林入焉,崇穴窺焉",即登高山、入藜林、窺崇穴,三句話句式整齊,與下句簡文"以求賢者而讓焉"相接文意順暢,是形容求賢地域之遍及。【附"水土"在 2009 年 10 月 19 日的評論】"崇穴"似乎没聽説過。冬、侵二部的關係,近人已多言之。上博《周易》"朋盍簪"的"簪",從"琮"(陳劍説)。因此,是否可以把"宗"讀爲"潛穴"?查詞典,"潛穴"的詞例皆較晚。如果此説可以成立,則可見"潛穴"出現得並不晚。【附 yihai 在 2009 年 10 月 19 日的評論】𠆤字第四筆(下半中豎上所接)明顯作弧筆而非直筆,左右皆往上彎,與同篇"宗"字也可以説是有明顯區別。釋爲"余"恐難斷然否定。"自入"即"自納",意即"自己(向君上)推薦自己以求被接納任用"。略檢古書,

《後漢紀·光武皇帝紀》：“是时世祖在邯鄲，(耿)純見世祖長者，官屬齊肅，遂求自纳焉。”……“余穴窺焉”似應理解爲堯親自窺視、窺求於賢者所隱居之巖穴，以發現、求得賢者(“以求賢者而讓焉”當也是堯之語)，似亦非不通。【附隨人在 2009 年 10 月 19 日的評論】“穴”不一定是賢者所隱居之巖穴，也可能是墓穴。“窺”也不一定是采取俯視。司馬遷云：“二十而南遊江、淮，上會稽，探禹穴，窺九疑，浮沅、湘。”“探、窺”互文見義，此句是否與《容成氏》有關亦未可知。【附林文華在 2009 年 10 月 19 日的評論】原簡本作“自内焉”，陳劍疑“内”讀作“纳”……yihai 所言甚是……第一種乃“自内焉”“余穴窺焉”爲前後連貫之意，則“穴”字可能非字面之意義，而是“内”之通假，蓋“穴、内”古書多通用，如《禮記·月令》“蟄蟲咸俯在内”，“内”字《呂氏春秋·季秋》作“穴”……至於“窺”也不一定解作俯視、竊視、暗中察看之意，也可直接釋作見之意，如《呂氏春秋·君守》“而實莫得窺乎”，高誘注：“窺，見也。”……因此，簡文“余穴(内)窺焉”承上句“自纳焉”，乃謂堯於宮内接見自薦之賢者。第二種乃“自内焉”“余穴窺焉”爲並列的關係，而非前後相連意義，則“穴”字可能指巖穴，乃賢者隱居鄉野之處，“余穴窺焉”意謂堯四處於巖穴鄉野探見訪求隱居之賢者。

　　【夏世華 B】“穴窺”猶言管窺也，《韓詩外傳》《說苑》載時人謂扁鵲“以管窺天”，又曰“所窺者甚大，所見者甚少”……堯以“穴窺”爲喻，形象表達其自謙求賢之意。

　　【按】◇𡿨：李零釋爲“余”；孫飛燕 G 釋爲“宗”讀“崇”，“水土”則讀爲“潛”。按：yihai 已言𡿨字第四筆作弧筆而非直筆，左右皆往上彎，與同篇“宗”字有明顯區別，其言甚確，仍應以釋“余”爲是。◇内：李零讀“入”；yihai 讀“纳”。按：李零説是，此是言候選者自入堯地以治理政事之意。◇穴窺：李零認爲是“鑿孔於牆”以觀察的意思；yihai 解爲“窺求於賢者所隱居之巖穴”；林文華或讀爲“内窺”。按“穴窺”本義爲鑿孔而窺，亦可引申爲覘視，與《史記・五帝本紀》"堯乃以二女妻舜以觀其内,使九男與處以觀其外"之"觀"義同。上博八《命》簡5"非而所以報我,不能穿壁而視聽"中的"穿壁而視聽"亦猶《容成氏》之"穴窺"。

簡11下

説明:本簡長22.8釐米,上殘,下端完整。現存18字。

拼合編聯:簡11下與簡13編聯,從陳劍A説。

釋文:

　　▨▢▢▢叚(賢)者,而叚(賢)者莫之能受也。於是虖(乎)天下之人,㠯(以)

集釋:

【李零A】▢▢▢叚(賢)者,而叚(賢)者莫之能受也。於是虖(乎)天下之人,㠯

【陳劍A】☑▢▢▢賢者,而賢者莫之能受也。於是乎天下之人,以

◇簡10與簡11從内容看中間不容有缺簡,故連讀。

簡13

説明:本簡長44.3釐米,兩端綴合,上下端完整。上段長25.1釐米,下段長19.2釐米。共38字。

拼合編聯:簡13與簡14編聯,從李零説。

釋文:

　　堯爲善興叚(賢),而釆(卒)立之。昔烾(舜)靜(耕)於鬲(鬲)丘,匋(陶)於河賓(濱),魚(漁)於靁(雷)澤,孝羕(養)父母,㠯(以)善亓(其)新(親),乃及邦子。堯䎽(聞)之

集釋:

【李零A】堯爲善興叚(賢),而釆(卒)立之。昔[者]烾(舜)靜(耕)於鬲(鬲)丘,匋(陶)於河賓(濱),魚(漁)於靁(雷)澤,孝羕

（養）父母，呂善亓新（親），乃及邦子。堯酮（聞）之，

　　◇興敔：即“興賢”。“興賢”是古書常見語（如《周禮・地官・鄉大夫》“使民興賢，出使長之”）。《郭店楚墓竹簡・窮達以時》第五簡“興而爲天子帀（師）”，“興”字寫法與此同，用法也相同。此字並非“舉”字，也非“與”字。◇而采立之：以上是講堯。◇坴靜於鬲丘：《史記・五帝本紀》作“舜耕於歷山”。按：古文字“鬲”或作“鬲”，如容庚《金文編》頁 172 引娩伯鬲之“鬲”字。“丘”則可能是“山”字之誤。《郭店楚墓竹簡・窮達以時》第二簡至第三簡“舜畊（耕）於鬲山”，“歷山”正作“鬲山”。歷山的地望，古書說法不一，如：在今山東濟南千佛山；在今山東菏澤東北；在今山西垣曲東北；在今山西永濟東南。按：歷山應在今山西，詳下第四十簡注。◇匋於河賓：即“陶於河濱”。《五帝本紀》作“（舜）陶河濱”。《郭店楚墓竹簡・窮達以時》第二簡至第三簡作“（舜）匋（陶）笘於河叴（濱）”。◇魚於靁澤：即“漁於雷澤”。《五帝本紀》作“（舜）漁雷澤”。按：“雷澤”的地望，古書有二說；一說在今山東菏澤東北；一說在今山西永濟南。◇孝業父母：即“孝養父母”。舜以孝名，父瞽叟頑，母嚚，欲殺舜，而舜不失子道。見《五帝本紀》。◇呂善其新：“呂”猶“而”。“新”讀“親”。舜弟象傲，欲殺舜，而舜不失弟道。見《五帝本紀》。◇乃及邦子：邦子，國中之子。指推其愛親之義以及人之子。

　　【陳劍 A】堯爲善興賢，而卒立之。昔舜耕於歷丘，陶於河濱，漁於雷澤，孝養父母，以善其親，乃及邦子。堯聞之

　　◇上文簡 6、7 言“方百里之中”的人民立堯以爲天子，接下來講堯德及於天下，天下之人立之爲天子，又言堯欲讓賢而不得，於是“天下之人，以堯爲善興賢，而卒立之”。“卒立之”即最終還是立之爲天子、（在他讓位之前）始終以之爲天子。雖然簡 7、9、12 三次講到堯爲天子，但是其意思是一層層遞進的，並不能證明以上這些竹簡不能放在一起。◇“昔”與“舜”之間空有一個字的位

置,疑此處本當有"者"字。

【黄人二 A】◇"昔舜耕於歷丘",於"昔、舜"兩字之間,空格頗大,足容一字,整理者補一"者"字,依簡六"昔堯"之詞例,余意以爲不必爲之補,然現象頗怪,原因待考。

【蘇建洲 A】◇𤔲:李零隸𤔲爲從"臼"從"鬲",但此"鬲"字與簡40"'鬲'山氏"並不相似,後者從類"羊"形,與一般"鬲"字所從相同。與簡13相同字句亦見於《郭店》5.2……。筆者以爲𤔲可能變形音化爲從"者"。𤔲的下部與簡24的"者"類似,衹是前者從"甘",後者從"皿"。其實,在古文字中,二者互換的現象是有的……者,古音章紐魚部;鬲,來紐錫部,聲同爲舌音,韻則旁對轉……"者"應可當作"鬲"的聲符。

【讀本】◇𤔲:許文獻與筆者討論時指出簡文下部從"啻"(即"適"的右偏旁)。按……"帝",端紐錫部;"鬲",來紐錫部。聲紐同爲舌音,疊韻。◇邦子:疑相當於"邦人、國人"之意……《荀子·王霸》:"何法之道,誰子之與也。"楊注:"誰子,猶誰人也。"

【于凱】◇傳世文獻中,也有類似的記載:《墨子·尚賢中》:"古者舜耕歷山,陶河濱,漁雷澤。堯得之服澤之陽,舉以爲天子,與接天下之政,治天下之民。"《呂氏春秋·孝行覽》:"舜耕於歷山,陶於河濱,釣于雷澤,天下説之,秀士從之。"《史記·五帝本紀》作"舜耕歷山,歷山之人皆讓畔;漁雷澤,雷澤上人皆讓居;陶河濱,河濱器皆不苦窳"。記載較爲詳細。這三處文獻來源各異,但均提到舜"耕歷山""陶河濱""漁雷澤"事,與《容成氏》簡相合。

【陳劍 B】堯爲善興賢,而卒立之。昔[者]舜耕於𥃩(歷)丘,陶於河濱,漁於雷澤,孝養父母,以善其親,乃及邦子。堯聞之

◇簡文敍述堯成爲天子的過程,似是層層遞進的。先是"方百里之中"的人民立堯以爲天子,接下來講堯德及於天下,天下之人立之爲天子,又言堯欲"求賢者而讓"而不得(甚至"萬邦之君"亦以此爲表率,"皆以其邦讓於賢[者]"而不得),於是"天下之人,

以堯爲善興賢,而卒立之”……時代跟《容成氏》大概相差不遠的郭店簡《唐虞之道》篇簡 14 云“古者堯生於天子而有天下”,或是就傳説中堯爲帝嚳之子(見《大戴禮記·帝繫》等書)而言的,跟《容成氏》所述不同。◇“⿱𦥑啻”字原釋爲下部从“鬲”,許文獻指出其下實爲从“啻”,其説完全正確。……本篇後文簡 40“桀乃逃之歷山氏”的“歷”,和《郭店楚墓竹簡·窮達以時》簡 2“舜耕於歷山”的“歷”,原都寫作“**⿱𦥑鬲**”形。“**⿱𦥑鬲**”形古文字多見,即“鬲”字上加雙手形的“臼”而構成的繁體。“⿱𦥑啻”字從“臼、啻”,“啻”從“帝”得聲,跟“鬲、歷”均音近可通,故“⿱𦥑啻”釋讀爲“歷山”之“歷”確實是没有問題的(戰國文字增“口”爲繁飾的情況習見,“⿱𦥑啻”从“啻”,大概也可以直接看作从“帝”。《山海經·大荒西經》:“故成湯伐夏桀于章山,克之。”“章山”即“歷山”,“章”字應即“帝”字之形誤。若然,這就是一個“歷山”確可寫作“帝山”的例子)。但它字形中包含“帝”字,又跟“丘”字連在一起,很自然地讓我們想起了傳説爲帝顓頊所都的“帝丘”。《左傳·僖公三十一年》:“冬,狄圍衛,衛遷于帝丘。”又《昭公十七年》:“衛,顓頊之虚也,故曰帝丘。”其地在今河南濮陽縣,古今似無異説。而傳説中舜迹所在的歷山、河濱、雷澤等地,有很多人主張在今河南濮陽、山東菏澤一帶。據此,則“歷山、帝丘”兩地不遠,甚至可能就是同一地。簡文“⿱𦥑啻丘”的寫法,又可以説正處於“帝丘”與“**⿱𦥑鬲**(歷)山”之間,跟二者都不能完全等同——“⿱𦥑啻”固可讀爲“**⿱𦥑鬲**(鬲—歷)”,但下字作“丘”不作“山”;“⿱𦥑啻”固可讀爲“帝”釋爲“帝丘”,解釋爲簡文的張冠李戴,但“⿱𦥑啻”字比較獨特地從“臼”,又跟“**⿱𦥑鬲**(鬲)”在形體上存在難以割裂的聯係。由此看來,簡文舜所耕的“歷山”寫作“⿱𦥑啻丘”,似乎確實跟顓頊所都的“帝丘”是存在某種聯係的。

【張通海 A】“舜陶河濱”多有記載。“陶”與其解爲“製陶”,倒不如訓爲“薰陶”。按説舜是没有絲毫官僚習氣,總與民衆打成一片,這種高風亮節無疑會産生偉力,從此再也没有劣質陶瓷出現,

這顯然是陶冶的結果。《韓非子·難一第三十六》：“歷山之農者
侵畔，舜往耕焉，朞年，甽畝正。河濱之漁者爭坻，舜往漁焉，朞年
而讓長。東夷之陶者器苦窳，舜往陶焉，朞年而器牢。”又《新序·
雜事》：“故耕於歷山，歷山之耕者讓畔；陶於河濱，河濱之陶者器
不苦窳；漁于雷澤，雷澤之漁者分均。及立爲天子，天下化之，蠻
夷率服。”“陶”作“陶冶”講，如《淮南子·本經訓》：“天地之和合，
陰陽之陶化萬物，皆乘人氣者也。”這些都足可證明。

【王志平 B】此字明爲“耕”字，字形爲左“井”右“耒”，《説文》：
“耕，犁也。從耒，井聲。一曰古者井田。”細審左旁字形縱橫交
錯，實像井田之形。

【張新俊 B】𦥑：從文意看，似乎也有可能是“舉”字之訛，因爲
不管從古文字資料還是從傳世文獻來看，“舉賢”的説法都常見。

【牛新房 A】歷丘，典籍或作“歷山”，李零認爲，“丘”可能是
“山”字之誤，其實不必看作誤字，“山、丘”意近，可能只是用字習
慣的不同。《郭店楚墓竹簡·窮達以時》作“鬲山”。河濱，或作
“河瀕”，《郭店楚墓竹簡·窮達以時》作“河臣（濆）”。雷澤，或作
“濩澤”。《墨子·尚賢上》：“古者舜耕歷山，陶河瀕，漁雷澤。”

【張通海 C】“丘”與“山”應是同義換用。

【孫飛燕 H】此字字形上的確是“興”，且“興賢”可以講通，不
必看做“舉”之訛字。“興”指推舉，選拔。《周禮·夏官·大司
馬》：“進賢興功，以作邦國。”鄭玄注：“興，猶舉也。”又《地官·鄉
大夫》：“三年則大比，攷其德行道藝而興賢者能者。”

【夏世華 B】丁四新説“邦子”即國子，可能是一個專名，指王
太子、王子、群后之子，以至公、卿、大夫、元士之嫡子，也稱國
子弟。

【按】◇興：張新俊 B 認爲是“舉”之訛，李零 A、孫飛燕 H 認
爲是“興”。按：李、孫説是。此簡“興”作𦥑，對比下面的諸“興”
（或“繏”、“𥩟”）字，無疑是一致的：𦥑（郭店《語叢四》簡 16）、𦥑（左

塚棋桐)、▨(郭店《窮達以時》簡 5)、▨(清華一《皇門》簡 11)、▨(楚帛書乙篇)、▨(上博六《天子建州》乙本簡 6)、▨(望山簡 1～13)①。此形是由甲骨文的形體如▨(《合》28000)、▨(《合》35234)等演變而來的。“舉(舉)”字一般作▨(包山 210)、▨(上博三《中弓》簡 9)、▨(上博三《亙先》簡 11)諸形,但也有作▨(上博三《中弓》簡 7)、▨(上博二《昔者君老》簡 3)等形者,雖多加了一 ❷ 符與“興”較類,但上面雙手所持之物(興所持爲“同”形,舉所持爲“牙”形)仍是不一樣的。順便説一下,戰國文字的“遷”做下形:▨(郭店《五行》簡 32)、▨(郭店《唐虞之道》簡 21)、▨(上博三《中弓》簡 8)、▨(上博三《彭祖》簡 1),它們看似是“舉”和“興”的一種雜糅形體(上部从“牙”,下部从“○”),但其實是由早期的▨(《何尊》,《集成》6014)、▨(新蔡簡甲三 11＋24)、▨(清華二《繫年》簡 17)等演化而來的,只不過早期形體雙手所持的類“角”之形後來演變爲“牙”或“丨”而已②。◇“昔”與“舜”之間空格頗大,李零補一“者”字,陳劍 A 從之。從空格的位置看,它正好位於第一道編繩上,也有可能是避編繩而爲,此不補“者”字。◇靜:王志平 B 直接把它隸爲“耕”,屬誤識字形,應如李零那樣隸爲“靜”而讀作“耕”。◇鬻(鬲):李零隸作“鬻”;蘇建洲 A 以爲從“臼、者”;《讀本》引許文獻説認爲從“啻”並隸定爲“䁞”,陳劍 B 從之,並認爲“䁞丘”與顓頊所都的“帝丘”有某種聯繫。按與鬻所從的▨類似的偏旁見於很多古文字,如“帝”所從之▨(上博五《三德》簡 6)、“策”所從之▨(郭店《尊德義》簡 24③)、“箟”所從之▨(郭

---

① 此字《望山楚簡》摹本有誤,且被誤釋爲“舉”,見湖北省文物考古研究所、北京大學中文系《望山楚簡》,中華書局 1995 年,第 22、69 頁。

② 可參看張峰:《楚系簡帛文字訛書研究》,吉林大學 2012 年博士學位論文,第 90～106 頁。

③ 參看蘇建洲《也説〈君人者何必安哉〉“人以君王爲所以䁞”》,復旦大學出土文獻與古文字研究中心網 2009 年 1 月 10 日,http://www.guwenzi.com/SrcShow.Asp? Src_ID＝643 引陳劍説。

店《緇衣》簡 46)、讀爲"從"之字所從之 (上博一《緇衣》簡 9①)、"簪"所從之 (上博三《周易》簡 14②)等,如果把它們都理解爲"帝"旁,恐怕難以講通。這些偏旁的來源各不相同,但在楚文字中變得相近,大概是一種類化現象。本篇"髙"字所從的 ,大概是由更早文字中髙形演變而來,這裏我們仍從李零説隸定爲"髙"。

簡 14

説明:本簡長 44.3 釐米,兩端綴合,上下端完整。上段長 25.2 釐米,下段長 19.1 釐米。共 45 字。

拼合編聯:簡 14 與簡 8 上編聯,從陳劍 A 説,他説:"原以簡 7、簡 8 相次,則簡 8 開頭的'於是乎始語堯天地人民之道',主語不明。下文云'與之言禮,悦敀而不逆',上博簡《子羔》篇第 5 簡正面云'堯之取舜也,從諸艸茅之中,與之言禮,悦尃☑','悦尃'即此處簡文的'悦敀',也可證明我們此處編連的正確性。"可信。

釋文:

而敚(美)亓(其)行。堯於是虖(乎)爲車十又五輛(乘),呂(以)三從坴(舜)於甸(畎)啻(畝)之中,坴(舜)於是虖(乎)訇(始)孚(兔)蓺(刈)开槈(耨)萋(鍤),价(拜?)而坐之{子}。堯南面,坴(舜)北面,坴(舜)

集釋:

【李零 A】而敚(美)亓行。堯於是虖(乎)爲車十又(有)五輛(乘),呂三從坴(舜)於甸(畎)啻(畝)之中。坴(舜)於是虖(乎)訇(始)孚(兔)蓺(刈)丨(斸)槈(耨)萋(鍤),价(謁)而坐之。子堯南面,坴(舜)北面,坴(舜)

◇從:追踪。◇孚:即"兔",猶"釋",指放下。所釋之物皆農

①② 　參看宋華强《新蔡簡與"速"義近之字及楚簡中相關諸字新考》,簡帛網 2006 年 7 月,http://www.Bsm.org.cn/show_Article.php? id=389。

具。◇蓺:疑與“蓻”形近混用,音近假爲“刈”(“刈、蓻”都是疑母月部字)。《國語·齊語》“時雨既至,挾其槍、刈、耨、鎛,以旦暮從事於田野”,韋昭注:“刈,鎌也。”即鐮類的農具。◇迬:疑讀“斸”(“斸”是端母屋部字,“迬”從雙主,“主”是章母侯部字,讀音相近)。斸是用來挖土的斤類農具,古書也叫“斫斸”。《國語·齊語》“惡金以鑄鉏、夷、斤、斸,試諸壤土”,其中的“斸”就是這種農具。◇耨:疑讀“耨”,是鋤類的農具。◇莝:疑讀“鍤”(“鍤”是初母葉部字,“莝”是生母葉部字,讀音相近)。鍤是鏟類的農具。◇价:從雙介,疑讀“謁”(“謁”是影母月部字,“介”是見母月部字,讀音相近),是拜見之義。◇子:尊稱。◇南面:南面稱君。◇北面:北面稱臣。

【陳劍 A】而美其行。堯於是乎爲車十又五乘,以三從舜於畎畝之中。舜於是始免執开耨鍤,謁(?)而坐之子。堯南面,舜北面,舜

【何琳儀】◇𢆶:《考釋》誤以爲“主”之繁文。按,“开”從二“主”會意,與“主”並非“單複無別”的關係。本簡“开”當讀“肩”。《詩·齊風·還》:“並驅從兩肩兮。”釋文:“肩,本亦作豜。”……《書·盤庚》下:“朕不肩好貨。”傳:“肩,任也。”簡文意謂“肩任耨鍤”。◇价:原篆從二“介”,會畫分之意。《説文》:“介,畫也。”這類特殊的同體會意字,尚有“易”(中山王方壺)、“各”(信陽簡 1·01)等……簡文“价而坐之”,仍讀“介而坐之”,猶言“分而坐之”。接讀下文“子堯南面,舜北面”。前後貫通,文意符洽。

【蘇建洲 C】◇𢆶:字釋作“开”應無問題,但……攜帶農具似未見用“肩”者。筆者以爲應讀作“錢”,當作名詞,是一種農具。“开”,見紐元部;“錢”,精紐元部,疊韻。《説文·金部》:“錢,銚也。古田器。”段《注》曰:“云古田器者,古謂之錢。今則但謂之銚,謂之臿,不謂之錢。”《詩經·周頌·臣工》:“庤乃錢鎛”,《毛傳》:“錢,銚也。”值得注意的是典籍常見“銚、鎒”一起出現,如《管

子·輕重乙》:"一農之事,必有一耜、一銚、一鎌、一鎒……,然後成爲農。"亦有合言者,如《莊子·外物》:"春雨日時,草木怒生,銚鎒於是乎始脩,草木之到植者過半而不知其然。"《戰國策·齊策三》:"使曹沫釋三尺之劍,而操銚鎒與農夫居壟畝之中,則不若農夫。"後者的情況正與簡文相同。◇子堯:《論語·學而》:"學而時習之。"邢昺《疏》:"後人稱其先師之言,則以子冠氏上,所以明其爲師也,子公羊子、子沈子之類是也。若非己師而稱他有德者,則不以子冠氏上,直言某子,若高子、孟子之類是也。"《公羊傳·隱公十一年》:"子沈子曰:'君弒,臣不討賊,非臣也。'"何休《注》:"沈子稱子,冠氏上者,著其爲師也。"雖然"堯"是諡號,非氏(《史記·五帝本紀》"帝堯者",《索隱》曰"堯,諡也。放勳,名。帝嚳之子,姓伊祁氏"),但上述古代通例,當有參考的價值。

【陳偉D】◇我們懷疑這裏的"子"……改屬上句,讀爲"茲"。《爾雅·釋器》:"蓐謂之茲。"郭璞注:"《公羊傳》曰'屬負茲',茲者,蓐席也。"……"介"有止息義。《詩·小雅·甫田》"攸介攸止",鄭玄箋:"介,舍也。"這裏可能是説舜自己停下農活,也可能是説舜讓堯停留下來。"之"用作代詞,指代堯。《路史》卷二一記堯與舜的交談云:"南面而與之言,席龍(壟)坓而蔭翳桑,蔭不移而堯志得。"説二人席地而談。對竹書的這一理解與之類似。

【讀本】◇"旬",邪紐真部;"欥",見紐元部。韻部真元旁轉,古籍常見通假。聲紐有見邪互通之例,如《侯馬盟書》"弁改"讀作"變改"……"巳",邪紐之部;"己",見紐之部,即爲一例。

【趙建偉】◇㈼:此字似可讀爲"席"("介"是見母月部字,"席"是邪母鐸部字,聲、韻相近),謂拔草鋪地爲席(猶《左傳》之"班荊")。"席而坐之"猶《戰國策·趙策四》所謂"昔者堯見舜于草茅之中,席隴畝而蔭庇桑"。

【陳劍B】而美其行。堯於是乎爲車十又五乘,以三從舜於欥畝之中,舜於是乎始免藜(笠)、开(肩)耨莛(鍤),㈼而坐之子

（茲）。堯南面，舜北面，舜

◇“蓻”字又見於後文第 15 簡，應分析爲從“艸”從“執”得聲，疑可讀爲“笠”。“執”跟“立”上古韻部都爲緝部，中古都是開口三等字，聲母也有關係，其讀音相近可以相通。“开”讀爲“肩”，從何琳儀《滬簡二册選釋》之説。“免笠、肩耨鉏”意謂脱下斗笠、將農具耨鉏扛在肩上。大概堯多次到田野中見舜，舜均未予理會，最後才（“始”）脱下斗笠、扛耨鉏於肩停止耕作而見堯。

【王志平 B】“坐之子”是指堯爲舜（即“子”）設座。此“子”既指兒子之“子”，又指貴族之“子”，二者是統一的，可參看林澐《從武丁時代的幾種“子卜辭”試論商代的家庭形態》（載《古文字研究》第一輯）一文。《孟子・萬章下》“舜尚見帝，帝館甥於貳室，亦饗舜，疊爲賓主，是天子而友匹夫也”……“甥”和“子”的意思是一樣的，“舜尚見帝，帝館甥於貳室”與“謁而坐之子”是類似的。

【范常喜 A】◇蓻：我們認爲此字當如字讀作“蓻”……《左傳・昭公六年》：“不采蓻。”杜預注：“蓻，種也。”簡文中“免蓻”意即免除農業勞作。◇𦮼：同篇簡文中有下部從“廾”之字……比較可知，《容成氏》中的字形下部所從很可能就是“廾”字。由此我們懷疑此字形當是“关”字。楚文字中“关”有一種形體作：■ 𡚒（望 M2・13），《容成氏》中的字形祇是由於竹簡殘泐，使得中間一橫從中間斷開……但中間筆劃從整體的運筆來看，左部始筆和右部終筆較粗，而中間較細，殘泐之小點剛好處於中間較細筆劃處，所以這一橫原來應當是相連的……因此此字可隸定作“关”，當是楚文字中的“卷”字。在此處意爲“收起”，此種意思的“卷”也見於先秦文獻，如《儀禮・公食大夫禮》：“有司卷三牲之俎，歸於賓館。”鄭玄注：“卷猶收也，無遺之辭也。”簡文“卷耨鉏”意即“收拾起耨鉏”。◇𡉈：楚文字中的𡉈字除了可以釋爲“坐”外，還可以釋爲“危”。（此字）亦當是“危”字，此處可讀爲“跪”……意爲

"跪拜"。簡文"跪之"意爲:舜跪拜堯。◇价:"价"很可能是"介"字的繁化。"介",古時主有儐相迎賓,賓有隨從通傳叫介……"介"也可作動詞,表示"輔相"之義。《爾雅·釋詁》:"介,右也。"……《容成氏》:"介而跪之"意爲:舜在介賓輔助下跪拜了堯。

　　【郭永秉C】◇聯繫古人在野外扯草爲席的習慣,以《戰國策》記堯舜"席壟畝"爲根據,《容成氏》的"莢价而坐之"當與(《左傳·襄公二十六年》)"班荊相與食"、(《晏子春秋·諫下》)"滅葮而席""搴草而坐之"、(《墨子·備梯》)"昧菜坐之"相近,應該是説舜停下手中的農活,以草爲席讓堯坐在上面。"舜於是乎始免蓻开耱莢价而坐之"可以斷讀爲"舜於是乎始免蓻(笠),开(? 肩?)耱,莢(芟)价(芥,芊,葛)而坐之"。"莢",葉部精母;"芟",談部審母二等。從"妾"得聲的"翜、帹、唊"都是審母二等,與"芟"字相同,談葉二部陽入對轉,因此"莢、芟"二字在音理上可以相通。"价"字……可以讀爲古書中當草講的"芥(芊)"或當"蔓草"講的"葛"(都是月部見母字)……這句話的意思是,舜脱下斗笠,肩扛(?)著耱,芟草而坐。句中"坐之"的"之",應和《晏子春秋》《墨子》文例相同,指的就是芟除的草;但也有可能……指代堯。◇按照我們上文的解釋,簡 14 的"子"字只能屬下句讀……我原來認爲可能應該讀爲虛詞"茲"。"茲"除了作代詞用以外,還可以作承上啓下的詞用。關於這一點,王引之《經傳釋詞》説:"茲者,承上起下之詞。昭元年《左傳》曰:'勿使有所壅閉湫底以露其體,茲心不爽而昏亂百度。'二十六年《傳》曰:'……晉爲不道,是攝是贊,思肆其罔極。茲不穀震盪播越,竄在荊蠻。'此兩'茲'字,皆承上起下之詞,猶今人言致令如此也……昭五年《傳》:'君若驩焉好逆使臣,滋鄙邑休怠而忘其死,亡無日矣。''滋'亦承上起下之詞。"……這種用法的"茲",有點類似連詞,它所連接的兩句話的意義有相承關係,但並非嚴格的因果關係。楊伯峻曾引用楊樹達"此种用法,乃是'茲用'之省略"的説法,認爲"義同'是以'"……裘錫圭看過初稿後向我指出，根據王引之"猶今人言致令如此也"的説法看，他所説的"兹"其實包含了"致使"的意味，放在簡文中也不是很妥帖。這是對的。裘先生説他懷疑這個"子"字是涉簡 13"乃及邦子"的"子"字而衍。簡 13 的"子"出現在"堯"字前，後來抄到下一句的"堯"時，又抄成了"子堯"。沈培則懷疑可徑讀爲"使"，"子堯南面"就是"使堯南面"（《左傳・隱公十一年》"無寧兹許公復奉其社稷"的"兹"和"無滋他族實偪處此"的"滋"，楊伯峻《春秋左傳注》都訓爲"使"。似可以爲沈老師的説法提供佐證）。這個"子"字究竟應如何解釋，還有待進一步研究。 【附】尹遜（網名）：在古書裏有"接草"的説法，《説苑》卷十一云：蘧伯玉使至楚，逢公子晳濮水之上，子晳接草而待曰："敢問上客將何之？"……將此"接草"與《容成氏》中的"菨价"對比，似可認爲，"接"和"菨"當是同一詞的不同書寫形式。郭永秉將"价"讀爲"芥"，並認爲"芥"當讀爲當"蔓草"義的"葛"，從文意上講是比較合適的。

【黄人二 C】◇"藪"之形不必是"藪"之形訛，因爲"藪、刈"二字於古音韻而言，音近互作（董同龢《漢語音韻學》第 253 頁）。◇簡文此處，拿《孟子・萬章上》文字對看，知道抄漏了一段文字，若"君不得而臣，父不得而子"之類，蓋舜以賢能之布衣而居天子位，乃盛德之士也。若不以爲漏抄，則應釋爲"天子"之"子"，《春秋繁露・三代改制質文》云："天佑而子之，號稱天子。"◇簡文"堯"爲"舜"的錯抄，"舜"爲"堯"的錯抄……即然堯已謁舜而使坐之，則其便成舜之臣，舜當南面，而堯當北面而立。《孟子・萬章上》"盛德之士，君不得而臣，父不得而子。舜南面而立，堯帥諸侯北面而朝之。"◇《子羔》簡五"堯之取舜也，從諸卉（草）茅之中"，《尸子》云"堯聞其賢，徵諸草茅之中"，又《子羔》簡八云"故夫舜之德，其誠賢矣，由諸畎畝之中，而使君天下而稱"，《孟子・告子下》云"舜發於畎畝之中"，"從"疑應與"由、發、徵"之義相同。由，從也，亦舉也……"三從"者，多次登舉也。

【林素清 C】◇“舜於是乎始免笠植檽，蓮介而坐”：蓻，古音疑紐月部；苙，來紐緝部……“免苙”，即脱下苙帽……“植”……字以二“主”並列，讀“主”聲……主，古音章紐侯部；植，禪紐職部……《上海博物館藏戰國楚竹書（五）》之《弟子問》簡 17 接簡 20……“植其檽”與本簡“植檽”可以互證……荾，古音精紐葉部；蓮，山紐葉部，聲近韻同可通。《説文》：“蓮，蓮莆，瑞艸也。”段《注》“其葉大於門扇”，故舜取之以爲坐席……“价”從二“介”並列而從“介”得聲，讀爲“藉”。“介”見紐月部；“籍”，從紐鐸部……引申之，凡籍於地以坐者，即謂之“藉”，義同於“席”……簡文“蓮藉”，是説摘取蓮莆草葉鋪地以充坐席，典籍或謂之“班荊”……或謂之“班草”……“之子”……頗疑二字乃“事”字誤析爲二……事，讀爲“使”，屬下讀作“使堯南面，舜北面”。

【白于藍 D】舜於是虖（乎）訇（始）逸（免）蓻（苙）开（揭）檽（檽）、荾（芰）价（芥）而坐之。

“开”似當讀作“揭”或“荷”。《淮南子·精神》：“今夫繇者，揭钁耒，負籠土，鹽汗交流，喘息薄喉。”《史記·魏其武安侯列傳》：“身荷戟馳入不測之吳軍。”可參。

【單育辰舊稿】此字原篆作𫳛，古文字飾筆的方式是多種多樣的，此字衹把“主”字一豎上一般所加的飾筆小點寫成上翹的兩小撇而已，因爲有本字中其他構形的限制，故這種細微的變化不會構成另一個字。如果把𫳛釋爲“开”或“关”更是没有什麽字形上的依據，比釋成“注”要不可靠很多。李零讀“注”爲“斸”，是很有道理的，不過典籍多見“鉏、檽”連言的情況（如《戰國策·燕策一·蘇秦死其弟蘇代欲繼之章》“竊釋鉏檽而干大王”。《史記·龜策列傳》“耕之耰之，鉏之檽之”），似乎把它讀爲“鉏”更合適一些。“注”從“主”得聲，“主”，章紐侯部，“鉏”，崇紐魚部，二字古音接近……上文的“蓻（刈）、注（鉏）、檽”都是農具名，從語感上看，這個“荾”也不應例外，我們從李零讀爲“鍤”。或許有人會問：

簡文言"舜於是乎始免刈、鉏、耨、銚",舜一下子放下四種農具,他在耕作時拿的農具會不會太多? 其實,"刈、鉏、耨、銚"連稱祇是一種修辭手法,這四種農具並不是同一時間所拿的,本篇簡 24 下"禹親執枌(畚)𢁫(耜)"之修辭方法亦與此類。

【牛新房 B】"子"字應屬上讀,"子"應讀爲"次",典籍常見"子"與"茲"通假,而"茲"又可與"次"相通,故"子"與"次"亦可相通。"(子)次"在句中的用法……是指席之次位……整句話應讀爲:"舜於是乎始免笠,攜耨芟芥而坐之次,堯南面,舜北面。舜[14]於是乎始語堯天地人民之道。[8]"

【牛新房 C】楚簡中"宝(主)"字很常見,所從之"主"未見有繁化爲"註"者,可見將 隸定爲"主"不確……郭店楚簡《語叢四》17、18 簡有"若虫蟲(蚰)之足,衆而不害,割而不仆"語,其中"蚰"字作 ,其上部所從與 相同;又包山楚簡 120 號有一 字,《説文》"盻"字異體正作上下結構,與簡文同。可見 字當從陳劍、何琳儀釋作"开"……"开"當讀爲"攜",《説文》:"盻,蔽人視也。從目、开聲。讀若攜手。"即其例。《説文》:"攜,提也。"……簡文可讀爲"舜於是乎始免笠,攜耨芟芥而坐之"。

【夏世華 B】"註"從"主"得聲,疑可讀爲"投"。《老子》"兕無所投其角",《遂州龍興觀碑》、敦煌唐寫本"投"作"駐"……"投耨銚",指將手中的耨、銚丟在地上……"价",疑可從何説,或會堯、舜互爲賓介之意……"子",或當從陳劍連上讀,從陳偉説讀爲"茲",指蓐席、籍席。"免藝、投耨銚、介而坐之茲"是連續的三個動作,説舜先停止耕作種植之事,然後放下農具,最後與堯相互禮讓,分而坐於蓐席之上,開始對談。

【劉信芳 C】芟芥謂以芥爲萎,作爲坐席,另有説。

【按】◇蓻:李零疑與"蓻"形近混用,讀爲"刈";陳劍 B 讀爲"笠";范常喜 A 讀爲"蓺",認爲是"種"的意思。按"執、埶"二字古文字多混①,李零讀"埶"爲"刈"不僅聲韻全同,並且從文義上看也比較合適(詳下),此從之。◇ :李零隸定爲"幵",讀爲"斳";陳劍 A 隸定爲"开";何琳儀隸定爲"开",讀爲"肩";蘇建洲 C 亦隸定爲"开",讀爲"錢";范常喜 A 釋爲"关",讀爲"卷";林素清 B 隸定爲"幵",讀爲"植";白于藍 D 隸定爲"开",讀爲"揭"或"荷";牛新房 B 隸定爲"开",讀爲"攜";夏世華 B 隸定爲"幵",讀爲"投"。我舊曾釋此字爲"幵"讀"鈕",現在看是有問題的。據舊有材料及新近公布的材料看,此字是陳劍 A、何琳儀所釋的"开"字。如郭店《語叢四》簡 18"蚜蛩"之"蚜"作 ;《貨系》1608"开陽"之"开"作 ②;清華一《皇門》簡 1 有 ,今本作"開","開",溪紐微部,"开",見紐元部,二字古音可通(《說文》卷十二上說"開""从門从幵");清華二《繫年》簡 71:"敗齊師于靡 "、簡 122:"晉師逐之,入至 水", 即"笄"、 即"汧",笄,見紐脂部,汧,溪紐元部,古音亦通。可見 確應釋"开",祇不過豎上的一小筆彎曲了而已,但它應讀爲微部還是元部的某字尚不能知,在此句是用爲動詞還是名詞也還有待研究。尹灣漢簡《武庫永始四年兵車器集簿》中兩見"鈃"這種武器,因農具、武器常通用,不知此"鈃"是否與簡文的"开"有關?◇ 菨:李零讀爲"鍤";郭永秉 C 讀爲"芟";尹遜讀爲"接";林素清 B 讀爲"蓮"。◇ 价:李零隸定爲"价",讀爲"謁";何琳儀認爲"价"即"介",是"分"的意思;陳偉 D 釋爲"介",認爲是"止息"的意思;趙建偉讀"价"爲"席";范常喜 A 釋爲"介",認爲是"輔相"的意思;郭永秉 C 讀爲"芥(丯)"或"葛";林素清 B 隸定爲"价",讀爲"藉"。按:郭永秉 C 及尹遜把

---

① "執、埶"互訛的情況可參看裘錫圭《古文獻中讀爲"設"的"埶"及其與"執"互訛之例》,《東方文化》第三十六卷(1998 年 1、2 期合訂),香港大學亞洲研究中心,第 39～45 頁。

② 李家浩《戰國开陽布考》,《古文字研究》第二十五輯,中華書局 2004 年,第 391～396 頁。

"价"連上"荽"字讀爲"芰葛"或"接葛",要比他家説法好一些,但文獻只見"班荊、滅葭、搴草、昩荬、接草"諸説,尚無見"芰葛"或"接葛"。並且,把"荽"歸上讀用做農具講,似更符合語感,故暫不從郭、尹之説。本簡"价"字難以確釋,我們從文義上猜測或許可讀爲"拜","价"從"介","介"見紐月部,"拜"幫紐月部,二字語音相近。不過這種説法尚没有多少依據。◇坐:李零釋爲"坐";范常喜 A 釋爲"危",讀爲"跪"。按:古文字"坐、跪"不分,釋爲"坐"也完全是可以的。◇子:李零把"子"連下與"堯"連讀,認爲"子"是尊稱,蘇建洲 C 又做了補充;陳劍 A 把"子"連上與"坐之"連讀;陳偉 D 把"子"讀爲"兹",並連上與"坐之"連讀,陳劍 B 從之;王志平 B 認爲"子"代指"舜";郭永秉 C 讀爲"兹",認爲是承上啓下的虚詞;郭永秉 C 引裘錫圭説以爲這個"子"字是涉簡 13"乃及邦子"的"子"字而衍;郭永秉 C 引沈培説讀爲"使";林素清 B 把"子"連上讀爲"之子",並疑"之子"二字爲"事"一字誤析爲二者;牛新房 B 讀"子"爲"次",與"坐之"連讀。按諸家説於語氣多不暢,唯裘錫圭以爲此"子"字涉簡 13"乃及邦子"的"子"字而衍之説確。

簡 8 上

説明:本簡長 25.1 釐米,下殘,上端完整。現存 24 字。

拼合編聯:簡 8 上與簡 8 下拼合,從李零説。

釋文:

於是虗(乎)台(始)語堯天地人民之道。與之言正(政),敓(悦)柬(簡)吕(以)行;與之言樂,

集釋:

【李零 A】於是虗(乎)台(始)語堯天地人民之道。與之言正(政),敓(悦)柬(簡)吕行。與之言樂,

【陳劍 A】於是乎始語堯天地人民之道。與之言政,悦簡以

行；與之言樂，

【黃錫全】◇柬：悦柬，似可讀“悦勸”。柬，見母元部。勸，溪母元部。二字音近。《晉書·懷潛帝紀論》“……四海悦勸”……悦和，見《後漢書·郎顗傳》：“……則太皓悦和，雷聲乃發。”“樂者，天地之和也。”

【蘇建洲 C】◇柬：《郭店》多讀爲“簡”……則“簡”應訓爲簡單、簡略……《管子·桓公問》：“此古聖帝明王所以有而勿失，得而勿忘者也。桓公曰：‘吾欲效而爲之，其名云何？’對曰：‘名曰嘖室之議，曰法簡而易行，刑審而不犯，事約而易從，求寡而易足……’”、《史記·齊太公世家》：“太公至國，脩政，因其俗，簡其禮……而人民多歸齊，齊爲大國。”亦可説明施政簡單易從對政治的幫助。

【陳劍 B】於是乎始語堯天地人民之道。與之言政，敓（率）簡以行；與之言樂，

【王志平 B】《太平御覽》卷八一引《尸子》：“堯問於舜曰：何事？曰：事天。何任？曰：任地。何務？曰：務人。”

【按】◇“敓”讀爲“悦”的理由見簡 8 下。◇柬：李零讀爲“簡”，蘇建洲 C 從之；黃錫全讀爲“勸”。按：李零説是，此“柬”即“簡易”之“簡”。

簡 8 下

説明：本簡長 19.2 釐米，上殘，下端完整。現存 17 字。

拼合編聯：簡 8 下與簡 12 下前面佚失的半支簡編聯，從陳劍 A 説。他説：“‘堯乃老，視不明’參照後文簡 17‘舜乃老，視不明，聽不聰’補。第 12 簡上端殘去約 20 字，補出‘堯乃老，視不明’6 字後，還有約 14 字的位置容納簡 8 末尾‘堯’字下要接的簡文。因此簡 8 與簡 12 之間從内容看不大可能還有缺簡，故連讀。”可信。

釋文：

攼（悦）和呂（以）長；與之言豊（禮），攼（悦）攺（博）呂（以）不逆。堯乃攼（悦）。堯

集釋：

【李零 A】攼（悦）和呂長。與之言豊（禮），攼（悦）攺呂不逆。堯乃攼（悦）。堯

◇攺：似可讀爲“薄”，“薄”有依附之義。

【馬承源】（“上博二”《子羔》“堯之取舜也，從諸草茅之中，與之言禮，悦□”）關於堯入卉茅之中與舜談禮教化之事，今本古籍未詳。《容成氏》第八簡則云：“……於是虖（乎）訂（始）語堯天地人民之道。與之言正（政），攼（悦）柬（簡）呂（以）行；與之言樂，［8 上］攼（悦）和呂（以）長；與之言豊（禮），攼（悦）攺呂（以）不逆。堯乃攼（悦）。”此簡之“言禮”，當和《容成氏》舜與堯“言禮”同爲先秦堯舜禪讓傳說的内容之一。

【劉信芳 A】《子羔》簡 5：“堯之取舜也，從諸卉茅之中，與之言禮，悦□”“悦”後一字應是“專”字，該字雖殘，但殘畫與上博藏竹書孔子《詩論》簡 3“專觀人俗焉”之“專”無疑是一字。“專”字後原簡殘斷。整理者引同出《容成氏》簡 8：“於是乎始語堯天地人民之道。與之言政，悦柬以行；與之言樂，悦和以長；與之言禮，悦攺以不逆。堯乃悦。”據此簡文“悦專”對應于《容成氏》之“悦攺”，“悦專”後尚可補闕文“以不逆”諸字。“悦柬以行”等三例“悦”字，原簡作“攼”，應讀爲“説”，以承上文之“語……”與“言……”的表述。值得注意的是，《子羔》之“專”與《容成氏》之“攺”爲異文，恰與簡帛《五行》“專”與“伯”爲異文相類，這是一個令人感興趣的問題。郭店簡《五行》簡 37：“恭而專交，禮也。”馬王堆漢墓帛書《五行·經》第 195 行：“恭而博交，禮也。”帛書《五行·傳》第 270 行解釋説：“伯者，辯也，言其能柏（伯），然後禮也。”……上引郭店《五行》“專”仍應讀爲“甫”，謂且字之“甫”也。

恭敬而且字之甫相交往，此爲禮也……堯與舜言禮，舜稱説衆人之排行（包括尊稱）井然有序，是知禮也。史載"舜慎和五典，五典能從。乃徧入百官，百官時序。賓於四門，四門穆穆。諸侯遠方賓客皆敬"（《史記·五帝本紀》）。是《容成氏》所述舜之"説敀以不逆"，《子羔》所述"説専……"，按之簡帛《五行》與傳世經典，若合符節。

【陳劍 A】悦和以長；與之言禮，悦敀而不逆。堯乃悦。堯

◇下文云"與之言禮，悦敀而不逆"，上博簡《子羔》篇第 5 簡正面云"堯之取舜也，從諸艸茅之中，與之言禮，悦専□"，"悦専"即此處簡文的"悦敀"，也可證明我們此處編連的正確性。

【劉樂賢】《尸子》和《路史》中也有類似説法……《尸子》説："舜一徙成邑，再徙成都，三徙成國，其政致四方之士。堯聞其賢，徵諸草茅之中。與之語禮，樂而不逆；與之語政，至簡而易行；與之語道，廣大而不窮。於是妻之以媓，媵之以娥，九子事之，而託天下焉。"《路史》卷二十一（《四庫全書》本）述此事説："語禮，樂詳而不字；語政，治簡而易行；論道，廣大而亡窮；語天下事，貫眤條達，咸葉於帝，而咸可底績。於是錫之絺衣、雅琴，命之姚姓。妃以盲，姪以瑩，以窺其内。九子事之，以觀其外。"……這再一次證明，第八簡所講的主角確實是舜，陳劍將其與第十四簡相接是正確的。從兩種傳世文獻看，《容成氏》簡末所缺内容可能是講堯以二女妻舜、以九子事舜之類的事情。參照兩種文獻，我們對簡文某些字詞的理解似可重新斟酌。例如，三個"敀"字，很容易想到讀"悦"。但這樣讀與《路史》所載不能密合，似有再做考慮的必要（如讀"説"）。又如，"敀、専"二字應與"詳"同義，似可讀爲"溥"或"博"。

【黄錫全】《尸子》和《路史》的記載的確與簡文類似，但簡文如照此對應理解也覺得不是特別順暢。我以爲敀柬、敀和、敀敀三者都是舜對堯闡述政、樂、禮達到最佳後的效果……"敀"似可釋

讀爲“悦”。悦束,似可讀“悦勸”……“悦敀”似可讀“悦恔”或者
“悦懌”。白,並母鐸部。恔,見母宵部。二字韻部相近。《荀子・
禮論》:“禮始乎梲,成乎文,終乎悦校。”……白,並母鐸部。懌,喻
母鐸部。二字韻部相同。《詩・邶風・靜女》:“彤管有煒,悦懌
女美。”

【蘇建洲 C】◇敀:《左傳・宣公十二年》:“其君之舉也,内姓
選於親,外姓選於舊。舉不失德,賞不失勞。老有加惠,旅有施
舍。君子小人,物有服章。貴有常尊,賤有等威,禮不逆矣。德
立、刑行,政成、事時,典從、禮順,若之何敵之?”以此觀之,簡文的
“敀”似應釋爲“博”。“博”有廣泛、普遍的意思……意即禮涉及的
層面很廣泛,皆能約束之使之不逆於常道。

【陳偉 D】◇敀:在天星觀竹書中,有一簡記云:“……禱,卓公
順至惠公,大牢樂之百之贛。”新蔡葛陵平夜君墓竹簡甲三 136 記
云:“……以一禱,大牢饋,前鐘樂之百之贛。”……“樂之”,應該是
説讓神靈愉悦。“百之”,大致也當是類似含義。“敀”從“白”作,
而“百”從“白”得聲。因而這兩枚禱祠簡“百”字的用法或許與《容
成氏》中的“敀”、《從政》中的“尃”字相關……《容成氏》中的“敀”
以及《子羔》中的“尃”,似均爲喜悦之義……這三個“敀”都應讀爲
“説”,是指舜對堯所云話題的闡述。

【邱德修 A】(敀)宜讀作“泊”,因爲古禮講究“儉”的觀念……
而“儉”的基本表現就是“淡泊”而已。

【陳劍 B】敀(率)和以長;與之言禮,敀(率)敀而不逆。堯乃
悦。堯
◇按下文云“堯乃悦”(字本亦作“敀”),顯然是説堯聽了舜關
於政、樂、禮的見解後才“悦”,可知此三個“敀”字讀爲“悦”不妥。
疑皆應讀爲“率”。“率”與“帥”古音相同,兩字相通習見;而跟
“敀”字同從“兑”得聲的“帨”字,《説文・巾部》以爲“帥”之或體,
此可證“敀”與“率”讀音相近可以相通。率,範圍副詞,“表示‘悉、

皆、全都'一類意義",古文字及古書中都很多見,《詩經》《尚書》中
這類"率"字舊多誤解。參看詹鄞鑫《釋卜辭中的範圍副詞
"率"——兼論詩書中"率"字的用法》,《華東師範大學學報(哲學社
會科學版)》1995 年第 6 期。

【連劭名】"故"讀爲"節"……《荀子‧儒效》云:"行禮要節而
安之。"楊注:"節,節文也。"

【黃人二 C】◇《子羔》的"尃"字,疑與《容成氏》的"故",皆轉
讀爲"薄"(即整理者說),訓"簡(單)(淡)薄"。◇"敂(悦)柬(簡)
以行"之"柬(簡)",訓"簡單",或訓"誠"(即《尚書‧吕刑》"簡而不
聽"之"簡")。

【牛新房 A】尃"與"故"似皆應讀爲"博",詳也。

【夏世華 B】"故",疑讀爲"泊"或"薄",訓爲止……禮之要義
在於知止,知止則能順而不逆。

【按】◇敂:李零讀爲"悦",黄錫全從之;劉信芳 A 讀爲"説",
劉樂賢從之;陳劍 B 讀爲"率"。按:從文義及用字習慣上看,李
零的説法似較合理。◇故:李零讀爲"薄";上博二《子羔》簡 5"堯
之取舜也,從諸艸茅之中,與之言禮,敂(悦)尃☐","尃"字略殘,
作 ,但還可以分辨出來。劉信芳 A、陳劍 A 都據此把《容成氏》
的"故"讀也"博",劉樂賢又與典籍相對照而做了補充,蘇建洲 C、
牛新房從之;黄錫全把"故"讀"佼"或"懌";陳偉 D 認爲"故"有喜
悦義;邱德修 A 讀爲"泊";連劭名讀爲"節";黄人二 C 讀爲"薄",
訓爲"簡(單)(淡)薄";夏世華 B 讀爲"泊"或"薄",訓"止"。按:
劉信芳 A、陳劍 A、劉樂賢説是正確的,但這裏的"故(博)"應該有
"博通"之義,而非劉樂賢所言的"詳"義。又,齊陶文多見"故"字,
作 、 、 等形①,學術界原多從朱德熙把它釋爲"庶",現在

---

① 字形可參看孫剛《齊文字編》,吉林大學 2008 年碩士學位論文,第 192 頁。

看,朱説可能是有問題的①,"𢼸"不僅字形和"廐"不相合(六國文字尚未出現確定無疑的"廐"字,但可以和"廐"字所構成的偏旁對比),並且爲什麽大量陶器上會印上馬廐這樣的名稱而不是諸如製陶作坊、倉庫等名稱,也很難講通。我們認爲,依《容成氏》看,陶文中的"𢼸"應依李學勤讀爲"摶"②,"摶"在古代爲製作陶器之義,如《周禮·考工記》"摶埴之工二",鄭玄注"摶之言拍也",又如郭店《窮達以時》簡 2+3"舜耕於鬲山,陶𥓋(摶)於【2】河濱"中所言的"陶𥓋(摶)",皆爲此義。我們把齊陶文中的"𢼸"讀爲"摶"後,大量陶器上爲什麽會印有"𢼸(摶)"字,也很好解釋了,比如"左司馬𢼸(摶)"(《璽彙》0038)即言左司馬(管轄下的製陶作坊)所造的陶器;"輯鄉右𢼸(摶)"(《璽彙》0196)即言輯鄉以"右"爲別(的製陶作坊)所造的陶器;"王卒左𢼸(摶)城陽蘆里人土"(《陶録》2.298.1),即言製作陶器的人是在以"左"爲別的齊王士兵所設的製陶作坊裏,爲城陽蘆里人,名叫土。

簡 12 下

説明:本簡長 24.4 釐米,上殘,下端完整。現存 18 字。

拼合編聯:簡 12 下與簡 23 下前面佚失的半支簡編聯,從陳劍 A 説。他説:"'堯有子九人,不以其子爲後,見舜之賢也,而欲以爲後。舜乃五讓以天下之賢者,不得已,然後敢受之。舜聽政三年',與後文簡 17、18'舜有子七人,不以其子爲後,見禹之賢也,而欲以爲後。禹乃五讓以天下之賢者,不得已,然後敢受之。禹聽政三年'類同。簡 33、34'禹有子五人,不以其子爲後,見皋

---

① 朱德熙《戰國文字中所見有關廐的資料》,《朱德熙古文字論集》,中華書局 1995 年,第 157~165 頁。李學勤已言"戰國齊燕陶文常見的'𢼸'字,有過多種釋讀,從新發現的荊門包山、郭店楚簡看,恐均未安"。見李學勤《王恩田〈陶文人系〉序》,《清路集》,團結出版社 2004 年,第 190 頁。

② 李學勤《燕齊陶文叢論》,《上海博物館集刊》第六期,1992 年,第 171 頁。

陶之賢也,而欲以爲後。皋陶乃五讓以天下之賢者,遂稱疾不出而死',亦可參考。此簡上半殘,補出'舜乃五讓以天下之賢者,不得已,然後敢受之'共 18 字,參考相鄰的整簡如第 21 簡,其上半適可容納 18 字。"可信。

釋文:

▉▉▉|堯乃老,視不明,|聖(聽)不聰(聰)。堯又(有)子九人,不吕(以)亓(其)子爲逡(後),見坴(舜)之叝(賢)也,而欲吕(以)以爲逡(後)。

集釋:

【李零 A】聖(聽)不聰(聰)。堯又(有)子九人,不吕亓子爲逡(後),見坴(舜)之叝(賢)也,而欲吕爲逡(後)。

◇聖不聰:簡文上部殘缺,從第十七簡講舜的部分看,簡文上文應有"堯乃老,視不明"等字。◇堯又子九人:"又",讀爲"有"。《史記·五帝本紀》:"於是堯乃以二女妻舜以觀其內,使九男與處以觀其外。"是堯有九子。

【陳劍 A】☑[堯乃老,視不明,]聽不聰。堯有子九人,不以其子爲後,見舜之賢也,而欲以爲後。

◇"堯乃老,視不明"參照後文簡 17"舜乃老,視不明,聽不聰"補。

【于凱】堯有子之數,傳世文獻有兩種記載:《孟子·萬章上》有"帝使其子九男二女,百官牛羊倉廩備,以事舜於畎畝之中"的記載,以爲堯有子九人;《史記·五帝本紀》:"於是堯乃以二女妻舜以觀其內,使九男與處以觀其外。舜居嬀汭,內行彌謹……堯九男皆益篤。"亦以"堯有九子"爲數。但《吕氏春秋·慎行論》:"堯傳天下於舜,禮之諸侯,妻以二女,臣以十子,身請北面而朝之。"同書《孟春紀·去私》:"堯有子十人,不與其子而授舜,舜有子九人,不與其子而授禹,至公也。"是以"堯有十子"爲數。《容成氏》以"堯有子九人",與《孟子》《史記》合,而與《吕氏春秋》的兩處記載有別。

【邱德修 A】"見"於此宜讀作"現",動詞,表"發現"意。

【陳劍 B】☐〔堯乃老,視不明,〕聽不聰。堯有子九人,不以其子爲後,見舜之賢也,而欲以爲後。

【張通海 A】堯可能有九子(或十子),然李零所舉《史記》此例不足以證"九男"即是"堯有九子"。《淮南子·道應訓》"昔堯之佐九人",高誘注:"禹、皋陶、稷、契、伯夷、捶、益、夔、龍也。"可證。另對君王來講,民皆爲子,君爲"民之父母"。

【王志平 B】《吕氏春秋·去私》謂"堯有子十人,不與其子而授舜;舜有子九人,不與其子而授禹,至公也","十"當爲"七"之訛。《山海經·海内經》:"帝俊有子八人。"

【黄人二 C】簡文中凡有"不以其子爲逡"或"而欲以爲逡"之詞例,"逡"字皆以音近而假爲"后",訓"君"。

【按】◇見:李零如字讀;邱德修 A 讀"現"。按:李説是。◇逡:李零讀爲"後";唯黄人二 C 讀爲"后"。按:黄説甚誤,這裏的"後"猶如典籍常見的"立後"之"後"。

第三節　大禹事迹(共一七簡)

簡 23 下

説明:本簡長 24.5 釐米,上殘,下端完整。現存 23 字。

拼合編聯:簡 23 下與簡 15 上編聯,從陳劍 A 説。他説:"'乃立禹以爲司工。禹既已受命',與後文簡 28'乃立后稷以爲經。后稷既已受命',簡 29'乃立皋陶以爲李。皋陶既已受命',簡 30'乃立質以爲樂正。質既受命',簡 37'乃立伊尹以爲佐。伊尹既已受命'類同,從而知簡 23 與簡 15 之必連。以下講大禹受命治水之事。"可信。

釋文:

└舜乃五讓以天下之賢者，不得已，然後敢受之。┘銮（舜）聖（聽）
正（政）三年，山陸（陵）不尸（處），水燊（潦）不浴（谷），乃立竈（禹）
吕（以）爲司工（空）。竈（禹）既已

集釋：

【李零 A】銮（舜）聖（聽）正（政）三年，山陸（陵）不尸（序），水
燊（潦）不潜，乃立竈（禹）吕（以）爲司工。竈（禹）既已

◇銮聖正三年：即“舜聽政三年”，參看上文第十八簡的“禹聽
政三年”。◇山陸不尸：即“山陵不序”。子彈庫楚帛書“山陸（陵）
不斌”或與此同（“斌”疑同“疏”，讀爲“序”，“疏”是生母魚部字，
“尸”同“處”，是昌母魚部字，讀音相近），意思是山陵没有秩序。
◇水燊不潜：“燊”，疑是從“水”從“裟”（同勞）省，這裏讀爲“潦”。
“潜”，《廣韻·平皆》以爲“水流兒”。簡文似指積水不能瀉導。◇
司工：古書多作“司空”，但從西周金文看，“司工”是本來寫法。
《書·堯典》説四岳薦禹“作司空”。◇竈既已：下文不詳，疑接“受
命”。

【陳劍 A】[舜乃五讓以天下之賢者，不得已，然後敢受之。]舜
聽政三年，山陵不疏，水潦不潜（？），乃立禹以爲司工。禹既已

【蘇建洲 C】◇山陵不疏：簡文應讀作“山陵不疏”，“處”（昌
魚）與“疏”（山魚），舌齒鄰紐疊韻。意指山陵橫攔阻塞導致水患，
故簡文下接“水潦不潜”……《國語·周語下》“（禹治洪水）疏川導
滯”，韋昭《注》：“導滯，鑿龍門，辟伊闕也。”可説明疏川前，必先
導滯。

【邱德修 A】因洪水氾濫，使得山陵無法居住，所以“尸”字宜
訓作“居”義。

【陳劍 B】[舜乃五讓以天下之賢者，不得已，然後敢受之。]舜
聽政三年，山陵不尸（處），水潦不洞（通），乃立禹以爲司工（空）。
禹既已

◇“尸”原讀爲“序”，此從白于藍《讀上博簡（二）札記》（待刊

稿)讀爲"處",訓爲"止","山陵不處"指山陵崩解而壅塞川谷造成水患。◇"洞"字圖版有模糊之處,原釋爲"湝",諦審字形不類,且文意難通。今改釋爲"洞"讀爲"通","水潦不通"正承上山陵崩解而言。

【陳偉 B】◇尻:("處")疑當如字讀,爲居處之義,與下文諸州"始可處"呼應。

【張通海 B】◇山陵不尻:此字應釋爲"處"的確,然當訓爲"居、居處"……"山陵不處"即"不處山陵",《淮南子·本經》:"龍門未開,呂梁未發。江、淮通流,四海溟涬,民皆上丘陵,赴樹木。"又《齊俗》:"禹之時,天下大雨,禹令民聚土積薪,擇丘陵而處之。"都可爲證。而舜"聽政三年"後,天下沒有理由不呈大治,人民不再避居山陵,舜還對功績卓越的人"封以平隰"。然"水潦不湝",於是勤政爲民的舜又"立禹爲司工"……揭開大禹治水的光輝一頁。

【李承律】《呂氏春秋·慎人》"水潦川澤之湛滯壅塞可通者,禹盡爲之"……《呂氏春秋·行論》:"禹不敢怨,而反事之,官爲司空,以通水潦……"

【牛新房 A】"尻"字不必改讀,"山陵不處"指山陵崩解而壅塞川谷造成水患(從白于藍説)。

【白于藍 E】"尻"似當讀爲"處"訓爲止,"山陵不處"指山陵崩解……《大戴禮記·誥志》:"聖人有國,則日月不食,星辰不隕,勃海不運,河不滿溢,川澤不竭,山不崩解,陵不施谷,川浴不處,深淵不涸。"《韓詩外傳》卷八第十九章:"山陵崩竭,川谷不流,五穀不植,草木不茂,則責之司空。"……上引《大戴禮記》之"川浴不處"與《韓詩外傳》"川谷不流"相對。就"川谷"來説,"不流"是壞事,意味著水流不暢,容易形成水潦災害。相反,"不處"則是好事,意味著水流通暢,不易形成水潦災害。但就"山陵"來説,"不處"則是壞事,意味著崩解。

【夏世華 B】疑子彈庫帛書之"斌"與本簡之"尻"皆可讀爲"收",訓收穫、收成。《禮記·月令》:"時雨不降,山陵不收。"

【按】◇尻:李零讀爲"序";蘇建洲 C 讀爲"疏";邱德修 A、陳偉 B 讀爲"處",張通海 B 亦有類似意見;陳劍 B 引白于藍説、牛新房引白于藍説讀爲"處",訓爲"止"(又見白于藍 E)。白于藍的説法大體可從。此句之義應泛指因山體移動而造成的災害,《大戴禮記·誥志》:"聖人有國,則日月不食,星辰不勃(孛),海不運,河不滿溢,川澤不竭,山不崩解,陵不施,川浴不處,深淵不涸。"《焦氏易林·剝》:"夬,高皋所在,陰氣不臨。洪水不處,爲家利寶。"《大戴禮記》《焦氏易林》這兩個"處"即停留、居止之意,因爲川谷、洪水不停留,就不會造成災害,所以,上揭文獻中水之"不處"是作爲好的事情説的。相反,《容成氏》説"山陵不尻",山陵不能停留、居止,也就是説山陵因地震、水力沖刷等原因不居其位,移動遷變,就會造成災害了。◇浴:李零釋爲"湝";陳劍 B 釋爲"洞"讀爲"通"。按:此字作✱形,細審此字,其實是從"水、谷"的"浴",若與同篇出現的三處"浴"對比(簡 31 的✱、簡 27 的✱、簡 28 的✱),其爲"浴"字瞭然。"水漿(潦)不浴"的"浴"應讀爲"谷",如上舉簡 31 的"以薺於溪浴(谷)",簡 27 的"禹乃從漢以南爲名浴(谷)五百",簡 28 的"從漢以北爲名浴(谷)五百",即皆用"浴"爲"谷";又如《大戴禮記·誥志》"川浴不處"的"浴"也是用爲"谷"的。此處之"谷"應該指遵山谷而行之義。在《淮南子·脩務》中,有與此簡文義頗近的一句話:"夫地勢,水東流,人必事焉,然後水潦得谷行。"簡文的"水漿(潦)不浴(谷)",相當於《淮南子》的"水潦得谷行",不過前者是從有害方面説的,而後者是從有利方面説的而已。

簡 15 上

説明:本簡長 15.5 釐米,上端完整,下殘。現存 13 字。

拼合編聯：簡 15 上與簡 24 下排列在一起，從陳劍 A 説。不過我們認爲應該從子居的意見把簡 15 上與簡 24 下直接拼合。陳劍 A 以及後來的學者未把這兩段殘簡直接拼合的原因大概是：從上博二一書最前所載的彩色小圖版看，如果二支殘簡直接拼合的話，就明顯要比別的簡長出一大截。但是我們發現，從小圖版簡 15 上字迹的大小看，簡 15 上的縮放比例明顯與他簡不同，與他簡相比，其縮放比例是偏大的。若依没有縮放的原大黑白圖版的尺寸來看，簡 15 上 15.5 釐米；簡 24 下 29 釐米，二者拼合後 44.5 釐米，與他簡的長度完全相合。這樣簡 15 上除了"足"下那個殘字外，下面還應佚失一字，然後緊接着就是簡 24 下的"面"字了。

釋文：

受命，乃卉（草）備（服）、蓸（箬）若（箬）、冒（茅）芙（蒲）、蓺，手足⿰胼胝，

集釋：

【李零 A】受命，乃卉備（服）蓸（箬）若（箬）冒（帽），芙蓺□定□

◇卉備：即"卉服"，草服。◇蓸若冒：即"箬箬帽"。《説文・竹部》："箬，竹箬也。""箬，楚謂竹皮曰箬。"箬箬帽即今之竹笠。◇芙蓺□定□：待考。簡文下部殘缺，以下或有脫簡。

【陳劍 A】受命，乃卉服箬箬，帽芙□□足□⍁

【蘇建洲 I】◇𦰡：筆者懷疑字應從"僕"。陳昭容曾指出"丵"與"辛"如爲鑿具，當作偏旁時有互換的現象……劉釗、董蓮池、許學仁亦指出古文字中的"辛"或與"辛"類似的形體有時可以在上面加飾筆而演變爲"丵"……對照上述學者的説法，則 𦰡 有可能是"辛"字。所以本簡的 𦰡 字扣掉"艸"形之後的 𦰡 字，可能就是"僕"字，亦即由 𝌤 → 𦰡 ……再看聲韻部分。"僕"，並紐屋部；"箬"，並紐侯部，雙聲對轉。古籍通假之例如《戰國策・秦策三》

“楚有和璞”，《史記·范雎蔡澤列傳》“璞”作“朴”。又《爾雅·釋言》：“憋，踣也。”《左傳·定公八年》正義引“踣”作“仆”。以上可證明 𰀀 應釋爲“蹼”，讀作“箁”。

【邱德修 A】“萐”字通“箑”……“箑”即“萐”，本可名動相因，其名詞即“扇子”，其動詞即“扇風”……簡文“箬冒”即“箬帽”，用竹皮製成的帽子，今名“竹笠、斗笠”……“乃草服箑箬帽”，謂舜於是穿著草服，扇著斗笠……“芺”借作“袯”，二字同聲母，可以互借。“蘱”借作“襫”用。“□”，疑釋作“衛”字。“疋”爲“胥”的初文……袯蘱衛胥，形容舜穿著樸實無華，儼然像個道地的農夫模樣。

【陳劍 B】受命，乃卉服、箬箬帽、芺蘱，□足□☑

◇从“夫”聲之字與从“甫”聲之字常常相通，例見高亨、董治安《古字通假會典》916～920 頁各條。疑“芺蘱”可讀爲“蒲笠”，《國語·齊語》“令夫農……時雨既至，挾其槍、刈、耨、鎛，以旦暮從事於田野。脱衣就功，首戴茅蒲，身衣襏襫，霑體塗足，暴其髮膚，盡其四支之敏，以從事於田野。”韋昭注：“茅蒲，簦笠也。襏襫，蓑薜衣也。茅，或作‘萌’。萌，竹萌之皮，所以爲笠也。”

【張通海 B】◇卉備：應爲“草服”。原圖版從三“屮”，原字當嚴格隸定爲“芔”。“芔”，《説文》：“艸之總名也，從艸從屮。”“草服、草茅”當是先秦成語，“草茅”一語亦多見，如《上海博物館藏戰國楚竹書·子羔》第五簡正面謂“堯之取舜也，從諸艸茅之中，與之言禮，敂尃□”，除馬承源所舉《戰國策》外，還有《管子·明法解第六十七》“草茅弗去，則害禾穀；盜賊弗誅，則傷良民”可爲證明。16 簡的“卉木”亦應爲“草木”。

【黄人二 C】“芺”，疑讀爲“鎛”，即“斧”，爲砍伐工具；“蘱”，亦讀爲“刈”；“疋”，疑讀爲“疏”。

【馮勝君 B】根據殘存筆劃以及《李斯列傳》《劉子·知人》記禹“手足胼胝”之語，𰀁 是“手”字之殘。15 號簡縱向開裂並殘去一條竹絲,導致這支簡上的多數文字縱向中間筆劃缺損。我們試將此字復原如下:𢼊→𢼊。類似寫法的"手"或"手"旁,習見於楚簡文字……簡文"手足"之"足"字下面還有一字殘文及完全磨滅之一字。"足"下之殘文,其左旁似從"肉",右旁則不知所從。但與典籍記載相對比,簡文"手足"下面的二字闕文,無疑就是"胼胝"一詞……我們懷疑這句話當斷讀爲"乃草服箁箈,冒蒲笠","冒"屬下讀。"冒"常訓爲"覆",覆於頭即"首戴茅芙"之"戴"。這種用法的"冒"見於《戰國策・韓策一》:"山東之卒被甲冒胄以會戰。"……"草服箁箈"的語法結構有些特殊,須要加以解釋。"(禹)草服箁箈",主語"禹"承前省略,"服"爲謂語,穿著意;"箁箈"係賓語,是指用竹筍外皮纖維編織而成的一種衣服。"草"是謂語動詞"服"的狀語,對謂語動詞限定和補充説明……先秦典籍中習見的"火食"一詞,就是以名詞"火"做動詞"食"的修飾語,而這種結構的動詞詞組常可在句中做謂語……《書・禹貢》"島夷卉服"僞孔傳:"南海島夷,草服葛越。"……"葛越"與"箁箈"性質相類,均以草木纖維爲之。"草服葛越"與"草服箁箈"含義相近,語法結構相同,恰可互相參證。

【按】◇蓳若、冒芙、藙:李零把"冒"屬上讀爲"箁箈帽";陳劍 A 把"帽"屬下讀,陳劍 B 又把"帽"改從李零讀;蘇建洲 I 認爲"蓳"草下從所爲"僕",故可讀爲"箁";邱德修 A 把相關數字釋爲"乃草服箆箈帽""袟藙衛胥";陳劍 B 讀"芙藙"爲"蒲笠";黃人二 C 讀"芙"爲"鎛",讀"藙"讀爲"刈";馮勝君 B 連上"草服"讀爲"草服箁箈,冒蒲笠",認爲"草服"作"箁箈"的謂語。我們暫把此句斷爲"蓳若、冒芙、藙","蓳若"從李零讀爲"箁箈"。"冒芙"我們改釋爲茅蒲,此辭典籍多見,如《國語・齊語》:"脱衣就功,首戴茅蒲,身衣襏襫,霑體塗足,暴其髮膚。""冒、茅"皆明母幽部,通假自無問題;"芙",又見上博六《慎子曰恭儉》簡 5"首戴茅芙(蒲)",其

中之“芺”即用爲“蒲”①。但“藝”一詞尚待考證，不知可否如陳劍
B説讀爲“笠”。◇手足：第一字作 ▨ 形，馮勝君 B 認爲是“手”之
殘，可信。第二字李零釋爲“足”；黃人二 C 釋爲“疋”讀爲“疏”。
按黃人二 C 説誤，李零説是。“足”下有 ▨ 殘畫且後殘去一字，馮
勝君 B 補爲“胼胝”，據典籍所述禹事，應可信。

簡 24 下

説明：本簡長 29 釐米，上殘，下端完整。現存 26 字。

拼合編聯：簡 24 下與簡 25 編聯，從李零説。

釋文：

面旞（奸）鯌（骹），瘇（脛）不生之毛。▨（凱 —開）㵞（㵞—
塞）湝（皆）漊（流），墅（禹）親執枌（畚）杞（耜），弖（以）波（陂）明都
之澤，決九河

集釋：

【李零 A】面旞鯌（?）瘇，不生之毛，凱㵞（㵞）湝漊（流），墅
（禹）親執枌〈枂〉（耒）杞（耜），弖波（陂）明者（都）之澤，決九河

　　◇面旞鯌（?）瘇：此句含義不詳。◇不生之毛：此句含義不
詳。◇凱㵞湝漊：此句含義不詳。“漊”即“流”，參看李零《古文
字雜識（二則）》第一條（收入《第三屆國際中國古文字學研討會論
文集》）。◇枌：疑是“枂”字的誤寫，讀爲“耒”（“耒”是來母微部
字，“枂”是來母職部字，讀音相近）。◇波明者之澤：即“陂明都之
澤”。《書·禹貢》作“被孟豬”，《史記·夏本紀》作“被明都”，“被”
當讀爲“陂”，即《禹貢》“九澤既陂”之“陂”，是築堤障塞之義。“明

---

① 《慎子曰恭儉》中“茅蒲”的釋讀參看何有祖《〈慎子曰恭儉〉札記》，簡帛網
　2007 年 7 月 5 日，http：//www.Bsm.org.cn/show_Article.php? id＝590；
　劉洪濤《上博竹書〈慎子曰恭儉〉校讀》，簡帛網 2007 年 7 月 6 日，http：//
　www.Bsm.org.cn/show_Article.php? id＝591 引劉建民説；又，劉洪濤、劉
　建民《上博竹書〈慎子曰恭儉〉校讀》，《簡帛》第三輯，上海古籍出版社 2008
　年，第 107～113 頁。

都之澤”，即古書常見的孟諸澤，“明都、孟豬”皆“孟諸”之異文。
方位在今河南商丘東北，單縣西南，元代以後埋廢。

【陳劍 A】☑面□□□，不生之毛，□濐湝流，禹親執畚（？）耜，
以陂明都之澤，決九河

【季旭昇 A】◇濐：此字從“水”從“瑟”聲，似可考慮讀爲“窒”
或“聖”，意爲“窒塞”。《舜典》“朕聖讒説”，一般釋“聖”爲“疾”，但
《正字通》釋“聖”爲“窒塞”。上古音“瑟、窒、聖”同在質部，聲紐也
近。“□窒湝流”謂“窒塞水流”，因此禹要親自疏濬孟諸九河。

【劉樂賢】《莊子・天下》：“墨子稱道曰：昔禹之湮洪水，決江
河而通四夷九州也，名山三百，支川三千，小者無數。禹親自操橐
耜而雜天下之川，腓無胈，脛無毛，沐甚雨，櫛疾風，置萬國。”《韓
非子・五蠹》：“禹之王天下也，身執耒臿以爲民先，脛不生毛，雖
臣虜之勞不苦於此。”簡文的“枌耜”……從文例看，“枌耜”應與
《莊子》的“橐耜”及《韓非子》的“耒臿”相當。橐是盛土之器，耜是
掘土之器。《韓非子》的“耒臿”，《淮南子・要略》作“蔂垂”。王念
孫已經指出，“蔂垂”是“蔂臿”之訛，“耒臿”則是“蔂臿”之通假。
據《集韻》，蔂是“盛土籠”，與“橐”所指實同。臿是鍫，與“耜”都是
掘土之器。因此，《莊子》的“橐耜”，《韓非子》的“耒臿”，以及《淮
南子》的“蔂臿”，三者用字雖異，其所指實同。比較三種文獻可
知，《韓非子》“耒臿”的“耒”用的不是本義，而是“蔂”的通假字。
因此，這並不能作爲簡文“枌耜”訛作“朸耜”並讀爲“耒耜”的證
據……值得注意的是，上引《淮南子》的“蔂垂”，《太平御覽》引作
“畚插（鍤）”。這證明，陳劍讀“枌耜”爲“畚耜”的説法是正確的。
古書中作爲器物用的“畚”字有兩種含義：一種是指盛土之器，《國
語・周語中》：“其時儆曰：收而場功，偫而畚梮，營室之中，土功其
始。”注：“畚，器名，土籠也。”另一種是指掘土之器，《廣雅・釋
器》：“畚，臿也。”簡文“畚耜”及《淮南子》“畚插（鍤）”的畚字，用的
是第一義。總之，根據傳世文獻記載，可以斷定簡文的“枌耜”應

讀爲"畚耜"，畚是盛土之器，耜是掘土之器。

【何琳儀】◇鰌：見《集韻》"鰌，魚名。鼻前有骨如斧斤。一說，生子在腹，朝出食，莫還入"。◇喹，原篆右從"髟"，左從"丩"。二者均屬幽部，故"丩"似爲"髟"之疊加音符。"髟"亦見郭店簡《成之聞之》22，但不從"丩"。《文選·潘岳秋興賦》"斑鬢髟以承弁"，注："《說文》曰，白黑髮雜而髟。"簡文意謂大禹面部乾裂，頭髮花白。◇之：疑讀"趾"。簡文意謂"腿部不生毛"，典籍也有類似記載，如《莊子·天下》："腓無胈，脛無毛。"《韓非子·五蠹》："股無胈，脛不生毛。"《符子》："首無髮，股無毛。"

【孟蓬生】◇耙：耜字簡文從"立"，"巳"聲，借爲耜字，所以字形應隸定爲"耙"。圖版部分直接隸定爲"耜"，而釋文部分則作"耜(耙)"。蓋整理者一時疏忽，也許是手民之誤。《說文·立部》："竢，待也。從立，矣聲。耙，或從巳。"◇旖：當隸定爲"旖"，從"旱"聲，旱字寫法與《魯邦大旱》之旱字相同。"旖"當讀爲"乾"或"骭(黚)"，"鰌"當讀"皵"。乾皵指面部皮膚乾燥粗糙；骭皵指面部皮膚烏黑粗糙。核之傳世文獻，似以後者更爲近之。喹字右旁與㹪字略似，疑爲脛字之借，而"之"當爲衍字。整句當讀爲"面骭皵，脛不生毛"。《說文·皮部》："骭，面黑氣也。"《莊子·天下》："禹親自操橐耜，而九雜天下之川，腓無胈，脛無毛，沐甚風，櫛疾雨，置萬國。禹大聖也，而形勞天下也如此。"《史記·李斯列傳》云："禹鑿龍門，通大夏，疏九河，曲九防，決渟水，致之海。而股無胈，脛無毛，手足胼胝，面目黎黑，遂以死於外，葬於會稽。"《劉子·知人》："禹爲匹夫，未有功名。堯深知之，使治水焉。乃鑿龍門，斬荊山，導熊耳，通鳥鼠，櫛奔風，沐驟雨，耳目黧黔，手足胼胝，冠絓不暇取，經門不及過，使百川東注於海，西被於流沙，生人免爲魚鼈之患。"

【徐在國 A】◇旖：應讀爲"乾"。《集韻·寒韻》："乾，燥也。""乾"爲乾燥義。◇鰌：似讀爲"粗"。典籍中從"昔"聲的字常和從

"且"聲的字通假。如《周禮·秋官·序官》"蠟氏",鄭注:"蠟讀如
狙司之狙。"《周禮·地官·遂人》"以與鋤利甿",鄭注:"鄭大夫讀
鋤爲藉。"……《説文》:"粗,疏也。"引申指粗糙。◇踤:右邊偏旁
似是"巠"。《郭店楚墓竹簡·唐虞之道》19"巠"字作𡉚,與此字
右旁形近。左邊偏旁是"彳"。此字當分析爲從"彳""巠"聲,讀爲
"脛",當屬下讀。"脛不生之毛",即脛(小腿)不生毛。見於《韓非
子·五蠹》:"禹之王天下也,身執耒臿以爲民先,股無胈,脛不生
毛。"《尸子·廣澤》:"禹於是疏河決江,十年不窺其家,足無爪,脛
無毛,偏枯之病,步不能過,名曰禹步。"簡文所記禹之事正與典
籍合。

　　【顔世鉉 A】◇粉:陳劍、劉樂賢的意見是可從的。此再就音
韻的角度,略作補充。"畚",《説文》原從"弁"聲。從"分"聲的
"粉"和從"弁"聲的"畚"有音近通假的關係。《周禮·夏官·隸
僕》:"掌五寢之埽除糞洒之事。"鄭注:"氾埽曰埽,埽席前曰拚。"
"拚"《釋文》云:"本又作扮。"孫詒讓《正義》……説:"糞與坋音義
略同。經典多借拚爲坋……坋者,亦坋之假借字。"可見"拚、坋"
和"扮、坋"有音近相通的關係。《説文》"坋"字,云:"埽除也。從
土、弁聲。讀若糞。""坋、糞"音同義同。又《説文》"𣲳"字云:"讀
若粉。"《禮記·王制》:"百畝之分。"鄭注:"分或爲糞。"《孟子·萬
章下》"分"作"糞"。由此可見,"坋"和"分、粉"有音近相通的關
係。有關《隸僕》"拚、扮"相通的情形,陸志韋説:"元部轉文部,爲
上古音不常見之例,故特注出,或爲方言之異。"總之,從典籍的通
假例證可以證明,簡文"粉"可通假爲從"弁"聲的"畚"。

　　【晏昌貴 A】◇孟諸:至於孟諸澤的歸屬,史載亦有異辭。《禹
貢》豫州"導菏澤,被孟豬",是孟豬屬豫州。《職方》青州"其澤藪
曰望諸",是屬青州。《説文·艸部》《風俗通義·山澤篇》並同《職
方》。對於這種兩屬的現象,宋人夏僎《尚書詳解》卷七稱:"《職
方》望諸乃青州澤藪名,今《禹貢》乃屬豫者,周無徐州,徐并於青,

青州時近在豫州之正東，故得兼有孟豬也。"清人孫詒讓《周禮正義》也説："《禹貢》淮、泗、沂並在徐州者，後注謂周青州則《禹貢》徐州地，是也。"可見孟諸處於諸州交錯地帶，出此入彼是正常現象。《有始》云："泗上爲徐州，魯也。"又《釋地》"濟東曰徐州"，郭璞注："自濟東至海。"濟水以東、以魯國故地爲中心的泗水流域，是早期徐人活動的中心地區……古"徐州"都不在《禹貢》徐州範圍内，或可作爲簡文徐州偏北的證據。◇九河：關於禹疏決九河，先秦史籍多有記載，除上引《墨子》(《兼愛》中云"古者禹治天下，西爲西河漁〔孫詒讓《閒詁》以爲'渭'之訛〕竇，以泄渠孫皇〔蒲弦澤〕之水。北爲防原泒，注後〔召〕之邸，嘑池之竇。灑爲底柱，鑿爲龍門，以利燕、代、胡、貉與西河之民。東方〔爲〕漏之〔大〕陸，防孟諸之澤，灑爲九澮，以楗東土之水，以利冀州之民。南爲江、漢、淮、汝，東流之，注五湖之處，以利荊楚、干越與南夷之民"）外，還見於《孟子·滕文公上》《荀子·成相》等書。《禹貢》導河，"至大陸，又北播爲九河，同爲逆河，入於海"。《爾雅·釋水》列舉九河名爲"徒駭、太史、馬頰、覆釜、胡蘇、簡、絜、鉤盤、鬲津"。《漢書·溝洫志》載許商以爲"古説九河之名，有徒駭、胡蘇、鬲津，今見在成平、東光、鬲界中。自鬲北至徒駭間，相去二百餘里"。成平在今河北滄州西、交河縣東，胡蘇在今河北東光東，鬲縣在今山東陵縣。餘則未詳，是漢時已難詳明其處。漢以後的解説頗爲紛歧，今人劉起釪《九河考》，考自漢至清關於九河的種種異説，又據上世紀 70 年代後期的自然地理學的考察成果，發現河北黑龍港地區存在九條古河道，從而將九河範圍限定在今河北衡水以東、滄州以南的地區。譚其驤亦將九河限定在河北巨鹿、束鹿以東的河北平原上，稱"這裏從新石器以至春秋時代，極少文化遺址發現，是一個巨大的空白地帶，正是古九河之地"。史念海雖引清人汪中之説，以爲九河乃是泛指許多分支河道，但其地理範圍亦在黄河下游河口三角洲地區，與譚、劉二氏略同。要之，古九河當不出今河北巨鹿、束鹿以東，衡水、靜海以南，山東陵縣、慶雲以北的平原地帶。

【黄錫全】◇斡：頗疑“幹”讀爲“看”。《説文》“看”或體從“目、倝”。二字同從“倝”聲，形音俱近。“面看”即面見、面對、面望、面觀之義。如《尚書·周書·立政》“謀面用丕訓德”疏：“禹能謀所面見之事，無所疑惑。”◇毛：可讀爲“貌”，如“眊”或作“貌”。《詩·大雅·抑》：“誨爾諄諄，聽我貌貌。”《尚書大傳·洪範五行傳》鄭注曰：“誨爾純純，聽我眊眊。”◇鯌髳不生：似可讀“錯糾不生”。鯌字可讀爲“錯”或“藉”，義爲錯雜、錯亂，或者狼藉。《漢書·地理志》：“五方雜厝，風俗不純。”……從“丩”從“髳”的字可讀爲“糾”。“錯糾”義近“糾雜”。《宋書·恩倖傳論》：“官置百司，權不外假，而刑政糾雜，理難遍通，耳目所寄，事歸近習。”這裏指洪水氾濫成災，雜亂不堪，五穀不生。◇□潊湝流：根據下面文義，“□潊”可能不是專指水名，而是指水漫流不通，與上接簡 22“山陵不疏，水潦不湝”對應。“潊”從“必”聲，“潊”可讀“泌”。《説文》：“泌，俠流也。”段注：“輕快之流，如俠十然。”……《文選·郭璞江賦》：“長波浹渫。”李善注引《埤蒼》曰：“浹渫，水滂溏也。”《説文》：“湝，水流湝湝也。”…《書·堯典》：“湯湯洪水方割。”……《孟子·滕文公上》：“當堯之時，天下猶未平，洪水橫流，氾濫於天下。草木暢茂，禽獸繁殖，五穀不登，禽獸逼人，獸蹄鳥迹之道交於中國。堯獨憂之，舉舜而敷治焉，舜使益掌火，益烈山澤而焚之，禽獸逃匿。禹疏九河。”《吕氏春秋·愛類》：“昔上古龍門未開，吕梁未發，河出孟門，大溢逆流，無有丘陵沃衍，平原高阜，盡皆滅之，名曰鴻水。禹於是疏河決江。”這些記述可以與此句相互對照。

【蘇建洲 G】◇戠潊：（戠）字或可讀作“開”，《易·繫辭上》“夫易開物成務”，《釋文》：“開，王肅作闓。”次字“潊”似可讀作“塞”。“潊”，山紐質部；“塞”，心紐職部，聲紐同爲齒音，韻部對轉。讀作“開塞”一詞亦見於《商君書·開塞》，蔣禮鴻曰：“開塞者,謂開已塞之道也。"簡文意謂"(禹)面部乾粗,小腿不長毛,爲的是開通阻塞使河水大流。然後禹又親自拿起盛土之器的畚與掘土之器的耜,在明都澤築起堤防,疏通九河淤結不暢之處……"。

【邱德修 A】"㫲"字從"从","旱"聲,係一個形聲之字;"旱",乎旰切;"乾",古寒切,二字疊韻可通。所以簡文"面㫲"即"面乾",謂人形容枯槁,面目憔悴。"鯗"借作"錯"……蛭,即"糾"的繁文。謂"錯糾"者,謂洪水氾濫成災,民不聊生,一片淒涼的景象……"毛"借作"茅"用……不生之茅,謂連茅草都長不出來的惡劣環境……"剴",可釋作"剴"字,《説文·刀部》云:"剴,大鎌也。"……此係形容詞作"大"解,來修飾"濄"字。"濄"即"溵"字,即"泌"之本字,《説文·水部》云:"泌,俠流也。"……簡文"剴溵",即大水橫流的意思。湝,即順流意……剴溵湝流,亦即"剴泌諧流",謂大洪水四處流竄,到處橫流,氾濫成災的樣子。

【陳劍 B】☒面乾㪍,脛不生(之)毛。□溵湝流,禹親執枌(畚)耜,以陂明都之澤,決九河

【陳秉新】◇面馱鯗蛭,不生之毛:面下一字……當隸作"馱"……讀作"骬"。《説文》:"骬,面黑氣也。"《楚辭·漁父》"顏色憔悴",王逸注:"骬微黑也。"面骬,指面目黎黑……簡文"鯗",讀爲"蹠","鯗"與"蹠",清照鄰紐,鐸部疊韻。《淮南子·氾論》……高誘注:"蹠,足也。""蛭"從"幺、壬","丩"聲,當是古糾字,簡文讀作"垢","糾"與"垢"見紐雙聲,幽侯旁轉……之,讀爲"肢"。"之"與"肢",照紐雙聲,之支對轉……簡文是説禹面目黎黑,滿腳汙垢,四肢不生毛。

【王志平 B】《太平御覽》卷八二引《韓子》曰:"禹之王天下也,身執木畚,以爲民先。服(股)無完胈,體無生(毛)。雖臣虜之勞,不若(苦)於此矣"(與)《韓非子·五蠹》(略不同)……又引《淮南子》"堯之時天下大水,禹身執畚鍤以爲民先,疏河而導九支,鑿江而通九路,辟五湖而定東海",卷五五五引《淮南子》"禹之時天下

水,禹身執畚鍤,當此之時,死陵者葬陵,死澤者葬澤,節財薄葬焉",卷七六四引《淮南子》"禹身執畚鍤,以爲民先,疏河而導之九支,鑿山而通九洛,闢五湖而寧東海"。

【張通海 B】波明者之澤:釋"波"爲"陂",於文獻確有可稽,但是如果解作"築堤障塞",同下文"決九河"相矛盾。從所周知,禹父治水采取堵塞辦法,結果不行,而大禹治水,使用疏導之術,故而,這裏釋爲"陂"於理難通。我們認爲"波"借爲"披"當更加允當。"披"有打開之意,《漢書·薛宣傳》:"披抉其門而殺之。"顏師古注:"披,發也。"

【王暉】"腊"本從"魚"、"昔"聲,此可讀爲"腊","腊"本爲乾肉,此句"面乾腊"是指面部乾燥皺裂。

【沈培 A】"不生之毛"的肯定形式就是"生之毛",可以表示爲"動之名"……古漢語中"動之名"的結構是很多的……下面我們舉幾個例子:"我有圃,生之杞乎!"(《左傳·昭公十二年》),"登此昆吾之虛,緜緜生之瓜"(《左傳·哀公十七年》),"終古斥鹵生之稻粱"(《呂氏春秋·樂成》),"終古舄鹵兮生稻粱"(《漢書·溝恤志》)……我們認爲上舉例子中的"樹之名"(《周禮·夏官·司馬》"樹之林以爲阻固")、"斬之名"(《左傳·昭公十六年》"斬之蓬蒿藜藋")、"生之名"是雙賓語,其中的"之"都是表示處所的代詞。

【孫飛燕 H】𥬒右旁不從"皆",似爲"卲"之訛。

【夏世華 B】濜,疑讀爲"洫"。《詩·大雅·旱麓》"瑟彼玉瓚",《周禮·春官·典瑞》鄭《注》引"瑟"作"卹"……洫……可引申爲導水之渠……"潴"如上"不潴"之潴,同作動詞。"闓洫潴流"與前蘇譯所引《禮記·月令》"導達溝瀆"義近,指開挖溝洫,使水流動。

【按】◇𣇃:李零隸爲"旰";孟蓬生隸爲"旰",讀爲"乾"或"奸(黚)";黃錫全讀爲"看";徐在國亦讀爲"乾";陳秉新隸爲"訐",亦讀作"奸"。按:孟蓬生讀"奸"或"黚"可從。"奸"字雖較罕僻,但古書中還有不少用例,除孟引《説文》外,尚見陳引《楚辭·漁父》

"顔色憔悴"王逸注："奸黴黑也。"《列子·黃帝》"焦然肌色奸黵"等"奸、黰、乾"三字通用。◇鰼：孟蓬生讀爲"皵"；黃錫全讀爲"錯"或"藉"；邱德修 A 讀爲"錯"；王暉讀爲"腊"。按：孟蓬生讀爲"皵"可能是正確的，它是形容皮膚粗糙的詞。◇婬：何琳儀讀爲"髟"；孟蓬生釋爲"脛"；徐在國認爲從"丩"、"至"聲，讀爲"脛"；黃錫全認爲從"丩、縶"，讀爲"糾"；邱德修 A 亦釋爲"糾"；陳秉新隸爲"糾"，讀作"垢"。從字形及文義看，孟蓬生、徐在國釋爲"脛"是正確的。◇不生之毛：何琳儀讀"之"爲"趾"；孟蓬生認爲"之"是衍文；黃錫全讀"毛"爲"貌"；邱德修 A 讀"毛"爲"茅"；陳秉新讀"之"爲"肢"：沈培 A 認爲"不生之毛"是古漢語中的一種特殊語言習慣。按：沈培 A 説確。◇𧯷：李零隸定爲"剴"，即認爲其左旁從"豈"，右旁不詳；蘇建洲 G 進一步讀爲"開"；邱德修 A 釋爲"剴"。此暫從蘇建洲 G 説。◇灂：季旭昇讀爲"窒"或"聖"；黃錫全、邱德修 A 讀爲"泌"；蘇建洲 G 讀爲"塞"；夏世華 B 讀爲"洫"。此暫從蘇建洲 G 説。◇滭：李零隸爲"湝"；孫飛燕 H 認爲右旁爲"叴"之訛。◇按：我們暫把相關四字讀爲"𧯷（剴—開）灂（瀄—塞）湝（皆）湷（流）"，"湝"讀爲"皆"爲我們新釋，這句話似乎是説不管没被堵塞的河水還是被堵塞的河水都到處流動。◇枌：李零疑是"杸"字的誤寫，讀爲"耒"；陳劍 A 讀爲"畚"，劉樂賢、顔世鉉 A 有進一步論證。按：陳劍 A 説是，可參看劉樂賢、顔世鉉 A 進一步的論證。◇耙：李零書誤印；孟蓬生已改隸爲"𥝢"，讀爲"耜"。◇波：李零讀爲"陂"；張通海 B 讀爲"披"。按：李零説是，張通海 B 説誤。

簡 25

説明：本簡長 44.5 釐米，完簡。共 41 字。

拼合編聯：簡 25 與簡 26 編聯，從李零説。

釋文：

之淶（遏），於是虖（乎）夾州、滄（徐）州訂（始）可尻（處）。墨（禹）迵（通）淮與忻（沂），東亙（注）之洢（海），於是虗（乎）竸（青）州、簹（莒）州訂（始）可尻（處）也。墨（禹）乃迵（通）蔓（淶）與湯（易），東亙（注）之

集釋：

【李零 A】之淶（阻），於是虖（乎）夾州、滄（徐）州訂（始）可尻（處）。墨（禹）迵（通）淮與忻（沂），東亙（注）之洢（海），於是虗（乎）竸州、簹（莒）州訂（始）可尻（處）也。墨（禹）乃迵（通）蔓與湯（易），東亙（注）之

◇決九河之淶：連上簡爲讀。“決”，《説文・水部》：“決，行流也。”是疏通水道的意思。“九河”，徒駭、太史、馬頰、覆釜、胡蘇、簡、絜、鉤盤、鬲津九水，見《爾雅・釋水》。“淶”，疑讀爲“阻”。◇夾州：《書・禹貢》無，但與下“敆州”鄰近，疑相當《禹貢》等書的“兗州”。◇滄州：從明都澤的位置看，疑即《禹貢》等書的徐州。按：二州似在古魯、宋之地。◇淮與忻：淮水和沂水。《禹貢》“海岱及淮惟徐州，淮、沂其乂”，是敘二水於徐州下。◇竸州：《禹貢》所無，疑相當《禹貢》等書的“青州”或《爾雅・釋地》的“營州”。◇簹州：春秋莒國銅器以“簹”自稱其國名。莒國之域在沂水一帶。《禹貢》無莒州，疑簡文“莒州”即莒國一帶。按：二州似在古齊、莒之地。◇蔓：《禹貢》所無，疑即古易水附近的滱水（又名嘔夷水）。◇湯：《禹貢》無，疑即古燕地的易水。

【陳劍 A】之阻，於是乎夾州、徐州始可處。禹通淮與沂，東注之海，於是乎竸州、莒州始可處也。禹乃通蔓與易，東注之

【許全勝】◇《墨子・兼愛中》：“古者禹治天下，西爲西河、漁竇，以瀉渠孫皇之水。北爲防原、泒，注後之邸、嘑池之竇，灑爲底柱，鑿爲龍門，以利燕、代、胡、貉與西河之民。東方漏之陸，防孟諸之澤，灑爲九澮，以楗東土之水，以利冀州之民。南爲江、漢、淮、汝，東流之注五湖之處，以利荊、楚、干、越與南夷之民。”《淮南

子·本經》：“龍門未開，呂梁未發，江淮流通，四海溟涬。舜乃使禹疏三江、五湖，闢伊闕，道瀍、澗。”《管子·輕重》：“（禹）疏三江，鑿五湖。”《國語·周語》：“（禹）決汩九川，陂障九澤。”《吳越春秋·越王無餘外傳》：“（禹）疏九河於潏淵。”《説苑·君道》：“（禹）灑五湖而定東海。”並可與簡文參觀。◇“洀”，李注讀爲“阻”。愚謂此字似爲“渫”之誤，讀爲“泄”。《兼愛》中“灑爲九澮”，孫詒讓云：“灑、釃”字通。《漢書·溝洫志》云“禹乃釃二渠，以引其河”，注：“孟康云，釃分也。分其流，泄其怒也。”簡文“決九河之泄”，正謂分九河所泄之流。

【蘇建洲 A】▉右旁上部從二直筆，只是在第二斜筆添加一斜劃……▉應隸作“溑”，分析爲從“水”、“桀”聲，可讀作“結”，見紐質部，與“桀”（群紐月部），聲同爲見系，韻部旁轉音近……“結”有打結、不通之義。另外，《史記·扁鵲倉公列傳》“乃割皮解肌，訣脈結筋”……“決、結”正好是兩個相反的動作……“決九河之結”……意謂疏通九河淤結不暢之處。

【蘇建洲 D】◇兖州：《呂氏春秋·有始覽·有始》：“河、濟之間爲兖州，衛也。”又曰“泗上爲徐州，魯也”，古魯、衛兩國相距不遠，參程發軔《春秋左氏傳地名圖考·總圖二》。“兖”，古音余紐元部；“夾”，見紐葉部。見余二紐相通並不少見，如“與”，余紐魚部，而從“與”的“舉”，見紐魚部。瓜，見紐魚部；瓟，余紐魚部……《説文·弦部》：“𢎺，不成遂急戾也。弦省，曷聲，讀若瘞。”上古音“曷”在月部，與元部陽入對轉；“瘞”，“夾”聲，古音影紐葉部，可見元、葉的確可通。《儀禮·士昏禮》“面葉”，鄭玄《注》：“古文葉爲揲。”亦爲一證。總之，整理者將“夾州”釋爲“兖州”從地理位置及聲韻通假來説均可成立。◇竸州：竸，群紐陽部；青，清紐耕部；營，余耕，韻部耕陽古籍常見通假，但聲紐稍遠。另有“荊州”，荊，見紐耕部，與“竸”聲紐同爲見系，疊韻，就聲韻條件是比較好的。但考慮到地理位置，沂水在今山東臨朐一帶，正好與青州所在“東方爲青州,齊也"(《吕氏春秋·有始覽·有始》)相差不遠。據學者研究,"青州"相當於今山東的東部,而"荊州"在今湖北、湖南和江西西部地區,可見整理者所釋可信。◇"蔞水",整理者以爲即古易水附近的"淲水","蔞",來紐侯部;"寇",溪紐侯部,聲紐有相通之例……《説文》"臚"(來魚)字的籀文作"膚"可證,韻部則疊韻。可見"蔞水"的確有可能是"淲水"。《山海經·北山經》:"又北三百里,曰高是之山……淲水出焉,東流注于河。"

【晏昌貴 A】◇夾州:"夾"意爲夾持、夾輔,夾州當得名於兩河夾持其地,此與古書釋冀州正同。《釋地》:"兩河間曰冀州。"《有始》:"兩河之間爲冀州,晉也。"《職方》:"河内曰冀州。"《爾雅釋文》引馬融説:"在東河之西,西河之東,南河之北。"《禹貢》雖未明言冀州之界,但據孔穎達《正義》,其説與馬融相同。冀州三面臨河,諸書只説兩河間,《禹貢指南》卷一云:"舉其二則三可知也。"如果夾州不是指冀州,以冀州之大,禹治水首功即在冀州,而簡文曾無一語及之,這是很難講得通的。但九河卻屬《禹貢》兗州。實則前人於此多有懷疑,唐孔穎達《禹貢正義》曰:"河自大陸北敷爲九河,謂大陸在冀州,嫌九河亦在冀州。"……更進一步看,九河的歸屬,可能還與古代黄河下游河道變遷有關。◇競州、莒州:《禹貢》稱"海、岱及淮惟徐州,淮、沂其乂"……競、莒二州約當《禹貢》徐州南境。《職方》:"正東曰青州,其山鎮曰沂山,其澤藪曰望諸,其川淮泗,其浸沂沭。"《漢志》淮、沂二水亦爲青州川浸。但望諸於簡文屬徐州,與淮、沂二水並不同屬。其他文獻對於淮、沂二水的歸屬,不出徐州和青州二説,可知《容成氏》九州在這一帶的劃分,是不同于任何一種傳世文獻的。

【朱淵清】◇夾州:《爾雅·釋地》:"兩河間曰冀州。"郭璞注:"自東河至西河。"孔疏引馬融曰:"在東河之西,西河之東,南河之北。"《禹貢》孔疏:"兗州云濟河,自東河以東也,豫州云荊、河,自南河以南也,雍州云西河,自西河以西也。明東河之西、西河之東、南河之北是冀州之境也。"晏氏所釋當是,夾州應以黃河東西兩河所夾而得名。北上黃河沿太行山脈東麓而行,故黃河下游水患斷不至影響山西,因此洪水氾濫的夾州地方不在山西。

　　【陳偉 B】◇處:疑當如字讀,爲居處之義,與下文諸州"始可處"呼應。同篇18～19號簡說"禹乃因山陵平隰之可封邑者而繁實之",表示山陵實可設邑安居。◇夾州:相當於《禹貢》兗州。"夾、寅"形近,或生混淆。包山168號簡的"寅"字右側,便與"夾"字類似。《汗簡》卷中之二所録《古尚書》"夾"字和《古文四聲韻》卷五所録《古老子》"狹"字,則與"寅"字相混。因此,此字或許是"寅"字誤寫。"寅、兗"二字喻紐雙聲,真、元旁轉,上古音相近,或相通假。◇通:有疏通的意思,也有連接、溝通的意思。《禹貢》:"浮於濟、漯,達於河。"傳云:"濟、漯,兩水名。因水入水曰'達'。"……"達"字,《史記‧夏本紀》與《漢書‧地理志》均改作"通"……竹書說"通"的時候,都是同時提到兩條河流……其中淮水與沂水、三江與五湖、伊與洛以及涇與渭,彼此相通,有着可靠的記載。因而,竹書講河道的"通"也可能是說將兩條河道溝通。◇蔞:《周禮‧夏官‧職方氏》并州下記云"其澤藪曰昭余祁,其川虖池、嘔夷,其浸淶、易"……蔞水恐當是淶水。淶水發源於今河北淶源縣西,逶迤東南行合易水,再東行在今天津市區入渤海。"萊、蔞"二字來紐雙聲,韻部之侯旁轉。古音相近,或可通假。前揭《職方》文表明,淶水曾與易水並列,稱作并州浸,在竹書中同時被提到的可能性更大。

　　【陳劍 B】之淒(阻),於是乎夾州、徐州始可處。禹通淮與沂,東注之海,於是乎競州、莒州始可處也。禹乃通蔞與易,東注之
　　◇《吕氏春秋‧古樂》云"禹……通大川,決壅塞,鑿龍門,降通漻水以導河,疏三江五湖,注之東海","通"與"決、疏"對文,應該就是"疏通"之意;此云"疏三江五湖",《淮南子‧本經》同,而簡文後文及《吕氏春秋‧貴因》皆云"通三江五湖",亦可見這類"通"

與"疏"無別,不能解釋爲"連接、溝通"。"通三江五湖"猶言"通三江、通五湖",正如《管子·輕重戊》云"禹疏三江,鑿五湖"。

【王志平 B】◇《尚書·益稷》:"予決九川,距四海。"……《荀子·成相》:"北決九河。"◇於是乎夾州、徐州始可處:下文尚有"於是乎競州、莒州始可處也"等。《淮南子·齊俗》:"禹之時,天下大雨。禹令民聚土積薪,擇丘陵而處之。"

【沈建華】"兗州"在楚簡中爲何稱爲"夾州"? 疑源於卜辭地名"夾"字。"夾"與晚期繁體"寅"字形相近故而混爲同字……"兗"古音余母元部與"寅"古音余母真部,兩字聲部相同通假,故楚簡"夾州"假借作"兗州"。

【黃人二 B】◇"夾"疑讀"郟"。名"郟"之古地名有兩處,其一……其地疑今河南郟縣。其二指東都洛陽…… 若以簡文云"……洛(雒)……"洛陽之地屬豫州看,則"郟"爲"郟縣"較有可能。

【邱德修 B】夾,似"陝"之初文……簡文"夾州",即"陝州",謂在漢代宏農郡之陝縣是也。

【易德生 A】◇競州:從語音上來看。競,群紐陽部;青,清紐耕部。(下面)解釋莒州的時候,已經談到,見、喻二紐相通並不少見,而群紐、見紐同爲牙音,爲旁紐關係。喻紐、清紐爲鄰紐關係,因此群紐和喻紐、清紐也可以認爲音較近。"競"的韻部陽部和"青"的韻部耕部也是旁轉關係,因此,"競"讀爲"青"是可以的。值得一提的是,"營",喻紐耕部,和清紐耕部的"青"字音接近,因此,古今學者多釋"營州"爲"青州"。因此,"競州"也可爲"營州"。《爾雅》云"齊曰營州",邢昺疏曰:"《周禮》'正東曰青州',《禹貢》'海岱惟青州'。孔傳云:'東北據海,西南距岱。'然則此營州則青州之地也。"◇莒州:莒,見紐魚部;倨,見紐魚部,兩者音同。《莊子·應帝王》"其臥徐徐"中"徐徐",在《淮南子·覽冥》中作"倨倨",可見"莒、徐"在上古音中音近可通。另外,如蘇建洲所指出,上古音中見紐、喻紐相通之例也很多，而喻紐、邪紐（徐，邪紐魚部）爲舌、牙鄰紐，所以見紐、喻紐、邪紐音近可相通。故筆者認爲此"莒州"實際讀爲"徐州"。

【易德生 B】"莒"和"徐"……兩者雖然韻部相同，但在聲紐上，見母是牙音（即舌根音），邪母是齒音（即舌尖前音），兩者似乎隔得比較遠……近來讀到林燾、耿振聲《音韻學概要》，才感到兩紐雖然有隔，但是在上古還是有不少互諧的例證。本書在第八章"上古音的構擬"中，談到"邪母諧見母"（第 253 頁），並舉"訟—公，俗—谷"爲例。也就是說"訟"（邪母東韻）的聲旁從"公"音（《說文》"訟，爭也，從言公聲"），而"公"讀音爲見母東韻；"俗"讀音爲邪母屋韻，"谷"讀音爲見母屋韻，而"俗"聲旁爲"谷"（《說文》"俗，習也，從人谷聲"），可見邪母和見母的確有音近相通之處。

【易德生 C】澮州：筆者則認爲應是兗州。"兗"，喻紐元部；而敘州……從"余"得聲，余，喻紐魚部，而上古音中，元、魚通轉很常見，如《楚辭·九章》"鬱結紆軫兮"，《考異》："《史記》'紆'（影紐魚部）作'冤'（影紐元部）。"因此兩字音極近，可以通假。因此，"敘州"可讀爲"兗州"。

【史傑鵬】如果說"夾州"得名於"兩河夾持"，那"兗州"也同樣是被濟、河二水夾持中，豈不是也可以稱"夾州"。《爾雅·釋地》："濟、河間曰兗州。"又《呂氏春秋·有始》："河、漢之間爲豫州，周也；兩河之間爲冀州，晉也；河、濟之間爲兗州。"……"冀"和"夾"古音可以相通，它們的上古音聲母都是見母。至於韻部，"冀"在微部，"夾"在葉部，看似相隔，但據《說文》的訓釋，"冀"和"翼"是同聲旁的字，都從"異"得聲。"翼"古音一般歸爲職部（之部入聲）……"翼"在古書上和"昱"經常通用……而"昱"和"翌"是異體字……"立"在緝部。而"昱、翌"，一般則歸爲職部。古代緝部字和葉部字同收-p尾，關係極爲密切，通假例子很多。從"立"得聲的字有和從"夾"得聲的字間接通假的例子……所以我們認爲

"夾"和"翼"通假是完全可能的。

【凡國棟】夾州之稱呼恐怕亦與夏人有關。"夾"古音在見母，"夏"古音在匣母，見匣旁紐疊韻，應該可以通假。

【尹宏兵】（《爾雅》）《釋地》有云："齊曰營州。"以齊地爲營州，僅見於《釋地》……"營、莒"二字形近而易誤，《容成氏》的年代又較早，很可能爲戰國早期，則《釋地》之"營州"很可能由《容成氏》之"莒州"演變而來。

【馮勝君 A】：此字右旁與上舉 2－3"桀"字以及上文討論的包山簡"榤"字寫作、等形者所從相近，可能應該釋爲"渇"……我們認爲也可能應讀爲"竭"，訓爲阻遏。《淮南子·原道訓》："凝竭而不流。"王念孫《讀書雜志·淮南內篇一》："竭之言遏也。《爾雅》曰：'遏，止也。'"……"決九河之竭"，意思是説疏通九河之阻遏。

【孫飛燕 C】其實所從的也是"世"。只是該字左邊的豎筆寫得過於傾斜潦草，以至於和右豎筆交叉了……"渫"宜讀爲"葉"，《方言》第三："撲，翕，葉，聚也……"《淮南子·主術》"業貫萬世而不壅，横局四方而不窮"，王念孫《讀書雜志》認爲"業"當爲"葉"，義爲聚、積……"積"有"滯積"之意。

【孫飛燕 H】：該字與《汗簡》引《尚書》"澮"字字形略同。劉洪濤認爲，"會"爲見母月部字，"桀"爲羣母月部字，《汗簡》借"渫"爲"澮"。其説可信，因此《容成氏》該字當隸定爲"渫"，釋爲"澮"。《爾雅·釋水》："水注川曰谿，注谿曰谷，注谷曰溝，注溝曰澮，注澮曰瀆。"《尚書·皋陶謨》："決九川，距四海；濬畎澮，距川。"

【夏世華 B】（）當釋作"渫"，從"曷"、"桀"聲之字古多可通，可讀爲"竭"。《廣韻·曷韻》："竭，壅竭。"……"竭"又作"遏"……（滄州訇可尻）"尻"後有一反勾形符號，似是簡文漏抄一"也"字，而後特意補充的標識，下幾處"始可尻"後面都有"也"字而無該符號。

【按】◇淠：李零隸爲"洬"，疑讀爲"阻"；許全勝認爲是"渫"之誤，讀爲"泄"；蘇建洲 A 釋爲"淉"，讀作"結"；馮勝君釋爲"淉"，讀作"竭"；孫飛燕 C 釋爲"渫"，讀爲"葉"；孫飛燕 H 引劉洪濤説隸爲"淉"讀"澮"；夏世華 B 釋"淉"爲"竭"。按：此字原篆作■，難以歸入馮勝君所分的"枼、枀、枀"各類寫法中（參看本篇簡 5 按語）。文義上看，讀爲"阻"似乎要好一些，但若從李零隸爲"洬"，則目前尚未見古文字中有確切無疑的從"乍"從"木"之字。又，據清華五《殷高宗問於三壽》簡 17"傑（遏）淫"之"傑"作■看，馮勝君釋■爲"淉"讀"竭"的意見應該可信，這裏讀爲"遏"。◇夾州：李零認爲相當於"兗州"，蘇建洲 D 認爲"夾、兗"二字語音上可通；晏昌貴 A 認爲：夾州當得名於兩河夾持其間地，其與古書釋冀州正同，並引《爾雅‧釋地》"兩河間曰冀州"證之，朱淵清從之；陳偉 B 認爲是"寅"之誤寫，語音上通"兗"，沈建華亦有此説；黄人二 B 讀爲"郟"；邱德修 B 認爲即"陝"；易德生 C 認爲是"兗州"；史傑鵬認爲"冀"和"夾"古音可通；凡國棟認爲"夾州"之稱與"夏"有關。按：晏昌貴 A 認爲"夾州"相當於"冀州"是正確的，從《容成氏》所述的這九州的名稱看，此中一些九州名與傳世典籍的九州名有意義上的聯繫而不是音韻上的聯繫（詳下）。其他學者或從音韻上考慮，但兩者多不具備通假條件。◇涻州：李零認爲相當於"徐州"；易德生 C 讀爲"兗州"。按：易德生 C 説無由通假，李零説是。◇競州：李零認爲相當於"青州"或"營州"，蘇建洲 A 認爲"青州"説可從；易德生 A 認爲古人已多釋"營州"爲"青州"，二者是相通的。按："青州"説從音韻上更爲合理一些，此從之。◇簠州：李零釋爲"莒州"，並認爲即莒國一帶；易德生 A、易德生 B 讀爲"徐州"；尹宏兵認爲"營州"或由《容成氏》之"莒州"演變而來。按：尹宏兵認爲"營州"很可能由"莒州"演變而來，不是沒有可能，不過在楚文字中，"莒"的寫法一般作"簠"，與"營"字相去甚遠，如果"莒、營"二字真存在演變關係的話，也應該發生在戰國其他各系文字或秦漢時期。此處仍從李零説釋爲"莒州"。

◇薆:李零、蘇建洲 D 認爲即"溬水";陳偉 B 認爲是"淶水";從陳偉 B 引《周禮·夏官·職方氏》"其浸淶、易"與《容成氏》相對照看,似乎讀爲"淶"更好一些,此暫從之。

簡 26

説明:本簡長 44.5 釐米,完簡。共 41 字。

拼合編聯:簡 26 與簡 27 編聯,從李零説。

釋文:

洢(海),於是虖(乎)藕州訇(始)可尻(處)也。墨(禹)乃迵(通)三江五沽(湖),東哉(注)之洢(海),於是虗(乎)醤(荆)州、鄢(揚)州訇(始)可尻(處)也。墨(禹)乃迵(通)沈(伊)、洛,併里(瀍)、干(澗),東

集釋:

【李零 A】洢(海),於是虖(乎)藗州訇(始)可尻(處)也。墨(禹)乃迵(通)三江五沽(湖),東哉(注)之洢(海),於是虗(乎)醤(荆)州、鄢(揚)州訇(始)可尻(處)也。墨(禹)乃迵(通)沈(伊)、洛,并里〈廛〉(瀍)、干(澗),東

◇藗州:《書·禹貢》所無,疑即《周禮·夏官·職方氏》所説"其川虖池、嘔夷,其浸淶、易"的"并州"。"并"與"藗"簡文寫法相近,或有混淆。◇三江五沽:即"三江五湖",舊説不一。按:《周禮·夏官·職方氏》:"東南曰揚州……其川三江,其浸五湖。"《禹貢》有"三江"而無"五湖","淮、海惟揚州,彭蠡既豬,陽鳥攸居。三江既入,震澤底定"。似"三江五湖"在長江下游今鄱陽湖至太湖一帶。但簡文"三江五湖"是並荆州而説,其範圍可能還包括長江中游一帶。◇醤州、鄢州:即"荆州、揚州",皆見《禹貢》等書。◇沈:即"伊",伊水。"沈"從"水、死",與《説文·人部》"伊"字古文從"死"合。◇洛:洛水。◇并:合併。◇里:蓋"廛"字之誤,即

瀍水。◇干：通假字，即澗水（“干、澗”都是見母元部字）。按：此四水爲豫州之望。《禹貢》曰：“荊、河惟豫州，伊、洛、瀍、澗，即入于河。”

【李鋭 A】◇《廣雅·釋地》：“瀍，理也。”王念孫疏證：“瀍與理聲不相近，理字當是壈厘字之譌，壈與廛同字，與瀍同聲，故云瀍壈也。《集韻》《類篇》並云‘瀍亦作壈’。壈與理相似，因譌而爲理矣。”……簡文“里”疑是“廛”之省訛，此讀爲“瀍”。

【陳劍 A】海，於是乎蔝州始可處也。禹乃通三江五湖，東注之海，於是乎荊州、揚州始可處也。禹乃通伊、洛，并瀍、澗，東

【蘇建洲 D】◇蔝州：“蔝”所從二“瓜”之形亦見於《包山》174作𤓰，所以字隸作“蔝”應無問題。但是“瓜”與“人”的分別大致還算清楚……所以二者相混的機會似乎不高。何況“并”字亦見於同簡，則書手寫錯的機會似乎就更小了。所以“蔝州”是否一定就是“并州”尚可保留。本文以爲“蔝州”或許就是見於《爾雅》《周禮》《吕氏春秋》的“幽州”。幽，影紐幽部；瓜，見紐魚部；窳，余紐魚部。見影古同爲喉音，聲紐可通。韻部魚、幽旁轉例可通假……見王輝《古文字通假釋例》頁 143。《爾雅·釋地》“燕曰幽州”……而“蔝州”附近有“湯水”，整理者以爲古燕地的易水，正與“幽州”地望相合。◇三江五湖：《禹貢》：“揚州……三江既入，震澤厎定。”《周禮·夏官·職方氏》：“東南曰揚州，……其川三江，其浸五湖。”就“揚州”部分與簡文吻合。但“荊州”在《禹貢》則是“江、漢朝宗于海，九江孔殷，沱、潛既道”，《職方氏》則是“其川江、漢，其浸潁、湛”似不合。所謂三江者，《國語·越語上》：“三江環之，民無所移。”韋昭《注》：“松江、錢塘江、浦陽江。”……所謂五湖者，《周禮·職方氏》鄭玄《注》：“具區、五湖在吳南。”《國語·越語下》“果興師而伐吳，戰於五湖”，韋《注》曰：“五湖，今太湖。”……再由《吕氏春秋·有始覽·有始》“東南爲揚州，越也”“南方爲荊州，楚也”。可知簡文以“三江五湖”含括揚、荊二州應可理解……

又"三江五湖"常見於傳統文獻，如《呂氏春秋·仲夏紀·古樂》："禹立，勤勞天下，日夜不懈，通大川，決壅塞，鑿龍門，降通漻水以導河，疏三江五湖，注之東海，以利黔首。"《呂氏春秋·慎大覽·貴因》："禹通三江五湖，決伊闕，溝迴陸，注之東海，因水之力也。"《淮南子·本經訓》："舜乃使禹疏三江五湖。"《漢書·溝恤志》："（禹）於吳，則通渠三江五湖。"

【晏昌貴 A】◇藕州：簡文藕州在蔞水、易水流域。《山海經·北次三經》："又北三百里曰泰戲之山……虖沱之水出焉，而東流注于漊水。"郭璞注"（漊）音樓"，一本作"蔞"，郝懿行《箋疏》："按《地理志》云，代郡鹵城，虖池河東至參合（按：當是戶之誤）入虖池別。疑虖池別流即漊水矣。"……《水經注》……《易水篇》云："易水逕（安次）縣南，鄚縣故城北（熊會貞疏以爲二縣互倒），東至文安縣，與虖池合。《史記》蘇秦曰：燕長城以北，易水以南（楊守敬疏以爲北、南互倒）。正謂此水也，是以班固、闞駰之徒，咸以斯水謂之'南易'。"《史記·蘇秦列傳》"（燕）南有嘑沱、易水"，《正義》："易水出易州易縣，東流過幽州歸義縣，東與呼沱河合也。"可見"南易"水與虖池水相合，東流入海。我們以爲簡文"通蔞與易"，正是指此二水。《職方》"并州"："其川虖池，嘔夷，其浸淶、易。"《容成氏》藕州正當《職方》并州。◇陽州：《淮南子·地形訓》"正東陽州曰申土"，注："申，復也。"意謂陽氣復起東方。《禹貢》《爾雅》《職方》《有始》及《説苑·辨物》均作"揚"，或作"楊"。"揚、越"雙聲，或以爲揚州得名古越國越族，越之滅吳在公元前 473 年，由此推論九州是戰國時代的產物。簡書陽州不作"揚"，其得名恐與越國無關。◇三江五湖：五湖即震澤，亦名具區，即今太湖。"三江"前人説法頗爲分歧。《山海經·海內東經》："岷三江：首大江出汶山，北江出曼山，南江出高山。高山在城都西。入海，在長州南。"《初學記》卷六引鄭玄説，以爲長江合漢爲北江，會彭蠡爲南江，岷江居其中，則爲中江。又引《荊州記》江"至楚都，遂廣十里，名爲南江”;沔水“東會于彭澤,經蕪湖名爲中江;東北至南徐州名爲北江”。蘇軾《書傳》卷五:“自豫章而下,入于彭蠡而東至海,爲南江;自蜀岷山至於九江彭蠡以入於海,爲中江;自嶓冢導漾,東流爲漢,過三澨、大別以入于江,東匯澤爲彭蠡以入於海,爲北江。”程瑤田《荊州江漢揚州三江異名同實説》云:“彭蠡下之北江、中江,即彭蠡上之漢水、江水。觀導江、導江兩篇經文,最爲明晰也。是故荊、揚二州分界處在彭蠡,而漢水即於匯澤爲彭蠡處與江混爲一流,故于彭蠡下失漢之名,而別之爲北江。江水亦迤北會於匯處,爲漢水所亂,故于彭蠡下變江之名,而別之曰中江。是故揚州之得名三江者,生於北江、中江之名,而中江之名實生於南江,故謂揚州爲三江,以彭蠡爲之界;而謂荊州爲江、漢,亦以彭蠡爲之界。”“知江、漢與北江、中江之所以異其名,則知三江與江、漢之所以同其實矣。”“合爲一江,實分由三水,不可不於此各立主名。曰北、曰中,不言南而南自見,巨曰一江哉?是三江而已矣。”古人有解三江如此者,可釋簡文之惑。

　　【陳偉B】◇藕州:(藕)這種寫法的字曾見於包山2號墓第258號竹簡以及同墓所出的簽牌(編號59-2)……李家浩認爲:258號簡與簽牌59-2中的這個字所從的“瓜”是反寫的。此字與“蔝”同時出現,説明它們不是一個字。簽牌59-2所繫的竹笥內有藕六節。“瓜、藕”都是侯部字,因而頗疑這是一個形聲字,從“瓜”聲,讀“藕”……對照竹笥內的遺物,我們懷疑此字“艸”頭之下的部分從二人側立取義,是“耦”的象形字。《左傳・襄公二十九年》……杜預注“二人爲耦”……并,《説文》:“相從也。”在古文字中,“并”是在“从”(二人相隨狀)的下部附加一二道橫劃,表示二人並立或相連。“耦”的辭義與之相通。因而竹書中的“藕”恐當讀爲“耦”,是用一個意義相近的詞指稱《職方》中的并州。◇陽州:揚州州名用字及得名之由,孫詒讓説:“許嵩《建康實録》引《春秋元命苞》云:‘地多赤楊,因取名焉。’則當以‘楊’爲正。《釋名・

釋州國》云：'揚州州界多水，水波揚也。'《禹貢》孔疏引李巡云：
'江南其氣燥勁，厥性輕揚，故曰揚，揚，輕也。'《爾雅·釋文》引
《太康地記》云：'以揚州漸太陽位，天氣奮揚，履正含文明，故取名
焉。'……竊謂此州地苟百越，揚越聲轉，義亦同，揚州當因揚越得
名，猶荊州之與荊楚義亦相因矣。"竹書州名之字尚見於其他戰國
文字資料，在比較確定的場合，實用作"陽"字……因而竹書州
名……也可能讀爲"陽"，表示州域位於九州南部的地理特徵。

【陳劍 B】海，於是乎 𣢩 州始可處也。禹乃通三江五湖，東注
之海，於是乎荊州、揚州始可處也。禹乃通伊、洛，并里〈瀍〉、
澗，東

【白于藍 B】◇藕州：所謂"蘈"字，應釋爲"萍"，即下部所從乃
"并"字異構，故可讀爲"并"。該字原形作 𣢩，亦見於包山簡和包
山竹簽，過去大都釋爲"蓏"……包山簡遣策當中有一段話，原釋
文作：萹二笄、蒩二笄、菓二笄、薑二笄、蓏一笄……（包山簡簡
258）其中"蓏"字作 𦾔，釋爲"蓏"沒有問題。但該簡中所謂"萹"
字原形作 𦱤，學者們通常亦都認爲當釋爲"蓏"。這樣一來，這條
簡文中就出現兩次"蓏"，即"蓏二笄"與"蓏一笄"。既然是同一種
物品，量詞又相同，爲何卻要分記兩次，而不直接書寫作"蓏三笄"
呢？這是沒有道理的。包山簡原釋文中之所以將 𦱤 字釋爲
"萹"，大概也是朝這方面考慮的。可見，將 𦱤 釋爲"蓏"是存在問
題的。現在，上海簡之 𣢩 字，亦不用爲"蓏"，也説明了這一點。筆
者認爲 𦱤、𣢩 是"萍"字，還有一條證據，信陽楚簡 2·021 有"一
瓶食醬"語，其中"瓶"字作 𤭯，其上部所從與 𦱤、𣢩 下部所從完全
相同，可參考。典籍中從"平"聲之字與從"并"聲之字常可相通，
包山簡之"萍"可讀爲"蘋"。《爾雅·釋草》："蘋，蘋蕭。"郭璞
《注》："今江東蘋蒿也，初生亦可食。"

【王志平 B】《淮南子·本經訓》："舜乃使禹疏三江五湖，闢伊
闕，導廛澗，平通溝陸，流注東海，鴻水漏，九州乾，萬民皆寧其性，

是以稱堯、舜以爲聖。"

【邱德修 B】古之所以名之"蓏州",蓋其地盛産瓜瓠之屬而得名也。州之所以得名或因其地物産所致,或因其地所處之河流有關,簡文上云"禹乃通蔞與湯",而"蔞"字,力朱切;"蓏"字,郎古切。二字聲同韻合,可以互通。據此可知,此係因"蔞水"而得名,遂命曰"蓏州"也。至於其地望爲何,則待考可也。

【李承律】《管子·輕重戊第八十四》:"夏人之王……,疏三江,鑿五湖,道四涇之水……"

【凡國棟】◇藕州:蓏州之來歷恐與汦水有關。《説文》:"汦水起雁門葰人戍夫山,東北入海。"……"蓏、汦"均從"瓜"得聲,古音當近,或可通假。

【孫飛燕 H】《上博六·平王與王子木》第一簡亦有此字,陳偉指出,《説苑·辨物》與之對應的字爲"遇"。"藕、遇"均爲疑母侯部,可以通假,這證明李、陳釋爲"藕"是正確的。簡文"藕州"當如陳偉所言,是採用與"并州"義近之字作州名。

【按】◇藕州:李零釋爲"蓏州",認爲相當於"并州";蘇建洲 D 亦釋爲"蓏州",但讀爲"幽州";陳偉 B 依據包山簡把"州"上一字釋爲"藕",並讀爲"耦",認爲是用一個意義相近的詞指稱"并州",孫飛燕有補充;白于藍 B 釋"藕"爲"芇",讀爲"并";邱德修 B 認爲"蓏州"因"蔞水"而得名;凡國棟認爲"蓏州"的來歷與"汦水"有關。按:從字形看,陳偉 B 隸定爲"藕"是正確的,"藕、并"二字音韻無由相通,只能依陳偉 B 的説法認爲此二字在意義上有關聯。◇陽州:晏昌貴 A、陳偉 B 都認爲"揚州"之"揚"本應作"陽"。

簡 27

説明:本簡長 44.5 釐米,完簡。共 43 字。

拼合編聯:簡 27 與簡 28 編聯,從李零説。

釋文:

敚(注)之河,於是於(乎)敘(豫)州訂(始)可尻(處)也。晕(禹)乃迵(通)經(涇)與渭,北敚(注)之河,於是虖(乎)虘州訂(始)可尻(處)也。晕(禹)乃從灘(漢)吕(以)南爲名浴(谷)五百,從

集釋:

【李零 A】敚(注)之河,於是於(乎)敘(豫)州訂(始)可尻(處)也。晕(禹)乃迵(通)經(涇)與渭,北敚(注)之河,於是虖(乎)虘州訂(始)可尻(處)也。晕(禹)乃從灘(漢)吕南爲名浴(谷)五百,從

◇東敚之河:"敚"即"注"。上文皆作"東注之海",此與《書·禹貢》"既入于河"同,作"河"不作"海"。◇敘州:即"豫州",見《禹貢》等書。◇經:即"涇",涇水。◇渭:渭水。按:涇、渭二水爲雍州之望。《禹貢》曰:"黑水西河惟雍州,弱水既西,涇屬渭汭。"◇北敚之河:指涇、渭合流後注入今陝、晉之間自北而南的黃河河道。按:豫、虘二州之水皆入河不入海,與前面的七個州不同。◇虘州:從文義看,應相當《禹貢》之雍州。其名或與沮水有關。◇名浴五百:"浴"即"谷",谷名不能確指。

【陳劍 A】注之河,於是乎豫州始可處也。禹乃通涇與渭,北注之河,於是乎虘州始可處也。禹乃從漢以南爲名谷五百,從

【晏昌貴 A】◇敘州:《説文》:"敘,次第也。"古字通"序"。《爾雅·釋言》:"豫,敘也。"《春秋元命苞》:"豫之爲言,序也。"是簡文敘州即豫州。◇虘州:虘州當得名於滬水,《説文·水部》收從水從虘之字,以爲"從水,虘聲"。王筠《句讀》:"群書作'沮'。"今本《水經注》作"沮水"……"虘"作"沮",由來已久。沮水發源於今陝西富縣西北,東南流至黃陵縣入洛水。漆水約當鄭國渠,在陝西蒲城南入洛水。二水會合後名漆沮水,入洛後又名洛水,洛水南流入渭水。此水即上引《禹貢》之"漆沮"水,亦即《職方》"其浸渭、洛"之洛水。《詩·大雅·緜》:"民之初生,自土漆、沮。"此沮水在

涇水以西,與《禹貢》漆沮水在涇水以東不同,是另一條水。

【陳偉 B】◇敘州:豫州得名之由,《爾雅·釋州國》云:"豫州地在九州之中,京師東都所居,常安豫也。"《經典釋文·爾雅·釋地》引《春秋元命苞》云:"豫之言序也,言陽氣分布,各得其處,故其氣平靜多序也。"竹書州名本作"敘"。"敘、序"音同義通,均有順序、次序之義。如果竹書用字有特定含義的話,則《春秋元命苞》對豫州之名的解釋較爲近實。◇阻州:《漢書·地理志上》右扶風"雍"注引應劭云:"四面積高曰雍。"《經典釋文·爾雅·釋地》引李巡云:"河西其氣蔽壅,厥性急凶,故曰雍。雍,壅也。"又引《太康地記》云:"雍州兼得梁州之地,西北之位,陽所不及,陰氣壅閼,故取名焉。"大致皆以壅塞爲説。竹書用字……或可讀爲"阻"。阻訓險隘、障隔,與這些對雍州的説法相通。

【李承律】《莊子·天下》:"昔者禹之湮洪水、決江河,而通四夷九州也,名川三百,支川三千,小者無數。"……《吕氏春秋·有始》:"凡四海之内……通谷六,名川六百,陸注三千,小水萬數。"

【黄人二 B】虘州:疑讀爲"沮州"。酈道元注《水經·滬(沮)水》云"滬(沮)水東注鄭渠"……知滬水所在之地,即爲"沮州",相當於傳世文獻之"雍州"或"雝州"是也。

【凡國棟】《水經注·渭水》記載有一條在美陽縣匯入雍水的河流,謂"杜水出杜陽山……左合漆水,水出杜陽縣之漆溪,謂之漆渠"……"漆渠"即"漆沮","渠、沮、虘"古音均在魚部,音近可通假……這個"渠"正應該是《容成氏》虘州得名之虘,亦即上文所引《水經》及《十三州志》所載之"漆渠"。

【按】◇敘州:李零讀爲"豫州",晏昌貴 A 引《爾雅·釋言》:"豫,敘也。"以證成之,陳偉 B 有類似説法。◇叡州:李零認爲相當於"雍州";晏昌貴 A 認爲"虘州"當得名於"滬水";陳偉 B 引典籍認爲"雍州"得名大致皆以壅塞爲説,"叡"可讀爲"阻",在意義上與"雍"相通;黄人二 B 讀爲"沮州";凡國棟認爲"虘州"得名之

"虘"來源於"漆渠"之"渠"。按:陳偉 B 認爲"雍州"與"虘(阻)州"在意思上相通是正確的,在《漢書·天文志》中,還有一條更重要的文獻可以證明"雍、虘"二字在意義上有關聯:"土與金合國亡地,與木合則國饑,與水合爲雍沮,不可舉事用兵。"其中的"沮",猶《容成氏》中的"虘"(詳本書第三章第四節)。◇依據諸家的考釋,我們在此列出《容成氏》中的九州名和傳世文獻的九州名的關聯。二者在意義上有關聯的有三個:夾州(冀州)、藕州(并州)、虘州(雍州);在意義上可能有關聯的一個:敍州(豫州);在語音上有關聯的四個:涻州(徐州)、競州(青州)、鄳州(荊州)、鄾州(揚州);其關聯還有待進一步研究者一個:篔州(莒州)。

簡 28

說明:本簡長 44.5 釐米,完簡。共 44 字。

拼合編聯:簡 28 與簡 29 編聯,從李零説。

釋文:

灘(漢)㠯(以)北爲名浴(谷)五百。天下之民居奠,乃劢(力)歔(食),乃立句(后)褄(稷)㠯(以)爲緽(田)。句(后)褄(稷)既已受命,乃歔(食)於坙(野),佪(宿)於坙(野),遉(復)瑴(穀)豙土,五年乃

集釋:

【李零 A】灘(漢)㠯(以)北爲名浴(谷)五百。天下之民居奠(定),乃飤◻歔(食),乃立句(后)褄(稷)㠯爲緽(盈)。句(后)褄(稷)既已受命,乃歔(食)於坙(野),佪(宿)於坙(野),遉(復)瑴(穀)豙(換)土,五年乃

◇名浴五百:谷名亦不能確指。簡文以漢水爲界劃分南北,值得注意。◇飤◻:左半從"食",右半不清。◇句褄:即"后稷"。下字的右半是從"鬼"字的變體。《説文·禾部》"稷"字古文從"禾"從"鬼",正與此合。◇緽:即"盈"。◇遉瑴豙土:即"復穀換

土”,指更換穀物的品種和讓土地輪休。

【陳劍 A】漢以北爲名谷五百。天下之民居奠,乃□食,乃立后稷以爲經。后稷既已受命,乃食於野,宿於野,復穀豢土,五年乃

【何琳儀】◇飭:其右上較爲模糊,右下則明確從“力”……《國語・吳語》“周軍飭壘”注:“飭,治也。”參照下文,簡文大意謂“天下之民安居樂業,於是整治食物,樹立后稷以爲榜樣”。◇經:當讀“程”。《詩・小雅・小旻》“匪先民是程”傳:“程,法也。”

【邱德修 A】“飤▨”字所缺右半,可補作“飲”。而“食”之下宜據文意補一“之”字……“乃飲食之”,謂大禹才開始能吃能喝,過正常的生活。

【蘇建洲 E】◇餕:古文字目前少見“飭”字,簡文字形右上不似人形,茲不取何説。筆者以爲字的右旁可能是“豕”字的訛變,如《包山》168“豕”作 𧱓……“豕”字的下方與“力”相似。至於上半部則已漫漶不清了……字可隸作“餕”,從“豕”聲,古音書紐支部,可讀作“耕”,見紐耕部,照三系字與端系字、見系字的聲母應該有一個共同的上古來源,如“收”(書)從“丩”(見)。韻部則是對轉關係,簡文讀作“耕食”。“耕食”一詞亦見於古籍,如《南齊書・王融傳》:“臣亦遭逢,生此嘉運,鑿飲耕食,自幸唐年。”……至於“乃”,可用於表示動作行爲在具備了一定的條件之後才發生、出現,可譯爲“才、才能、就、這才”。《孟子・滕文公上》:“禹疏九河……決汝漢,排淮泗,而注之江,然後中國可得而食也”,注曰:“於是水害除,故中國之地可得耕而食也。”正是簡文的背景。◇經:字亦見於《郭店・成之聞之》簡 35。依照簡 29“乃立皋陶以爲‘李’”……簡 30“乃立質以爲‘樂正’”……本簡的“經”字照理説應該也是官名。但《尚書・堯典》:“禹拜稽首,讓于稷、契暨皋陶。”傳曰:“居稷官者,棄也。”……“汝居稷官”與“汝作司徒”文例相同,所以“稷”應該是官名。《國語・周語上》“昔我先王室后

稷”，韋昭注：“后，君也；稷，官也。”《史記・五帝本紀》“棄主稷，百穀時茂；契主司徒，百姓親和”……更可證“后稷”是官名。金景芳就認爲“稷”即“后稷”，當是官名。既然“后稷”已是官名，則本簡“緪”似不能再作官名來理解。惟《國語・周語上》：“宣王即位……是故稷爲天官。”……亦是於“稷”（官名）之後再加“天官”（官名），以此觀之，則“緪”解爲官名亦無不可。考慮到“稷”簡文前面已出現，所以此處可能讀作“畯”……《詩・七月》“田畯至喜”，傳曰：“畯，田大夫也。”……“畯”，精紐文部；“壬”，透紐耕部、“呈”，定紐耕部。聲紐舌齒鄰紐，例可相通。韻部耕、文亦有相通之例……但是讀作“畯”還有一個問題，《國語・周語上》：“及籍，后稷監之，膳夫、農正陳籍禮”，“乃命其旅曰：‘徇。’農師一之，農正再之，后稷三之。”韋昭注：“一之，先往也。農師，上士也。農正，后稷之佐，田畯也，故次農師。后稷，農官之君也，故次農正。”若依此説，則釋爲“畯”似有不妥。但《史記・周本紀》：“帝堯聞之，舉棄爲農師，天下得其利，有功。”《左傳・昭公二十九年》：“稷，田正也。”……則“農師、農正”的用法，恐未必如《國語》所寫的這般固定。換言之，我們以“畯”釋“緪”，訓爲“農官”，或不爲無據。

【陳劍 B】漢以北爲名谷五百。天下之民居奠，乃劤（飭）食，乃立后稷以爲緪（田）。后稷既已受命，乃食於野，宿於野，復穀（穀）豢土，五年乃

◇劤：諦審圖版，此字上端正當竹簡開裂處，右半上端筆劃應與下部連接，就是“力”形。“劤”應即“飭”字異體，亦見於馬王堆漢墓遣策，用爲“飾”。參看陳松長編著《馬王堆簡帛文字編》208 頁。

【王志平 B】◇緪：本文讀爲正。“呈”爲定母耕部字，而“正”爲章母耕部字，韻母相同，聲母相近。“正”訓長，即所謂田正、土正或者農正等……《左傳・昭公二十九年》……“后土爲社，田

正也。"

【王輝 A】◇復……指重復或繼續……"豢、換"上古音俱元部匣紐,二字雙聲疊韻,可以通讀。換土即周代的爰田,趄田。《説文》:"趄,趄田易居也。"……"復穀換土"是説讓土地輪休,而在穀物休耕後的土地上連續種植,不關乎品種的更換。

【張富海】◇經:當讀爲"田"。《管子·法法》:"舜之有天下也,禹爲司空,契爲司徒,皋陶爲李,后稷爲田。"《小匡》:"弦子爲理,寧戚爲田。"……皆稱掌農業的官爲田。"田、經"上古聲母相同,都是定母;韻部是真部和耕部的關係,真部和耕部關係比較密切,如"鄭"在耕部,而其所從得聲的"奠"在真部……因此,將簡文的"經"讀爲"田"在語音上也是没有問題的。

【羅新慧】在古文獻中,"復"每與"備"通,如《儀禮·特牲饋食禮》"尸備答拜焉",鄭玄《注》:"古文備爲復。"……"備"可與"布"通,《穀梁傳·襄公二十四年》"百官布而不制",《後漢書·樊準傳》"布"作"備"。因此,"復穀"可讀爲"布穀",就是通常所説的播穀……"豢"本身即有"養"意……簡文"豢土"即養土之義。疑先民其時已知養土,但尚未發達到土地輪休階段。另外,"豢"亦可讀爲"糞","豢、糞"皆元部字,可通。"糞"爲理之意,《禮記·王制》"百畝之分",鄭玄注:"'分'或爲'糞'。"《論語·微子》"四體不勤,五穀不分",鄭玄注:"'分'猶'理',謂理治之也。"……《淮南子·人間訓》謂"田野不修,民食不足,后稷乃教之辟地墾草,糞土種穀"。

【李承律】"乃"是逆接辭,"飵"可能是"阻"的意思,"飢"是"飢"的錯字,又見本篇簡 4,《尚書·堯典》:"帝曰:'棄,黎民阻飢。汝后稷,播時百穀。'"

【夏世華 B】遌,疑讀爲"覆",審察、查核之意。《周禮·考工記·弓人》"覆之而角至",鄭玄《注》:"覆,猶察也。"……"覆穀、換土"分别指察驗物種和修養地力。

【劉信芳 C】乃飾飤（食）。

【馬楠】"勑"字從食力聲，當歸入職部。從文意觀之，"勑食"似當讀"粒食"。《禮記·王制》："西方曰戎，被髮衣皮，有不粒食者矣。""粒食"猶云穀食，《皋陶謨》禹曰"予決九川，距四海，濬畎澮距川。暨稷播，奏庶艱食鮮食。烝民乃粒，萬邦作乂"。與簡文上下正合。"烝民乃粒"即"粒食"。立聲字一般歸入緝部，但從"立"得聲的"昱、翊（翌）"歸部一向頗有爭議，朱駿聲以爲訓爲"明日"之"昱"、"翌日"之"翌"當與"翼日"之"翼"同在職部。緝部、職部上古多有異文、叶韻之例。最顯豁的如《小雅·六月》首章"六月棲棲，戎車既飭。四牡騤騤，載是常服。玁狁孔熾，我是用急。王于出征，以匡王國"。"飭、服、熾、急、國"職緝合韻，"急"爲緝部。而《鹽鐵論》句作"我是用戒"，是《齊詩》此章職部獨韻。又清華簡《金縢》"王捕箸以湮。【11】"湮"從"亞"得聲，見紐職部，對應孔傳本《金縢》"泣"字在見紐緝部。粒字《説文》古文作"䭉"，當爲從食立聲，甚或食、立皆爲聲符，當與勑字有關。

【按】◇勑：李零只認出左旁，隸作"飠刂"；何琳儀認爲右下從"力"，讀爲"飭"；邱德修 A 釋爲"飲"；蘇建洲 E 隸定爲"餗"，讀作"耕"；陳劍 B 隸作"勑"，亦讀爲"飭"；李承律認爲"飠刂"可能是"阻"的意思；劉信芳 C 釋爲"飾"；馬楠讀"勑食"爲"粒食"。按：從字形看，陳劍 B 的隸定是正確的，不過"勑食"應讀爲"力食"，即奮力於耕種糧食之義。◇經：李零讀爲"盈"；何琳儀讀爲"程"；蘇建洲 E 讀作"畯"；王志平 B 讀爲"正"；張富海讀爲"田"。此從張富海説。◇飤：李零讀爲"食"；李承律認爲是"飢"的錯字。按：李零説是。◇遀穀豢土：李零讀爲"復穀換土"，認爲指更換穀物的品種和讓土地輪休；陳劍 A 讀爲"復穀豢土"；王輝 A 認爲"復穀換土"是説讓土地輪休，而在穀物休耕後的土地上連續種植，其中的"復"爲"繼續"之義；羅新慧讀爲"佈穀糞土"；夏世華 B 讀爲"覆穀換土"。按："復穀豢土"的確切意義還有待研究。

簡 29

説明：本簡長 44.5 釐米，完簡。共 41 字。

拼合編聯：簡 29 與簡 30 編聯，從李零説。

釋文：

壤（穰）。民又（有）余（餘）飤（食），無求不㝵（得），民乃實，喬（驕）能（怠）訂（始）复（作），乃立咎（皋）埱（陶）㠯（以）爲李（理）。咎（皋）埱（陶）既已受命，乃攴（辨）佘（陰）易（陽）之氬（氣）而聖（聽）亓（其）訟獄，三

集釋：

【李零 A】壤（穰）。民又（有）余（餘）飤（食），無求不㝵（得），民乃賽，喬（驕）能（態）訂（始）复（作），乃立咎（皋）尷（陶）㠯爲李（李）。咎（皋）尷（陶）既已受命，乃攴（辨）佘（陰）易（陽）之氬（氣），而聖（聽）亓（其）訟獄，三

◇壤：即"穰"，指穀物豐收。◇賽：指爭利競勝。◇喬能訂复：即"驕態始作"，指訟獄之事起。◇李：即"李"，法官。字亦作"理"。《書·皋陶謨》説舜命皋陶"作士"，《管子·法法》説"皋陶爲李"。"李"字，簡文從"來、子"，鄭剛《戰國文字中的陵和李》（中國古文字研究會第七次會議論文）指出此字應釋"李"（"來、李"都是來母之部字）。簡文可以證明鄭説之確。◇攴陰陽之氬：即"辨陰陽之氣"。《史記·律書》："王者制事立法，物度軌則，壹稟於六律。"《漢書·律曆志上》："律十有二，陽六爲律，陰六爲呂。"此決獄本之陰陽説。"氣"字，簡文多從"既、火"，這裏從"而"，蓋涉下文"而"字而誤。◇訟獄：二字皆爭訟之義。

【陳劍 A】穰。民有餘食，無求不得，民乃賽，驕態始作，乃立皋陶以爲李。皋陶既已受命，乃辨陰陽之氣，而聽其訟獄，三

【何琳儀】◇陶：原篆作 𪒠，《考釋》隸定爲"尷"，殊誤。按：𪒠之筆劃清楚，從"土、匋"，乃"陶"之異文。"咎陶"當讀"皋陶"。

【蘇建洲 E】◇賽："報神福"之意，蓋人民無求而不得，遂祭禱

感謝神祇的幫助,可與簡 6 呼應。而且在"賽"下斷句號,底下爲皋陶的事迹。

【何有祖 A】◇賽:此字釋作"賽",無疑。"賽"在此處應讀作"寨"。參見郭店簡老子乙篇 13 號簡"啟其兌,賽其事"。整理者釋爲"賽",讀作"寨"。《説文》:"寨,實也。"《廣雅·釋詁》:"安也。"此處"民乃寨,驕態始作"應指老百姓糧食問題稍微得到解決(即"乃安"),又出現了新的問題(即"驕態始作")。

【陳偉 D】◇賽:"賽"似當讀爲"塞",安定義。《方言》卷六:"塞,安也。"郭璞注:"物足則定。"與簡文上云"民有餘食,無求不得"相應。

【林素清 A】簡文此字乃"實"字小訛,對照本篇簡 19"繁實"之"實"可知……《説文》:"實,富也。"《左傳·文公十八年》"聚斂積實"杜《注》:"實,財也。"……簡文"民乃實"猶言"民乃富"。

【子居】民有餘食,無求不得,民乃息,驕態始作,乃立咎繇以爲李。

【孫飛燕 I】"能"似當讀爲"怠"。"能"爲泥母之部字,"台"爲透母之部字,聲母同爲舌頭音,韻部相同,二字相通古書常見。而"怠"從"台"聲,則"能"與"怠"在聲韻方面相通自無問題。在簡文中,人民"驕怠始作"的情況是在"民有餘食,無求不得,民乃塞"之後產生的。古書中也常有國饒民富之後百姓驕怠的話語,比如《管子·重令》:"有餘則驕,驕則緩怠。"

【夏世華 B】《逸周書·謚法》"典禮不寨曰載",《史記正義》"寨"作"愆"……據此,"賽"可讀爲"愆",過也,失度之謂。

【劉信芳 C】民乃賓……"賓",原釋爲"賽"。按"賽"字見簡 6,與此字構形不同。賓者,敬也。《儀禮·鄉飲酒禮》"謀賓介",注:"賢者爲賓,其次爲介,又其次爲衆賓。"

【魏宜輝 B】其中"皋陶"的"陶"字,簡文寫作 ▨ ▨ ……整理者對字形的理解有偏差。▨ 字左半之 ▨ 其實是從"宀、缶"。楚簡中的"宀"一般寫作 人 形,而 ▉旁所從"宀"把傾斜的兩筆寫成了平直狀,加之筆墨粘連,導致整理者誤隸作"壯"。至於 ▉ 字應屬於一個寫壞的字,可能是由於書寫者字形佈局過於局促,只能犧牲部分筆劃。 ▉ 應隸定作"匋",從構形上分析這應該是表示瓦器之"陶"的一個異體字。

【易泉】《繫年》23 簡等所見"息"皆寫作"賽",可知《容成氏》的"民乃賽",讀作"民乃息",當是。息,有滋息、生長之意。典籍多見"息民"之舉,如《左傳·襄公九年》:"晉侯歸,謀所以息民。"上息民,民乃息,但民滋生壯大,開始露驕態,還須進行規範引導,所以才有設理官之舉。此爲子居釋文提供一新證據。

【按】◇賽:李零認爲"賽"義爲"爭利競勝";蘇建洲 E 認爲"賽"義爲"報神福";何有祖 A 把"賽"讀作"寒",認爲是"安"義;陳偉 D 把"賽"讀作"塞",亦認爲是"安"義;林素清 A 認爲是"實"之訛;子居、易泉釋"賽"讀"息";夏世華 B 釋"賽"讀"愸";劉信芳 C 釋"賓"。按:此字作 ▉ 形,與"賽"形接近但仍有差異;本篇簡 6 亦有此字,作"堯賤施而峕=(待時)▉",▉字由包山、郭店等簡的相關字形看,釋爲"賽"是沒有問題的。但這兩簡讀爲"賽"於簡文都很難讀通。林素清所言它是"實"字的一種訛混的寫法是可能的。上博七《吳命》簡 6:"▉(賽)在波濤之間。"從字形看,▉釋爲"賽"是毫無問題的,但"賽在波濤之間"也頗感不辭,如果把"賽"考慮成"實"的訛混之形,則"實在波濤之間"就比較通順了,"實在"這樣的句式古書多見。《說文》卷十下:"塞,實也。從心,塞省聲。《虞書》曰:'剛而塞。'"《尚書·皋陶謨》相應辭句作"剛而塞",《史記·夏本紀》作"剛而實"。《詩·邶風·燕燕》"其心塞淵"、《詩·鄘風·定之方中》"秉心塞淵"、《詩·大雅·常武》"王猶允塞",鄭箋多訓"塞"爲"充實"。"賽"和"實"在語音上也有關係,"賽"心紐職部,"實"船紐質部,職部與質部(或脂部)有關聯,如郭店《老子乙》簡 13"賽其事",今本作"濟其事",而"濟"即精紐脂部字,由《容成氏》看,"塞"和"實"似乎還有在字形上訛混的可能。如果我們的説法不誤的話,《容成氏》這兩支簡的"賽(實)"應該是"財物充實"之義。◇能:李零讀爲"態";孫飛燕 I 讀"怠"。按:孫説是,又可參簡 38+39"其驕【38】泰如是狀"之"驕泰"。◇埱:李零隸定爲"坴土"或"圥土";何琳儀隸爲"埱",魏宜輝 B 有補充,是。

簡 30

説明:本簡長 44.4 釐米,完簡。共 43 字。

拼合編聯:簡 30 與簡 16 編聯,從陳劍 A 説。他説:"'邔'讀爲'呂'。'六律六呂'即十二律呂,下文又言'五音','作爲六律六呂'與'辨爲五音'句式整齊。古書以'六律'與'五聲'或'五音'並舉習見。"可信。

釋文:

年而天下之人亡(無)訟獄者,天下大和鈞(均)。坴(舜)乃欲會天地之燹(氣)而聖(聽)甬(用)之,乃立數(質)呂(以)爲樂正。數(質)既受命,叏(作)爲六頪(律)六

集釋:

【李零 A】年而天下之人亡訟獄者。天下大和鈞(均),坴(舜)乃欲會天地之燹(氣)而聖(聽)甬(用)之,乃立𪏮呂爲樂正。𪏮既受命,叏(作)爲六頪(律)六

◇鈞,即"均"。"和均"見《逸周書・柔武》、《吕氏春秋・察傳》(《風俗通義・樂正后夔一足》引,今本脱"均"字)等書,乃和諧之義,並多與音樂有關。◇乃欲會天地之燹:"燹"即"氣"。29 簡"乃辨陰陽之氣"是強調律法之分,這裏的"乃欲會天地之氣"則是強調樂的合和之用。◇𪏮:其聲旁與 18 簡𪏮字的聲旁祇是繁簡不同,如何隸定還有爭論。此字與《包山楚簡》120 簡、《郭店楚墓竹簡・語叢四》8 簡"竊"字寫法相同。堯、舜樂正古書多作"夔",

唯《呂氏春秋·古樂》作"質",從讀音考慮,此字疑讀爲"質"("質"是端母質部字,"竊"是清母質部字,讀音相近)。◇六穎:即"六律","律、穎"音同互用(都是來母物部字)。下面的"六"字應接"呂"字。按:此下疑有脫簡。

【陳劍 A】年而天下之人無訟獄者,天下大和均。舜乃欲會天地之氣而聽用之,乃立質以爲樂正。質既受命,作爲六律六

【陳偉 A】◇契,此字的具體釋定還不能確知,但如原注釋所云,從多處辭例看,讀爲"竊"或與之通假的字,當無問題。"竊、契"古音韻部爲質月旁轉,或可通假。《說文》:"竊,盜自中出曰竊。從穴米,卨廿皆聲也。廿,古文疾。卨,偰字也。"《莊子·馬蹄》:"夫加之以衡扼,齊之以月題,而馬知介倪闉扼鷙曼詭銜竊轡。"陸德明《釋文》:"竊轡,齧轡也。"以上二例,可以作爲"竊、契"通假的輔證。按照這一線索,竹書所記也許是舜的另一位大臣——契(亦作"偰、卨")。在傳世古書中,契與禹、后稷、夔等人同事,如《大戴禮記·五帝德》記孔子述舜之事迹說:"使禹敷土,主名山川,以利於民;使后稷播種,務勤嘉穀,以作飲食;羲和掌麻,敬授民時;使益行火,以辟山萊;伯夷主禮,以節天下;夔作樂,以歌籥舞,和以鐘鼓;皋陶作士,忠信疏通,知民之情;契作司徒,教民孝友,敬政率經。"《史記·五帝本紀》談舜即位時事也說:"而禹、皋陶、契、后稷、伯夷、夔、龍、倕、益、彭祖自堯時而皆舉用,未有分職。"《容成氏》中提到的舜臣有禹、后稷、皋陶以及我們正在討論的竊。在傳世古書中,擔任樂正之職的是夔或者《呂氏春秋·古樂》所記的質;契的職位則是司徒。如非傳聞有異,那麼較有可能的是,竹書作者或抄手將樂正夔誤寫成時代相同、地位也大致相當的契。

【邱德修 A】𡘋當隸定作"𣪘",左上從"丵",下從"矢",右從"殳"作……《說文·丵部》:"丵,叢生艸也。象丵嶽相並出也。"《段注》:"謂此象形字也。'丵、嶽'疊韻。字或作'嶽嶘'。"……簡

文“穀”字正可與“嶘嶽”的“嶘”字相對應，其字左下從“矢”，應即“族”的異體字……與傳世文獻相對，應指“夔”而言，《説文·又部》：“夔，即魖也，如龍一足。”……則“夔”字又可名作“魖”，而“魖”字，朽居切，五部；“族”字，昨木切，三部。段氏之五部與三部，古合韻可通。據此可知，文獻上作“夔”若“魖”字，而簡文則作“穀”字。

【陳劍 B】年而天下之人無訟獄者，天下大和均。舜乃欲會天地之氣而聽用之，乃立質以爲樂正。質既受命，作爲六律六

　　◇質：陳偉提出的後一説應該是合乎事實的。無論是從文字釋讀還是從人物對應關係的角度來講，簡文“穀（竊）”都應該就是商契。“契”在《吕氏春秋·古樂》中作“質”，同類的例子如：古帝少暤之名，古書多作“摯”，亦作“質”（“摯、質”相通習見），如《逸周書·嘗麥》：“乃命少昊清司馬鳥師，以正五帝之官，故名曰質。”但也往往寫作“契”。《路史》（據《四庫全書》本）卷十六《後紀七》“小昊”條“于是興郊禪、崇五祀”注：“董氏錢譜引《世本》云：少昊，黄帝之子，名契，字青陽。黄帝殁，契立。王以金德，號曰金天氏。”又“小昊青陽氏……名質，是爲挈”注：“挈本作絜，乃契刻字。故《年代歷》云：少昊名絜，或云名契。”陳夢家曾主要據此及其他證據，主張少暤帝摯與商契實本當爲一人，得到楊寬、童書業等的極力贊同。此説雖然陳夢家後來似乎已經放棄，但直至今日仍在古史傳説的研究者中很有影響。現在我們看簡文，傳爲任樂正的“契”，因音近而也可以寫作“質”，但是由於傳聞異辭，大概後來“契”任司徒的説法逐漸佔了上風成爲主流，於是，保存在《吕氏春秋·古樂》中的樂正“質”最後不但跟“契”已經毫無關係，甚至還被懷疑爲是習見的樂正“夔”之誤了（《吕氏春秋·古樂》高誘注）。這種情況，是不是對少昊帝“質”跟商“契”本爲一人之分化的説法，多少能夠提供一些積極的支持或起到一定的印證作用呢？

【張通海 B】六頼：讀“律”無誤，“頼”讀“類”，“類”與“律”通。

《禮記·樂記》："律小大之稱。"《史記·樂書》"律"作"類"……《淮南子·泰族》："夔之初作樂也,皆合六律而調五音,以通八風。"

【王暉】◇斀:此字左"葵"右"攴","葵"可讀爲"夔"。"葵"古韻爲群母脂部,"夔"爲群母微部,二字可旁轉通用。

【按】◇斀:李零未隸定,但讀爲"質";陳偉 A 讀爲"契";邱德修 A 隸"斀"讀"夔";陳劍 B 認爲"質、契"本爲一人之分化;王暉認爲從"葵、攴"。此字雖然知道其音,但字形來源不明,很難隸定,此暫從施謝捷未刊稿《〈容成氏〉釋文》隸定爲"斀",從李零讀爲"質"。

簡 16

説明:本簡長 44.4 釐米,兩段綴合,上下端完整。上段長 15.3 釐米,下段長 29.1 釐米。共 43 字。

拼合編聯:簡 16 與簡 17 編聯,從李零説。

釋文:

邵(呂),攴(辨)爲五音,㠯(以)定男女之聖(聲)。豈(當)是時也,毆(癘)役(疫)不至,袄(妖)羕(祥)不行,柴(禍)才(災)迖(去)亡,肣(禽)戰(獸)肥大,卉(草)木晉長。昔者天地之差(佐)㝅(舜)而

集釋:

【李零 A】邨,攴(辨)爲五音,㠯定男女之聖(聲)。豈(當)是時也,毆(癘)役(疫)不至,袄(妖)羕(祥)不行,柴(禍)才(災)迖(去)亡,肣(禽)戰(獸)肥大,卉木晉(蓁)長。昔者天地之差(佐)㝅(舜)而

◇邨:上文不詳。◇㠯定男女之聖:"聖"即"聲"。古人認爲音樂有別男女之用,如《禮記·樂記》:"化不時則不生,男女無辨則亂升,天地之情也。及夫禮樂之極乎天而蟠乎地,行乎陰陽而通乎鬼神,窮高極遠而測深厚,樂著大始而禮居成物","律小大之

稱,比終始之序,以象事行,使親疏貴賤長幼男女之理皆形見於樂。"◇歐役:上字,楚簡或用爲"列",疑是古"烈"字。"烈山氏",古書亦作"厲山氏"。這裏讀爲"癘疫"或"痳疫"。　◇祅羕:即"妖祥",指各種怪異反常現象,如《左傳·宣公十五年》"地反物爲妖",《玉篇·示部》:"祥,似羊切,妖怪也。"《說文·示部》"祺"字段玉裁注:"祺,省作祅。經傳通作妖。""妖"作"祅",與簡文寫法同。　◇卉木:即"草木"。　◇晉長:即"蓁長",指生長茂盛。　◇差坴:即"佐舜",指幫助舜。

【陳劍 A】郱〈邵—吕〉,辨爲五音,以定男女之聲。當是時也,癘疫不至,妖祥不行,禍災去亡,禽獸肥大,草木晉長。昔者天地之佐舜而

◇"郱"是"邵"的誤字,"邵"讀爲"吕"。"六律六吕"即十二律吕。

【何琳儀】◇晉:《說文》:"晉,進也。日出而萬物進。從日,從臸。《易》曰,明出地上,晉。"

【孟蓬生】◇晉長:即"進長",同義複詞。古音"晉、進"聲通。《周易·晉卦》釋文:"晉,《象》曰:進也。"《文選·班固〈幽通賦〉》:"盍孟晉以迨群兮,辰倏忽其不再。"李善注引曹大家曰:"孟,勉也;晉,進也。"《尚書·禹貢》:"草木漸苞。"傳:"漸,進長也。"

【黄人二 A】◇羕:疑讀"殃",其於聲母韻部都與"羕"字較爲接近,且與"癘疫、禍災"對言。

【蘇建洲 E】此處"男女之聲"疑指六律所代表的陽及六吕所代表的陰二者合起來的"陰陽之聲"。黃老帛書《稱》曰"凡論必以陰陽□大義……男陽〔女陰,父〕陽〔子〕陽",即以男、女分屬陽、陰。另外,《周禮·春官·大師》:"大師:掌六律、六同,以合陰陽之聲。陽聲:黃鐘、大蔟、姑洗、蕤賓、夷則、無射;陰聲:大吕、應鐘、南吕、函鐘、小吕、夾鐘。皆文之以五聲:宮、商、角、徵、羽。"與簡文可參看。

【讀本】“劅”，李零以爲楚簡或用爲“列”，疑是古“烈”字……此説不知何據？字常見於《包山》……應從李運富隸作“劅”，釋爲“剡”（參《楚國簡帛文字構形系統研究》105～106 頁）……剡，古音有禪談、余談二音；“癘”，來紐月部。聲同爲舌音，韻部月談爲通轉，李家浩曾對此二韻部的通假關係加以論述（《容庚百年誕辰紀念文集》664～665 頁）。

【邱德修 A】即“郸”字而言，係“關”的異體字。

【張通海 A】黃氏以爲“羕”與“殃”聲母韻部俱近，但是没有説服力；“羕”與“祥”皆從“羊”得聲，“羕”讀“祥”毫無問題，且“妖祥”乃偏義複詞，偏在“妖”，故以釋“妖祥”爲佳。

【王輝 A】◇戱：此字應隸作“威”……甲骨文有 ◆ 字，于省吾隸作“威”，云：“◆ 字從火從戈，當即《説文》威之初文……其爲從火，戈聲……”包山簡、上博竹書“戱”字從“炎”，與從“火”同。聲旁爲“戈”，其中橫畫爲“戈”與“火”共用。越王句踐劍“郕”字偏旁作◆；“歲”字從二止，戈聲，陳璋壺作◆。◆、◆與楚簡書同，故“戱”釋威應無問題……在古文獻中，“威”與“列、厲”聲字通用。

【王暉】郸：此字本作左“邑”右“串”，“串”亦爲聲，可讀爲“管”。“六管”指六種管樂之器。

【徐衍】盠方彝……之“叚”字作 ◆ ……楚文字 ◆、◆、◆ 或許承襲 ◆ 形，省去爪形。《詩·大雅·思齊》：“烈假不瑕。”《正義》：鄭讀烈假爲厲瘕……“烈假不瑕”言厲蠱之疾已也，與簡文“戱◆不至”可以相互參照。◆ 或可隸作“遐”，“戱◆”可讀爲“厲瘕”……《容成氏》簡 3、郭店《五行》簡 45 之字可釋作“遐”，讀爲“徦”，《説文》：“徦，至也。”

【黃人二 C】此從邑、串聲之字，疑或可讀爲“管”；亦作“箮”，“箮”即“管”……古時以音律辨四方之風，是爲候氣……所以要用器物以爲辨音之標準，此器物便是簫一類的律管，傳説中，此物爲“舜”所造。

【按】◇邙:李零隸定作"邨",無説;陳劍 A 認爲"邨"爲"邙"之誤,讀爲"吕";王暉、黃人二 C 認爲從"邑、串",讀爲"管"。按:陳劍讀爲"吕"是正確的,但此字應該直接隸定爲"邙","吕"中間的一豎爲飾筆,與後世的"串"字無關。◇戾:李零疑古"烈"字,讀爲"癘"或"痾";《讀本》隸爲"剾",釋爲"剡",認爲通"癘";王輝 A 隸作"威",讀爲"癘"。按:此字字形來源還有待進一步研究,從多種古文字資料如今本《周易》"井洌"之"洌",上博三《周易》簡 45 正作👺看,它讀爲"癘"是没有問題的。◇役:李零隸作"役"讀爲"疫";徐衍釋爲"痕"。徐説誤,可參看本篇簡 3"役"字的按語。◇晉:李零讀爲"蓁";何琳儀、孟蓬生皆如字讀。如字讀是。◇羕:李零讀爲"祥";黃人二 A 讀爲"殃"。黃説誤,張通海 A 已駁之。

簡 17

説明:本簡長 44.7 釐米,完簡。共 45 字。

拼合編聯:簡 17 與簡 18 編聯,從李零説。

釋文:

右(佑)善,如是牆(狀)也。坴(舜)乃老,視不明,聖(聽)不聰(聰)。坴(舜)又(有)子七人,不吕(以)其子爲迿(後),見畾(禹)之叚(賢)也,而欲吕(以)爲迿(後)。畾(禹)乃五壤(讓)以天下之叚(賢)

集釋:

【李零 A】右(佑)善,女(如)是牆(狀)也。坴(舜)乃老,視不明,聖(聽)不聰(聰)。坴(舜)又(有)子七人,不吕亓子爲迿(後),見畾(禹)之叚(賢)也,而欲吕爲迿(後)。畾(禹)乃五壤(讓)以天下之叚(賢)

◇右善:即"佑善",幫助善人。◇牆:見《郭店楚墓竹簡·老子甲》第二十一簡和《五行》第三十六簡,在簡文中讀爲"狀"。以上是講舜。

【陳劍 A】佑善,如是狀也。舜乃老,視不明,聽不聰。舜有子七人,不以其子爲後,見禹之賢也,而欲以爲後。禹乃五讓以天下之賢

◇"昔者天地之佐舜而佑善,如是狀也",類似的説法又見後文簡 38、39"(桀)其驕泰如是狀"、簡 49"昔者文王之佐紂也,如是狀也"。

【安大】◇女是牆也:黃讀作"於是狀也"。

【鄧少平 A】有關舜任用百官的記載,同樣見於《尚書·堯典》和《大戴禮記·五帝德》。《尚書·堯典》:"帝曰:'……禹,汝平水土,惟時懋哉!'帝曰:'棄,黎民阻饑,汝后稷,播時百穀。'帝曰:'契,百姓不親,五品不遜。汝作司徒……'帝曰:'皋陶,蠻夷猾夏,寇賊奸宄。汝作士……'帝曰:'……垂,汝共工。'帝曰:'……益,汝作朕虞。'帝曰:'……伯,汝作秩宗……'帝曰:'夔!命汝典樂,教胄子,直而溫,寬而栗,剛而無虐,簡而無傲。詩言志,歌永言,聲依永,律和聲。八音克諧,無相奪倫,神人以和。'帝曰:'龍,……命汝作納言,夙夜出納朕命,惟允!'"《大戴禮記·五帝德》:"使禹敷土,主名山川,以利於民;使后稷播種,務勤嘉穀,以作飲食;羲、和掌曆,敬授民時;使益行火,以辟山萊;伯夷主禮,以節天下;夔作樂,以歌籥舞,和以鐘鼓;皋陶作士,忠信疏通,知民之情;契作司徒,教民孝友,敬政率經。"可以看出,舜設官分職以治理國家的説法至少在戰國時代是很流行的。以《容成氏》和《堯典》《五帝德》比較,《容成氏》只記載其中的四位(即禹、后稷、皋陶、質),這並非《容成氏》作者所知傳聞有異,而是爲表達他對職官產生和國家治理先後次序的理解做出的有意識的選擇。

【按】◇女是:李零讀爲"如是";黃德寬讀爲"於是"。李零説是正確的。

簡 18

説明：本簡長 44 釐米，完簡。共 44 字。

拼合編聯：簡 18 與簡 19 編聯，從李零説。

釋文：

者，不㝵（得）已，肰（然）句（後）敢受之。畬（禹）聖（聽）正（政）三年，不折（製）革，不釸（刃）金，不鉻（略）矢。田無剢（蔡），厇（宅）不工（空），閠（關）市無賦。畬（禹）乃因山陸（陵）坪（平）徟（隰）之可坓（封）邑

集釋：

【李零 A】者，不㝵（得）已，肰（然）句（後）敢受之。畬（禹）聖（聽）正（政）三年，不折（製）革，不釸（刃）金，不鉻（勢）矢，田無𝕎（蔡），厇（宅）不工（空），閠（關）市無賦。畬（禹）乃因山陸（陵）坪（平）徟（隰）之可坓（封）邑

◇肰句敢受之："句"讀"後"。此句以上是講舜。◇折革：即"製革"，指製甲衣。◇釸金：即"刃金"，指砥礪兵刃。◇鉻矢：即"勢矢"。《爾雅・釋詁下》："勢，利也。"字亦作"略"，《詩・周頌・載芟》："有略其耜，俶載南畝。"毛傳："略，利也。"這裏指使矢鏃鋒利。◇𝕎：左半所從與郭店楚簡釋爲"察、淺、竊"的字所從相同（其中釋爲"察、竊"的字也見於《包山楚簡》），右半從刀。此字的聲旁應如何隸定，還有待進一步討論，但從各有關辭例的讀法看，似是舌、齒音的月部或質部字。疑此字在這裏作荒廢之義講，或可讀爲"蔡"，指野草。◇坪徟：即"平隰"，指平坦低濕之地。

【陳劍 A】者，不得已，然後敢受之。禹聽政三年，不製革，不刃金，不略矢，田無蔡，宅不空，關市無賦。禹乃因山陵平隰之可邦邑

【蘇建洲 G】◇斲：字亦見於《容成氏》簡 21、《郭店・緇衣》簡 26……何琳儀以爲左旁從"專"，"顓"爲"專"之異文，而"顓"又與"制"可通假。建洲按：《包山》270"敦"作𮅬。又《璽彙》559 作𮣊，

其左旁朱德熙、李家浩釋爲"叀"。可見簡文左旁嚴格來説應從
"叀"。而"專"（章元）與"制"（章月）雙聲，韻部章月對轉，所以簡
文可讀作"制（製）"。

【讀本】《尸子·君治》提到周武王結束與商紂的戰爭之後，
"三革不累，五刃不砥"，可與簡文參看。

【蘇建洲 I】◇𢾭：𢾭形同𢾭（《窮達以時》1）的左旁……學者
以爲右上從"辛"（溪元）聲……𢾭左旁可目爲從"辛"，則字可隸作
"刊"。從"辛"聲（溪元），可讀作"萑"，匣紐元部。聲紐古同爲喉
音，韻部疊韻。《廣韻》："萑，萑葦，《易》亦作萑，俗作蕹。"《吕氏春
秋·士容論·任地》："后稷曰……子能使藋夷毋淫乎？"張雙棣以
爲"藋夷"即"萑荑"，這裏泛指田間雜草……則簡文"田無萑"即
"田無萑"，意即田裏無野草。

【邱德修 A】《説文·金部》："鉻，髠也。從金，各聲。"……
"鉻"字作"剔"解，古者矢鏃用模鑄造，造好後，必須剔除矢鏷邊毛
使之鋭利，即謂之"鉻"……"不鉻矢"即"不鉻箭"。

【王志平 B】◇𢾭：刈，象形。◇工：工……此讀爲本字。

【王輝 A】◇𢾭：𢾭字劉釗隸作"剢"……讀"剢"或"踐"（劉釗
《利用郭店楚簡字形考釋金文一例》，《古文字研究》24 輯），極是。
《説文》："踐，履也。""踐、履"義同，常連用。《詩·大雅·行葦》：
"敦彼行葦，牛羊勿踐履。""踐、履"常解作踏勘田地。散氏盤："用
矢剢（踐）散邑，迺即散用田眉（履）。"矢、散二國有土地糾紛，故使
卿大夫踏勘散田。古人爲了徵税，常須要踏勘田地……"田無
踐"，是説不踏勘田地，不取或少取税，致使百姓家宅存糧豐滿（不
空）。

【李天虹 B】𢾭可能是"刈"或"艾"字，在文中讀爲本字。甲骨
文"亏"（音掣）字作亏、亏、亏等形，或簡省作𠄌、十等形。裘錫圭
指出其形象一種刀類工具，並根據音義推測，"亏"應是"乂"字初
文；由簡寫的尤其是不帶"刀"形的簡寫的"亏"，很容易就會變成

小篆的"𢎨（乂）"。《説文》"乂"字或體作"刈"。《國語·齊語》韋注："刈，鎌也。"簡文 𢍞 左旁的下半，和"乂"相當接近，加上其上的一横，尚能看出"平"字初文的痕迹；右旁從"刀"，可組成《説文》的"刈"。這裏的關鍵是横劃上面多出了四豎筆。王國維首先指出"平"和《説文》"辛"古本一字……古文字"宰"，甲骨文作 𡩋 𡧛（《甲骨文編》第 317 頁）等形，從"辛"……曾侯乙墓竹簡中的"宰"，作 𡧀（簡 154）或 𡧀（簡 175），從"平"。又金文"宰"或作 𡩂 𡧛（《金文編》第 526 頁），所從"辛"字的上面多出了三到四筆豎劃，情形與簡文 𢍞 相同…… 𢍞 其實就可以釋爲"刈"。在傳世古書裏，"刈"可訓爲"治"。《詩·大雅·崧高》"王命召伯，徹申伯土田"，毛傳："徹，治也。"鄭箋："治者，正其井牧，定其賦税。"簡文"刈"正用此義。

【夏世華 B】工，疑讀爲"功"……"宅不功"可以指官長之宅不用下民以爲力役，恤民之勞而不擾農時。

【按】◇銘：李零讀爲"畧（略）"；邱德修 A 解"銘"爲"剔"。按：李説近是。◇𢍞：李零未隸定，讀爲"蔡"，認爲指"野草"；蘇建洲 I 隸定爲"剗"，讀作"萑"；王志平 B 釋爲"刈"；李天虹 B 亦釋爲"刈"或"艾"；王輝 A 隸作"劃"，讀爲"踐"。此字左旁與簡 30 𢍧 左旁來源相同，都很難隸定，這裏暫從施謝捷未刊稿《〈容成氏〉釋文》隸定爲"劃"，從文義和用字習慣看，𢍞 讀爲"蔡"更直接一些，此從李零説。◇工：李零讀爲"空"；王志平 B 讀爲"工"；夏世華 B 讀爲"功"。從文義看，李零的説法是正確的。◇折：李零隸爲"折"，讀爲"製"；蘇建洲 G 隸定作"斷"，讀爲"制（製）"。按：此字左旁的 𡆹 由甲骨文演變而來，象兩草折斷之形，不過甲骨文兩"草"間的"＝"，在楚簡中演變爲"日"而已，李零隸定是，蘇建洲 G 説誤。

簡 19

説明：本簡長 44.6 釐米，完簡。共 42 字。

拼合編聯:簡 19 與簡 20 編聯,從李零説。

釋文:

者而緐(繁)實之。乃因近吕(以)智(知)遠,达(去)蟲(苛)而行柬(簡)。因民之欲,會天地之利。夫是吕(以)逮(近)者敓(悦)絹(怡),而遠者自至。四海(海)之内坴(及),

集釋:

【李零 A】者而緐(繁)實之。乃因迡(?)以智(知)遠,达(去)蟲(苛)而行柬(簡),因民之欲,會天地之利夫,是吕逮(近)者敓(悦)絹(治),而遠者自至,四海(海)之内坴(及)

◇緐實之:即"繁實之",指移殖人口以充實之。◇迡(?):與下文"遠"字相對,從文義看,似是"近"之義,但其聲旁與"近、迡"都不太一樣。◇蟲:即"苛",與"簡"相反,是煩瑣之義。◇逮:即"近"。◇坴:即"及",有來至之義,指來朝覲。

【陳劍 A】者而繁實之,乃因迡以知遠,去苛而行簡,因民之欲,會天地之利,夫是以□者悦治(怡?),而遠者自至。四海之内及,

【蘇建洲 A】◇虝:虝確與"尒"或"近"不似。前者可見《郭店》3.3、3.16 等,還有一形見於《昔者君老》簡 4,上端的"八"形省簡,豎筆的橫畫則加以延長,又見於《璽彙》3713,乃楚璽。但皆與虝不類。虝的形體似與"役"類似,只是省掉"又"旁而已。或可讀作"因疏以知遠","疏"(山魚)、"殳"(禪侯),聲舌齒鄰紐;韻可旁轉……"禹乃因山陵平隰之可邦邑者而繁實之,乃因虝以知遠"應可理解爲禹浚川之後,九州之民可以安處於山陵平隰之地,這時國家疆域的遠近廣長之數也才確定下來。◇蟲:本簡及簡 33 的"苛",下均從二"虫",若把它當作聲符,則似乎應讀作"昆"。"苛",匣紐歌部;"可",見紐歌部;"昆",見紐文部,聲韻俱近。若釋爲"虫(蟲)",定紐冬部,則聲韻俱遠。

【邱德修 A】絹……借作"治"用……必須先言"四海之内及四

海之外”，然後用動詞“皆”字表達，語義始足……“及四海之外”，謂和所有的海外的（異族）。

【陳劍 B】者而繁實之。乃因迡（?）以知遠，去苛而行簡。因民之欲，會天地之利。夫是以近（?）者悅絀，而遠者自至。四海之內及，

【張通海 A】◇ 🔣：此字字形與上博《緇衣》簡 8 相較，唯少一“虫”字而已，《緇衣》原考釋者釋爲“從”，此暫從李釋。

【王志平 B】《大戴禮記·四代》：“昔者先王之所以爲天下也，小以及大，近以知遠。”《考工記·玉人》“琰圭九寸，判規以除慝，以易行”，注：“諸侯有爲不義，使者征之，執以爲瑞節也。除慝誅惡，逆也。易行，去煩苛。”

【李承律】◇ 🔣 是“迡”的異體字，《玉篇》：“迡，近也。” ◇ 🔣 應隸定爲“遞”。弟，定母脂字；暱，泥母質部，音近可通，《爾雅·釋詁》：“暱，近也。”

【周波 B】🔣 字是作三筆書寫而成的，而上面所舉的 🔣，所從之“尔”則是作五筆書寫的……🔣、“尔”兩字從形體到筆劃都不同，不可能是同一字……🔣 就是楚文字常見的 🔣 字的變體……🔣 字從“辵”從 🔣，就是楚文字常見的“迡”字……只是本來要寫墨團的那一筆因書寫疾速而與“止”的右上一筆相連，因而此筆不像墨團而像一個斜豎筆……《玉篇·辵部》：“迡，近也。”……《容成氏》簡 19 的“迡”字與“遠”相對爲文，當指距離遠近之近……《爾雅·釋詁》郭璞注引《尸子》佚文云：“悅尼而來遠。”此句可與下列文獻相參看，《論語·子路》：“葉公問政。子曰：‘近者悅，遠者來。’”《韓非子·難三》：“葉公子高問於仲尼。仲尼曰：‘政在悅近而來遠。’”《孔子家語·辨政》亦作“政在悅近而來遠”。

【張通海 C】“夫”在這裏是發語詞，引起議論。

【蘇建洲 L】《上博一·性情論》02“近”作：🔣 去掉下面的“止”旁後，便與 🔣 的偏旁 🔣 極爲接近。唯一差別是 🔣 的左筆作直

筆,不作折筆,與“斤”稍有不同,但這樣的寫法也可以找到例證: 、(“所”,《鬼神之明》5)(“所”,《三德》6)而祇要書寫時, 將左邊直筆下端稍往右收筆,便與同形了。換言之,與其釋爲 字的變體,倒不如釋爲“斤”的更爲吻合。簡文可直接讀爲“乃 因‘近’以知遠”。

【按】◇:李零疑爲“迚”;蘇建洲 A 認爲字形與“役”相似, 讀爲“疏”;李承律釋爲“迡”;周波 B 亦釋爲“迡”;蘇建洲 L 釋爲 “近”。按:從此字與“遠”對文來看,肯定是“近”義,把此字形與楚 簡的“迚”(如上博一《緇衣》簡 22 的)相比,可以看出兩者筆勢 非常相似,而與“役、尼”的筆勢不類。故此字還應爲“迚”的一種 訛變的寫法。又,據新公布的清華五《厚父》簡 7“廼弗愸(慎)厥 德”,“愸”字作形,可知所從確爲“斤”,其字應釋爲“近”,蘇 建洲 L 的説法是正確的①。◇:李零隸定爲“建”,釋爲“近”;李 承律釋爲“遞”。我們把此字的摹本揭於下:。這樣就可以看 出,此字右上雖已與“升”旁混同,但從右中的看,則應是 “聿”,李零的隸定和釋讀是正確的。◇:李零、邱德修 A 讀爲 “治”;陳劍 A 讀爲“怡”。按:陳劍 A 的説法是正確的,“悦怡”一 詞古書常見。

簡 20

説明:本簡長 44.5 釐米,完簡。共 42 字。

拼合編聯:簡 20 與簡 21 編聯,從李零説。

釋文:

四沰(海)之外皆青(請)杠(貢)。噩(禹)肰(然)句(後)旨 (始)爲之虗(號)罜(旗),㠯(以)攴(辨)亓(其)凥(左)右,思(使) 民毋憲(惑)。東方之罜(旗)㠯(以)日,西方之罜(旗)㠯(以)月,

---

①　參看蘇建洲《〈上博二·容成氏〉簡 19“近”字補證》,簡帛網 2015 年 4 月 21 日,http://www.bsm.org.cn/show_article.php? id=2217。

南方之旂(旗)呂(以)它(蛇),

集釋:

【李零 A】四海(海)之外皆青(請)杠(貢)。墨(禹)肰(然)句(後)訂(始)爲之虗(號)旂(旗),呂支(辨)亓右(左)右,思民毋惡(惑)。東方之旂(旗)呂日,西方之旂(旗)呂月,南方之旂(旗)呂它(蛇),

◇青杠:即"請貢",指請求朝貢。◇虗:在簡文中有三種用法:一種作"乎",一種作"號",一種作"虐",這裏當讀爲"號"。古人圖繪羣物於旌旗,作爲徽號,是爲"號旗"。◇東方之旂呂日:"旂"即"旗"。古人朝日於東,故東方之旗以日。◇西方之旂呂月:古人夕月於西,故西方之旗以月。按:古人於春分祭日於東門之外,秋分祭月於西門之外,叫"朝日夕月"(如《國語・周語上》)。其禮相沿至清,如北京的日壇和月壇就在城之東西。◇南方之旂呂它:"它"即"蛇",蛇於十二屬當巳位,在南,蕭吉《五行大義・論禽蟲》:"《式經》云:'巳有騰蛇之將,因而配之。蛇,陽也,本在南……'"

【陳劍 A】四海之外皆請貢。禹然後始爲之號旗,以辨其左右,思民毋惑。東方之旗以日,西方之旗以月,南方之旗以蛇,

【孟蓬生】◇思:據三簡(辰按:指簡 20、44、49)文義歸納,"思"當讀爲"使"。古音"思"爲心母之部,"使"爲山母之部。心、山古音每相通,今人多以爲當合爲一音。如"生"與"姓"、"辛"與"莘"、"相"與"霜"等皆是。

【邱德修 A】思,動詞,借作"使"用。"思",息茲切,一部;"使",疏士切,一部,二部疊韻,可以互借。

【晏昌貴 B】◇"思"亦可讀爲"司",《釋名・釋言語》:"思,司也。"◇我們懷疑簡文的五方號旗亦與古代民族的圖騰信仰有關,古史傳說黃帝號有熊氏,是以熊爲圖騰,而黃帝在五方帝中位處正中,這當是中正之旗以熊的來歷。同樣,南方民族信奉蛇,以蛇

爲圖騰,故南方之旗以蛇。我國古代信奉鳥圖騰的民族多來自北方或東北,如商族,《詩·商頌·玄鳥》“天命玄鳥,降而生商”,所以北方之旗以鳥……禹建號旗的意義有二:一爲別尊卑等級,二爲按地域劃分不同的族群。◇四海之内及四海之外皆請貢:此“及”亦可當連詞,意爲與,《漢書·佞幸傳》“李延年,中山人,身及父母兄弟皆故倡也”亦爲“及……皆”句式,是古有此句法。古人將“九州”或中國稱爲“四海之内”,將“四表”或蠻夷稱爲“四海之外”,這種地理觀念在《山海經》中表現得最爲明顯。

【張通海 B】東方之羿以日:“旗”以“亓”爲聲符,以“羽”爲意符,相同字形亦見於《郭·成之聞之》三十和《尊德義》二。

【李承律】《孔子家語·賢君》:“吾欲使民毋惑……爲之奈何?”

【王暉】此“思”應爲“斯”的借字,相當於連詞“則”。

【按】◇思:孟蓬生、邱德修 A 讀爲“使”;晏昌貴 B 讀爲“司”;王暉讀爲“斯”。孟蓬生説甚確,關於“思”可讀爲“使”的問題,後來有幾位學者做進一步論證[①],現已爲學術界公認,此不贅。

簡 21

説明:本簡長 44.6 釐米,完簡。共 40 字。

拼合編聯:簡 21 與簡 22 可排在一起,是李零的意見。不過我們這裏把簡 21 與簡 22 直接編聯,是依白于藍 A 説。

釋文:

审(中)正之羿(旗)呂(以)澳(熊),北方之羿(旗)呂(以)鳥。

---

① 陳斯鵬《論周原甲骨和楚系簡帛中的“囟”與“思”——兼論卜辭命辭的性質》,《第四屆國際中國古文字學研討會論文集》,香港中文大學 2003 年,第 393~413 頁;又《文史》2006 年第 1 輯,第 5~20 頁;沈培《周原甲骨文裏的“囟”和楚墓竹簡裏的“囟”或“思”》,《漢字研究》第一輯,學苑出版社 2005 年,第 345~366 頁。

壓（禹）肰（然）句（後）訇（始）行吕（以）曾（僉），衣不裂（襲）娩（美），飤（食）不童（重）昧（味），朝不車逆，穜（舂）不糧（糳）米，盠（戴）不折骨，裂（製）

集釋：

【李零 A】审（中）正之罙（旗）吕澳（熊），北方之罙（旗）吕鳥。壓（禹）肰（然）句（後）訇（始）行吕曾（僉）：衣不裂（鮮）娩（美），飤（食）不童（重）昧（味），朝不車逆，穜（舂）不糧（糳）米，盠（宰）不折骨，裂

◇审正之罙吕澳："审"即"中"。澳，從讀音和文義看，似應讀爲"熊"（"熊"是匣母蒸部字，"澳"從"興"，當是曉母蒸部字，讀音相近）。古四象、十二屬、三十六禽俱無熊，但《周禮·春官·司常》所述"九旗"，其中有熊虎。◇北方之罙吕鳥：古四象有"朱鳥"，亦名"朱雀"，在南方，與此不同。按：《周禮·春官·司常》"九旗"有類似號旗，如"日月爲常，交龍爲旂……熊虎爲旗，鳥隼爲旟，龜蛇爲旐……"◇裂：即"襲"字，疑讀爲"鮮"（"鮮"是心母元部字，"襲"是心母月部字，讀音相近）。"鮮美"是色彩豔麗之義。◇童昧：即"重味"，指多種滋味。《文子·上仁》："國有饑者，食不重味；民有寒者，冬不被裘。"◇朝不車逆：會見賓客不以車迎。參看《周禮·秋官·司儀》。◇糧米："糧"即"糳"。《説文·糳部》："糳，糙米一斛舂爲九斗也。"是一種精米。◇盠不折骨：盠，從"采"聲，疑讀爲"宰"（"采"是清母之部字，"宰"是精母之部字，讀音相近），指殺牲。折骨，是節解的牲肉。參看凌廷堪《禮經釋例·儀禮釋牲上》。◇裂：睡虎地秦簡《日書》用爲"製衣"之"製"，參看陳振裕、劉信芳《睡虎地秦簡文字編》第 159 頁。下有脱簡，疑接"不□□"，如同上面五句。

【陳劍 A】中正之旗以熊，北方之旗以鳥。禹然後始行以僉：衣不鮮美，食不重味，朝不車逆，舂不糳米，饗（?）不折骨。製

【孟蓬生】◇裂："裂"當爲"褻"字之誤，"埶"與"執"形近易混，

直到楷書階段仍然如此。《容成氏》簡 14："舜於是乎始免藝斸耨鏂。"整理者云："藝疑與藝字形近混用。"與此簡可互證。《說文》："褻，重衣也。從衣，執聲。巴郡有褻江縣。"段注："凡古云衣一襲者，皆一褻之假借。褻讀如重疊之疊。"又云："水如衣之重複然，故以褻江名縣。"《史記·吳太伯世家》："衣不重采，食不重味。"《漢書·高祖本紀》："衣不兼采，食不重味。"《梁書·周捨傳》："食不重味，身靡兼衣。"

【黃人二 A】◇會：整理者讀末字爲"儉"，然郭店簡《尊德義》簡 14 別有"儉"字，周鳳五有詳考（《郭店楚簡識字札記》，《張以仁先生七秩壽慶論文集》第 359 頁），可參看。此處應讀同簡 35"厚施而薄斂"之"斂"，兩字字形相同。

【蘇建洲 F】◇盬：由筆劃看來，上似從"采"。但由《左傳·宣公十六年》"王享（饗）有體薦，宴有折俎"來看，似應釋"饗"。但"采"，清紐之部；"饗"，曉紐陽部，聲韻均有距離。《國語·晉語四》"君其饗之"，注："饗，食也。"……則本簡的"盬"似亦可讀作與"饗"義近的"食"（船職）。聲紐舌齒鄰紐，韻部則之、職陰入對轉。但考慮到簡文前面"食不重味"已出現過"食"，此處似從整理者讀作"宰"較好。◇折骨：《左傳·哀公二年》："敢告無絕筋，無折骨，無面傷，以集大事，無作三祖羞。"……此"折骨"應爲"斷骨"之意，但於簡文中不適用。《左傳·宣公十六年》："原襄公相禮。殽烝。武季私問其故。王聞之，召武子曰：季氏！而弗聞乎？王享有體薦，宴有折俎。公當享，卿當宴。王室之禮也。"……楊伯峻曰："古代祭祀、宴會，殺牲以置於俎（載牲之器）曰烝……若將半個牲體置於俎，曰房烝，亦曰體薦。若節解其牲體，連肉帶骨置之於俎，則曰殽烝，亦曰折俎……因折斷其骨節而後置之俎上，故亦曰折俎。享即饗，享與宴有時義同，此則意義有別。享有體薦者，徒具形式，而賓主並不飲食之……宴則以折俎，相與共食也。"……可見簡文"折骨"可能相當於"折俎、殽烝"。綜合以上，簡文讀作

“宰不折骨”相當於《左傳》的“享（饗）有體薦”。宰殺牲體時，不節解其骨、肉，所以不能食用，比喻節儉之意。與簡文“禹然後始行以儉”相呼應。

【蘇建洲 G】◇中正之旗以熊：《國語・吳語》：“王親秉鉞，載白旗以中陣而立。”韋昭注：“熊虎爲旗。此王所帥中軍。”

【張新俊 A】◇𩱿：上博簡《容成氏》第 21 號簡……𩱿……我們認爲它應該隸定作“𩱿”……上博簡（三）……《周易》第 21 號簡有……勿藥又（有）菜……與簡文“勿樂又（有）菜”相對應的馬王堆帛書《周易》作“勿樂有喜”，今本則作“勿藥有喜”。簡文中的“菜”字，是帛書本、今本“喜”字的同音假借字……既然“喜”可以和“菜”相通，“饎”從“喜”得聲，“菜”又從“采”得聲，“采”也可以讀作“饎”……《爾雅・釋訓》釋文引《字林》云：“饎，熟食也。”

【襧健聰】◇𩱿：《曹沫之陳》的字其實已經見於春秋金文：𩱿郘王糧鼎（集成 2675）、𩱿庚兒鼎（集成 2715）……按：此字當分析爲從“鬻、采”，“采”亦聲……此字應該是一個表示烹煮的動詞，而且與“菜”有關。此字就是《説文》艸部下的“葷”字。“葷”從“宰”聲，“鬻”從“采”聲，“宰、采”二字古音相近，當可相通。《説文》：“葷，羹菜也。從艸、宰聲。”……段玉裁《説文解字注》：“謂取菜羹之也。《集韻》有㷟字，烹也，即此字。”可見“葷（㷟）、鬻”二字音義均通，應該是一組異體字（或者也是古今字）……《曹沫之陳》的“食不二葷”，就是每餐不作兩次烹煮，也就是每餐只烹煮一次（一樣菜式），也略相當於“食無二味（肴）”。

【讀本】《周禮・秋官・司儀》：“主君郊勞，交擯，三辭；車逆，拜辱……”鄭玄注引鄭司農説：“車逆，主人以車迎賓於館也。”

【陳偉武】所謂“昧”字……當是從“甘”，“未”聲，實爲口味之專用字。

【晏昌貴 B】《説苑・反質》：“禽滑釐問於墨子曰：‘錦繡絺紵，將安用之？’墨子曰：‘惡！是非吾用務也。古有無文者得之矣，夏禹是也。'"可與簡文參照。

【王志平 B】◇禹然後始行以儉，衣不褻美，食不重味，朝不車逆：類似語見《呂氏春秋·去私》："黃帝言曰：聲禁重，色禁重，香禁重，味禁重，室禁重。"《太平御覽》卷三八引劉向《列女傳》："昔者堯、舜、桀、紂俱爲天子，堯、舜安於節儉，茅茨不剪，採椽不斲，後宫衣不曳地，食不重味。至今數千歲，天下歸善。"◇穜（舂）不毇米，宰不折骨：《淮南子·主術》："於是堯乃身服節儉之行，而明相愛之仁，以和輯之。是故茅茨不翦，採椽不斲，大路不畫，越席不緣，大羹不和，粢飯不毇。巡狩行教，勤勞天下，周流五嶽。"

【陳斯鵬 B】◇"埶、執"形近（实际上音亦相涉），故二系列的字或相通混。如《國語·楚語上》："倚几有誦訓之諫，居寢有褻御之箴。"《舊音》"褻"作"埶"……故此處（辰按：指《曹沫之陳》簡 11 上）"褻"字實際上很可能用爲"埶"。埶，經籍通作"襲"，本指重衣，引申爲凡重之稱。"居不襲文"言其居處不求文飾繁複。《史記·越王句踐世家》："食不加肉，衣不重采。"《魏書》卷四下："衣無兼綵。"《後漢書·文苑列傳》："食不二味，衣無異采。""綵、采"猶"文"也，"重、兼"猶"襲"也。又上博竹書《容成氏》21 言"衣不褻娧（美）"，"褻"亦可讀"襲"，"襲美"與"襲文、重采、兼綵"，義並近同。《呂氏春秋·順民》："味禁珍，衣禁襲，色禁二。"亦可參證。◇"莘"卻別是一字，《説文》明訓爲"羹菜"，即做成羹狀之菜（素菜），爲名詞……然"莘"僅指菜羹，不可代表所烹之全部，似當有相應的表示肉羹之字；循音以求，則"胾"字或可當之。疑"烹、莘、胾"出自同一語源。考慮到古書類似結構中"二、重"所修飾者均爲名詞，本簡"烹"字似以讀作"莘"或"胾"更爲順適。又考慮到讀"胾"有很多文獻資料可作比證……以君王之身而每餐用一素菜，也似乎太遠情理，所以讀"胾"應該是最爲可取的。

【顏世鉉 B】"褻"……爲"埶"之訛。"埶"讀爲"襲"，朱駿聲《説文通訓定聲》"埶"字云："《漢書·敘傳》'思有短褐之褻'，經傳

‘裼襲、掩襲’皆以襲爲之。”《曹沫之陳》“襲”、《容成氏》“襲美”，當讀爲“襲文、襲美”，二者意義相近，都指衣著華美。《吕氏春秋·去私》：“黄帝言曰：‘聲禁重，色禁重，衣禁重，香禁重，味禁重，室禁重。’”王利器《吕氏春秋注疏》云：“本書《順民》篇：‘味禁珍，衣禁襲，色禁二。’此分别言之耳，若統言之，則俱謂重也，故高注謂：‘襲，重也。’”……“衣禁重”猶“衣禁襲”，指衣服不用華美多樣之文彩。《荀子·正論》：“衣被則服五采，雜間色，重文繡。”《列女傳》卷六：“後宫衣不重采，食不重味。”

【牛新房 A】從上下文看，此字讀爲“襲”，指重衣，與文意明顯不符，“裻娩”應與下文的“重味”同類，修飾穿衣，以聲韻求之，似應讀爲“疊文”。《吴越春秋·勾踐歸國》：“吴王聞越王盡心自守，食不重味，衣不重彩。”《前漢紀·高祖皇帝紀》：“衣不兼彩，食不重味，專以赴人之急。”《列女傳》：“後宫衣不重采，食不重味。”“疊”與“重、兼”同意（從白于藍説）。

【陳劍 C】◇顔世鉉從廖名春之説以“襲”爲“褺”之訛，再讀爲“襲”，似不必。從“執”之字與從“執”之字確實多有訛混，但這恐怕得到隸變階段才會發生。戰國文字裏“執”旁和“執”旁的寫法差别還是頗大的，簡文兩“襲”字……似可直接讀爲“襲”。從“執”（月部）聲的“爇”與從“内”聲的“炳”實爲一字，“内、入”一字分化，“入”和“襲”都是緝部字。戰國齊金文陳侯四器的“世”（月部）作“丗”，加注“立”（緝部）聲……凡此均可見“襲”與“襲”有相通之理。◇釋金文“鬻”字爲“羹”之説出自楊樹達（辰按：指《䢼王糧鼎跋》《䢼王糧鼎再跋》）。我認爲此説是正確的……庚兒鼎“用征用行，用和用鬻，眉壽無疆”，三句末字中“鬻”處於“行”與“疆”之間。根據同類金文的通例可知“鬻”字當與“行、疆”押韻，應是一個陽部字，而“羹”字古音正在陽部……《三德》“身且有病，惡盃與食”……將“盃”（辰按：陳劍認爲“鬻”與“盃”爲一字）直接釋爲今天所説飯菜的“菜”，其實與“菜”的古義不合……正如有研究者所總結的:"'菜'本指野菜,爲可食野菜的總稱……上古富家貴族宴饗時菜不上席……'菜'字大約到漢代,可兼圃蔬與野菜而言。"……《三德》的"惡羹與食","食"與"羹"對舉。在先秦時期,與今語"菜"相對的"飯"或"主食"相當的詞,在"飯"出現並廣泛使用之前,正是"食"。跟今語作爲佐食菜肴泛稱的"菜"相當的詞,用得最爲廣泛普遍的,正是"羹"……《曹沫之陳》的"食不貳鬵",亦即"食不二羹",與"食不重味"都指每餐祇喫一樣菜……(《禮記·內則》)"不貳羹胾"、(《墨子·節用中》)"羹胾不重"的説法,可以作爲簡文"食不貳鬵"之"鬵"當釋爲"羹"的佳證……《容成氏》"鬵不折骨"之"鬵"跟"舂不毇米"之"舂"對言,與春秋金文兩例"用和用鬻"(庚兒鼎)、"用鬻魚腊"(徐王糧鼎)的"鬻"字一樣,都是動詞。"羹"作動詞,意爲"作羹、烹煮……爲羹",古書和出土文獻中亦不乏其例。簡文"舂不毇米"與"羹不折骨"爲一組,實際上也是前文所講"食/飯"與"羹(菜)"對舉的關係……《玉篇·鬻部》:"鬻(羹),煮也。"馬王堆帛書《五十二病方》第 188 行:"銎(?)陽□,羹之。"……簡文"折骨"與下引"折金"的説法最爲接近:《墨子·耕柱》:"昔者夏后開使蜚廉折金於山川,而陶鑄之於昆吾。"……將金屬礦物從山中挑摘出稱爲"折金",那麽,將骨頭從肉中挑摘出可以説爲"折骨",也就是很自然的事了……這類意義較特殊的"折"用於肉説"折骨"時,就應該理解爲將肉中的骨頭摘(音他歷切)去、剔除。如果"羹不折骨"即作肉羹時不剔除骨頭,當然就是節儉的表現了。

【白于藍 D】"褻"似當讀作"疊",訓爲"重"。

【白于藍 E】"媺"字似當讀作"文",訓爲"彩"。"媺"即"嫩",亦爲"美"字異構。上古音"微、溦、薇"等字爲明母微部字,"文"爲明母文部字。聲母雙聲,韻則對轉,例可互通……"疊、重、兼"三字字義相通。《玉篇·畕部》:"疊,重也。累也"……典籍中"文"可訓彩……故"衣不褻(疊)媺(文)"即"衣不兼(或重)采(或綵、彩)”。

　　【夏世華 B】澳，疑讀爲“龍”……“熊”與“龍”上古時期音同。

　　【按】◇澳:李零讀爲“熊”;夏世華 B 讀“龍”。按:暫從李説。
◇嗇:李零讀爲“儉”;黄人二 A 讀爲“斂”。黄於文義無説,誤。
◇褻:李零讀爲“鮮”;孟蓬生認爲是“褻”字之誤,是“重衣”的意
思;陳斯鵬 B、顔世鉉 B 亦認爲是“褻”之訛,讀爲“襲”;陳劍 C 則
直接讀爲“襲”;牛新房引白于藍説(又見白于藍 D、白于藍 E)把
“褻妴”讀爲“疊文”。按:同簡文相近的話又見於上博四《曹沫之
陳》簡 11 上“居不褻文”,這兩個“褻(襲)”或和“文”義近,大概是
華美之意,但“襲”的這種詞義典籍似未見;陳劍 C 讀爲“襲”,亦
有可能,暫從之。諸家已引《吕氏春秋·順民》:“味禁珍,衣禁襲,
色禁二。”◇盥:李零隸爲“繼”,讀爲“宰”;張新俊隸定爲“盥”,讀
爲“饎”;禤健聰隸定爲“鬻”,讀爲“莘(烹)”;陳斯鵬 B 讀爲“薉”;
陳劍 C 亦隸定爲“盥”,讀爲“羹”。按:相近的話又見於上博四
《曹沫之陳》簡 11 上“食不貳盥”①,此字在金文中也多見,或從
“鬲”作“鬻”,相關辭例可參看陳劍 C 一文。《曹沫之陳》中那個
字的隸定和釋讀我們曾認爲張新俊的説法是有可能的,李零、禤
健聰的説法不合語法,這裏就不再多説②。陳劍 C 釋爲“羹”是一
個新的説法,但仍有問題:(1)上博五《三德》簡 13“惡盂(菜)與
食”、上博六《平王與王子木》簡 3“酪盂(菜)不酸”的“盂(菜)”應
爲“蔬菜、野菜”之義(不是菜肴之義),與“鬻、盥”在意義上不同,
直接讀爲“菜”即可,陳劍 C 把它們擬讀爲“饎”,理解爲“菜肴”,
並由此而引發一些反駁,可能是不成立的。(2)陳劍 C 所言的
“折骨”的含義也是有問題的(詳下),且“肉羹”一般來説都是碎肉
多湯多汁的食品,《禮記·禮器》“大羹不和”,孔疏:“大羹,肉汁
也。”《儀禮·公食大夫禮》“賓三飯以涪醬”,鄭注:“每飯,歠涪,以

肴擩醬,食正饌也。"孔疏:"但湇言啜,淡故也。""湇"即羹汁,言啜者必爲流食。如果是帶着大塊骨頭的食品恐怕是不能稱爲"羹"的。(3)陳劍 C 所引《庚兒鼎》"用征用行,用和用鬻,眉壽無疆",由此認爲"鬻"也是陽部,這不是有力的證據,金文完全可以不用句句押韻的。(4)從"鬻"諸字皆以"鬻"中之形爲聲,從"采"從"鬻"之字也不能例外,應以"采"爲聲。因此陳劍 C 説也難以令人信從。本書初稿認爲張新俊的説法不失爲一種較合理的意見,並提到:但要注意的是,典籍和金文中"饎(鬻/盥)"所加者,都是稻粱、黍稷(吳振武言),並非肉類。不過在典籍中,"烹、煮"之類的詞都既可以加於"稻粱、黍稷",也可以加於肉類,那麼,"饎(鬻/盥)"會不會也是這樣呢? 這個問題還需要新材料來進一步證實。後來考慮,陳斯鵬 B 讀"盥"爲"裁"要勝於張新俊説。"采"清紐之部,"裁"從"才"得聲,莊紐之部,二者古音近。《墨子·節用中》:"黍稷不二,羹裁不重,飲〈飯〉於土塯,啜於土形,斗以酌。"《説文》:"裁,大臠也。"《一切經音義》卷十二:"切肉大者爲裁,裁小者曰臠。"《禮記·曲禮上》"左殽右裁",鄭注:"殽,骨體也。裁,切肉也……殽在俎,肉在豆。"又,清華三《赤鵠之集湯之屋》:"曰古有赤鵠,集于湯之屋,湯射之,獲之,乃命小臣曰:'旨弳之,我其竆之。'湯往□。【1】小臣既弳之,湯后妻紝宍謂小臣曰:'嘗我於爾弳。'""弳"與"盥"爲一字,或據《楚辭·天問》"緣鵠飾玉,后帝是享",王逸注:"后帝謂殷湯也,言伊尹始仕,因緣烹鵠鳥之羹,修飾玉鼎,以事於湯,湯賢之,遂以爲相也。"認爲這是"弳"讀爲"羹"之證①。但《赤鵠之集湯之屋》是否與《天問》所言全爲一事,"鵠"一定是"鵠"否,"弳"一定是"羹"否,都還有待進一步觀察,很可能是不一樣的。◇折骨,李零認爲是"節解的牲肉";蘇建洲 F 認爲是"折俎、殽烝"的意思;陳劍 C 認爲是"將肉中的骨頭摘去、剔

---

① 清華大學出土文獻研究與保護中心編《清華大學藏戰國竹簡(叁)》,中西書局 2012 年,第 168 頁。

除"的意思。按:後二説皆有問題,蘇建洲 F 認爲的"折俎、殽烝"
是特有名詞,與此處做動詞詞組的"折骨"並不一樣,且"折骨"與
"折俎"也不能牽合;陳劍 C 引典籍中的"折金",與本篇的"折骨"
並不是一回事,不能混淆,"折骨"在典籍中並没有"將肉中的骨頭
摘去、剔除"之義。我們認爲李零所釋之意大致可從,"盬(戴)不折
骨"的意思是説:"做肉食的時候,連骨頭都不砍斷。"以此喻禹烹飪
方法之苟省。

簡 22

説明:本簡長 44.1 釐米,完簡。共 39 字。

拼合編聯:簡 22 與簡 33 下可排在一起,從陳劍 A 説。從文
義看,簡 22 與簡 33 下之間除殘缺了簡 33 下前面簡首的數個文
字外,很可能還佚失了一支整簡。

釋文:

表(服)皷(皮)専(附)。噩(禹)乃書(建)鼓於廷,㠯(以)爲民
之又(有)詻〈訟〉告者皐(鼓)安(焉)。毄(擊)鼓,噩(禹)必速出,
各(冬)不敢㠯(以)寒訇(辭),顕(夏)不敢㠯(以)屠(暑)訇(辭)。
身言☐☐☐☐

集釋:

【李零 A】表皷専。噩(禹)乃書(建)鼓於廷,㠯爲民之又(有)
詻(訟)告者皐(鼓)焉。敪(撞)鼓,噩(禹)必速出,各(冬)不敢㠯
蒼訇(辭),顕(夏)不敢㠯屠(暑)訇(辭)。身言

◇表皷専:應連上讀,含義不詳。◇詻:是"訟"的異體字。◇
蒼:楚簡多用"蒼、倉"爲"寒",蓋形近混用。如郭店楚簡中之"寒"
字即如此作。◇屠:楚簡中"暑"字多作"屠"。◇身言:下文不詳。

【陳劍 A】表皮専。禹乃建鼓於廷,以爲民之有謁告者鼓(?)
焉。撞鼓,禹必速出,冬不敢以寒辭,夏不敢以暑辭。身言

◇"謁"原作從"言"、"去"聲,原注釋以爲"訟"之異體字。

【劉樂賢】《管子·桓公問》:"黃帝立明台之議者,上觀於賢也;堯有衢室之問者,下聽於人也;舜有告善之旌,而主不蔽也;禹立鼓於朝,而備訊唉;湯有總街之庭,武王有靈台之復,而賢者進也。"《路史》卷二二引《太公金匱》:"禹居人上,慄慄如不滿日,乃立建鼓。"二書皆載禹有建鼓之事,可與簡文印證。

【讀本】◇去,溪紐魚部;訟,邪紐東部……"訟"從"公"聲,"公"屬舌根音,與溪紐近;韻部則楚國方言東、陽二部互通,而陽部是魚部的陽聲,所以"去、訟"古音可通。謁,影紐月部。與"去"聲紐同爲舌音,韻部通轉,如曾侯乙編鐘"姑洗"的"姑(見魚)"寫作從"割"(見月)……故"去、謁"古音也可通……"謁"有稟告的意思……釋爲"謁"較合文義。◇𢼜:字的右旁從"千",以"千"代替"攴",可能是整體代替部分的現象。"攴"象手拿棍狀類東西,與"又、手"旁均可相通……而"千"是"人"的分化字,所以"千"可用來取代"攴"。

【何有祖 A】◇敨:敨……字形與中山王鼎之"𨕂"(《戰國文字編》696 頁)相同,又同於"重"的本字"重"(貨系 4071)、"重"(郭店成之聞之 10),有別于容成氏簡 21"食不童(重)味"之"童"字。此字應釋作"敨",從"攴"、"重"聲,讀作"重"。這句話大意是重鼓(聲音才可以傳達内堂)禹必然快速出來(處理訟事)。似乎還沒有達到須要撞鼓的程度。

【于凱】劉樂賢文曾舉《管子·桓公問》和《路史》卷二二引《太公金匱》的有關記載,來與簡文印證。但據筆者所見,今傳本《管子·桓公問》的有關内容,又見於《三國志·魏志·文帝紀》裴松之注,而裴注所引《管子》,與今本《管子》有多處不同,其中今傳本"禹立建鼓於朝,而備訊唉"句,裴注引作"禹立建鼓於朝,而備訴訟也"。兩者比較,裴注所引更與《容成氏》簡文相合。另外,《淮南子·氾論訓》:"禹之時以五音聽治,懸鐘鼓磬鐸置鞀,以待四方之士,爲號曰:'教寡人以道者擊鼓,諭寡人以義者擊鐘,告寡人以事者振鐸，語寡人以憂者擊磬，有獄訟者搖鼗。'當此之時，一饋而十起，一沐而三捉髮，以勞天下之民。"鼗，又作"鞀"，是一種較小而有柄的鼓。此處言"有獄訟者搖鼗"等，與《容成氏》"禹建鼓於廷"説接近，而又有所鋪張。

【白于藍 A】◇《鶡子·上禹政》："禹之治天下也，以五聲聽，門懸鐘鼓鐸磬而置鞀，以待四海之士，爲銘於簨虡曰：'教寡人以道者擊鼓，教寡人以義者擊鐘，教寡人以事者振鐸，語寡人以憂者擊磬，語寡人以獄訟者揮鞀。'此之謂五聲。是以禹嘗據一饋而十起，日中而不暇飽食。"亦可與簡文相參證。◇制表皮尃：筆者以爲似應讀作"制服皮黼"。上古音"表"屬幫母宵部字，"服"屬並母職部字。九店楚簡簡 36 有"折（制）衣裳、表紕"語。李家浩認爲"表紕"可讀爲"服飾"。可信。"制服"一詞見於典籍，一般是指喪服，但亦可指依社會地位高低而制定的有定制的服裝，如《管子·立政》："度爵而制服，量禄而用材。飲食有量，衣服有制。"……"尃、黼"俱從"甫"聲，自可相通。"黼"之本義是指古代禮服上黑白相間的花紋，引申之又可指繡有花紋的禮服……簡文"皮黼"，似指皮制的黼。古代有一種用羔和狐白雜爲黼文的裘衣，稱"黼裘"，《禮記·玉藻》："唯君有黼裘以誓省。"……孔穎達疏："黼裘，以黑羊皮雜狐白爲黼文以作裘也。"疑"皮黼"即此"黼裘"。"制服皮黼"體現了禹對禮服的重視，這看上去與簡文前面講禹"衣不鮮美，食不重味"有些矛盾，其實不然，《論語·泰伯》："子曰：'禹，吾無間然矣。菲飲食，而致孝乎鬼神；惡衣服，而致美乎黻冕；卑宮室，而盡力乎溝洫。禹，吾無間然矣！'"何晏集解："孔曰：'損其常服，以盛祭服。'"……正可解釋這一問題。

【周波 A】此字亦見郭店簡《性自命出》，其曰："凡性或𢒉之，或逆之，交之，或厲之，或出之，或養之，或長之。凡𠀤（動）性者，物也……"前字郭店簡整理者隸爲"𢒉"，讀作"動"。後字整理者隸爲𠀤，亦讀作"動"……因"童、重"形音皆近，古文字中常相混同……由《性自命出》和《性情論》的辭例對勘可知二字實爲同一字。《禮記·樂記》：“凡音之起由人心生也，人心之動，物使之然也，感於物而動，故形於聲。”……與之相對勘，可知此字當釋作“動”。上引《容成氏》此字亦是“動”字，當如字讀，不必改讀爲“撞”。

【邱德修 A】“裻”字與下簡“表鞁專”可以連讀，上下字句語意亦通……《説文·衣部》：“表，上衣也。”……裻表，即“製表”，謂製裁上衣（外穿）。簡文“鞁專”即“鞁轉”……此借“鞁”爲“皮”字……簡文之“專”即宜讀作“轉”若“輨”，謂古人之“尻衣”或“中裙”（即今人之“内褲”）。簡文……謂大禹只穿任意剪裁的上衣，用皮革縫製的内褲……依上下文文義“身言”下可補“身教”二字。

【陳劍 B】表鞁專。禹乃建鼓於廷，以爲民之有詁（謁）告者鼾（訊）焉。殼（擊）鼓，禹必速出，冬不敢以寒辭，夏不敢以暑辭。身言

◇禹建鼓於廷之事……又如《吕氏春秋·自知》：“堯有欲諫之鼓，舜有誹謗之木……”《淮南子·主術》《鄧析子·轉辭》略同。這類記載，各名目往往錯出，且“雜歸堯、舜、禹、湯諸聖名下，無有定説，不過是借先聖之名論説廣開言路的意思”。◇從下文要引到的《管子·桓公問》有關詞句來看，此字是訓爲“告”的“訊”字的異體。擊鼓以告，故字從“鼓”之象形初文“壴”爲意符；“千”爲聲符，與“訊”讀音相近。

【顔世鉉 B】◇詁：此字當讀作“訴、愬”，《説文》：“訴，告也。”或作“謿、愬”。簡文“詁”，從“去”諧聲，“去”古音爲溪紐魚部；“訴、愬”爲心紐鐸部；韻部疊韻，聲紐則是牙音和齒頭音的關係。“愬”從“朔”諧聲，而“朔”則從“屰”諧聲，董同龢將“屰”歸在疑紐魚部入聲韻，“朔”在心紐魚部入聲韻，“愬”在心紐魚部陰聲韻；董先生並在心紐[s]“朔”字後標[k]，表示它有和見系（牙音）諧聲的情況。可見“愬”字聲紐雖在齒頭音心紐，但它和牙音（見系字）有

音近的關係……簡文“詓告”讀爲“愬告”,“愬”即“告”,《詩・邶風・柏舟》:“薄言往愬,逢彼之怒。”

【陳秉新】“又”下一字右旁作,當隸定作“夻”,即“盇”之初文……從“言”,從初文“盇”,即古“諡”字……本簡“諡”,當讀作“謁”,與“謁”影匣鄰紐,盇月通轉。《韓非子・八經》:“誅毋謁而罪同。”……簡文謁告,猶言告發。“者”下一字當隸作“侸”,人旁豎筆中間一點乃飾筆……《玉篇・人部》:“侸,《説文》作侸,立也,今作樹。”簡文是説禹於是建鼓於廷,爲告發的民衆樹立於此。

【張通海 A】◇依據文理,這裏是寫禹一系列簡樸生活,若制服著黼,恐非大禹作風。“表”釋“服”若可行,則此處當是一般穿著,不是什麽繡有花紋的禮服。從“韋”“皮”聲之字,按照該處語法結構,應是動詞,可讀爲“披”,而不作其他詞性的修飾語用。◇釋“訟”是。在字形上,此字與本篇 53 簡之“訟”相較,右上唯多一“八”形,這“八”形應是飾筆,檢《説文》“訟”字,其古文右旁如此作,左旁從“心”,倘若釋“謁”,於形於義均不符合。

【晏昌貴 B】《路史》羅蘋注引(《管子・桓公問》)作“建鼓”,“訊唉”引作“辭訟”。又引《何敞傳》云“禹致敢諫之幡”……《説苑・反質》:“禹立誹謗之木,欲以知過也。”

【王志平 B】《文選・天監三年策秀才文》注引《鄧析子》:“堯置欲諫之鼓。”《太平御覽》……卷八十引《帝王世紀》曰:“置敢諫之鼓,天下大和。”

【裘錫圭】從文義上看,使鐘出聲可以説撞鐘,使鼓出聲似没有説撞鼓的,而“擊鼓”之語則常見。《淮南子・氾論》……言禹事,而於鼓、鐘、磬皆用“擊”字。再看字形。我們所討論之字,其左旁顯非“童”字,但跟在古文字中與“童”相通的“重”字的一般寫法,的確相近。然而我們所能看到的楚簡中的“重”字,中部作“目”形,下部作“壬”或“⺣”形,與此左旁明顯有别……漢印“轂”字左旁作“東”下加“凵”之形……後來,“轂”字左旁“𦥯”所包含的

“朿”被寫成“車”，就演變出了《説文》的“𢾅”形和隸楷的“𠭁”形。我們所討論的字，右旁作“攴”，左旁似可分析爲🔲和“土”。古文字中“殳、攴”兩個偏旁往往相通……楚簡字形頂端的“山”形，有些是從“𝕍”形變來的。例如楚簡一般借“𡧃”字爲“性”和“百姓”的“姓”……所以我們所討論的字，可以分析爲從“土”從“殷”省，即“𡉙”字，在簡文中讀爲與之同從“殷”聲的“擊”。張家山 247 號西漢早期墓所出竹簡中的“殷”字，其左旁偶有作🔲者（《二年律令》90 號簡二見），寫法與我們所討論的字的左旁頗爲相近。由此看來，這個字是“殷”字的異體的可能性，似乎也不能排除。

【張新俊 B】在上博楚簡《周易》中，有“殷”字和從“殷”的“繋”字，分別寫作：🔲《周易》1、🔲《周易》40。另外，在上博楚簡《容成氏》中還有“𡉙”字：🔲。

【張通海 B】◇𢼸：此字左從“重”右從“攴”，而“重”與“童”爲一聲之轉，在金文中既有從“重”得聲者，如《楚公象鐘》從“重”（在左）；也有從“童”得聲者，像《中義鐘》右旁上爲“童”，其下贅加“東”也作聲符，例甚多，不備舉。還如前一簡“食不重味”之“重”用“童”，本簡卻又用“重”，可見“重”與“童”古文字中可混用不別。“攴、扌”二旁古通……故該字釋爲“撞”應無疑問。“撞鼓”不能謂爲不辭，“撞”本來就有“擊”義，“撞鼓”即“擊鼓”，一固定結構之凝成，需一過程，或者已經凝成，然“擊鼓”行而“撞鼓”廢亦未可知。

【王暉】◇𩏟：此字本作左“皮”右“韋”，依《龍龕手鑑》皮部此字爲“韋”的俗字。◇🔲：本作左“言”右“谷”，以“谷”聲應讀爲“欲”。

【魏宜輝 A】（🔲）其後的《上博（三）·周易》篇中出現與之相關的線索。今本《周易》中的“上九：擊蒙”，上博簡本與“擊”相對應的字寫作：🔲（《上博（三）·周易》簡 1），今本“初六：繋於金柅，初吉”，簡本與“繋”相對應的字寫作：🔲（《上博（三）·周易》簡 40），在戰國文字中作爲局部形體的“田、目”形經常互混……這樣看來,裘先生將▨釋作“擊”的看法是正確的。

【夏世華 B】白説近是……“斀”與“製”同爲動詞,疑讀爲“被”……“被黼”猶言表之以黼,即製其服等,又表之以黼黻文章,以別其差等……(釬)字當如陳説讀爲“訊”,但非“訊告”之“訊”,“釬”當是謁告者對鼓所施加的一個動作,若爲“訊問”之“訊”則義不可通。《爾雅·釋詁》:“振,訊也。”

【劉信芳 C】上博藏二《容成氏》21、22:“裚(製)表斀(擊)尃(桴)。”……表,《吕氏春秋·慎小》“置表於南門之外”,注:“表,柱也。”

【按】◇訣:李零隸定爲“訣”,認爲是“訟”的異體字;陳劍 A 亦隸定爲“訣”,讀爲“謁”;顔世鉉 B 亦隸定爲“訣”,讀爲“訴”或“愬”;陳秉新認爲此字從“言、夻”,釋爲“譀”,讀作“謁”;張通海 A 釋爲“訟”;王暉釋爲“欲”。按:此字作▨,右旁有點像“去”,“去、谷”字形頗近,很容易訛混①。陳劍 A、陳秉新讀爲“謁告”,但“謁告”是一種禮節性的拜訪,何須擊鼓? 顔世鉉 B 認爲讀爲“訴”,但“去”與“訴”古音相通是有問題的。李零讀爲“訟”是正確的。◇斀:李零隸定爲“斀”,讀爲“撞”,張通海 B 有補充説明;何有祖 A 從李零隸定爲“斀”,讀爲“重”;周波 A 從李零隸定爲“斀”,讀爲“動”;裘錫圭釋爲“斀”,讀爲“擊”,張新俊 B、魏宜輝 A 有補充。按:此字作▨形,其左旁和楚文字的“童”並不一樣,裘錫圭釋爲“擊”於典籍用字習慣很合適,參後來公布的上博三《周易》簡 1 之▨、《周易》簡 40 之▨,今本作“擊、繫”,可知裘説無誤。又,郭店《性自命出》簡 10 有▨字(周波 A 已指出),從字形看,亦當是“斀(擊)”,但簡 10 又作▨形(從文例可推知爲同一字);上博一《性情

---

① 比如上博四《曹沫之陳》簡 34 下“獄訟”之“訟”作▨,上博九《史蒥問於夫子》簡 7“與獄訟易”之“訟”作▨,亦爲訛體,可見楚文字中的“訟”字形的變異是較多的。參看單育辰《〈曹沫之陳〉文本集釋與相關問題研究》第 72~73 頁,吉林大學 2007 年碩士學位論文。

論》簡 4、5 相應字則作▮、▮，三者皆從"童"從"攴"，舊讀之爲
"動"，不知"䮝、敳"哪個是訛字，"䮝"是訛字的可能更大。◇釫：
李零釋爲"鼓"，《讀本》有進一步説明；陳劍 B 釋爲"訊"。按：
"釫"字右旁從"千"，或許是"攴"的一種訛省的寫法，此仍從李零
釋爲"鼓"。又，章水根告知，"釫"與同簡的"鼓"寫得不一樣，或許
有區別詞性的作用，"鼓"是名詞，而"釫"是動詞。◇裞表皯專：白
于藍 A 讀爲"制服皮黼"；邱德修 A 讀"製表皮輔"；張通海 A 讀
"皯"爲"披"；王暉讀"皯"爲"韋"；夏世華 B 讀"皯"爲"被"；劉信
芳 C 讀"製表鼙桴"。按：白于藍 A 讀"專"爲"黼"是有問題的，這
幾句話都是在説禹爲節儉之行，應無再穿戴黼紋的裞衣之理。我
們認爲"裞表皯專"應讀爲"製服皮附"，"裞"通"制"，李零已言；
"表"可通"服"，白于藍 A 已做了論證；"皯"即"皮"，古文字常如
此作；"專"可通"附"，古文字其例甚繁①。"製服皮附"其意爲：做
衣服，動物的皮毛都没弄掉，還附在衣服上面（按：遠古常以動物
皮毛爲衣，並不視爲珍貴），《鹽鐵論·散不足》："古者，鹿裘皮冒，
蹄足不去。及其後，大夫士狐貉縫腋，羔麛豹袪。庶人則毛綃松
彤，樸羝皮傅。"這是形容禹製衣方法之苟省。

簡 33 下

説明：本簡長 34.3 釐米，上殘，下端完整。現存 34 字。

拼合編聯：簡 33 下與簡 34 編聯，從李零説。

釋文：

　□□□□□，下不▯嬰（亂）泉。所曰聖人，亓（其）生賜（易）羕
（養）也，亓（其）死賜（易）牂（葬）。迲（去）蟲（苟）匿（慝），是已（以）
爲名。墅（禹）又（有）子五人，不以己（以）亓（其）子爲迻（後），見

集釋：

---

①　參看高亨、董治安《古字通假會典》，齊魯書社 1989 年，第 365～368 頁。

【李零 A】旻鼎所，曰聖人。亓生賜羕（養）也，亓死賜牂（葬），迲（去）蠱（苛）匿（慝），是㠯爲名。蠹（禹）又（有）子五人，不㠯亓子爲後，見

◇旻鼎所：此簡上部殘缺，不知是否接於簡 32 之後。上文不詳。◇聖人：疑指皐陶。◇蠱匿：即"苛慝"，指煩苛暴虐。如《左傳·昭公十三年》"苛慝不作"。

【陳劍 A】☒☐淵所曰聖人，其生賜養也，其死賜葬，去苛慝，是以爲名。禹有子五人，不以其子爲後，見

【白于藍 A】將簡 31 與簡 33 相接後，出現一個明顯的現象，就是簡 31 簡尾有"溪谷、廣川、高山、蓁林"這些名詞，而簡 33 簡首有"淵"，可以説在屬性上都是一致的，即都屬於自然名詞。衹是簡 33"淵"字前有缺文，故不知其前講的是什麽。

【邱德修 A】"所"借作"藪"用……簡文"淵藪"者，指棄集的地方……謂賢者慕德求行，結果人才薈聚，有如從水所鍾所會也……曰，動詞，即白話的"叫他做"或"稱他做"的意思……曰聖人，即"稱聖人"，謂合乎這種標準者就叫他做聖人。

【陳劍 B】☒泉所曰聖人，其生賜養也，其死賜葬，去苛慝，是以爲名。禹有子五人，不以其子爲後，見

◇"泉"原釋爲"鼎"，此從施謝捷《上海博物館藏楚竹書釋文》（未刊稿）改釋。參看吳振武《燕國銘刻中的"泉"字》（《華學》第二輯）。

【晏昌貴 B】"聖人"……也可能是指禹……《荀子·非十二子》："聖人之得勢者，舜禹是也。"是禹可稱聖人……其後"是以爲名"亦當是指禹，《史記·夏本紀》"夏禹，名曰文命"，集解引《謚法》："受禪成功曰禹。"索隱："蓋古者帝王之號皆以爲名，後代因其行，追而爲謚。其實禹是名。"

【牛淑娟】◇旻：殘字，概（辰按：應"蓋"字之誤）爲"嬰"。

【邱德修 B】（旻）上半已殘泐，下半作"又"文，似一"夏"字。

【郭永秉 D】☑ 鬲（亂）泉。所曰聖人，其生賜（易）養也，其死賜（易）葬，去苛慝，是以爲名。

◇我認爲 33 號簡講的其實是禹死後安葬的故事。簡文兩次出現的“賜”字，都應當讀爲“易”。“賜”從“易”聲，“賜”本就是在“易”字上加注形旁分化出來的一個字，所以“賜”可讀爲“易”是没有問題的。簡文所講“其生易養也，其死易葬”，是“聖人”的作爲，“其”指代的就是“聖人”。《説苑·反質》記楊王孫……引述了堯葬的傳説：“昔堯之葬者，空木爲櫝，葛藟爲緘。其穿地也，下不亂泉，上不泄臭。故聖人生易尚，死易葬。不加於無用，不損於無益。”這段話還見於《漢書·楊王孫傳》……：“昔帝堯之葬也，窾木爲匵，葛藟爲緘。其穿，下不亂泉，上不泄殕。故聖王生易尚，死易葬也。不加功於亡用，不損財於亡謂。”……（它們）和《容成氏》的“其生易養也，其死易葬”的關係是顯而易見的……《墨子·節葬下》中認爲古聖王堯、舜、禹都主張並實行節葬，不過此篇説堯之葬：“道死，葬蛩山之陰，衣衾三領，穀木之棺，葛以緘之，既沴（窆）而後哭，滿埳無封。已葬，而牛馬乘之。”與前引《説苑》《漢書》的説法不同。而《節葬下》記禹之葬則説：“道死，葬會稽之山，衣衾三領，桐棺三寸，葛以緘之，絞之不合，通之不埳，土地之深，下毋及泉，上毋通臭（孫詒讓《閒詁》：《後漢書·趙咨傳》注引作“皆下不及泉，上無遺臭”。《書鈔》“無”作“不”，餘並與李引同）。既葬，收餘壤其上，壟若參耕之畝，則止矣。”……很可能是楊王孫把堯和禹的故事搞混了……上述文獻在講到墓穴不及泉這件事時，“泉”字前所用的動詞則有“及”（《墨子·節葬下》），有“通”（《墨子·節用中》），有“至”（《禮記·檀弓下》《説苑·修文》），還有“亂”（《説苑·反質》《漢書·楊王孫傳》）。“及、通、至”之義都比較好理解，至於“亂”字，《楊王孫傳》顔師古注説：“亂，絶也。”王先謙補注：“不至泉是不亂也。”看來“亂”和“至、及”的意思應當是相關的（沈培指出，“亂”字當從顔師古説，就是古書中訓爲絶流、

絕河的"亂","不亂泉"就是"不截斷泉水"的意思)。《容成氏》33
號簡"泉"字上的那個字作🀄,雖泐損得很利害,但仔細辨別可以
知道,這個字其實很有可能就是"矞(亂)"字……"又"的上部的
"幺"形還是非常清楚的。不過"幺"形之上比較模糊,確實難以辨
別,但可以肯定其左右都有筆畫。我認爲,這些筆畫應當就是"矞
(亂)"字上半部分左右"口"形的筆道,而"矞(亂)"字上部的手形
在圖版上已基本看不見了。《容成氏》43 號簡也有一個"矞(亂)"
字,作🀄。把這兩個字放在一起仔細比較一下,就可以發現它們
的寫法幾乎是完全相同的,衹是二者泐損的部位和程度不同而
已……33 號簡所殘去部分的末字,根據上文所引的文獻看,應當
就是"不、毋"一類否定詞(前面當然還應該有"下"字)。"[下毋
(或不)]亂泉",應當是説禹下葬時,墓壙下部不絕泉水,這和《墨
子·節葬下》的説法完全相同,而用詞則和《説苑·反質》《漢書·
楊王孫傳》一致。◇所曰:本文初稿認爲猶言"所謂",但古書中似
未見用"所曰"表示"所謂"的例子。沈培認爲簡文的"所"字當理
解爲"所以"。

　　【牛新房 A】郭永秉對"亂泉"的釋讀是可信的。但認爲"所曰
聖人"云云,"應是《容成氏》敘述完禹葬的傳説之後,作者對禹的
評價"卻是有問題的,因爲下文仍是對禹的敘述,故此處不太可能
是對"禹葬"的敘述。筆者認爲,"其生賜養也,其死賜葬,去苛慝"
是禹對民衆所施行的仁政,"賜"字不破讀。

　　【夏世華 B】若上面關於"方爲三俈"之説不誤,則疑應在"曰"
字前斷句,"聖人,其生賜養也,其死賜葬,去苛慝,是以爲名"是告
神之禱詞,可能與所謂禹之喪葬制度無關。"𣶒所"或當讀爲"淵
澨",指淵水及水涯,從"委於溪谷"至此皆言禹告祭名山大川所經
之地。

　　【按】◇賜:李零如字讀;郭永秉 D 根據與典籍對照,讀爲
"易"。按:郭永秉 D 説是。◇泉:李零隸定爲"𣶒";陳劍 A 從之,

讀爲"淵";邱德修 A 連下"所"字讀爲"淵所(藪)";陳劍 B 引施謝捷説釋爲"泉"。按:施謝捷説是。◇嬰:牛淑娟釋爲"嬰"(即"嚣","嬰"爲"亂"的嚴格隸定),郭永秉 D 從之,並引典籍"亂泉"之語證成之;邱德修 B 釋"夏"。按:此簡相關文字可與郭永秉 D 引《説苑·反質》相對照:"昔堯之葬者,空木爲櫝,葛藟爲緘。其穿地也,下不亂泉,上不泄臭。故聖人生易尚,死易葬。不加於無用,不損於無益。"《漢書·楊王孫傳》:"昔帝堯之葬也,窾木爲匵,葛藟爲緘。其穿,下不亂泉,上不泄殠。故聖王生易尚,死易葬也。不加功於亡用,不損財於亡謂。""下不"二字即據此補。這些"亂"應是擾亂的意思。

第四節　商湯事迹(共八簡)

簡 34

説明:本簡長 44.4 釐米,完簡。共 42 字。

拼合編聯:簡 34 與簡 35 中可排在一起,從陳劍 A 説。簡 35 中首尾皆殘,我們根據簡 35 中"作"字之上有一道編繩痕迹(應是中間的編繩)的情況,在簡 35 中的上面試補了 9 個空字,從而簡 34 與之編聯。

釋文:

咎(皋)䧢(陶)之臤(賢)也,而欲㠯(以)爲迻(後)。咎(皋)秀(陶)乃五壤(讓)㠯(以)天下之臤(賢)者,述(遂)禹(稱)疾不出而死。塦(禹)於是虖(乎)壤(讓)益,啓於是虖(乎)攻益自取。

集釋:

【李零 A】咎(皋)䧢(陶)之臤(賢)也,而欲㠯爲後。咎(皋)秀(陶)乃五壤(讓)㠯天下之臤(賢)者,述(遂)禹(稱)疾不出而死。塦(禹)於是虖(乎)壤(讓)益,啓於是虖(乎)攻益自取。

◇咎䧢:即"皋陶",簡文有三種寫法,上文作"咎虣(或虗)",

這裏作"咎䄃"，下文作"咎秀"。按：簡文上字"咎、㿟"是羣母幽部字，下字"虣（或䟉）"疑是"堯"字的異體，爲疑母宵部字，"秀"是心母幽部字。古書"臯陶"亦作"咎繇"，"咎"字同於簡文上字的第一種寫法，"繇"字的讀音也與"堯"字相近（爲喻母宵部字）。簡文無"臯、陶"二字，但"臯"是見母幽部字，"陶"是喻母幽部字，也是讀音相近的字。◇咎秀：即"臯陶"，說見上。◇壞益：即"讓益"。《史記・夏本紀》："帝禹立而舉臯陶薦之，且授政焉，而臯陶卒。封臯陶之後於英、六，或在許。而後舉益，任之政。"◇啓於是虘攻益自取：《史記・夏本紀》："十年，帝禹東巡狩，至於會稽而崩。以天下授益。三年之喪畢，益讓帝禹之子啓，而辟居箕山之陽。禹子啓賢，天下屬意焉。及禹崩，雖授益，益之佐禹日淺，天下未洽。故諸侯皆去益而朝啓，曰'吾君帝禹之子也'。於是啓遂即天子之位，是爲夏后帝啟。"以上是講夏禹。下有脫簡。

【陳劍 A】臯陶之賢也，而欲以爲後。臯陶乃五讓以天下之賢者，遂稱疾不出而死。禹於是乎讓益，啓於是乎攻益自取。

【于凱】◇禹舉臯陶，又見於《史記・夏本紀》，其中有："帝禹立而舉臯陶薦之，且授政焉，而臯陶卒。"《史記正義》引《帝王紀》云："臯陶生於曲阜……堯禪舜，命之作士；舜禪禹，禹即帝位，以臯陶最賢，薦之於天，將有禪之意，未及禪，會臯陶卒。"禹舉臯陶而臯陶死，終不受命之事，《史記・夏本紀》所說與《容成氏》大致相合，但《容成氏》提到"臯陶乃五讓以天下之賢者，遂稱疾不出而死"的說法，則爲《史記》所無。◇禹舉益、啓代益之事，《孟子・萬章上》有載："禹薦益於天，七年，禹崩。三年之喪畢，益避禹之子於箕山之陰。朝覲訟獄者，不之益而之啓，曰：'吾君之子也。'謳歌者不謳歌益而謳歌啓，曰：'吾君之子也。'"另外，《史記・夏本紀》提到，臯陶卒後，禹"而後舉益，任之政。十年，帝禹東巡狩，至於會稽而崩。以天下授益。三年之喪畢，益讓帝禹之子啓，而辟居箕山之陽。禹子啓賢，天下屬意焉。及禹崩，雖授益，益之佐禹日淺，天下未洽。故諸侯皆去益而朝啓，曰：'吾君帝禹之子也'。
於是啓遂即天子之位，是爲夏后帝啓。"《孟子·萬章》與《史記·
夏本紀》所述，大致相同，多爲後世所本。但《晉書·束晳傳》引
《竹書紀年》曰："益干啓位，啓殺之。"《戰國策·燕策一》也提到：
"禹授益，而以啓爲吏。及老，而以啓爲不足任天下，傳之益也。
啓與支黨攻益，而奪之天下，是禹名傳天下于益，其實令啓自取
之。"《容成氏》所述"啓攻益自取"事，與《孟子》《史記》有別，而與
《竹書紀年》及《戰國策·燕策一》較爲接近。

【陳劍B】皋陶之賢也，而欲以爲後。皋陶乃五讓以天下之賢
者，遂稱疾不出而死。禹於是乎讓益，啓於是乎攻益自取。

◇"皋陶"原作"咎咎"，從本篇用字習慣看，實相當於"皋皋"。
其下字寫作"咎"，當係因本篇"皋陶"既可寫作"咎秀"(本簡下文)
又可寫作"咎垍"(簡 29 兩見)而誤寫。◇"啓攻益自取"之事，即
《古本竹書紀年》之"益干啓位，啓殺之"。又《戰國策·燕策一》：
"禹授益而以啓人爲吏，及老，而以啓爲不足任天下，傳之益也。
啓與支黨攻益而奪之天下。"《韓非子·外儲説右下》略同。《楚
辭·天問》"啓代益作后，卒然離蠥"一節，所述亦爲戰國時流傳的
啓益交攻的傳説。

【按】◇李零所言"上文作'咎圠(或坴)'"，"圠(或坴)"爲誤
隸，此字應隸爲"垍"，參看簡 29 何琳儀説，陳劍B已改隸爲"垍"。

簡 35 中

説明：本簡長 21.8 釐米，上、下皆殘。現存 21 字。

拼合編聯：把整理者李零所拼合的簡 35 拆分爲簡 35 中與簡
35 下，是陳劍A的意見，他説："其中第 35 號是由上下兩段殘簡
'遙綴'而成的，即整理者認爲是一簡之折，但不能緊接，中間還有
一小段殘缺。實際上，這兩段殘簡無論是從編繩位置看，還是從
內容看，都不可能屬於同一簡。本篇竹簡共有上中下三道編繩，

上下兩道分別位於簡首和簡尾的首字、末字的上下方。簡 35 上段簡首殘缺,第一道編繩痕迹已不存。中間一道編繩痕迹位於‘□王天下十又六年而桀作’的‘作’字下,從第 12 頁的小圖版可以清楚地看出,按整理者的編排,則這道編繩痕迹的位置太靠上,跟同篇其他簡完全不能相合。如果將其下移與其他簡的中間一道編繩對齊,則其下端與 35 簡下段將有一大段重合的部分。由此看來,簡 35 上段與下段決不可能屬於同一簡。它們應該分別編號重新排列,下面我們把此簡的上段和下段分別編爲‘35A(辰按:即本文的簡 35 中)’和‘35B(辰按:即本文的簡 35 下)’。"陳劍 A 拆分可信。我們根據簡 35 中"作"字之上有一道編繩痕迹(應是中間的編繩)的情況,在簡 35 中的後面試補了 13 個空字,從而與簡 38 編聯(簡 35 中與簡 38 可排在一起,從陳劍 A 説)。

釋文:

□□□□□□□□□啓王天下十又六年〈世〉而傑(桀)复(作)。傑(桀)不述亓(其)先王之道,自爲 芑(改)爲,□□□□□ □□□□□□

集釋:

【李零 A】王天下十又(有)六年而傑(桀)复(作)。傑(桀)不述亓先王之道,自爲

◇王天下十又六年而傑复:簡端空白處似有字迹殘劃。從文義看,這裏是講當時已受命稱王的湯。◇述:追隨。◇自爲:下缺文,據第四十二簡可補"芑爲於",詳下。

【李鋭 A】◇據後文簡 42"湯王天下三十有一世而受作。受不述其先王之道,自爲芑爲於",與此處"王天下十又六年而傑作,傑不述其先生之道自爲"比較,文字、句式非常接近,僅"王天下十又六年"與"王天下三十有世"之"年"與"世"有較大區別……根據上下文意,知此處不是講湯受命稱王十六年後桀作,而是啓王天下十六世後桀作,"年"當爲"世"之訛。釋文後文簡 42 注指出:

"據《史記·殷本紀》和殷墟卜辭,商朝凡三十一王。"是"三十一世"爲自湯至受(紂)總共三十一世。則"十六世"爲自啓至桀總共十六世。據《史記·夏本紀》,啓之後……正爲十六世。《太平御覽》卷八二皇王部引《紀年》:"自禹至桀十七世。"《史記·夏本紀》集解、索隱等説法相同,是包括禹在内。簡文以啓爲夏開國之君,且以爲啓攻益自取,當是頌禹而抑啓,主張禪讓。簡文前所缺之字,參以簡34"啓"字,似輪廓相近。

【陳劍A】☒[啓]王天下十又六年〈世〉而桀作。桀不述其先王之道,自爲[芑爲]☒

◇"桀不述其先王之道,自爲"與後文第42簡"紂不述其先王之道,自爲芑(改?)爲"類同,故補"芑爲"二字。

【邱德修A】今據李説將此句補足作"自爲芑爲於"也……(芑)無論是"菜也",是"艸也",終究屬於賤物,微不足道的東西。"於"爲"烏"的古文省體,借作"污(汙)"……"爲芑爲於"即"維芑維污",謂自我作賤,自我污蔑。

【按】◇啓:"啓"字從李鋭補。◇年:李零如字讀;李鋭A認爲是"世"之訛,甚確。此篇訛寫較多,如簡4下的"飤"爲"飢"之誤寫;簡3的"宅"、簡14的"子"爲誤衍等,此處的"年"亦爲一例。◇下面簡38首的"芑(改)爲"從陳劍A補。

簡 38

説明:本簡長44.1釐米,完簡。共43字。

拼合編聯:簡38與簡39編聯,從李零説。

釋文:

不量亓(其)力之不足,记(起)帀(師)呂(以)伐昏(岷)山是(氏),取亓(其)兩女曆(琰)、蠿(琬),姎北迲(去)其邦,晢(壁)爲呂(丹)宫,篁(築)爲璿室,伐(飾)爲枀(瑤)臺(臺),立爲玉閨(門)。亓(其)喬(驕)

集釋：

【李零 A】不量亓力之不足，记（起）帀（師）吕伐昏（岷）山是（氏），取亓兩女晉（琰）、簪（琬），妖北达（去）亓邦，智 爲呂（丹）宫，篚（築）爲璿室，戎（飾）爲条（瑤）臺（臺），立爲玉閶（門）。亓喬（驕）

◇昏山是：即"岷山氏"。《左傳・昭公十一年》作"有緡"，《韓非子・難四》作"嶍山"，《楚辭・天問》作"蒙山"，《竹書紀年》作"岷山"（參看方詩銘、王修齡《古本竹書紀年輯證》）。◇晉、簪：岷山氏之二女曰"琰、琬"，見《竹書紀年》。簡文"晉"疑讀"琰"（"琰"是喻母談部字，"晉"是精母［或清母、從母］侵部字，讀音相近），"簪"與"逸"字所從略同，疑讀"琬"。◇妖北达亓邦："妖"疑讀爲"火伴"（亦作"夥伴"）之"火"，這裏是偕同之義。"达"同"去"。《竹書紀年》説桀取琬、琰後"棄其元妃于洛"，似桀都本在伊、洛一帶，至此始北徙，移居安邑一帶（詳下）。◇智：右上不清，似是修蓋、建築之義。◇呂宫：《竹書紀年》有桀"作傾宫"之説。◇璿室：《竹書紀年》有桀"作璿室"之説。◇戎爲条臺：簡文"戎"與"飾"字相當；"条臺"應即"瑤臺"。《竹書紀年》有桀"飾瑤臺"之説。按："戎"字亦見曾侯乙墓遣册，裘錫圭、李家浩指出當讀爲"飾"，見《曾侯乙墓》上册，頁 510 注。◇玉閶：《竹書紀年》有桀"立玉門"之説。簡文"閶"可能是表示玉門的專用字。

【陳劍 A】不量其力之不足，起師以伐岷山氏，取其兩女琰、琬，□北去其邦，□爲桐宫，築爲璿室，飾爲瑤台，立爲玉門。其驕

【季旭昇 A】◇琬：讀爲"琬"應該是正確的。但是以爲與"逸"字所從略同，似有可商。"逸"字所從爲兔，而此簡所從爲三"目"。同樣字形又見《上博（一）・性情論》簡 26："門内之治欲其△。"字迹雖稍模糊，但仍然可以辨識是從三個"目"，全句我讀爲"門内之治欲其婉"。《上博（一）・孔子詩論》簡 8"少△"，字形下方的兩個"目"省作"月"形，即《詩經》的《小宛》。拙作《由上博詩論"小

宛”談楚簡中幾個特殊的從冃的字》(載台北《漢學研究》第 20 卷第 2 期,2002)歸納楚簡從此形的字,肯定它們應該是從“冃”,讀爲“宛”或“夗”。

【安大】◇魯:何認爲是“冤”之本字,讀作“琬”。

【讀本】◇簡文“吂宮”可能是“傾宮”。傾,溪紐耕部;丹,端紐元部,韻部耕元……關係密切,如楚系文字常見以“晏”(元部)代替“嬰”(耕部)……聲紐溪、端可通……如從“甚”(禪母)聲的字或屬端系端母(如“湛、椹”),或屬見系溪母(如“堪、勘”)。◇《晏子春秋·景公登路寢不終不説晏子諫第十八》:“及夏之衰也,其王桀背棄德行,爲璿室、玉門。”《淮南子·本經訓》:“晚世之時,帝有桀紂,爲琁室、瑶臺、象廊、玉床。”……“琁”即“璿”,正可與簡文互參。◇臺,即“臺”,李零隸作“𦥑”,不確……戰國文字從“之”與從“止”截然不亂,參季師旭昇《從戰國文字的“㞢”字談〈詩經〉中“之”字誤爲“止”字的現象》《古璽二題》……臺,定紐之部;之,章紐之部,聲紐同爲舌音,韻部疊韻,可見爲聲符是可以的。

【于凱】◇岷山氏二女事,《太平御覽》卷一三五皇親部引《竹書紀年》作:“后桀伐岷山,岷山女於桀二人,曰琬、曰琰。桀受二女,無子,刻其名于苕華之玉,苕是琬,華是琰。”《史記·司馬相如傳》郭璞集解略同。岷山,《太平御覽》卷三八一人事部引《紀年》作“憊山”,《太平御覽》卷八二皇王部引作“山民”,《韓非子·難四》有“是以桀索瑲山之女……而天下離”之説,“瑲山”即“岷山”。《楚辭·天問》:“桀伐蒙山,何所得焉?”“岷、蒙”又一聲之轉。諸書所記,皆當以《紀年》爲其注腳。◇桀作桐宮、璿室、瑶台、玉門事。《文選·東京賦》注引《汲塚古文》曰:“夏桀作傾宮、瑶台,殫百姓之財。”《文選·七命》注引《汲塚古文》曰:“桀作傾宮,飾瑶台。”《太平御覽》卷八二皇王部引《紀年》作:“桀傾宮,飾瑶台,作瓊室,立玉門。”《路史·發揮》卷六引《汲塚古文冊書》作:“桀飾傾宮,起瑤台,作瓊室,立玉門。"《晏子春秋・内篇諫下》:"及夏之衰也,其王桀背棄德行,爲璿室、玉門。"

【邱德修 A】"舀"右上半疑從"丮"作,復原作"舀",左上半復原作"午",似"杵"字的初文,古代以杵夯土,便於版築,此作"杵搗"解,係"造"之異體字。

【陳劍 B】不量其力之不足,起師以伐岷山氏,取其兩女琰、琬,妖(?)北去其邦,□爲丹宮,築爲璿室,飾爲瑤台,立爲玉門。其驕

◇但桀所爲"丹宮"古書未見,古書多言桀或紂築"傾宮"或"頃宮"。"丹"跟"頃(傾)"讀音甚遠,難以相通。"丹宮"或是由"宮牆文畫、朱丹其宮"而得名(《説苑・反質》:"紂爲鹿台糟邱,酒池肉林,宮牆文畫,雕琢刻鏤……"《楚辭・九歌・河伯》:"魚鱗屋兮龍堂,紫貝闕兮朱宮。"王逸注釋"朱宮"爲"朱丹其宮")。◇簡文説桀立玉門,但紂爲玉門之説似乎也有很大勢力,還衍生出了武王有"玉門之辱"、被"羈於玉門"的傳説(詳見陳奇猷《吕氏春秋校釋》770～771 頁"武王……不忘王〈玉〉門之辱"注釋引諸家説。學林出版社,1984 年)。

【淺野裕一】取其兩女琰琬妖北、去其邦、杵爲丹宮、

【白于藍 D】"旨"字似是"同"之誤字。古本《竹書紀年》有桀"作傾宮"的記載,典籍中從"同"聲之字與從"傾"聲之字常可互通,參高亨《古字通假會典》52 頁。

【小塽】◇晢:《天子建州》的整理者曹錦炎把字隸定爲"晢"……此字和《容成氏》的字左上都從"示"、下都從"臼";把《容成氏》字右上的殘畫和《天子建州》的字右上部分比較,可知也是"斤"旁。因此《容成氏》的字也應釋爲"晢"。上面已經提到,"晢"字當從"祈"聲。結合古音和文義兩方面看,《容成氏》的"晢"字可讀爲當"塗、飾"講的"墍"。"祈"和"墍"上古聲母都是群母,韻母分别屬微部和物部,陰入對轉,且這兩個字的中古音都

是開口三等,可見它們的古音非常接近,可以相通……"壁"有
"塗"的意思……説明簡文所説的"丹宫",有可能是强調"朱丹其
宫",而並不一定是建造了一座"丹宫"……"壁爲丹宫"可以理解
爲"壁丹宫",即塗飾成一座朱丹色的宫殿。

　　【夏世華 B】"妖"字似應連上讀爲"琰、琬妖"。契母曰簡
狄……可能其名爲"簡",而"狄"爲一狀美女之詞。

　　【按】◇𤎅:李零隸定爲"𦍙",並與典籍對照而讀爲"琬";季旭
昇有進一步的補充論證。二説可從。我們把它隸定爲"𤎅",是認
爲"月"是從早期文字"兔"身訛變而來,與李零的隸定並没有多大
的差别①。◇妖:李零隸作"妖",讀爲"火伴"之"火",夏世華 B
把"妖"讀爲"狄",並連上讀,認爲是狀美女之詞。此字暫依李零
隸定爲"妖"(但其言讀爲火伴之火應該是不正確的),它的意義不
能確定。◇𡎚:李零右上未識,隸作"𥩈";邱德修 A 隸作"𣆤"釋
"造";淺野裕一釋爲"杵";小塕(郭永秉)根據上博六《天子建州》
甲簡 12 的𡎚而把它隸定爲"𡎚",讀爲"壁"。按:小塕説是正確
的。◇舀宫:陳劍 A 釋爲"桐宫";《讀本》因李零引《竹書紀年》有
桀"作傾宫"之説,遂把"舀(丹)"讀爲"傾";白于藍 D 認爲是"同"
字之誤讀爲"頃";小塕言"舀"如字讀爲"丹"即可。按:"丹、傾"古
音難通,且小塕釋爲"丹宫"文義甚暢,所謂的"丹宫、傾宫"應爲典
籍傳説異辭,不必非要如《讀本》那樣牽合爲一。

　　簡 39
　　説明:本簡長 44.5 釐米,完簡。共 44 字。

_____

①　"兔"字字形的演變可參看陳劍《甲骨金文舊釋"𪒠"之字及相關諸字新
　　釋》,《出土文獻與古文字研究》第 2 輯,復旦大學出版社 2008 年,第 15～
　　22 頁;單育辰《説"熊""兔"——"甲骨文所見的動物"之三》,復旦大學出土
　　文獻與古文字研究中心網 2009 年 9 月 23 日,http://www.gwz.fudAn.
　　edu.cn/SrcShow.Asp? Src_ID=916。

拼合編聯：簡 39 與簡 40 編聯，從李零説。

釋文：

大（泰）女（如）是牂（狀）。湯酻（聞）之，於是虍（乎）斳（慎）戒陛（徵）叚（賢），悪（德）惠而不買，衪（柔）三十𠫤（夷）而能之。女（如）是而不可，肰（然）句（後）從而攻之，陛自戎（陑）述（遂），内（入）自北

集釋：

【李零 A】大（泰）女（如）是牂（狀）。湯酻（聞）之，於是虍（乎）斳（慎）戒陛（登）叚（賢）。悪惠而不𩂣，衪三十𠫤（仁）而能之。女（如）是而不可，肰（然）句（後）從而攻之，陛（升）自戎（?）述（遂），内（入）自北

　　◇陛叚：即"登賢"，上文作"求賢"。◇𩂣：待考。按：此字或與《郭店楚墓竹簡・緇衣》第三十六簡"厘（展）也大成"句的"厘"字有關。◇衪三十𠫤而能之：待考。◇從：有跟踪和追逐之義。◇戎（?）述：戎，或是"武"字的訛寫。"述"同"遂"。"武遂"在今山西垣曲東南臨黄河處。湯從這裏進攻住在安邑的桀，位置比較合適。《書・湯誓・序》："伊尹相湯伐桀，升自陑，遂與桀戰于鳴條之野，作《湯誓》。"孔傳："桀都安邑，湯升道從陑中出其不意。陑在河曲之南。""武遂"也可能是《湯誓・序》的"陑"。

　　【陳劍 A】泰如是狀。湯聞之，於是乎慎戒徵賢，德惠而不買，衪三十仁而能之。如是而不可，然後從而攻之，陛自戎遂，入自北

　　【何琳儀】衪三十夷而能之："衪"疑"埘"之異文。《説文》："埘，積也。""能"似讀若"柔遠能邇"之"能"。

　　【許全勝】◇《書》"陑遂"之遂，舊皆屬下讀，李注從舊讀屬下爲讀，愚謂當屬上讀。上古音"戎"屬日母冬部，"陑"屬日母蒸部，二字聲母相同，而冬蒸二部字音有關，例如《左傳・昭公四年》"夏桀爲仍之會"之"仍"，《韓非子・十過》作"有戎"。"仍"即屬蒸部。尤可注意者，"仍"與"陑、陾"古通。《詩・大雅・緜》"捄之陾陾"，

"陜陜"《詩考》引《説文》作"仍仍",引《玉篇》手部作"陁陁"。據此可推知"戎、陁"亦可相通,故《湯誓》序之"陁遂"即簡文之"戎遂"。《吕氏春秋·簡選》⋯⋯"殷湯良車七十乘,必死六千人,以戊子戰於郕遂,禽推移、大犧,登自鳴條,乃入巢門。遂有夏。""郕遂"之戰在鳴條之戰前,與簡文"戎遂"相當,故頗疑即"戎遂"之誤。郕,從"邑","成"聲。"成、戎"形近易訛⋯⋯《史記·夏本紀》⋯⋯"桀走鳴條遂,放而死。""鳴條遂"即簡文"鳴條之遂"。昔者讀爲"桀走鳴條,遂放而死",誤矣。簡文"降自鳴條之遂",《吕覽》作"登自鳴條"。登,陞也,故"降"應是"陞"之形訛。

　　【蘇建洲B】◇貿:類似"貿"的字形又見於《郭店·語叢四》簡26:"一家事乃有𤔲。"𤔲舊説從"人",實際較接近《郭店》的"刀"形,如5.1"分"、3.42"𧇾"⋯⋯林素清讀爲"石"(《郭店竹簡〈語叢四〉箋釋》,《郭店楚簡國際學術研討會論文集》頁394)⋯⋯筆者同意林素清對𤔲的説解,尤其解"乃"爲"寧",並説:"這裏用反詰語氣表示否定,意思是説治理一個諸侯之國,難道有一百二十公斤重嗎?",正與"貿"同樣用於否定語氣相同,則"貿"可能讀作"恃"。石,古音禪紐鐸部;恃,禪紐之部,雙聲旁對轉⋯⋯簡文"湯聞之,於是乎慎戒徵賢,德惠而不恃",是説湯聽到夏桀荒淫無度,"驕泰如是狀",於是乎謹慎持戒,徵求賢才,廣施德惠而不專恃,爲"從而攻之"作準備。

　　【蘇建洲F】◇戎遂:戎,日紐東部;而,日紐之部,雙聲旁對轉。《史記·高祖本紀》"此後亦非而所知也",《漢書·高帝紀》"而"作"乃"。而《左傳·昭公四年》"夏桀爲仍之會",《韓非子·十過》"仍"作"戎",可見"戎"與"而"音近可通。換言之,整理者將"戎遂"改成"武遂",應該是不必要的。

　　【蘇建洲H】◇降:頗疑🔣字應釋爲"降"。首先,由字形來看,簡31"陞高山",即"登高山","陞"作🔣,簡39"陞賢"之"陞"作🔣。二者字形與🔣右上並不相同。🔣右旁與《郭店·性自命出》

60"凡於路毋謂"的"路"作 右旁同形……又如《郭店・成之聞之》簡 31"天 大常", 與上述 字右旁寫法相同。 ……字形與《性自命出》簡 60 的 字同形…… 《郭店》整理者隸作"夆"亦是對的……當初釋爲"降"的證據是《古文四聲韻》引《義雲章》的"降"作 ,劉信芳分析作從"夂"從"止",正與本簡 右旁形同,可見由字形來說的確可以釋爲"降"。其次,與本簡文例相同亦見於簡 40"降自鳴條之遂","降"作 ,左旁從"阜",與 相同,這種字形亦見於《郭店・五行》12。李零注曰:"此'遂'字並上'武遂'之'遂',可能都是指山隥即山間通道。"此說可信,所以本簡讀作"降自戎遂"應該是可以的。同樣的情形亦見於簡 48" 文王",字形與 相同。李零以爲字原作"陞",是"降"的誤寫。若依前說,則 本就是"降"字,則不存在誤寫的問題。

【讀本】疑即"積三十年而能之"……"秕"疑從"此"(清支)得聲,則字可讀作"積"(精錫)。如《周禮・夏官・羊人》……鄭注"'積'故書爲'眦'"可證。巨,何琳儀釋爲"夷",陳劍釋"仁"……簡文可能讀爲"年",泥紐真部,與上述"仁"(日真)與"夷"(余脂)聲韻俱近。"能"大概是"成、實行"的意思,如《周禮・天官・小宰》"……二曰廉能"鄭注:"能,政令行也。"之,指前一句的"德惠",即"仁政"……簡文意謂累積三十年而後仁政才能實行成功。《論語・子路》:"如有王者,必世而後仁。"何晏集解:"如有受命王者,必三十年仁政乃成。"

【陳偉武】(勣)當是從"石""則"聲,疑可讀爲從"則"得聲之"賊"。"秕"字從"矛"、"此"聲,而從"此"得聲之字如"疵"可與"刺"通用,故"秕"當是表矛刺之專字……"勣(賊)秕(刺)"之義當指傷害,而與"德惠"相對立。"巨"字同於《説文》"仁"字古文,或讀爲"夷",實當讀爲"年"。《子羔》簡 10"[三]念(年)……"情形與此簡"巨"讀爲"年"相類似。

【邱德修 A】"勣"字,從"石""則"聲,此借作"側"用……"不貤”即“不側”，謂不偏頗也……“䣩”字，從“比”，“矛”聲；通“務”字……㠯，即“仁”字……能，此讀爲“耐”，作“忍耐”解……“務三十仁而耐之”，謂務使三十個仁人志士能夠忍耐得住夏桀的暴政。

【王輝 A】此字右旁乃命字。郭店簡《老子》甲簡 7“果而弗䣩”，䣩作 䚻，與此形近……毛詩傳“矜，憐也”……“憐三十夷而能之”，謂哀憐衆夷而懷柔之。

【白于藍 B】◇典籍中有“惠而不儉”一詞。《大戴禮記·曾子立事》：“君子恭而不難，安而不舒，遜而不諂，寬而不縱，惠而不儉，直而不徑，亦可謂知矣。”……典籍中另有“惠而不費”一詞。《論語·堯曰》：“子曰：‘君子惠而不費，勞而不怨，欲而不貪，泰而不驕，威而不猛。’子張曰：‘何謂惠而不費？’子曰：‘因民之所利而利之，斯不亦惠而不費乎？’”……“惠而不儉”與“惠而不費”在語義上是一致的。“費”字古有損耗之義。《呂氏春秋·禁塞》：“費神傷魂。”高誘注：“費，損。”……“惠而不費”之“費”亦當指損耗講。古“費”與“貶”同義。《廣雅·釋言上》：“貶、費，損也。”……而“貶”或作“賧”，《集韻·儼韻》：“貶，《說文》‘損也’。或作賧。”……“儉、賧”俱從“僉”聲，自可相通。可見，“惠而不儉（賧）”亦即“惠而不費”。“貤、費、賧”三字均從“貝”表義，很值得注意。簡文“德惠而不貤”之“貤”之字義很可能是和“惠而不儉（賧）”與“惠而不費”之“儉（賧）”與“費”相當。“貤”可分析爲從“貝”“䂑”聲，“䂑”則“從刀、石”。《六書通》鹽韻下引《修能印書》“砭”字作 䂑，正與“貤”字上部同形。“貤”字既從“砭”聲，而“砭、貶”又俱從“乏”聲，則“貤”當亦可讀作“貶（賧）”。當然，也不排除“貤”字是“貶（賧）”字之異體的可能。◇“䣩”可分析爲從“矛”“此”聲，疑當讀爲“訾”。《國語·齊語六》：“桓公召而與之語，訾相其質，足以比成事，誠可立而授之。”韋昭注：“訾，量也。”……至於“能”字，《廣雅·釋詁二》：“能，任也。”故“䣩三十仁而能之”蓋謂考度三十位仁者而任用之。有學者認爲此“能”字似讀若“柔遠能邇”之

“能”。亦可備一説。

【淺野裕一】德惠不贔。

【史黨社】◇戎遂：大意當爲攻城之道。在文獻中，“術（簡文述通）、遂、隊”意近，都是道路的意思。如《墨子·備城門》：“客攻以遂，十萬物之衆，攻無過四隊者。上術廣五百［十］步，中術三百步，下術［百］五十步。諸不盡百五［十］步者，主人利而客病。廣五百步之隊，大［丈］夫千人，丁女子二千人，老小千人，凡［四］千人而足以應之，此守術之數也。使老小不事者，守於城上不當術者。”與此節內容相似的銀雀山漢簡《守法》簡 777～779 作“遂”，都是攻城之道。古代攻城，先要埋城外壕池，地域也有所分工，所以有攻城之道。人員也按道劃分，也稱“隊”。簡 39～41 敘述的湯罰桀的故事，都是通過“戎遂、遂”以攻城，簡文中在通過“遂”後，下接的是對“北門、高神之門”之“内（入）、伐”可證。此與《墨子》記載的情況相類，説的也是攻城之事。

【孫飛燕 D】◇從：似沒有跟踪的意思，其意當爲“追逐”，《尚書·湯誓》：“夏師敗績，湯遂從之。”《湯誓》此句可以和《容成氏》該段簡文對讀，孔安國傳：“從謂逐討之。”可證釋“從”爲“追逐”不誤。《逸周書·克殷解》亦有“從”字：周車三百五十乘陳於牧野，帝辛從。武王使尚父與伯夫致師。王既以虎賁戎車馳商師，商師大敗。朱右曾認爲“從”意爲“逆戰”……從《逸周書》與《史記》的對照來看，《克殷解》的“帝辛從”對應的是《周本紀》的“帝紂聞武王來，亦發兵七十萬人距武王”。可以看出，司馬遷是把“從”理解爲“距”的。“距”的含義爲抵禦、抵擋……與朱右曾的“逆戰”含義是有共同之處的。

【張崇禮 A】◇德惠而不斫刺，三十年而能之：𦥔當釋爲“度”，讀爲“斫”，訓爲“砍殺”。𦥑從“矛”“此”聲，陳偉武釋爲“矛刺（即矛鋒）之專字”，並屬上讀，正確可從……𠂤當依陳、蘇兩位先生讀爲“年”。能，當訓爲“耐、忍”……簡文的意思是説……施行德澤恩惠，不事殺伐，忍耐夏桀三十年……🅱應分析爲從"貝""刉"聲，"刉"見於上博六《孔子見季桓子》第 14 簡，作🅱；又見於上博七《吳命》第 7 簡，作🅱，當分析爲從"刀""石"聲……《説文》："斫，擊也。從斤石聲。"……曾考慮到另一種可能性，即"刉"是從"石、刀"的會意字，是以石磨刀的意思，或可釋爲"砥、礪"等。如釋爲"砥"，則《吳命》簡"砥日"讀爲"視日"就比較順。

【季旭昇 B】《吳命》簡 7"敢告刉日"可能還是應該釋爲"告"的（"告（于）人"的）甲類，釋爲"告視日"仍不失爲一個可能成立的選項……本簡的"貺"字如果同意其所從的"刉"旁可以讀爲"砥、視"，則不妨通讀爲"失"，"視"（禪紐脂部）、"失"（審紐質部），二字聲皆爲舌頭音，韻則陰入對轉。"惠而不失"謂湯施政"嘉惠人民而没有過失"。如果嫌楚簡"失"字常見，一般作"遊"不作"貺"，則不妨讀爲"窒"（知紐質部），二字亦聲韻俱近。"惠而不窒"謂湯施政"嘉惠人民而無窒礙"。至於"紲三十尸而能之"我以爲仍應讀爲"積三十年而耐（忍）之"。

【陳偉 E】《説文》刀部："刉，劃傷也。從"刀"，"气"聲。一曰斷也。又讀若㱯。一曰刀不利，於瓦石上刉之。"……這個字，從"石"從"刀"，大概正是取義于此。至于加"貝"的寫法，可能是爲"乞"字所造。"乞"多與財物有關，構字之由與"貣、貸"類似……上博楚竹書《容成氏》39 號簡説"德惠而不刉"。這個"刉"可讀爲"訖"，窮盡、絶止義。

【徐在國 B】🅱清華簡《保訓》8 昔微～中於河……李學勤和清華大學出土文獻研究與保護中心的意見是正確的。此字釋爲"叚"，字形分析爲從"受"省，"石"聲。古文字中的"叚"字：🅱克鐘、🅱禹鼎……戰國文字"叚"字所從的🅱就訛做🅱形，遂與"刀"混。上博三·周易 54"王叚於宙（廟）"之"叚"字作🅱……簡文🅱、🅱即🅱之省形，釋爲"叚"是對的。上博二·容成氏 39"惠（德）惠而不叚（賈）"，"德惠"，德澤恩惠。見《管子·五輔》："務功

勞,布德惠,則賢人進。"……"賈"義爲賣。《詩·邶風·谷風》:
"既阻我德,賈用不售。"鄭玄箋:"我修婦道而事之,覬其察己,猶
見疏外,如賣物之不售。"陸德明釋文:"賈音古,市也。"容成氏 39
"德惠而不賈",德澤恩惠而不售。

【飛虎】"叚"也許應當讀爲"瑕"。《詩經·豳風·狼跋》:"公
孫碩膚,德音不瑕。"傳:"瑕,過也。"…………《容成氏》簡文"德惠
而不叚"可與《狼跋》"德音不瑕"相參看。簡文是指湯之德惠没有
缺失。【附"林文華"在 2009 年 7 月 16 日的跟帖】"不瑕"一語在
《詩》中常見,亦通"不已"。《詩·大雅·思齊》"烈假不瑕",鄭箋:
"瑕,已也。"……"瑕"不應訓爲瑕疵,而應是止盡之意。所以,《容
成氏》"德惠而不叚",或應釋讀爲商湯施恩惠於民而没有止盡之
謂也。【附"海天"在 2009 年 7 月 16 日的跟帖】《豳風·狼跋》"德
音不瑕",在《小爾雅·廣訓第三》記作"公孫碩膚,德音不遐,道成
王大美,聲稱遠也"……胡承珙亦云:"遐蓋遠字之誤。此釋德音
不瑕爲聲稱遠者,亦與毛傳合也。不瑕言瑕,與上文'不顯,顯也。
不承,承也'一例。"……依上説,則《容成氏》"德惠而不遐"即"德
惠而遐"是説德惠且名聲遠播。

【季旭昇 C】趙平安……説:"清華簡中確有'䝼'當'假'講的
用例(如'假道'可與文獻對上),但是無論是清華簡還是其他簡有
些'䝼'不能理解爲'假'。'䝼'和'假'的字形多數情況下也自成
序列。把它們看做一個字還有不少説不圓的地方。從已見的材
料看,'䝼'和'假'還是有可能是兩個字。'䝼'當'假'講的例子,
可以看作'假'的省形或'假'的借字。因此釋'䝼'爲'假'恐怕很
難説已有定論。"……(《容成氏》的)"䝼"字似可讀"逆"。"逆"從
"辵"、"屰"(疑紐鐸部)聲。石(禪紐鐸部),與"屰"聲二字聲母相
去似乎較遠。但"斥"(穿三鐸部),與"石"韻同聲近;而"斥"字,
《説文》以爲從"广"、"屰"聲。故"䝼"字似可讀"逆"。"德惠而不
逆",意謂行政重在施惠而不違逆民之所欲。

【孫飛燕 H】《晏子春秋》:"莒之細人,變而不化,貪而好假,高勇而踐仁,士武以疾,忿急以速竭"中的"假"意爲虛僞。簡文"假"的含義似與此相近。

【顧史考】與"叚"字聲系通假最多者,莫過於"加"系……然此"䝮"(辰按:指《語叢四》簡 26)字或可視爲"賀"字之異構……此處似乎講的是:湯是以德惠徵賢,而不是以財貨誘之,疑此字(辰按:指《容成氏》簡 39 之"䝮")或可讀如"貨",即賄賂、以財物買通他人的意思……"貨、化"爲曉紐歌部字,與"賀、加"字音近,而"叚"既可以代表"加"音,從聲韻角度看,其亦能代表"化"音該不成問題。

【范常喜 F】《吳命》中的"砎"當即"質"的本字。"砎"字從"石"從"刀",應是爲"斧質"的"質"而造的一個本字……"䝮"字當釋作"質",意爲"質誓"或者"盟質"……《容成氏》中"德惠而不質"大意是説:只是行德惠,不用質盟約束別人,天下方國首領、賢人爲湯做事全是出於自願的。

【夏世華 B】秕……可讀爲"秭",或直接讀爲"積"……"能"猶言能夠……"積三十仁而能之",三十乃概數,言其多也,湯多次向桀進獻仁者、賢者,欲其悔改,至於三十之多而仍然能夠做到,此於常人爲難能,而湯能之,可見湯向桀進賢之意甚誠。

【按】◇䝮:蘇建洲 B 讀爲"恃";陳偉武讀爲"賊";邱德修 A 讀爲"側";白于藍 B 釋爲"賧",讀爲"貶",認爲和典籍"惠而不儉、惠而不費"有關;淺野裕一釋爲"贔";張崇禮 A 釋爲"度",讀爲"斫";季旭昇 B 認爲"砎"旁可以釋爲"砥、視",而讀爲"失";陳偉 E 釋"刉"讀"訖";徐在國 B 釋"賈"讀"賈";飛虎釋"賈"讀"瑕"訓"缺失",林文華則訓爲"止盡";海天釋"賈"讀"退",並認爲前面的"不"無義;季旭昇 C 引趙平安説認爲"砎"和"假"還是兩個字。"砎"當"假"講的例子,可以看作"假"的省形或"假"的借字;季旭昇 C 釋"砎"讀"逆";孫飛燕 H 釋"假";顧史考釋"䝮(貨)";范常

喜 F 釋“質”。按：楚文字中“敱、敳、貿、刟”爲一字，現已數見，如
包山簡 158“畢得貿爲右使於莫敖之軍，死病甚”；包山簡 161“敱
仿司馬娄臣、敳仿史娄佗”；郭店《語叢四》簡 26＋27“家事乃有
貿：三雄一雌，三鍾一莡（提），一王母【27】抱三嬰兒”①；上博六
《孔子見季趄子》簡 14“民之行也，好刟美以爲▨”；上博七《吳命》
簡 7“故用使其三臣，毋敢有遲速之期，敢告刟日”②。按：包山簡
161 的“敱仿、敳仿”似爲一種地域組織名稱（包山以“仿”爲名者
多見，如簡 100“走仿”、簡 149“睍仿”等），可以不論。從郭店《語
叢四》押韻看，“雌、提、兒”皆是支部字，“貿”也應是與“支”部相近
的一個字；從文義看郭店《語叢四》和本簡的“貿”，都應是貶義詞，
比如《語叢四》“三個雄性配一個雌性，三個酒器‘鍾’衹有一個提
鏈，一個祖母抱着三個嬰兒”，這都是極言其險；又如本簡言“德惠
而不貿”，這個“貿”是貶義詞，我們懷疑季旭昇 B 讀爲“失”或許
有點道理，本簡的“不失”大概和白于藍 B 所引典籍中的“不儉、
不費”有關；《孔子見季趄子》的“好刟美”和《吳命》的“刟日”中的
“刟”或許可讀爲“視”③。但脂部的“失”和支部不算密合，故季旭
昇 B 把“貿”讀爲“失”衹算是一種猜測，這個字的確切釋讀，還有
待來日。另外要注意的是在清華一《保訓》簡 8“昔微段（假）中於
河”之“段”作㫃、清華二《繫年》簡 58＋59“段路【58】於宋”之“段”

---

① 郭店“貿”的舊釋可參看張崇禮《郭店楚簡〈語叢四〉解詁一則》，簡帛網
2007 年 4 月 7 日，http://www.Bsm.org.cn/show_Article.php? id＝544
所引諸說。

② 復旦大學出土文獻與古文字研究中心研究生讀書會讀“刟日”爲“視日”，
《〈上博七·吳命〉校讀》，復旦大學出土文獻與古文字研究中心網 2008 年
12 月 31 日，http://www.guwenzi.com/SrcShow.Asp? Src_ID＝577。

③ 參看復旦大學出土文獻與古文字研究中心研究生讀書會《〈上博七·吳
命〉校讀》，復旦大學出土文獻與古文字研究中心網 2008 年 12 月 31 日，
http://www.guwenzi.com/SrcShow.Asp? Src_ID＝577；何有祖《〈吳命〉
小札》，簡帛網 2009 年 1 月 2 日，http://www.Bsm.org.cn/show_Article.
php? id＝931。

作🦴，包山簡158"畢得貿爲右使"的"貿"對照上博九《邦人不稱》簡12"（葉公子高）焉假爲司馬"亦應讀爲"假"①；由此看來，上面所述的"叚、敤、貿、钊"似乎都是"叚"字，但趙平安已經談到，"钊"和"叚"可能還是兩個字，"钊"當"叚"講的例子，可以看作"叚"的省形（如上博三《周易》簡54"𝌆（叚）"的省"又"之體），而與"钊"訛混。所以，有些不能用"叚"讀通的上面所述的"叚、敤、貿"、"钊"，有可能不應該把它們視爲"叚"。◇秫：何琳儀疑"癸"之異文；《讀本》讀爲"積"；王輝Ａ釋爲"稯"，讀爲"矜"；邱德修Ａ讀爲"務"；陳偉武讀爲"剌"；白于藍Ｂ讀爲"訾"；夏世華Ｂ讀"癸（積）"。按："秫"或許以"矛"爲聲旁，我們舊讀爲"求"，如郭店《老子》甲本簡33之"柔"，即爲從"矛"從"求"的雙聲字，故"矛、求"可通用；現在思考，似乎也可能讀爲"柔"。◇尼：何琳儀釋爲"夷"，陳劍Ａ釋爲"仁"；《讀本》讀爲"年"；陳偉武亦讀爲"年"。按：從《說文》卷八上"仁"的古文作"尼"看，似以陳劍Ａ說爲是，但楚簡中"尼"一般用爲"夷"而不用作"仁"，這裏讀爲"夷"。◇能：何琳儀認爲"能"義爲"柔遠能邇"之"能"；《讀本》認爲是"成、實行"的意思；邱德修Ａ讀爲"耐"，張崇禮Ａ、季旭昇Ｂ亦有此說。我們這裏從何琳儀說。◇秫三十尼而能之：我們以前釋讀爲"求三十仁而能之"，認爲或許是說求得三十個仁人以安撫夏桀；現在思考，也可能讀爲"柔三十夷而能之"，這句似是說懷柔三十夷方之國且親善它們，即古書中之"柔遠能邇"義。◇從：李零認爲是"跟踪、追逐"之義；孫飛燕Ｄ引典籍認爲是"追逐"之義。按：孫飛燕Ｄ說是。◇陞：李零隸定爲"陞"讀爲"升"；蘇建洲Ｈ釋爲"降"。按：此字作🦴，與亦見於此篇簡31的🦴、簡39🦴的"陞"字應一樣，但右上角有磨損而已，而與本篇簡40作🦴之"降"不同（簡48之🦴作"陞"形，實乃"降"字之訛）。從《尚書·湯誓·序》"伊尹相湯伐桀，升自陑"來看，也應該是"陞"字。李零說是。◇戎：李

---

①　參看筆者《〈上海博物館藏戰國楚竹書（九）〉雜識》，待刊。

零認爲或是"武"字的訛寫;許全勝讀爲"陋";蘇建洲 F 從之;史黨社認爲"戎遂"是攻城大道。按:許全勝說有典籍對照,應是。

簡 40

說明:本簡長 44.4 釐米,完簡。共 43 字。

拼合編聯:簡 40 與簡 41 編聯,從李零說。

釋文:

門,立於中余(塗)。傑(桀)乃逃之鬲(歷)山氏,湯或(又)從而攻之,隆(降)自鳴攸(條)之述(遂),吕(以)伐高神之門。傑(桀)乃逃之南菓(巢)是(氏),湯或(又)從而攻之,

集釋:

【李零 A】門,立於中✦。傑(桀)乃逃之鬲(歷)山是(氏),湯或(又)從而攻之,隆(降)自鳴攸(條)之述(遂),吕伐高神之門。傑(桀)乃逃之南菓(巢)是(氏)。湯或(又)從而攻之,

◇中✦:下字不識,待考。按:《史記·封禪書》說"昔三代之居皆在河洛之間",夏之南都是陽城(在今河南登封告城鎮),北部是安邑(在今山西、夏縣禹王城),第三十八簡"妖北达亓邦"是棄其南都,所破則是北都。◇鬲山氏:即"鬲山氏",或"歷山氏"。按:據此,歷山當在今山西垣曲、永濟一帶。◇鳴攸之述:即"鳴條之遂",湯敗傑於鳴條之野,見《書·湯誓·序》《史記·殷本紀》、今本《竹書紀年》。鳴條在今山西運城東北,與古安邑鄰近。此"遂"字並上"武遂"之"遂",可能都是指山陘即山間通道。◇高神之門:待考。◇南菓是:即"南巢氏"。湯滅夏,桀逃南巢氏,見《竹書紀年》。南巢在今安徽巢縣東北。又《書·仲虺之誥》有"成湯放桀于南巢"說。

【陳劍 A】門,立於中□。桀乃逃之鬲山氏,湯又從而攻之,降自鳴條之遂,以伐高神之門。桀乃逃之南巢氏,湯又從而攻之,

【何琳儀】寏:上從"宀",下從"束"。其義待考。

【許全勝】◇《御覽・皇王部》卷八二皇王部引《尸子》：“桀放於歷山。”《荀子・解蔽》“桀死於亭山”，楊倞注：“亭山，南巢之山，或本作‘鬲山’。”……《山海經・大荒西經》：“有人無首，操戈盾立，名曰夏耕之屍。故成湯伐夏桀于章山，克之。”《山海經》章山之“章”爲“鬲”之形訛。◇若將簡文“降（陞）自鳴條之遂，以伐高神之門”與上引《呂氏春秋・簡選》“登自鳴條，乃入巢門”對照，可知“高神之門”即“巢門”。其名或作“焦門”，《淮南子・主術》記湯伐桀云：“湯革車三百乘，困之鳴條，禽之焦門（高注：或作巢）。”上古“巢、焦、高”皆爲宵部字，音近可通。蓋“高車之門”省稱“高門”，又以音訛爲“巢門、焦門”也。《墨子・明鬼下》略云：“湯以車九兩，鳥陳雁行，湯乘大贊，犯遂下衆，人之蟜遂，王乎禽哆，大戲。”孫詒讓《墨子閒詁》注“犯遂下衆，人之蟜遂”云：“疑當作‘犯逐夏衆，入之郊遂’。逐、遂，形誤；下、夏，蟜、郊，聲誤。”孫説可從。今據簡文知“蟜遂”與“高車之門”有關，似無可疑。◇《國語・魯語》：“桀奔南巢。”《淮南子・本經》：“湯以革車三百乘伐桀於鳴條，放之夏台。”《淮南子・修務訓》：“湯整兵鳴條，困夏南巢，譙以其過，放之歷山。”《史記・夏本紀》正義引《淮南子》：“湯放桀於歷山，與末喜同舟浮江，奔南巢之山而死。”《列女傳》卷七：“戰於鳴條，桀師不戰，湯遂放桀，與末喜嬖女同舟流於海，死于南巢之山。”《御覽》卷八二皇王部引《帝王世紀》：“湯來伐桀，以乙卯戰於鳴條之野。桀未戰而敗績，湯追至大涉，遂禽桀於焦，放之歷山，乃與妹喜及諸嬖妾同舟浮海，奔於南巢之山而死。”又引《紀年》：“湯遂滅夏，桀逃南巢氏。”又引《尸子》：“於是湯以革車三百乘伐於南巢，收之夏宮。”《路史・後紀》：“（湯）乃率六州攸徂之民以伐桀……及桀戰於鳴條，敗諸姺虛。桀與其屬五百人南徙千里至於不齊，不齊之民去之，轉之郔遂，放之南巢氏。”南巢氏，他書皆作“南巢”，惟《御覽》引《紀年》《路史》與簡文合，殊爲可貴。

【邱德修 A】“中”下字可釋作“闌”字……“立於审柬”，即“立於中闑",謂成湯站在門檻中央。

【王志平 B】《太平御覽》卷八二引《竹書紀年》:"后桀命扁伐山民,山民女於桀二人曰琬、曰琰。桀愛二人女,無子焉,斲其名於苕華之玉,苕是琬、華是琰,而棄其元妃於洛,曰妹喜。桀傾宮,飾瑤台,作瓊室,立玉門。湯遂滅夏桀,桀逃南巢氏。"又引《帝王世紀》:"湯來伐桀,以乙卯日戰於鳴條之野。桀未戰而敗績,湯追至大涉,遂禽桀於焦,放之歷山。乃與妹喜及諸嬖妾同舟浮海,奔於南巢之山而死。"《逸周書·殷祝解》:"湯曰:'欲從者從。'君桀與其屬五百人去居南巢。"

【劉信芳 C】立於中窠。

【按】◇🚶:李零不識;何琳儀隸定爲"宋";邱德修 A 釋"闌";劉信芳 C 隸定爲"窠"。按:從字形看,此字似爲"余"字的一種訛變,這裏隸定爲"余",讀爲"塗"。"中塗"是都城居於中央的大道的意思,簡文言"入自北門,立於中余(塗)","門、塗"於地點而言正好連貫。◇隆自鳴攸之述:簡文"隆"做"🔳"形,是"隆(降)"字無疑,但《呂氏春秋·仲秋紀·簡選》作"登自鳴條,乃入巢門"。大概因楚簡"陞、降"字形很近,故《呂氏春秋》誤"降"爲"陞",又讀爲"登"。◇許全勝認爲"高神之門"與典籍"巢門、焦門、蟜遂"有關,可以參考。

簡 41

説明:本簡長 44.3 釐米,完簡。共 43 字。

拼合編聯:簡 41 與簡 36 編聯,從陳劍 A 説。

釋文:

述(遂)逃迖(去),之桑(蒼)虞(梧)之埜(野)。湯於是虖(乎)諆(徵)九州之帀(師),㠯(以)雺四洴(海)之内,於是虖(乎)天下之兵大記(起),於是虖(乎)羿(叛)宗鹿(離)族戔(殘)群安(焉)備。

集釋：

【李零 A】述（遂）逃，达（去）之桑（蒼）虘（梧）之坣（野）。湯於是虗（乎）諲（徵）九州之帀（師），吕罨四海（海）之内，於是虗（乎）天下之兵大记（起），於是虗（乎）叕（亡）宗鹿（戮）族戔（殘）羣焉備（服）。

◇桑虘之坣：即"蒼梧之野"。《禮記·檀弓上》："舜葬於蒼梧之野。"蒼梧，即九疑山，在今湖南寧遠南。◇罨：或可讀爲"批"。◇叕宗鹿族戔羣焉備：即"亡宗戮族殘羣焉服"，指滅族絕祀乃服。

【陳劍 A】遂逃去，之蒼梧之野。湯於是乎徵九州之師，以罨四海之内，於是乎天下之兵大起，於是乎亡宗戮族殘群焉服。

【安大】◇霋：徐疑此字從"雨"從"瓜"。

【何琳儀】◇霋：《五音篇海》："霋，下也。"有降落之意。簡文意謂"湯徵九州之師，以降四方"。◇羿：原篆上從"網"，下從"廾"，是殷周文字中的習見偏旁，參拙文《郭店竹簡選釋》所舉之例，疑即字書之"㧢"。《集韻》："㧢，舉也。或作抗、扛。"簡文"羿宗"讀"亢宗"。《左傳·昭公元年》："吉不能亢身，焉能亢宗。"注"亢，蔽也。"

【許全勝】◇簡載桀三戰敗亡於蒼梧之野，其事不見諸史籍。據今本《竹書紀年》云："鳴條有蒼梧之山，（舜）帝崩，遂葬焉。"則鳴條、蒼梧地相密邇。《孟子·離婁下》云："舜生於諸馮，遷于負夏，卒於鳴條，東夷之人也。"《禮記·檀弓》云："舜葬於蒼梧之野。"簡文云桀逃之蒼梧，或因舜事而誤，亦未可知也。◇《逸周書·殷祝》略云："湯放桀於中野，士民聞湯在野，皆委貨扶老攜幼奔，國中虛……桀與其屬五百人南徙千里，止于不齊，不齊士民往奔湯於中野……桀與其屬五百人徙于魯，魯士民復奔湯……桀與其屬五百人去。"《逸周書》《尚書大傳》所述夏桀之三徙，適可與簡文桀三戰、三逃相照應。

【楊澤生 B】◇𦥑：此字下部隸定作"匕"是對的，但上部隸定作"雨"卻有問題。比較"丙"字楚簡作⿰（參看《楚系簡帛文字編》1058、1059 頁），金文或作⿰和⿰（參看《金文編》963 頁），可見此字從"丙"從"匕"。"匕"作爲舀取食物的器具，"柄"的作用比較重要，其特徵也比較顯著（通常比較長），所以此字應該是個從"匕""丙"聲的形聲字，很可能就是"柄"字的異體。"柄"的本義爲器物的把兒，是名詞，可以引申爲動詞的"執掌、掌握、控制"，如《戰國策·韓策二》："公仲柄得秦師，故敢捍楚。""柄"又可讀作"秉"。《詩·小雅·節南山》："秉國之鈞，四方是維。""憂心如醒，誰秉國成？"……簡文"以柄四海之內"就是以求控制四海之內。【增】"柄"字古音屬幫母陽部，"併"屬幫母耕部，其聲母相同而韻部相近……所以"𦉮"也可能讀爲吞併的"併"。

【黃錫全】◇⿰：雨與水義近，也可能即"批"字別體，在此可從整理者讀"批"，義爲擊。《左傳·莊公十二年》："宋萬遇仇牧於門，批而殺之。"其上一字"以"與一般的"以"字有別，很可能是"亡"字，在此讀爲"廣"。"廣批四海之內"，才引起"天下之兵大起"。西周牆盤記："弘魯昭王，廣能（或讀懲、或讀批）楚荆，爲寏（患）南行。""廣批"類似"廣能、廣馭"。《江淹慶平賊表》："皇威遐制，璿圖廣馭，四海競順，其會如林。"亡，明母陽部。廣，見母陽部。二字疊韻可通。如"恍"字或作"芒、望"，從"糸"的"光"即從糸的"廣"。◇網羅：第一字乃"網"字，從"手"即撒網之義。此字見於甲骨文，郭沫若認爲"象投網之形，殆即網之異文"。麗，來母屋部。羅，來母歌部。絡，來母鐸部。諸字音近。此句似可讀"網宗麗（羅、絡）族"，即網羅宗族。《漢書·王莽傳》："網羅天下異能之士，至者前後千數。"◇殘群安備：其義可能是指散落之群也有所戒備。《張玄晏謝時相啟》："洛下諸生，隆中散族。"安，訓處。

【于凱】◇湯伐桀之過程，傳世文獻亦有記載。但諸家所説，各有所差異，《書序》："伊尹相湯伐桀，升自陑，遂與桀戰於鳴條之野，作《湯誓》。"《史記·殷本紀》："桀敗於有娀之虛，桀奔於鳴條，夏師敗績。湯遂伐三峻，俘厥寶玉……於是諸侯畢服，湯乃踐天子位，平定海內。”《史記·夏本紀》：“湯遂率兵以伐夏桀。桀走鳴條，遂放而死。”《太平御覽》卷八二皇王部引《竹書紀年》曰：“湯遂滅夏，桀逃南巢氏。”《吕氏春秋·仲秋紀·簡選》：“殷湯良車七十乘，必死士六千人，以戊子戰於郕，遂禽推移、大犧，登自鳴條，乃入巢門，遂有夏。”《吕氏春秋·仲秋紀·論威》：“此夏桀之所以死于南巢也。”《淮南子·修務訓》：“（湯）乃整兵鳴條，困夏南巢，譙以其過，放之歷山。”《淮南子·主術訓》：“湯革車三百，困之鳴條，擒之焦門。”◇《吕氏春秋·簡選》所言之“郕”地，字形與“戎、陑”相近，也許本爲一地。《殷本紀》之“有娀之虛”，亦可能與“戎遂”有關。◇帚山氏，《荀子·解蔽》：“桀死於亭山。”《山海經·大荒西經》：“成湯伐夏桀于章山，克之。”“亭山、章山”皆是“帚山”之形訛。帚山，李零認爲又可作“歷山”。《淮南子·修務訓》“放之歷山”。是簡文“桀逃之帚山氏”，當與以上諸文獻所載有關，但簡文“帚山氏”，是桀一逃之地，則與以上諸説不同。◇鳴條之遂，《書序》作“鳴條之野”，《史記》《吕氏春秋》《淮南子》皆作“鳴條”。《書序》以之爲湯、桀再戰之地，《淮南子》以之爲首戰之地，《史記》爲桀一逃之地，而簡文以爲是夏桀再逃之地。◇南巢氏，簡文以爲桀三逃之地，《竹書紀年》有“桀逃南巢氏”之説，與簡文略同。而《淮南子·修務訓》“困夏南巢，譙以其過，放之歷山”，則與簡文稍異。◇蒼梧之野，簡文以爲是桀的最後逃亡之地。但傳世文獻中多以此地爲帝舜所葬。《禮記·檀弓下》云：“舜葬於蒼梧之野。”《史記·五帝本紀》：“（舜）崩於蒼梧之野。”《山海經·海內南經》：“蒼梧之山，帝舜葬於陽，帝丹朱葬於陰。”但《孟子·離婁下》云：“舜生於諸馮，遷于負夏，卒於鳴條，東夷之人也。”知戰國時另有“舜卒鳴條”之説流行，簡文“桀”與“蒼梧之野”關聯，或是因“舜卒鳴條”與“舜卒蒼梧之野”説而產生。另外，《逸周書·殷祝解》有湯放桀於“中野”，桀奔“不齊、魯、南巢”之説，與上述諸説不同，當

別有其資料來源,此處暫不論。◇簡文"湯於是乎徵九州之師",
《吕氏春秋·仲夏紀》有"湯於是率六州以討桀罪"之説,"六州"或
是"九州"之訛。

【邱德修 A】"虘"借作"化",讀爲"伐",動詞,攻擊的意思。

【陳劍 B】遂逃去,之蒼梧之野。湯於是乎徵九州之師,以霂
(略)四海之内,於是乎天下之兵大起,於是乎羿(亡)宗鹿(戮)族
戔(殘)群安(焉)備。

◇霂:此"霂"字跟見於後世字書的"宊"字俗體"霂"恐無關
係。"霂"的聲符"瓜"跟"略"聲母相近、韻部魚鐸陰入對轉,疑兩
字可相通。《廣雅·釋詁》:"略,行也。"王念孫疏證:"略者,隱五
年《左傳》'吾將略地焉'杜預注云:'略,總攝巡行之名。'宣十一年
傳'略基趾',注云:'略,行也。'《漢書·高祖紀》云:'凡言略地者,
皆謂行而取之。'《方言》:搜、略,求也。就室曰搜,於道曰略,義亦
同也。"此類用法的"略"《左傳》多見,除王念孫所舉外又如:《宣公
十五年》:"壬午,晉侯治兵於稷,以略狄土。"《隱公五年》:"公將如
棠觀魚者……公曰:吾將略地焉。"《僖公十六年》:"十二月,會於
淮,謀鄫,且東略也。"《昭公二十二年》:"六月,荀吳略東陽。"《僖
公九年》:"齊侯不務德而勤遠略,故北伐山戎,南伐楚,西爲此會
也。東略之不知。西則否矣。"楊伯峻《春秋左傳注》(327 頁):
"略,《詩·魯頌譜》'謀東略',疏云:'是征伐爲略也。'勤遠略,即
下文之北伐、南伐。"

【王志平 B】於是乎亡。宗戮、族殘、群殘、群焉服。

【王輝 A】◇ 霸:疑此字應隸作"霄",其下爲"月"之訛。《説
文》霸字古文作 霸,上部爲雨之訛,而雨乃霍省形,字從月,霍省
聲。簡文上部爲雨,不過左右皆爲三點。"以霸四海之内"即稱霸
於天下。《論語·憲問》:"管仲相齊桓公,霸諸侯,一匡天下。"

【白于藍 B】◇ 霸:該字原形作 霸,有學者認爲其下部從"瓜",
不確。楚簡中"蓏"字很常見,作 (包山簡 255)、 (包山簡

258），所從“瓜”與該字下部所從有細微區別，即“瓜”下從一小圓點，而該字所從之 🔸 下部爲一肥筆。包山簡 265 中有“匕”字作 🔸，可參考。另外，天星觀竹簡有字作 🔸，滕壬生釋爲“匕”，應該是可信的。該字既從雨匕聲，於此似可讀爲“包”。古代“伏羲”或稱“包羲”……又稱“宓羲”……上古音“必”爲幫母質部字，“匕”爲幫母脂部字。兩字雙聲，韻則對轉，古音十分接近。“包”及從“包”聲之字既可與從“必”聲之字相通，則亦當有與從“匕”聲之字相通的可能。“包”字古有包取之義……《漢書·賈誼傳》：“淮陽包陳以南揵之江。”顏師古注引晉灼曰：“包，取也。”故“雹（包）四海之内”蓋即包取四海之内。《新語·過秦論》：“有席捲天下，包舉宇内，囊括四海之意，併吞八荒之心。”可參考。

【周鳳五 B】◇罪：《包山楚簡》有從网、從卄、從畢聲之字，如下：……箳（《包》158）、箳（《包》159）……疑簡文“罪”字乃包山此字省文……《容成氏》……“罪（畢）”字讀作“夷”，畢，古音幫紐質部；夷，餘紐脂部，韻部對轉可通。《史記·淮陰侯列傳》與《酈生陸賈列傳》“夷滅宗族”可證。

【范常喜 D】◇罪：“罪宗”暫從整理者讀作“亡宗”，意即使宗族受到滅亡。“群”同樣也是指親族、朋輩……“戔（殘）群”就字面意思來看即：使得本來完整和諧的親族、朋輩關係殘缺了……包山楚簡中多次出現“熊鹿”一詞，何琳儀指出即楚君熊麗……上古音中“麗”屬來母支部，“離”屬來母歌部，二字讀音接近，虞萬里曾對古音中歌、支二部的關係及其地域性差異和歷時的發展變化做過深入的研究……而且文獻中“麗、離”二字多見相通之例……我們認爲簡文中的“鹿”當讀作“離”，即離散之義……“罪（亡）宗、鹿（離）族、戔（殘）群”所指大體一致，均是就“天下之兵大起”而使家族受到殘害，導致妻離子散的後果而説的。整理者將“焉”字訓爲“乃”是可取的……“備”……當訓“具備、完備”……綜上可知，簡文此句可釋作：於是乎罪（亡）宗、鹿（離）族、戔（殘）羣焉備，大意爲:於是,亡宗、離族、殘群都具備了。這同前文"於是乎天下之兵大起"剛好形成因果關係。此外《春秋繁露·家教》……(的)"殘類滅宗亡國"可與簡文中的"亡宗、離族、殘群"相對參。

【陳劍 E】◇罜:(甲骨文)的"罜"與"隻(獲)"相呼應,係用爲田獵動詞,結合其字形而釋讀爲"罩",是很通順的……根據"離、殘"之義循音以求,疑"罜"當讀爲"剿",意爲"滅絕"。◇鹿:包山簡所見的楚先祖名"酓鹿"即古書中的楚王"熊麗"……"鹿"與"麗"在形、音、義三方面均有關涉,因此兩字有時混用不分,在古書和出土文獻中皆有其例。這一點後來不斷被新發現的古文字資料所證實。《上博(六)·天子建州》甲本簡10~11、乙本簡9~10"男女不(語)鹿(麗、儷)"陳偉讀"鹿"爲"麗",訓爲"偶",可從。又《上博(五)·融師有成氏》簡 6"毀折鹿戔(殘)","鹿戔(殘)"應跟"毀折"爲近義連文,應與《容成氏》"罜宗鹿族戔(殘)羣"中處於對文的"鹿"和"戔(殘)"相類,"鹿"亦用作"麗"讀爲"離"。近來安徽鳳陽縣卞莊一號墓出土鑄鐘銘文的"童麗公",當讀爲"鐘離公",其中編號爲 9-3 的"童"下之字作鹿頭之形,應釋爲"鹿"而用爲"麗";安徽舒城九里墩古墓出土的圓形鼓座,其銘文中的"童鹿公"亦即"鐘離公","鹿"亦用爲"麗"。

【林文華 B】霝:此字仍應從李零分析作從"雨"從"匕",從"匕"得聲。蓋從字形上分析,從"匕"的"比"字作仳(《郭店·老子甲》),……其所從的"匕"與簡文霝下部形體近似。其次,"匕"上古音爲幫母脂部,"被"爲並母歌部,聲母同爲重唇音而韻部旁轉可通,故二字音近可通。簡文此字乃可通"被",讀作"以被四海之內"。典籍多有"被四海、被四表、被天下"之例,如《管子·內業》:"乃能窮天地,被四海。"《書·堯典》:"光被四表,格於上下。"……"被"有"及"之義,"以被四海之內"乃謂及於天下,是説湯徵發九州之師而遍及天下以征討夏桀,故下文接著説"於是乎天下之兵大起"。

【程燕】清華簡《楚居》中"樊郚"之"樊"字作：楚居 05、楚居 08、楚居 10……此字釋爲"樊"是正確的，可與淅川下寺中的"樊"互證。淅川下寺二號春秋楚國大墓中編號爲 M2：82 的"朋戈"，銘文中有如下一句：新命楚王。最後一字……裘錫圭和李家浩認爲，"當從樊飲，或從飲樊聲，或從樊飲聲。當爲楚王名"。……我們認爲此字左旁與《楚居》的"樊"字形體完全相同，諸位先生認爲從"樊"聲是正確的。下部所從兩手形並非"廾"，而是，是其聲符。所從的"網"疑爲（象樊籬形）訛變……上博二·容 41"樊宗"疑讀作"叛宗"。"樊、叛"皆爲並紐元部字，雙聲疊韻可通。"樊"與"板"相通之例見於《古字通假會典》217 頁……《左傳·隱公四年》："衆叛親離，難以濟矣。"前引范常喜將"鹿"讀作"離"是正確的。簡文"叛宗離族殘群"之"叛、離"義近。

【李守奎 B】(清華一《楚居》)樊字作，隸作"藬"，出現三次，一次作人名：……"酓藬"與《楚世家》相對應的就是"熊勝"。原考釋説："《漢書·古今人表》作熊盤。藬字與樊字相近。參樊季氏孫仲姁鼎(《集成》2624)、樊君夔匜(《集成》10256)等。樊與盤皆脣音元部字。"……楚文字的"罛"有可能就是"藬"字的截除式省形，亦即樊字異體……上博簡《容成氏》……"樊"讀"判"，判宗、戮宗、殘群結構相同，意思相近，剖分其宗，殺戮其族，殘毀其群，都是指商人對夏人的處置，經過如此處置，夏民乃服。即使如學者讀"鹿"爲"離"，判宗離族也較其他讀法順暢。

【夏世華 B】丁四新師以爲……"记"當是表示對"亡宗戮族殘群"進行打擊的動詞，疑讀爲"圮"，《説文》云："圮，毀也。"

【按】◇吕：李零釋爲"吕"；黃錫全釋爲"亡"，讀爲"廣"。按：《容成氏》中的"吕(以)"皆如此做，並非"亡"字。◇：李零隸定爲"电"，讀爲"批"；徐在國、何琳儀隸定爲"霊"，認爲有"下"義；楊澤生 B 隸定爲"甀"，讀爲"柄"，又認爲可讀爲"併"；黃錫全隸定爲"电"，釋爲"沘"；邱德修 A 釋"化"讀"伐"；陳劍 B 隸定爲"霊"，讀爲“略”；王輝 A 隸定爲“霄”，讀爲“霸”；白于藍 B 隸定爲“电”，讀爲“包”；林文華 B 隸“电”讀爲“被”。按：從字形上看，徐在國、何琳儀隸定爲“霏”確切無疑，但此字如何釋讀仍應存疑。◇记：李零讀爲“起”；夏世華 B 引丁四新説讀爲“妃”。按：李説是。◇罘：李零讀爲“亡”；何琳儀認爲即“掆”，讀爲“亢”；黄錫全釋爲“網”；周鳳五 B 認爲是包山“從网從卄從畢聲”之字的省文，讀爲“夷”；陳劍 E 釋爲“罩”，讀爲“剿”；程燕據清華一《楚居》釋“樊”讀“叛”；李守奎 B 亦據清華一《楚居》釋“樊”讀“判”。按：此字在戰國文字中多次出現，如包山簡 130 反、上博四《昭王與龔之脾》簡 7、天星觀楚簡等，具體辭例可參看陳劍 E 一文。從新出的清華一來看，此字是“樊”的省形，此從程燕讀爲“叛”。◇鹿：李零讀爲“戮”；黄錫全讀爲“羅”；范常喜 D 讀爲“離”，陳劍 E 有補充説明。按：楚文字尚未見到“鹿”用爲“戮”的情況，這裏暫從范常喜 D、陳劍 E 説讀爲“離”。◇安：李零讀爲“焉”；黄錫全認爲是“處”義。按：李零説是。◇備：李零讀爲“服”；黄錫全如字讀，認爲是“戒備”義。按：李零説是。

簡 36

説明：本簡長 44 釐米，完簡。共 41 字。

拼合編聯：簡 36 與簡 37 編聯，從李零説。

釋文：

曺（當）是耑（時），弜（強）溺（弱）不絅（辭）諹（讓），衆募（寡）不聖（聽）訟，天地四耑（時）之事不攸（修）。湯乃專（溥）爲正（征）作（籍），吕（以）正（征）闢（關）市。民乃宜（多）肯（怨），虜（虐）疾訇（始）生，於是

集釋：

【李零 A】曺（當）是耑（時），弜（強）溺（弱）不絅諹，衆募（寡）不聖訟，天地四耑（時）之事不攸（修）。湯乃專（輔）爲正（征）复

（籍），吕正（征）閏（關）市。民乃宜肙（怨），虍（虐）疾訇（始）生，
於是

　　　◇絅諹：疑讀"辭揚"。◇聖訟：疑讀"聲訟"。◇天地四眚之
事不攸：即"天地四時之事不修"。按：以上是講夏桀失政。◇正
复：即"征籍"，是抽税的意思。按中山王方壺"籍斂中則庶民附"，
"籍"作"复"。◇肙：即"怨"。《郭店楚墓竹簡·緇衣》第十簡"怨"
字作"悁"，這裏作"肙"。◇虍疾：即"虐疾"，指第三十七簡所述各
種殘疾。《説文·虍部》"虐"字古文作"虘"。

　　【陳劍 A】當是時，強弱不治（?）諹，衆寡不聽訟，天地四時之
事不修。湯乃專爲征籍，以征關市。民乃宜怨，虐疾始生，於是

　　【蘇建洲 F】◇辭揚：疑讀作"辭聽"。易，余紐陽部；聽，透紐
耕部，聲紐同爲舌頭音，韻部則爲旁轉。《左傳·哀公二十三年》
"越諸鞅來聘"，《吳越春秋·句踐入臣傳》諸"鞅"作諸稽"郢"（余
耕）……可證"易、聽"音近可通。《周禮·秋官·小司寇》："以五
聲聽獄訟，求民情。一曰辭聽。"鄭玄注："觀其出言，不直則煩。"
◇聲訟：疑讀"聽訟"。《論語·顏淵》："聽訟，吾猶人也，必也使無
訟乎。"……簡文"衆寡不聽訟"與上句"強弱不辭聽"意思相近，互
文可通。"辭聽"即"聽訟"；《韓非子·安危》："安危在是非，不在
於強弱。存亡在虚實，不在於衆寡。"可説明"強弱、衆寡"應可互
用。簡文疑指諸侯之國不論強或弱、大或小都不依民情聽斷訟
獄，不諦聽兩造之辭來斷獄，致使人民的真實情況無法上達……
《説苑·指武》："文王先伐崇，先宣言曰：余聞崇侯虎蔑侮父兄，不
敬長老，'聽獄不中'……乃伐崇。"可見，聽斷獄訟若立場不公正，
亦是一種嚴重的過失。◇天地四時之事：《晏子春秋·景公欲使
楚巫致五帝以明德晏子諫第十四》："古之王者……是故天地四時
合而不失，星辰日月順而不亂。"……而"修"有"遵循"的意思。
《史記·殷本紀》："昔高后成湯與爾之先祖俱定天下，法則可
修。"……簡文意謂不遵行天地四時的常理。《左傳·昭公二十五

年》:"夫禮,天之經也,地之義也,民之行也。天地之經,而民實則之。"可與簡文互參。◇此處的"湯"似爲"桀"的誤寫。如同《郭店·窮達以時》簡 3~4 提到"皋陶……釋板築而差(佐)天子,遇武丁也",學者多已指出此處的"皋陶"應該是"傅説"之誤寫……倘若釋爲"湯",依整理者讀作"湯乃輔爲征籍,以征關市",……如此豈不成了"助桀爲虐"……治國者,莫不以弛關市之征爲德,如《韓非子·外儲説右上》:"吾弛關市之征而緩刑罰,其足以戰民乎?"◇乃:疑應釋爲"竟然"的意思。用法如"問今是何世,乃不知有漢,無論魏晉"(《桃花源記》)。◇專:依文意應釋爲"博",即廣大之意。◇以征關市:《吕氏春秋·仲夏紀·仲夏》"關市無索",高誘注:"關,要塞也。市,人聚也。無索,不徵税。"簡文與之相反。綜合以上,簡文是説夏桀竟然還普遍地向通過關市的人民抽税。怪不得人民會怨恨,癘疾也伴隨産生。

【于凱】◇此事不見傳世文獻,但據傳世文獻,湯受命稱王前,曾爲夏之方伯,並掌有征伐之權。《書序》:"湯征諸侯,葛伯不祀,湯始征之,作《湯征》。"《孔氏傳》曰:"爲夏方伯,得專征伐。"《史記·夏本紀》還提到:"帝桀之時,自孔甲以來而諸侯多叛夏,桀不務德而武傷百姓,百姓弗堪。乃召湯而囚之夏台,已而釋之。"從中亦可窺見滅夏之前湯與桀之間的從屬關係。湯"輔爲征籍",似乎有湯助夏桀聚斂百姓之意。其目的似在於由此導致民怨,使桀失去民心。

【邱德修 A】"弪溺不絅諹",即"強弱不辭揚",強者欺侮弱者不敢張揚出去。

【趙建偉】◇宜:《説文》所載"宜"字之古文與"多"字形近,疑此處之"宜"爲"多"字之訛(欒調甫《梁任公五行説之商榷》一文中疑《墨子·經下》"五行無常勝,説在宜"的"宜"字爲"多"字之訛,見《古史辨》第五册)。

【陳劍 B】當是時,強弱不絅諹,衆寡不聽訟,天地四時之事不

修。湯乃尃（溥）爲征籍，以征關市。民乃宜怨，虐疾始生，於是

　　◇“湯乃溥爲征籍，以征關市”與前文簡 18“禹……關市無
賦”相對。

　　【淺野裕一】強弱不治擾。

　　【陳英傑 A】◇考察了郭店簡和上博簡中“治、始”等字的使用
情況，以期發現其用字習慣和用字規範……“強弱不𰯌諹”，末二
字整理者疑讀“辭揚”。但依據“治”字的習見寫法，我們以爲此字
當釋爲“治”，此句與下句“衆寡不聖（聽）訟”結構相同，諹，《集
韻·漾韻》：“諹，《字林》：‘讙也。’”

　　【何有祖 C】◇辭諹：頗疑“辭諹”可讀作“慈諹”。上古音“辭”
屬邪紐之部；“慈”屬從紐之部，聲紐同爲舌紐，韻部相同。兩者相
通當頗有可能。“慈諹”見于武威漢簡，典籍或作“慈祥”。武威漢
簡甲本《士相見之禮》簡 11：“與衆言言忠信[慈諹]，與居官者言
言忠信。”校注：慈諹，今本作慈祥……《儀禮·士相見禮》：“……
與衆言，言忠信慈祥。與居官者言，言忠信。”注：“祥，善也。”簡文
“強弱不慈諹，衆寡不聖（聽）訟”，兩句互文，即無論強弱抑或衆
寡，既不慈諹，也不聽訟。這樣的亂局顯然不是治國者願意看
到的。

　　【張通海 C】衆寡不聖訟：“聖訟”當讀爲“聽訟”……此處所敘
述的對象仍然是桀，因爲此承上文，爲“湯”無疑……湯這樣運作，
實際上是要桀爲淵驅魚。

　　【范常喜 E】“𰯌”當從陳劍讀作“治”……正如陳英傑所云，從
用字習慣來看，在楚簡文中，這幾個從“糸”的字形一般用來表示
“治”……（“諹”）陳英傑如字讀，並引《集韻·漾韻》：“諹，《字林》：
讙也。”……我們認爲陳先生的觀點是正確的……東方朔《七諫·
怨世》……王逸注：“讙譁爲訟。”……《易林·蠱之萃》：“虎豹爭
強，道閉不通。小人讙訟，貪夫受空。”句中亦“讙、訟”並提。由此
可見，“弳（強）溺（弱）不𰯌諹”和“衆募（寡）不聖（聽）訟”兩句當大

意相承,即"不治理强弱之謁,不聽治衆寡之訟"。

【董珊】"絧謁"當讀爲古書中的常見詞"辭讓"……"强弱不辭讓、衆寡不聽訟"與"天地四時之事不修"三句排比,其語義關係層層遞進,大意是説:强者與弱者不互相辭讓,而尚爭奪;爭奪之後有獄訟,但官吏不聽治衆、寡兩造的訴訟;進而不修天地四時之事……"强弱、衆寡、天地四時之事"是受事主語。若將受事主語移到動詞"辭、聽、修"之後,就是"不辭强弱之讓、不聽衆寡之訟、不修天地四時之事"。"强弱、衆寡、天地四時之事"之所以被提前,是因爲這三者是話題性對比的焦點(參看吳福祥《再論處置式的來源》,《語言研究》2003 年 3 期)。

【林文華 A】所謂"强弱"乃是"强凌弱","衆寡"乃是"衆暴寡",即强者侵凌弱者,衆者欺侮寡者之意。文獻上頗多其例……《荀子·性惡》:"則夫彊者害弱而奪之,衆者暴寡而譁之。"……"彊者害弱、衆者暴寡"亦同於"强凌弱、衆暴寡"。至於……"譁之"則亦與簡文"强弱不治讙"的"讙"近同……簡文"强弱不治謁,衆寡不聽訟"即可定爲"强凌弱不治讙,衆暴寡不聽訟",或爲"不治强凌弱之讙,不聽衆暴寡之訟"。

【黎廣基】簡文"强弱不絧謁,衆寡不聖訟"的涵義,可能與"强弱不相乘,衆寡相暴"(語見《太平御覽·皇王部》引《淮南子》)……"絧謁"蓋讀爲"辭讓"。"辭讓"爲先秦常語……"强弱不辭讓"猶言强弱互不辭讓,即强不辭弱,强弱相乘的意思……《吕氏春秋·至忠》云"非賢主其孰能聽之"。高誘注:"聽,受也。"……本文"聽"字,即用此義。至於"訟",當讀爲"容"……《尚書·君陳》:"……有容,德乃大。"孔傳:"所有包容,德乃爲大。"……"聽容"即接受包容。

【單育辰 D】趙建偉釋"宜"爲"多"是正確的,但"宜"並不是"多"的譌字,而是"宜"可讀爲"多","宜"疑紐歌部,"多"端紐歌部,二字古音近。如《説文》卷七下"宜"字的古文作𠩾,即從"多"。

【夏世華 B】疑當從李零通讀爲"強弱不辭揚，衆寡不聲頌"，是説天下平定、大功告成之後，卻未得百姓稱揚、歌頌……尃，疑讀爲賻補之"賻"，當在其後斷句……湯在天下平定之後，能賻補那些在戰爭中有一人或多人喪身而又不足以善其後事的家庭，是一項合於人情且必要的安撫政策。兩"正"字皆不須改讀，"正"即中正、不偏之意，作動詞可指使合於正。◇"肻"是楚文字中"夗"或"宛"的一種寫法，疑讀爲"婉"……"宜、婉"義近，皆言民之和順。

【劉信芳 C】尃，疑讀爲"籩"。上博藏五《競建内之》4、3："發（發）古（故）籩（勵），行古（故）伥（籍）。""籩（勵）"指商代實行的助法。

【按】◇絗賜：李零讀爲"辭揚"；陳劍 A 讀爲"治賜"；蘇建洲 F 讀爲"辭聽"；淺野裕一讀爲"治擾"；陳英傑 A 讀爲"治賜"，范常喜 E、林文華從之；何有祖 C 讀爲"慈賜"；董珊讀爲"辭讓"，黎廣基亦有此説。按：董珊的説法較符文義。◇聖訟：李零讀爲"聲訟"；陳劍 A 讀爲"聽訟"。按：陳劍 A 説是。◇湯：唯蘇建洲 F 認爲是"桀"的誤寫。按：蘇説誤，他認爲"湯"是訛字的原因是想牽合其所做之編聯。◇尃：李零讀爲"輔"；陳劍 A 讀爲"溥"；蘇建洲 F 讀爲"博"；夏世華 B 讀爲"賻"；劉信芳 C 釋爲"籩（勵）"。我們於此暫從陳劍 A 説。◇兩"正"字：李零讀爲"征"；夏世華 B 如字讀。按：李讀是。◇夂：李零讀"夂"爲"籍"可從，除劉信芳 C 所舉的上博五《競建内之》簡 3"行故伥"之"伥"可讀爲"籍"外，又見清華二《繫年》1＋2："昔周武王監觀商王之不恭上帝，禋祀不寅，乃作帝𢼄，以登祀上帝天神，名之曰【1】千畝。"此中之"𢼄"亦讀爲"籍"，《國語·周語上》："宣王即位，不籍千畝。"韋昭注："籍，借也，借民力以爲之。天子田籍千畝，諸侯百畝。自屬王之流，籍田禮廢，宣王即位，不復遵古也。"①◇宜：李零釋爲"宜"；趙建偉

---

①　參看清華大學出土文獻研究與保護中心《清華大學藏戰國竹簡（貳）》，中西書局 2011 年，第 136～137 頁。

疑爲"多"字之訛。按:"宜"應讀爲"多"。"多"在楚文字中常見,且字形比較固定,這裏用"宜"來表示"多"似乎有點奇怪,但在楚文字中,有些常用字除固定寫法之外,也會出現一些特殊寫法,如"一"又寫作"罷"、"曰"又寫作"ㄦ"等。◇肙:李零讀爲"怨";夏世華 B 讀爲"婉"。按:李讀是。

簡 37

説明:本簡長 44.4 釐米,完簡。共 42 字。

拼合編聯:簡 37 與簡 42 下編聯,從陳劍 A 説。

釋文:

虐(乎)又(有)誈(喑)、聾、皮(跛)、**🔻**、痿(瘻)、寏、婁(僂)訇(始)记(起)。湯乃惎(謀)戒求叚(賢),乃立泗(伊)尹㠯(以)爲差(佐)。泗(伊)尹既已受命,乃執(戠)兵欽(禁)暴,羕(永)㝵(得)于民,述(遂)迷天

集釋:

【李零 A】虐(乎)又(有)誈(喑)、聾、皮(跛)、**🔻**(眇)、痿(瘻)、寏、婁(僂)訇(始)记(起)。湯乃惎(謀)戒求叚(賢),乃立泗(伊)尹㠯爲差(佐)。泗(伊)尹既已受命,乃執兵欽痬,羕(佯)㝵(得)于民。述(遂)迷,而

◇誈、聾、皮、**🔻**、痿、寏、婁:此七種殘疾,多與上第二、三簡同。"誈"上文作"唫"。聾,相同。皮,上文作"坒"。**🔻**,從位置看,似相當上文"㞡"字,但字形上難以隸定,也可能是寫壞的字。痿,相同。"寏"不詳,或相當上文的"蟲"。婁,相同。◇惎戒:即"謀戒",下文作"慎戒",應是含義相近的詞。◇泗尹:即"伊尹"。"泗"是心母質部字,上文"伊水"之"伊"作"沠",字從"死","死"是心母脂部字,與"泗"讀音相近,都是"伊"字的通假字。◇乃執兵欽痬:痬,右下部難以隸定。此句的含義不甚明瞭,似乎是某種取悦於民的措施。◇述迷:即"遂迷"。這幾句似乎是説:伊尹受

命爲佐，採取某種措施，讓桀自以爲得到人民的信任，造成迷惑。

【陳劍 A】乎有喑、聾、跛、□、瘻、□、僂始起。湯乃謀戒求賢，乃立伊尹以爲佐。伊尹既已受命，乃執兵欽（禁）暴，兼得於民，遂迷而

◇"欽"下一字當釋爲從病旁從"暴"，"欽"及此字連讀爲"禁暴"，是董珊的意見。

【何琳儀】◇喑聾跛 🔶 瘻痀瘻始起：（🔶）以黑白相間表示迷惑之意，疑爲"幻"之異體。幻，《古文四聲韻》去聲二十二引《古尚書》作🔶，《六書通》去聲十諫引《古尚書》作🔶，與本簡🔶近似。"幻"通作"眩"。《集韻》："幻，……古作眩。"《素問·五常政大論》"其動掉眩顛疾"注："眩，旋轉也。"簡文"幻"（眩）應指神經系統的疾病。

【劉釗 B】◇🔶：此字是個會意字，即"眇"字的本字，本象目一邊明亮一邊暗昧形，"眇"則爲後起的形聲字……《易·履》："眇能視，跛能履。"……《穀梁傳·成公元年》："季孫行父禿，晉郤克眇，衛孫良夫跛，曹公子手僂，同時而聘于齊。"以上兩例"眇"字都用爲"一目失明"之意。值得注意的是上引兩段典籍中"眇"都與"跛"相連提及，這與《容成氏》簡文中"🔶"與"跛"相連提及相一致……《穀梁傳·成公元年》同時提到"眇、跛、僂"，這與《容成氏》同時提到"跛、🔶、僂"也相同。這説明釋"🔶"爲"眇"有相當的可信程度。《韓詩外傳》卷三有一句説："太平之時，無痑、癃、跛、眇、尪、蹇、侏儒、折短。""癃"字乃"聾"字異體，或是受上一"痑"字影響類化而成。這一句中的"痑、癃、跛、眇"四種殘疾同《容成氏》簡文中"喑、聾、跛、🔶"四種殘疾排列順序完全相同。《容成氏》的🔶相當於《韓詩外傳》的"眇"，這也證明釋楚簡《容成氏》之🔶爲"眇"應該是正確的。

【蘇建洲 G】◇寀：字應從"某"，《包山》255 作🔶、《説文》古文"某"上皆從口，簡文字形是將"口"形填實。亦可與同簡的"萁"對

比。其次，若與簡 3 對照，則"寠"相當於"亘"……疑讀作"痸"，並紐侯部；某，明紐之部，聲紐同爲脣音，韻部旁轉音近。《説文》曰："痸，俛病也。"徐鍇《繫傳》曰："《爾雅》注：'戚施之疾，俯而不能使仰也。'"可見"痸"應該相當於"戚施"，指駝背的人。

【讀本】◇兼导于民：即"佯得於民"……《孫子兵法·用間》："昔殷之興也，伊摯在夏。"……當時伊尹曾以苦肉計取信於夏桀，進而潛入夏，除收集敵情外，可能也蒙蔽夏桀的耳目，使"桀愈自賢，矜過善非"。

【于凱】◇古人有"伊尹間夏，以亂夏政"之説，《太平御覽》卷一三五皇親部引《竹書紀年》："（桀）其元妃於洛，曰末喜氏。末喜氏以與伊尹交，遂以間夏。"《孫子兵法·用間篇》："昔殷之興也，伊摯在夏……故明君賢將能以上智爲間者，必成大功。""伊摯"即伊尹。文獻中伊尹往往具有雙重身份，他既是湯臣，又曾"去湯適夏"。《孟子·告子下》："五就湯、五就桀者，伊尹也。"趙岐注："伊尹爲湯見貢於桀，桀不用而歸湯，湯復貢之，如此者五。"《史記·殷本紀》："湯舉任伊尹以國政。伊尹去湯適夏。既醜有夏，復歸於亳。"《書序》作："伊尹去亳適夏，既醜有夏，復歸於亳。"孫星衍《尚書今古文注疏》卷三十謂："按《射義》，古者諸侯有貢士于天子之制，蓋伊尹爲湯貢士而適夏也。鄭注《大傳》云：'是時伊尹仕桀。'"《呂氏春秋·慎大覽》："桀爲無道……湯乃惕懼，憂天下之不寧，欲令伊尹往視曠夏，恐其不信，湯由親自射伊尹。伊尹奔夏三年，反報於亳……湯謂伊尹曰：'若告我曠夏盡如詩。'湯與伊尹盟，以示必滅夏。伊尹又往視曠夏，聽於末嬉……"其中所記，雖有演義的成分，但也曲折地反映了伊尹、湯與桀之間的複雜關係。簡文所記伊尹故事，與其"間夏"之舉，當有直接聯繫。這樣，湯助桀聚斂、伊尹助湯滅桀，正可與《竹書紀年》《史記》《書序》等文獻的"間夏、既醜有夏"之語，相互印證。◇"湯有亂政"的説法，卻未得聞。《殷本紀》記載，湯滅夏後，做《湯誥》，告諸侯群后："毋不有功於民，勤力乃事，予乃大罰殛汝，毋予怨。"《呂氏春秋·慎大覽》："湯立爲天子，夏民大悦，如得慈親，朝不易位，農不去疇，商不變肆，親郼如夏。此之謂至公，此之謂至安，此之謂至信。"《尚書大傳》："桀殺刑彌厚而民彌暴，故爾梁遠，遂以是亡；湯之君民聽寬而獄省。"如此，桀之虐政與湯之善政，恰成鮮明對比……另外，《韓詩外傳》卷三："太平之時，無痞癃、跛眇、尪塞、侏儒、折短，父不哭子，兄不哭弟，道無襁負之遺育。然各以其序終者，賢醫之用也。故安止平正，除疾之道無他焉，用賢而已矣。《詩》曰：'有瞽有瞽，在周之庭。'紂之餘民也。"在古人看來，痞癃、跛眇、尪塞、侏儒、折短的出現，是亂世之徵兆，因此，《詩》之"有瞽"，《韓詩外傳》以爲是"紂之餘民"。古代往往桀、紂並稱，將他們視爲亂政之君的代表。這則材料也間接説明《容成氏》簡 37 所言"暗、聾、跛、□、瘻、□、僂始起"之事，大概與桀之亂政有關。

【陳偉武】（"羕導于民"）當讀爲"養德於民"。"養德於民"猶言"養民以德"。"養德"或"養……德"爲諸子書中習語。

【邱德修 A】♠爲"㝅"字之省文，指瘰子……《説文·宀部》："㝅，藏也。從宀，呆聲。呆，古文保。"……此借作"痡"用，又《疒部》："痡，病也。從疒，甫聲。"音普胡切，滂紐，五部，而"㝅"字，音博襃切，定紐三部；二字古合韻，可互通……（瘶）字下半雖殘，唯可確定從"去"聲，可讀作"法"，通"祓"字，《説文·示部》："祓，除去惡祭也。從示，犮聲。"字音敷勿切，滂紐，十五部；而"法"字音方乏切，幫紐八部；古聲同韻近，可以互借。

【陳劍 B】乎有暗、聾、跛、眇、瘻、㝅、僂始起。湯乃慹戒求賢，乃立伊尹以爲佐。伊尹既已受命，乃執兵欽（禁）暴，羕得于民，遂迷而

【淺野裕一】湯乃謀、戒求賢、乃立伊尹以爲佐。

【劉信芳 B】《吕氏春秋·數盡（盡數）》亦有一段關於廢疾者的記載……將大致相類的殘疾者之名歸類列表於下，然後依次説明。

容2	喑聾	槏戉	跛躄	張	婁	瘻	憂
容37	喑、聾	宲	跛	□	婁	瘻	又
數盡	搞、聾	瞷、盲	尵躄	張	尫、傴	瘻	疛

◇宲：將該字隸作從宀某聲之字是正確的，“某”在上古音爲之部明紐字，“冒”爲幽部明紐字，之幽二部旁轉，字可讀爲“瞀”或“瞁”，“瞀”或“瞁”皆明紐字，是爲雙聲。◇“□”字與“張”字相對應，可能是“昌”字，讀爲“張”……仔細觀察簡文“昌”字，其右半並未完全塗黑，而是在黑的這一半的中間有一豎筆，明顯是“月”形……古璽“昌”字（《璽彙》0882），上部從近似半圓體而中分，應是日、月同時懸於天空的符號化與抽象化；下部從口形而添加中間的一橫畫……《容成氏》“昌”字，可以看作璽印“昌”字的省形……簡文“昌”讀爲“張”，“張”上古音在陽部端紐，“昌”陽部昌紐，於韻同部，於聲紐同爲舌音。

　　【黄德寬 B】◇□：《説文・木部》：“杲，明也，從日在木上。”“杳，冥也，從日在木下。”信陽楚簡（1－023“……州，昊昊杲＝，又胃日……”）表明杲字釋作“杲”是有據的……將□字未塗黑的基本字形杲釋作“杲”是有可能的……納西象形文字以黑色來構字的例子是頗富啓發意義的旁證材料，（有些字）都以增填黑色構成一個與原字意義相反或者相對的字……我們説杲（未填黑）是“杲”字，那麼填黑後的□則應是與之意義相反的一個字。考諸漢字系統，這個字最大可能就是“杳”……《容成氏》37 號簡□字，有的學者以爲是□字的省簡，可從。如此，則□字也就是“杳”的簡省……如果釋“杳”成立的話，那麼“杳”就可以讀作“眇”。二字古音同屬宵部，聲紐通轉，形音均較妥貼。

　　【邱德修 B】□字，《上博簡・周易》第十五簡作□形，整理者以爲“杲”字而借作“冥”字用，以彼推此，知□即□之省體，係“瞑”之象形……瞑，既可引伸爲“瞑眩”，又可引伸爲“瞎子”，今客語名"瞎子"爲"青瞑"是也。

【范常喜 B】◇▲：就字形來看，劉信芳的描述是符合實際的，此字右部並非完全填實，而是中間有一豎筆，但劉先生據此認爲是"月"字則與形欠合。戰國文字中"目"字異體作如下諸形：🔲（陶匯 3・557）、🔲（陶匯 3・701）……比較可知，▲字與此相類，但不同的是此字左邊完全是空白，因此此字可能並非"目"字。正如諸位學者分析的，此字右部當是有意填黑了一筆，有表意作用。因此劉釗認爲此字本象"目"一邊明亮一邊暗昧形，是正確的……不過我們懷疑此字可能是"瞑"的本字。"瞑"在文獻中的常用義是"閉目"，如《吕氏春秋・知接》："人之目，以照見之也，以瞑，則與不見同。"……但也用來表示"目盲"，如《逸周書・大子晉》平公將歸之，師曠不可，曰"請使瞑臣往與之言，若能憖予，反而復之"……師曠蹶然起曰："瞑臣請歸。"……師曠對曰："瞑臣無見，爲人辯也。唯耳之恃……"所以我們認爲此字可能是"瞑"的本字。這樣理解，也剛好同 2 號簡中"楣（矇）戉（瞽）鼓蕊（瑟）"中的"楣（矇）戉（瞽）"相一致。

【孫飛燕 A】◇"禁暴"一詞典籍常見，如《荀子・議兵篇》："彼兵者，所以禁暴除害也，非爭奪也。"《晏子春秋・内篇諫下》："晏子入見公曰：'臣聞明君之蓄勇力之士也，上有君臣之義，下有長率之倫，内可以禁暴，外可以威敵，上利其功，下服其勇，故尊其位，重其禄。'"……筆者認爲，"執"應該讀作"戢"。戢，古音莊紐緝部；執，古音章紐緝部。在中古聲母中，章莊同爲齒音。在閩南話里，"戢、執"的讀音相同。因此，二者聲近韻同，具備相通的條件……《説文》："戢，藏兵也。從戈，咠聲。《詩》曰：'載戢干戈'。""戢兵"一詞古書習見，如《國語・周語上》："夫兵戢而時動，動則威。"韋昭注："戢，聚也。"……"禁暴、戢兵"二詞在文獻中的連用是很常見的。如《左傳・宣公十二年》："夫武，禁暴、戢兵、保大、定功、安民、和衆、豐財者也，故使子孫無忘其章。"《册府元龜》卷四〇一《將帥部》："蓋夫戢兵禁暴者,武之德;明罰飭法者,戰之器。未有捨茲道而能貞夫師律者也。"《册府元龜》卷四一八《將帥部》:"蓋武之有七德,其戢兵禁暴之爲急矣。"由此看來,伊尹受湯之命,戢兵禁暴,施德惠於民,正是賢德之士的表現,同時也可與上文"湯乃謀戒求賢"相呼應。◇"羕導于民"宜讀作"永得於民"。"羕"與"永"通。《爾雅·釋詁上》:"永、羕,長也。"……"得于民"的"于"字作語助詞和指事之詞"其"均可以講通。"得民、得其民"的説法典籍常見……如《韓非子·八説》:"行惠取衆謂之得民。"……《管子·形勢解》:"人主,天下之有威者也,得民則威立,失民則威廢。"因此,將"羕導于民"理解爲長久地取信於民,得民衆之心,文意應該是順暢的。根據上下文意,可以看出,"執兵欽瘵,羕導於民"的主語只能是伊尹。

【王輝 B】《周易》𢎨字右上並未全部塗黑,衹是下筆稍重,恐怕衹是書手的偶然行爲……𢏚上的🔹字亦見於上博楚竹書《容成氏》簡 37……🔹字右半全部塗黑,但恐也衹是書手下筆更重一些,不具深意。𢏚(上博四《三德》19)、𢎨(上博三《周易》15)實際上衹是一字……🔸、🔹也是一字……🔸爲玄字之省……《容成氏》之🔹何琳儀釋"幻"……讀爲"眩",是可取的。

【陳劍 D】(子居)將第 2、3 兩簡改爲接於第 37 簡之後連讀……應該信從。其文注 2 云第 2、3"這兩支簡的内容當屬伊尹事"……其説有可略爲補充者……簡 37 末尾的"而"字實應釋爲"天"。本篇"天"字和"而"字皆多見,"而"字左下一筆皆向右甩出作🔸(簡 2 第一個"而"字)一類形,跟"天"字區別顯然。簡 37 末尾之字其形如下:🔹。此形當釋爲"天"而非"而",但遍檢衆多論著,似尚無人明確指出過,唯李守奎、曲冰、孫偉龍編著《上海博物館藏戰國楚竹書(一—五)文字編》第 456 頁將其放在"而"字諸形之末,按語謂"疑爲'而'之訛書",注意到了其形跟"而"並不相合……"迷天下"之"迷"字似可讀爲"弭"訓爲"安"……這樣,連讀處的"（伊尹）遂迷（弭）天下，而一其志，而寢其兵，而官其材"中，祇有"官其材"是覆上"虐疾始生"、諸疾病之人"始起"而言的；而所謂"迷（弭）天下，而一其志，而寢其兵"係覆上文簡41"天下之兵大起"等相爭之象而言。講商湯和伊尹之事的 41、36、37、2 跟 3 幾簡的一大段內容，確實是前後呼應扣合得非常緊密的……另外，簡 1 跟簡 2 連讀處原來的讀法"其德酋清，而上愛下，而一其志，而寢其兵，而官其材"，後三個"其"字跟第一個"其"字所指不同；四個以"而"打頭又皆爲四字的小句，第一句跟後三句結構不同。從這些地方，其實也還是能夠看出彆扭之處的。

【王輝 C】案：讀爲"痏"，雙聲疊韻。《爾雅·釋詁》："痏，病也。"

【夏世華 B】"迷"讀爲"彌"，合也。《周禮·春官·眂祲》"七日彌"，鄭玄注："故書彌作迷。"……"彌天下"猶言合天下，湯興天下之兵，而致民生凋敝，虐疾始生，故伊尹輔弼湯以彌縫補合之。

【劉信芳 C】案，讀爲"皰"，字又作"皰"，面瘡也。

【張崇禮 C】◐之所以有一半塗黑，是因爲它有"黑"義……◐可釋爲"冥"，也可讀爲"盲"，指盲人。《晏子春秋·內篇·雜上》："冥臣不習。"《韓詩外傳》《文選·演連珠》李注引"冥"作"盲"。"冥臣"即"瞑臣"，失明之臣。《逸周書·太子晉》："師曠對曰：'瞑臣無見，爲人辯也，唯耳之恃，而耳又寡聞易窮。'"

【按】◇◐：何琳儀釋爲"幻"；劉釗 B 釋爲"眇"；邱德修 A 釋爲"罣"；劉信芳 B 釋爲"昌"，讀爲"張"；黃德寬 B 釋爲"杳"，讀爲"眇"；邱德修 B、范常喜 B 釋爲"瞑"；張崇禮 C 亦釋"冥"，讀"盲"；王輝 B 讀爲"眩"。按：◐是個會意字，從與典籍相對照看，劉釗 B 釋爲"眇"略有可能。◇案：李零隸定爲"案"，劉信芳 C 從之，讀爲"皰"；蘇建洲 G 隸定爲"窊"，讀爲"府"；邱德修 A 釋爲"痏"；劉信芳 B 亦隸定爲"案"，讀爲"瞎"或"瞎"；王輝 C 亦隸定爲"案"，讀爲"痏"。按：蘇建洲 G 的隸定是正確的，此字"宀"下所從的

"某"的上部因筆墨沾連而看起來有點像個墨丁。我們頗疑"寡"應讀爲"癡","癡"透紐之部,"某"明紐之部。但也有可能◆字宀下所從並不是"某",參本簡"䔕"心上之"某"形作◆,與之不同。◇執:孫飛燕 A 讀作"戠"。按:孫飛燕 A 的説法是正確的,"戠兵"一辭典籍多見。◇暴:李零釋爲"瘧";陳劍 A 釋爲"暴";邱德修 A 釋爲"祓"。按:陳劍 A 説是。◇欽:陳劍 A 引董珊説讀爲"禁"。按:董珊説是,"欽"用爲"禁"的新例子又有上博六《競公瘧》簡 8:"舉邦爲欽(禁)。"①◇羕导:《讀本》讀爲"佯得";陳偉武讀爲"養德";孫飛燕 A 讀作"永得"。按:孫飛燕 A 説較合理,此從之。◇迷:陳劍 D 讀爲"弭";夏世華 B 讀爲"彌"。按:依我們的編聯,則"迷"下祇存一"天"字,難以説出是什麼字,不過我們懷疑它或許有讀爲"悉"的可能,在上博六《孔子見季趄子》簡 22 亦有此字,辭例爲"迷言之",陳劍把它釋爲"悉",可相參看②。"悉"字本從"米"得聲。◇天:李零釋爲"而";陳劍 D 釋爲"天"。按:從字形看,陳劍 D 所言是正確的。

第五節 周文武事迹(共一一簡)

簡 42 下

説明:本簡長 34.2 釐米,上殘,下端完整。現存 36 字,其中合文 1。

拼合編聯:從本篇完簡所容字數看,簡 42 下的前面大概殘缺了 8 個字。簡 42 下與簡 44 編聯,從陳劍 A 説:"42 和 44 簡相連

---

① 楊澤生《説〈上博六·競公瘧〉中的"欽"字》,簡帛網 2007 年 7 月 20 日,http://www.Bsm.org.cn/show_Article.php? id=640;沈培《〈上博(六)〉字詞淺釋(七則)》,簡帛網,2007 年 7 月 20 日,http://www.Bsm.org.cn/show_Article.php? id=642。

② 參看陳劍《〈上博(六)·孔子見季桓子〉重編新釋》,《出土文獻與古文字研究》第二輯,復旦大學出版社 2008 年,第 178~179 頁。

處的'於是乎',是它們應連讀的確證。"可信。

釋文:

□□□□□□□□惻(賊)逃(盜),夫是㠯(以)尋(得)衆而王天下。湯王天下卅=(三十)又一傑(世)而受(紂)复(作)。受(紂)不述亓(其)先王之道,自爲芑(改)爲,於

集釋:

【李零A】惻(賊)逃(盜)夫。是㠯尋(得)衆而王天下。湯王天下世=(三十)又(有)一傑(世)而受复(作)。受不述亓先王之道,自爲芑爲於。

◇湯王天下世=又一傑而受复:即"湯王天下三十又一世而受作"。按:據《史記·殷本紀》和殷墟卜辭,商朝凡三十一王。"受"即"紂",古書或作"紂",或作"受",簡文作"受"。◇受不述亓先王之道:同樣的句式見於上文第三十五簡。◇自爲芑爲於:待考,同樣的句式也見於上文第三十五簡。

【李銳A】古書中"自爲"常見,此處"芑爲"疑當釋讀爲"己爲",《呂氏春秋·君守》"人主好以己爲,則守職者捨職而阿主之爲矣","以己爲"即"己爲"。"自爲己爲"即"不述其先王之道"。

【陳劍A】☒賊盜,夫是以得衆而王天下。湯王天下三十又一世而紂作。紂不述其先王之道,自爲芑(改?)爲,於

◇從簡40以後至此處,大意是説湯雖然攻滅夏桀,但隨後天下大亂,且湯行政事不善,故尚未得以王天下。湯乃立賢人伊尹以爲佐,天下遂得治,湯終於得衆而王天下。

【劉釗A】◇芑:此字與鄂君啟節的"芸"字寫法相同,也應該以釋爲"芸"字爲是。"芸"字在簡文疑讀爲"溷"或"昏"。"芸"從"云"聲,古音"云、溷"皆在匣紐文部,"昏"在曉紐文部,三者於音可通。"溷"典籍訓爲"亂"和"溷濁"……曹植《丹霞蔽日行》謂:"紂爲昏亂,虐殘忠正。"文中的"紂爲昏亂"正相當於簡文"受不述其先王之道,自爲芸爲於"的"爲芸(溷或昏)"。"於"字在簡文中

應該讀爲“汙”或“惡”。古音“於、汙、惡”皆在影紐魚部，三者於音可通……“汙”或“惡”指邪穢、不廉潔……《白虎通》卷三“禮樂”説：“周室中制象樂何？殷紂爲惡日久，其惡最甚，斬涉句胎，殘賊天下。”文中的“殷紂爲惡”正相當於簡文“受不述其先王之道，自爲芸爲於”的“爲於（汙或惡）”。所以簡文“受不述其先王之道，自爲芸爲於”應讀爲“受不述其先王之道，自爲涽（昏）爲汙（惡）”。“桀不述其先王之道，自爲〔芸爲於〕”也應該讀爲“桀不述其先王之道，自爲〔涽（昏）爲汙（惡）〕”。“自爲涽爲汙”與《先秦漢魏晉南北朝詩・宋詩》載鮑照《代放歌行》中的“小人自齷齪”意近，可資比較。

【楊澤生 B】◇芭：我們懷疑此字從“巳”得聲，與訓作嬉戲的“娭”相通。《楚辭・九章・惜往日》：“國富強而法立兮，屬貞臣而日娭。”“娭”意爲遊樂玩耍（參金開誠等《屈原集校注》下册 585 頁）。《漢書・禮樂志》：“神來晏娭，庶幾是聽。”顔師古注：“娭，戲也。”關於商王受（紂）“自爲”之“娭”與“惡”，（見）44、45 號簡……古文獻中也多有記載。如《書・泰誓上》：“今商王受，弗敬上天，降災下民。沉湎冒色，敢行暴虐。”《史記・殷本紀》：“好酒淫樂，嬖於婦人。愛妲己，妲己之言是從。於是使師涓作新淫聲，北里之舞，靡靡之樂。厚賦税以實鹿臺之錢，而盈鉅橋之粟。益收狗馬奇物，充仞宮室。益廣沙丘苑臺，多取野獸蜚鳥置其中。慢於鬼神。大聚樂戲於沙丘，以酒爲池，縣肉爲林，使男女倮，相逐其間，爲長夜之飲。百姓怨望而諸侯有畔者，於是紂乃重刑辟，有炮格之法。以西伯昌、九侯、鄂侯爲三公。九侯有好女，入之紂。九侯女不熹淫，紂怒，殺之，而醢九侯。鄂侯爭之彊，辨之疾，並脯鄂侯。”這些記載，都可以證明商紂王“自爲娭爲惡”。

【蘇建洲 F】◇改爲：考慮到簡 42 的“於”接簡 44 的“是乎”的拼合，簡文應讀作“自爲芭爲”，但（劉釗所釋的）“昏爲”似不見典籍。相反，《詩・鄭風・緇衣》：“緇衣之宜兮，敝，予又改爲兮。”

傳:"改,更也。"《墨子·經下》:"景不徙,説在改爲。"可知"改爲"是較常見的。改,古文字多從"巳",如《侯馬盟書》……、《郭店·尊德義》簡 1……《上博一·孔子詩論》簡 10……(之"改"。)所以本句是説:紂不遵循先王的治國之道,反而自行更改作爲禍國殃民。

　　【黄錫全】◇芑:我們反復比較所從的偏旁,雖有混淆之例,但從"巳"似乎更爲合理。"巳"字多先寫上一小彎筆,再寫下一長勾筆;鄂君啟節則是上筆轉折後大筆豎下右彎勾,區別較明顯。因此,我們傾向將此字釋從"巳"。芑,本來有從巳、從己二字。"巳、己"形近易混,現存字書多見從"己"的"芑",估計爲混二爲一之故。根據字形與讀音,此字疑讀爲姬之異文"妃"。《集韻》:"姬,衆妾總稱。或作妃。"……後來從巳與從己的"妃"混而爲一。巳,喻母之部。己,見母之部。簡文的"芑(妃)",疑指紂王寵信的妃妾妲己。"自爲芑爲",指紂王、妲己所作所爲。這樣理解,於形於義及簡文、史實均不矛盾。《史記·殷本紀》帝紂"好酒淫樂,嬖於婦人。愛妲己,妲己之言是從……"《國語·晉語》:"妲己有寵,於是乎與膠鬲比而亡殷。"《吕氏春秋·先識》:"商王大亂,沈於酒德,妲己爲政,賞罰無方。"

　　【于凱】◇《容成氏》簡 35A 有關記載的本義,是指夏代自啓至於桀的在位王共十六位。這與《史記·夏本紀》所載啓至桀的夏王世系大體相合。另據《太平御覽》卷八二皇王部引《紀年》:"自禹至桀十七世,有王與无王,用歲四百七十一年。"《大戴禮記·少閒篇》:"禹崩,十有七世,乃有末孫桀即位。"自禹至桀十七世,與《容成氏》所言自啓至桀十六世,正好吻合。關於商王世系,《國語·晉語四》有"商之饗國三十一王"的記載,韋昭注:"自湯至紂。"《大戴禮記·少閒篇》:"成湯卒崩,殷德小破,二十有二世,乃有武丁即位……武丁卒崩,殷德大破,九世,乃有末孫紂即位。"兩者相加,從成湯至紂,正好是三十一王。《史記·殷本紀》所載商王譜系,從湯至紂,也恰好是三十一王(包括父子相繼和兄弟相及)。另據《史記·殷本紀》集解"引《汲塚紀年》,有"湯滅夏以至於受(紂)二十九王"之説,此説與《史記》不合。但王國維根據殷墟卜辭資料考證殷商先王先公名號,排出一個較爲可靠的世系,殷商先王從湯至紂,正好也是三十一位,從而證明了《史記·殷本紀》對殷商先王記載的可靠性。《容成氏》簡 42 所言"湯王天下三十又一世而紂作",正與《史記》的記載相合。

【王輝 A】逃,可讀如本字。夫,可連下讀爲"夫是以",在逃字後斷句。"夫"爲語首助詞,有提示作用。《禮記·仲尼燕居》:"……夫是以天下太平也。"

【淺野裕一】自偪畸爲於其政。

【孫飛燕 H】"自爲芑爲"似當讀作"恣爲肆爲"。

【夏世華 B】自,疑讀爲"皋",訓爲暴戾……"皋爲娛爲"是説桀、紂行爲乖戾暴虐、耽於宴樂嬉戲,生活荒淫,不勤其政。

【劉信芳 C】芑,讀爲"熙",熙爲,戲爲也。《文選·登徒子好色賦》"出咸陽,熙邯鄲",注:"熙,戲也。"……自爲,自出心裁之爲,以其不行先王之法也。自爲熙爲,肆無忌憚地做取樂之事。

【按】◇惻逃,夫:李零斷爲"惻(賊)逃(盜)夫";陳劍 A 斷爲"賊盜,夫";王輝 A 讀"逃"如字。按:陳劍 A 的釋讀斷句正確。◇芑爲:李鋭 A 讀爲"己爲";陳劍 A 讀爲"改爲",蘇建洲 F 有補充説明;劉釗 A 把"自爲芑爲於"斷爲"自爲芸(涽或昏)爲於(汙或惡)";楊澤生 B 把"自爲芑爲於"斷爲"自爲娛爲惡";黃錫全釋爲"芑(妃)爲",認爲"芑(妃)"指"妲己";淺野裕一讀"自爲芑爲"爲"自偪畸爲";孫飛燕 H 讀"自爲芑爲"爲"恣爲肆爲";夏世華 B 釋"自爲芑爲"爲"皋爲娛爲";劉信芳 C 釋爲"熙爲"。按:"芑"從"巳"得聲,而非從"己",陳劍 A 所釋"改爲"較合理,"改爲"指"改變先王舊法,任意而爲"。

簡 44

説明：本簡長 44.5 釐米，完簡。共 45 字。

拼合編聯：簡 44 與簡 45 編聯，從李零説。

釋文：

是虘（乎）复（作）爲九城（成）之螯（臺），視（真）盂炱（炭）亓（其）下，加纝（圜）木於亓（其）上，思（使）民道之。能述（遂）者述（遂），不能（遂）者内（入）而死。不從命者，從而桎罕（梏）之，於是

集釋：

【李零 A】是虘（乎）复（作）爲九城（成）之螯（臺），視（真）盂炱（炭）亓（其）下，加纝（圜）木於亓上，思民道（蹈）之，能述（遂）者述（遂），不能述（遂）者内（入）而死，不從命者從而桎罕（梏）之。於是

◇九城之螯：即“九成之臺”。案《郭店楚墓竹簡·老子甲》第二十六簡“九城之螯”同此，馬王堆帛書本和傅奕本亦作“九成之臺”。嚴遵本作“九重之臺”。王弼本作“九層之臺”。《吕氏春秋·音初》：“有娀氏有二佚女，爲之九成之臺，飲食必以鼓。”似古本多作“九成之臺”。◇盂炱：即“盂炭”，可能指以盂盛炭，或讀爲“塗炭”。《書·仲虺之誥》：“有夏昏德，民墜塗炭。”◇纝木：即“圜木”，指圓木。◇述：即“遂”，通過。◇不能述者内而死：以上是講紂爲“炮格之刑”。古書言此多以銅柱爲格（如《六韜》佚文、《荀子·議兵》《韓非子·喻老》《吕氏春秋·過理》），與此不同。“格”或作“烙”。◇罕：字見於商代甲骨文，朱芳圃釋“枷”，得此可知當釋“梏”。參看于省吾主編《甲骨文字詁林》第三册，頁 2582～2583。“桎”是足械，“梏”是手械（見《説文·木部》），此字正象手械之形。

【陳劍 A】是乎作爲九成之臺，真盂炭其下，加圜木於其上，思民道之，能遂者遂，不能遂者，内（墜）而死，不從命者，從而桎梏之。於是

【陳偉 D】◇思：在討論包山簡時，我們發現文書簡和卜筮簡

中的此字與"命"字可以換用,在文書簡有時還與表示囑託的"囑"字搭配,是一個表示祈使的動詞。就本篇而言,如果説第 3、20、49 號簡中的"思"字還可以看作表示願望之意的話,44 號簡中的這個字則不能這樣講,而是具有強制色彩,必須如孟先生所云讀爲"使"。◇道字,整理者讀爲"蹈"。"道"有經由、取道義,似如字讀即可。

【邱德修 A】據《竹書紀年》:"紂時稍大其邑,南距朝歌,北據邯鄲及沙丘,皆爲離宫别館。"……簡文"九城之臺"必爲實録,毋需"城"與"成"借……謂商紂一口氣設計建造了九城之中的九座樓臺……宜補標點成:"能述者,述;不能者,内而死;不從命者,從而桎皋之。"

【趙平安 B】◇關於"炮烙之刑",見於《荀子》《韓非子》《吕氏春秋》《淮南子》《新序》《列女傳》《史記》《漢書》等多種古籍……鄭珍、鄭知同父子……認爲炮烙的"烙"原本應當作"格",是一種物名(鄭珍《説文新附考》,見《鄭珍集》),是很正確的……在《容成氏》簡文中,與"格"相應的字是"盂"……"盂"爲影母魚部字,"格"爲見母鐸部字,影、見可以相通,魚、鐸可以對轉……具備通假的條件……(盂)也可以作盛炭之用……有些文獻説商紂"鑄金柱"(如《淮南子·俶真訓》),《容成氏》中没有,所謂"金柱"大概是從《容成氏》中的"圜木"演繹而來的。

【按】◇城:李零讀爲"成";邱德修 A 如字讀。按:李説是。◇思:讀爲"使"的意見可參看上文簡 20 的按語。◇道:李零讀爲"蹈";陳偉 D 如字讀。按:"道"如字讀亦可通,今從陳偉 D 説。◇"皋(桍)"在甲骨文中的字形可參看趙平安文①。

① 趙平安《釋"钌"及相關諸字》,《語言文字學研究》,中國社會科學出版社 2005 年,第 32~35 頁。

簡 45

説明：本簡長 44.2 釐米，完簡。共 43 字。

拼合編聯：簡 45 與簡 46 編聯，從李零説。

釋文：

虐（乎）复（作）爲金桎三千。既爲金桎，或（又）爲酉（酒）池，誃（厚）樂於酉（酒），尃（附）亦（夜）㠯（以）爲槿（淫），不聖（聽）亓（其）邦之正（政）。於是虐（乎）九邦畔（叛）之，豐、僑（鎬）、郍、蒕、于（邗）、鹿、

集釋：

【李零 A】虐（乎）复（作）爲金桎三千。既爲金桎，或（又）爲酉（酒）池，誃（厚）樂於酉（酒）。尃（溥）亦（夜）㠯爲槿（淫），不聖（聽）亓邦之正（政）。於是虐（乎）九邦畔（叛）之：豐、僑（鎬）、郍、蒕、于、鹿、

◇金桎：銅製的足械。◇酉池：即"酒池"。紂爲酒池，見《六韜》佚文、《史記·殷本紀》等。◇誃樂於酉：即"厚樂於酒"，指沉湎於酒。◇尃亦：即"溥夜"，猶言"徹夜"。"溥"有"遍"義。《史紀·殷本紀》紂"爲長夜之飲"。◇九邦：即下述豐、鎬等國。文王平九邦之叛，於史無考，唯《禮記·文王世子》露其端緒。《文王世子》曰："文王謂武王曰：'女何夢矣？'武王對曰：'夢帝與我九齡。'文王曰：'女以爲何也？'武王曰：'西方有九國焉，君王其終撫諸？'文王曰：'非也。古者謂年齡，齒亦齡也。我百，爾九十，吾與爾三焉。'文王九十七乃終，武王九十三而終。"文中所説文王平撫的西方"九國"即簡文"九邦"，其説久湮，舊注失解，孔穎達疏："今云西方有九國於時未賓，則未有二分諸侯也。或以爲庸、蜀、羌、髳、微、廬、彭、濮之徒，未知定是何國也。"純屬推測。今得簡文，方知歷史真相。◇豐：《説文·邑部》："酆，周文王所都，在京兆杜陵西南。"西周銅器銘文常記周王在豐邑活動，字作"豐"，不作"酆"。據考，今陝西長安灃河以西的西周遺址即其所在。《詩·大雅·

文王有聲》：“既伐於崇，作邑於豐。”《史記·周本紀》正義以爲西周豐邑是因滅崇而建，並因而猜測崇國故地在豐、鎬之間，現在從簡文看，西周豐邑是滅豐所建，與崇無關。◇䂂：即“鎬”，《説文·金部》：“鎬……武王所都，在長安西上林苑中。”武王都鎬又見《世本·居篇》。據考，今陝西長安灃河以東的西周遺址即其所在。其地應與“豐”鄰近。按：西周金文無鎬京之名，德方鼎的“蒿”字作“郊”用，“莽京”是“方京”，與鎬無關。◇䢵：《國語·鄭語》：“禿姓舟人，則周滅之矣。”韋昭注：“禿姓，彭祖之別。舟人，國名。”疑即此“䢵”。其地與虢、鄶鄰近（此“虢”是東虢，在今河南滎陽東北；鄶，在今河南密縣東北），是《鄭語》所説鄭桓公“寄孥與賄”的十邑之一，估計在今河南新鄭一帶。◇䢿：或即戰國時期的石邑，在今河北獲鹿東南。◇于：《尚書大傳》作“于”，《史記·周本紀》作“邘”，在今河南沁陽西北邘台鎮，亦文王所伐。《史記·殷本紀》記紂“脯鄂侯”，集解引徐廣説，謂“鄂”一作“邘”。◇鹿：《逸周書·度邑》：“王至于周，自□至于丘中，具明不寢。”所闕字，盧文弨據《文選》卷四十六王融《三月三日曲水詩序一首》李善注補“鹿”，各家從。學者推測，此“鹿”即《左傳·昭公十七年》之“甘鹿”，在今河南嵩縣東北。疑簡文之“鹿”即《度邑》之“鹿”。

【陳劍 A】乎作爲金桎三千。既爲金桎，又爲酒池，厚樂於酒，溥夜以爲淫，不聽其邦之政。於是乎九邦叛之，豐、鎬、舟、□、于、鹿、

【安大】◇45 簡第二行最後一字黃認爲應讀作“沉”，41 簡有“徵九州之師”，“徵”的形體與此簡字形相似。

【何琳儀】◇䢵：亦見邢丘所出陶文“䢵公”（《文物》1982 年 7 期 7 頁）。又見於典籍，如“䢵州”（《水經·溧水》）。《字彙補》：“䢵，隱也。”房六切。至於典籍“䢵南”（《北史·魏太武帝紀》）、“䢵頡”（《北史·于仲文傳》）……其中“䢵”可能是“那”的誤字。

【于凱】◇紂之虐政傳世文獻對此有所反映。《韓非子·喻

老》：“居五年，紂爲肉圃，設炮烙，登糟邱，臨酒池，紂遂以亡。”《史記·殷本紀》也有紂“以酒爲池，縣肉爲林”和作“炮格之法”的記載。炮格（烙）之法，《史記集解》引《列女傳》曰：“膏銅柱，下加之炭，令有罪者行焉，輒墮炭中，妲己笑，名曰炮格之刑。”索隱引鄒誕生云：“見蟻布銅斗，足廢而死，於是爲銅格，炊炭其下，使罪人步其上。”簡 44 所載，與上述兩説大致吻合。“桀爲酒池”之説，又見《韓詩外傳》卷五：“桀爲酒池，可以運舟，糟丘足以望十里，一鼓而牛飲者三千人。”另外，《淮南子·俶真訓》：“逮至夏桀殷紂，燔生人，辜諫者，爲炮烙，鑄金柱……”參之簡文，知《淮南子》所言“金柱”，即爲簡文之“金桱”。

【邱德修 A】“尃”字借作“晡”字用，二字同從甫聲，同聲母，可借用，指白天……今“亦”，借“夜”字用……是從白晝至深夜，均可名之爲“晡夜”。

【陳劍 B】乎作爲金桱三千。既爲金桱，又爲酒池，厚樂於酒，尃（溥）夜以爲權（淫），不聽其邦之政。於是乎九邦叛之，豐、鎬、郍、䰝、于（邘）、鹿、

◇紂“於是乎作爲金桱三千”之事，古書没有完全相同的記載。（于凱）引《淮南子·俶真》：“逮至夏桀殷紂，燔生人，辜諫者，爲炮烙，鑄金柱。”以爲“金柱”即簡文之“金桱”；（許子濱）引《太平御覽》卷八十二引《帝王世紀》云：“（帝桀）爲瓊室、瑶臺，金柱三千。始以瓦爲屋，以望雲雨。”謂簡文“金桱”爲此“金柱”之誤，“簡文作者或抄手把‘柱’字誤寫成‘桱’，説不定是由於上文有‘桱’字的緣故”。恐皆非（前説《淮南子·俶真》之“金柱”是屬於炮格者。高誘注：“鑄金柱，然火其下，以人置其上，人墮陊火中，而對之笑也。”跟簡文敘於炮格之後的“金桱”不同。後説“金柱三千”當是屬於瓊室、瑶臺者，亦與簡文“金桱”無關）。按：賈誼《新書·道術》：“紂作梏數千，睨諸侯之不諂己者，杖而梏之。”“作梏數千”當即簡文之“作爲金桱三千”，桱、梏爲同類的刑具。《吕氏春秋·過

理》：“糟丘酒池，肉圃爲格，雕柱而桔諸侯，不適也。”前人已指出
“桔”係“桮”之誤字。◇“鄍”（今河北獲鹿東南）、“鹿”（今河南嵩
縣東北），加上“郇”（今河南沁陽縣東南）、“于（邘）”（今河南沁陽
西北）、“崇”（今河南嵩縣北）三地，九邦中就有五個是在周之東
方，這很容易使人對將簡文“九邦叛之”跟前引《禮記・文王世子》
“西方有九國焉，君王其終撫諸”相聯繫的可靠性産生懷疑。《左
傳・襄公四年》：“文王帥殷之叛國以事紂。”《詩經・小雅・四牡》
“四牡騑騑，周道倭遲”毛傳：“文王率諸侯，撫叛國，而朝聘乎紂。”
《後漢書・西羌列傳》：“（文王）乃率西戎，征殷之叛國以事紂。”簡
文記文王征服叛殷的九邦，與此類傳説相近，很可能跟《禮記・文
王世子》所記之事並無關係。

　　【王志平 B】《史記・殷本紀》……正義：“《括地志》云：酒池，
在衛州衛縣西二十三里。《太公六韜》云：紂爲酒池，回船糟丘，而
牛飲者三千餘人爲輩。”

　　【范麗梅】比對以上字形（辰按：指《容成氏》簡 41、郭店《性自
命出》簡 22、包山楚簡 138、簡 138 反），尤其是包山楚簡 138 之字
形（辰按：指𦣻），與本簡字形最相近，可證此字並非“誃”。此字郭
店《性自命出》與包山諸簡皆讀作“證”，《容成氏》簡 41 讀作“徵”，
而本簡應讀作“酖”。證，古音在章紐蒸部……酖，古音在端紐侵
部……可通。

　　【郭永秉 F】這句話應該讀爲“博弈以爲欣（或‘忻、訢’）”，是
已不見於傳世先秦秦漢古書記載的紂之惡迹……“博”从“尃”聲，
二字可以通用……“亦”是“弈”的聲旁，可讀爲“弈”……“槿”是見
母文部字，“欣”是曉母文部字，聲母都是舌根音，韻部則相同……
《吕氏春秋・季秋紀》“皆墐其户”高誘注：“墐讀如斤斧之斤也。”
這些都是從“堇”聲之字和從“斤”聲之字可以通用的證據……古
人常把“博弈”或“博”和“飲酒”放在一起講……古書也有“……以
爲欣”的説法，如上引《西京雜記》卷二的這段文字，《太平御覽》卷

七五四《工藝部一一·蹴鞠》就引作“正以生平所好,皆屠販少年,鬭雞蹴鞠以爲忻”……結構與我們所説的“博弈以爲欣”全同……《太平御覽》卷七五三引何法盛《晉中興書》“圍碁者,堯舜以教愚子;博者,商紂所造”。如果我們對《容成氏》相關簡文的考釋是比較符合事實的話,“博者,商紂所造”的傳説也許真的有相當早的來源。

【按】◇專亦吕爲槿:李零讀爲“溥夜吕爲淫”;邱德修 A 讀“專”爲“晡”;郭永秉 F 讀爲“博弈以爲欣(或‘忻、訢’)”。按:我們曾懷疑“專”讀爲“附”,“亦”從李零讀爲“夜”,“附夜”就是“白天爲淫樂猶不足,還要把夜晚附上爲樂”的意思,不過此説也衹能算一種猜測。◇詥:李零隸定爲“詥”,讀爲“厚”;黄德寬認爲與“徵”形近,讀爲“沉”;范麗梅亦認爲與“證(或徵)”形近,讀爲“酖”。此暫從李零讀。◇郍:李零 A 隸定爲“郍”。按:此字作𦨶形,不從“舟”,應從肉從邑,但不知何地①。◇䣓:李零認爲“或即戰國時期的石邑”,但戰國時的石邑與殷末的“䣓”時代相距過遠,且典籍中殷、西周時代也没有“石”這個古國名,李零的推測可能是有問題的。◇九邦:李零認爲《禮記·文王世子》“西方有九國焉”中之“九國”即此“九邦”;陳劍 B 認爲“䣓、鹿、郍、于(邘)、崇五地,皆在周之東方,因此與《禮記·文王世子》“西方有九國焉”並無關係。按:此九邦的確切地望尚不能十分肯定,故此李、陳二説仍待研究。

簡 46

説明:本簡長 44.1 釐米,完簡。共 42 字。

拼合編聯:簡 46 與簡 47 編聯,從李零説。

釋文:

耆(黎)、宗(崇)、客(密)須是(氏)。文王聞(聞)之,曰:“唯

---

① 本書交稿後,見郭永秉亦説此字應隸爲“郍”,參郭永秉《續説戰國文字的“夋”和從“夋”之字》,台北:古文字學青年論壇會議論文,2013 年 11 月。

（雖）君亡（無）道，臣敢勿事虖（乎）？唯（雖）父亡（無）道，子敢勿
事虖（乎）？曾（孰）天子而可反？"受（紂）䎹（聞）之，乃出文王於

集釋：

【李零 A】耆、宗（崇）、審（密）須是（氏）。文王䎹（聞）之，曰：
"唯（雖）君亡道，臣敢勿事虖（乎）？唯（雖）父亡道，子敢勿事虖
（乎）？曾（孰）天子而可反？"受䎹（聞）之，乃出文王於

　　◇耆：即《書・西伯戡黎》的"黎"，《尚書大傳》《史記・周本
紀》作"耆"。黎在今山西長治市西南。◇宗：讀"崇"，即《文王有
聲》之"崇"。《史記・周本紀》也提到文王伐崇侯虎，正義説"崇國
蓋在豐、鎬之間"，當是因爲《文王有聲》敍"作邑于豐"於"既伐于
崇"之後。今得簡文，可知崇自崇，豐自豐，絶非一地。《中國歷史
大辭典》定其地望在今河南嵩縣北（頁 2709）。◇審須是：即"密
須氏"。密須是姞姓國，在今甘肅靈臺西。《詩・大雅・皇矣》《史
記・周本紀》都提到文王伐密須。"審"與史牆盤中"毅"字的左半
相合，可知是從密聲。按：《周本紀》記文王受命後曾先後伐犬戎
（二年）、密須（三年）、耆國（四年）、邘（五年）、崇侯虎（六年）。《尚
書大傳》有類似記載，但伐邘（作"于"）在二年，伐犬戎（作"畎戎"）
在四年，敗耆在五年，順序不同。

【陳劍 A】耆、崇、密須氏。文王聞之，曰："雖君無道，臣敢勿
事乎？雖父無道，子敢勿事乎？孰天子而可反？"紂聞之，乃出文
王於

【劉樂賢】《呂氏春秋・行論》："昔者紂爲無道，殺梅伯而醢
之，殺鬼侯而脯之，以禮諸侯于廟。文王流涕而咨之。紂恐其畔，
欲殺文王而滅周。文王曰：'父雖無道，子敢不事父乎？君雖不
惠，臣敢不事君乎？孰王而可畔也？'紂乃赦之。"其所載文王之
語，與《容成氏》較爲一致。

【徐在國 A】◇審：此字作者讀爲"密"是正確的，但字形未加
分析。我們認爲它應分析爲從宀、甘，米聲，釋爲"蜜"。上古音

"米"屬明紐脂部;"蜜"屬明紐質部。二字聲紐相同,韻部脂質對轉。"蜜"字可以"米"爲聲符。楚文字"蜜"字多從甘作,如《包山楚簡》255、257 簡中的"蜜"字就是從宀、甘,必聲。包山簡中的"蜜"字與此字是一字異體,二字關係屬於聲符互換。簡文"蜜須是"當從作者讀作"密須氏"。

【蘇建洲 F】◇埭:字不從"耆",可與簡 17"老"字相比對。似"來",下部"止"旁可能筆劃重疊,是以看起來較粗。來,來紐之部;黎,來紐脂部,雙聲,韻部之脂可通。如《馬王堆・五十二病方》的"治加(痂)方"中有"蛇床實(船質)",注釋説即"蛇床子(精之)","質"爲"脂"的入聲。此外,《左傳・隱公十一年經》:"公會鄭伯于時來",《公羊傳》"時來"作"祁黎",可以説明"來、黎"確可相通。

【李天虹 A】◇🐛:《容成氏》"密"字作🐛,形體與古文字"審"相當接近⋯⋯從西周金文到秦代簡文,審字均從宀、米、口(或從曰,與從口無別),一脈相承⋯⋯將古文字"審"與竹書"密"字相比較,唯一的差別是密字所從米旁之上比審字多了一橫劃。而在古文字裏,同一個字可以有存在細微差別的不同寫法。單從字形看,將"審、窬"看作一個字,也是可以成立的。但因爲有確切的辭例,可知二者的確是不同的字。就目前的資料,這一橫劃可説是確認"密"或"審"字的關鍵所在。

【陳劍 B】埭(?)、崇、密須氏。文王聞之,曰:"雖君無道,臣敢勿事乎? 雖父無道,子敢勿事乎? 孰天子而可反?"紂聞之,乃出文王於

"埭"即"來"的異體,讀爲"黎"或"耆"從古音看有困難。頗疑"埭"當讀爲"邰"。《史記・周本紀》"封弃於邰"集解引徐廣曰:"今釐鄉,在扶風。"索隱:"即《詩・生民》曰'有邰家室'是也。邰即釐,古今字異耳。"后稷始封地之"邰"古書有"台、駘、釐、漦、嫠"等多種寫法,作"釐"者尤其多見。

【按】◇審:李零隸定爲"審",讀爲"密";徐在國分析爲從宀、甘,米聲,釋爲"蜜",通"密";李天虹 A 認爲"審"字均從宀從米從口(或從曰),古文字的"密"所從"米"旁之上比"審"字多了一橫劃。按:上博一《孔子詩論》簡 21 是確切無疑的"審"字,與《容成氏》的"審(密)"作 相較,確實衹多了一橫。◇耆:李零隸定爲"耆";蘇建洲 F 隸定爲"耇";陳劍 B 從之,並讀爲"邯"。按:此字下不從"止",是從"來"從"匕"(即"老"的下部),這個字很難嚴格隸定,現仍依李零直接隸定爲"耆",如李零説讀爲"黎",清華一《耆夜》簡 1:"武王八年征伐邯,大戡之。"此"邯(耆)"即"黎",今文《尚書》有《西伯戡黎》篇。

簡 47

説明:本簡長 44.3 釐米,完簡。共 47 字。

拼合編聯:簡 47 與簡 48 編聯,從李零説。

釋文:

虘(夏)蒕(臺)之下而䎹(問)安(焉),曰:"九邦者亓(其)可逨(來)虜(乎)?"文王曰:"可。"文王於是虍(乎)素耑(端)、蔓(屨)、裳㠯(以)行九邦,七邦逨(來)備(服),豐、喬(鎬)不備(服)。文王乃記(起)帀(師)㠯(以)鄉(嚮)

集釋:

【李零 A】虘(夏)蒕(臺)之下而䎹(聞)焉,曰:"九邦者亓可逨(來)虜(乎)?"文王曰:"可。"文王於是虍(乎)素耑(端)襑(褰)裳㠯行九邦,七邦逨(來)備(服),豐、喬(鎬)不備(服)。文王乃記(起)帀(師)㠯鄉(嚮)

◇虘蒕:即"夏臺"。《史記》説桀囚湯於夏臺(《夏本紀》),紂囚文王於羑里(《周本紀》),其他古書同。簡文説紂囚文王於夏臺,恐誤。◇逨:即"來",指來服。◇素耑:即"素端",見《周禮·春官·司服》等書,是凶事所服,其服作縞冠,白布衣,素裳,素屨。

兵事爲凶事,故文王服之。◇襦裳:疑讀"褰裳"。《詩經·鄭風·褰裳》"褰裳涉溱",意爲撩起下裳。古人常以"褰裳"形容不辭勞苦,説幹就幹之狀。

【陳劍A】夏臺之下而問焉,曰:"九邦者其可來乎?"文王曰:"可。"文王於是乎素端□裳以行九邦,七邦來服,豐、鎬不服。文王乃起師以嚮

【讀本】◇素耑:即"素端"。《周禮·春官·司服》:"其齊服有玄端、素端。"鄭注:"士齊有素端者,亦爲札荒有所禱請。變素服言素端者,明異制。"《禮記·雜記上》:"素端一,皮弁一,爵弁一,玄冕一。"孫希旦集解:"素端制若玄端,而用素爲之,蓋凶札祈禱致齊之服也。"總之,"素端"指凶事齋戒時所服,其服縞冠,白布衣,素裳,素屨(參錢玄《三禮辭典》671頁)。◇𪚔:字的下方似不從衣,應從"宀、父"……即"府","宀"與"广"當作偏旁可互通……其次,《集成》5697象尊"廙"……字聲化從"父"……換言之,𪚔可分析爲從"眊、弅、府"。李零讀作"褰"(溪元),但與𪚔的三個偏旁韻部較遠……下似從"穴、又"。

【張通海A】該字可析爲四個構字部件:最上是雙目,下邊爲"弅",再下是"衣",最下是"又",是個會意兼形聲之字,疑讀爲從"弅"得聲的"撆","撆"即"掩",意爲"掩上、別上"。

【單育辰A】◇端:《三禮辭典》"玄端"條説:"玄端,黑色布上衣。因其袖正直端方,故名玄端。玄端亦爲一種服制之名。指玄冠、緇布衣、玄裳、爵韠。"這是正確的。所謂端,在典籍中大部分是指上衣,祇有在某些特定的情況下,才會指以"玄端"(黑色上衣)或"素端"(白色上衣)爲代表的一整套服裝……從《容成氏》簡47"端、裳"在一起看,此簡的"端"也指上衣。因爲若此處的"素端"是指包括上衣、下衣的一整套服裝,那麼其下緊接着又言"裳"則是毫無必要的了。◇屨:𪚔字或許以"眊"爲聲。在古文字中,以"眊"爲聲的字很多,如"瞿、懼、思"等。眊,群母魚部,可通

“屨”。屨，見母侯部，群、見同爲牙音，魚、侯旁轉，在典籍中也有很多魚、侯互用的例子，故二字可以相通。從上舉典籍諸例看，“端”或“裳”或“屨”也常連言，可見我們的推測是合理的。

【蘇建洲 K】楚系文字的“目”作 ᶫ 作尖形，如 ◌（《語叢一》50）；“貝”字上部圓平，二者區別甚嚴。◌ 上部比較接近“貝”，如《包山》150“贔”作 ◌、《郭店·老子甲》29 作 ◌，“貝”旁筆劃有所省簡。總之，◌ 應分析爲從“賏、弁、府”。

【子居】各家多以“夏臺”爲“羑里”之誤，查《藝文類聚》卷七十二及《太平御覽》卷九二〇引《太公六韜》曰：“武王登夏臺，以臨殷民。”則或本即有此另説。

【單育辰 E】《凡物流形》甲本的簡 7 和乙本的簡 6 有字作 B 形：◌甲、◌乙，此字是從“六、又、土”的，應隸定爲“窐”。《容成氏》簡 47 一字作：◌A，此字舊認爲從“眀、弁、穴、又”或從“眀、弁、衣、又”，從字形上看，都是有問題的。筆者在將刊於《湖南省博物館館刊》的《〈容成氏〉中的“端”和“屨”》一文的注 10 中提到：“……再細察 A 字，也可能從‘眀’、從‘弁’、從‘六’、從‘又’，但其從‘衣’與從‘六’與否，對本文的考釋都没有影響。”但尚未做肯定的斷語。郭永秉已在網上指出：“簡文從‘六、又、土’之怪字（辰按：指 B），和《容成氏》47 號‘素端 A 裳’之 A 字下所從相同，疑應分析爲從“土”從‘交’聲。”郭先生所言正確。《容成氏》簡 47 的 A 應隸定爲“窶”。筆者過去根據文義而把《容成氏》那個 A 字釋爲“屨”，但只言“屨”應從“眀”得聲。現在看，A 大概是雙聲字，構成 A 字的“睅”（此字以“眀”爲聲）和“窐”（此字以“交”爲聲）這兩個字都應表音。《凡物流行》那個 B 大概讀爲“屢”，“屢”爲來紐侯部，它和“屨”（見紐侯部）、“眀”（群母魚部）三字古音甚近。

【孫飛燕 H】馬楠認爲，《三禮辭典》的解釋是正確的，“素端”在經書裏通常指一整套禮服，只有在上衣與其他服飾顔色不同的情況下，“素端”才專指上衣。《容成氏》端、屨、裳均爲素色，用“素端”就可以全部包含，簡文仍然列出端、屨、裳，與經書不合。

【按】◇素耑（端）：李零認爲“其服作縞冠，白布衣，素裳，素屨”，《讀本》從之；單育辰 A 認爲從典籍看，“端”一般指上衣，而非指一套服裝。◇𧝄：李零隸定爲“襡”，讀爲“褰”；《讀本》分析爲從“眀、弇、府”，蘇建洲 K 認爲從“䁺、弇、府”；《讀本》引季旭昇説認爲下似從“穴、又”；張通海 A 認爲從“眀、弇”，從“衣、又”；單育辰 A 初從張通海 A 説，後又認爲從“眀、弇、六、又”，但不管下部如何分析，都從“眀”得聲，讀爲“屨”。按：上博七《凡物流形》甲本的簡 7 和乙本的簡 6 有字作：𥬇甲、𥬇乙，此字從“六、又、土”，可隸定爲“窒”，與𧝄字下部完全相同。現在看，𧝄大概是雙聲字，構成此字的“𥱐”（此字以“眀”爲聲）和“窒”（此字以“交”爲聲）這兩個字都應表音。《凡物流形》那個 B 大概讀爲“屨”，“屨”爲來紐侯部，它和“屨”（見紐侯部）、“眀”（群母魚部）三字古音甚近。《凡物流形》甲本簡 7 或乙本簡 6 相應那句話應讀爲：“窒（屨）祭異（祀），奚逐？ 吾如之何使飽?”①

簡 48

説明：本簡長 44.3 釐米，完簡。共 46 字，其中重文 2。

拼合編聯：簡 48 與簡 49 編聯，從李零説。

釋文：

豐、喬（鎬），三鼓而進之，三鼓而退之，曰：“虔（吾）所暂（知）多鷹（存），一人爲亡（無）道，百眚（姓）亓（其）可（何）辠（罪）?”豐、喬（鎬）之民酯（聞）之，乃降文＝王＝（文王。文王）時（持）故時而孝（教）民

---

① 參看單育辰《佔畢隨録之八》，復旦大學出土文獻與古文字研究中心網 2009 年 1 月 3 日，http://www.guwenzi.com/SrcShow.Asp? Src_ID＝606。又，單育辰《楚文字兩考》，《簡帛》第 6 輯，上海古籍出版社 2011 年，第 317～322 頁。

集釋：

【李零 A】豐、喬（鎬），三鼓而進之，三鼓而退之，曰："虐（吾）所智（知）多廌（盡）。一人爲亡道，百眚（姓）亓可（何）辠？"豐、喬（鎬）之民䎽（聞）之，乃〈陞〉[降]文＝王＝（文王，文王）時故時而孜（教）民

◇三鼓而進之，三鼓而退之：這兩句似乎是説，文王先進後退，並未真的進攻。◇廌：疑讀"盡"。下文"孟津"作"孟瀆"，字亦從廌。◇一人：指紂。◇辠：同"罪"。◇乃陞文王："陞"是"降"之誤，指向文王投降。◇文＝王＝時故時而孜民時：連下爲讀，"孜"讀"教"，指遵循老的曆法以授民時。

【陳劍 A】豐、鎬，三鼓而進之，三鼓而退之，曰："吾所知多廌，一人爲無道，百姓其何罪？"豐、鎬之民聞之，乃降文王。文王持故時而教民

【黃人二 A】"文王時故時而教民時"頗不詞，亦疑有衍。

【讀本】廌：疑讀作"矜"。廌（精文）、矜（群真），精從旁紐，聲紐從、群楚系有相通之例，如《上博（二）·民之父母》簡 11"日述月將"，今本作"日就月將"……《詩·小雅·鴻雁》……毛傳："矜，憐也。"……簡文似説：我所知道的大多是令人哀憐的事……

【蘇建洲 I】◇廌："廌"可讀作"災"。《説文》曰："廌，解廌獸也……象形，從豸省。"則"廌"古音與"豸"同爲定紐支部。災，精紐之部，聲紐舌齒鄰紐……《容成氏》簡 51 孟"廌"即孟"津"，"津"亦是精紐。其次，韻部之、支旁轉，如《小雅·采薇》"莫知（支）我哀"，《鹽鐵論·備胡》引作"莫之（之）我哀"……以上可説明"廌、災"音近可通……"吾所知多災。一人爲亡道，百姓其何罪？"意思是説"我所知道的豐、鎬各地多天災。這祇是紂王一人不行王道，百姓哪有什麼罪過呢？"

【邱德修 A】第一個"時"字係動詞，按照時間或遵循四時的規

律,第二個"時"爲名詞,與"故"連讀作"故時",即謂傳統的曆法而得名;第三個"時"(辰按:指簡 49),也是名詞,指農民必須依照傳統的曆法來作息,來春耕、夏耘、秋收、冬藏。

【張通海 A】前一"時"讀爲"是","時"讀爲"是",多見,"是故"即"故是",亦即"因此"。後面"時而"很好理解,即"時常、不時"。這樣,整個句子就不至於費解。文王重教化,不是教民時,授舊曆,如此説解方不乖文義。49 簡的"時"連下讀,爲"當時"之意。

【林素清 A】《禮記·檀弓》:"朋友,吾哭諸寢門之外;所知,吾哭諸野。"……"所知"一詞指的是僅知其名的人,這些人跟説話者的關係,比朋友要疏遠一些……簡文"吾所知多麃"當讀爲"吾所知多存"。周文王親自領兵進攻豐、鎬,三鼓而進,三鼓三退,這是因爲豐、鎬是他的家鄉,親朋故舊俱存,因而文王三進三退,不忍心攻打自己的家鄉。

【陳劍 B】豐、鎬,三鼓而進之,三鼓而退之,曰:"吾所知多麃(盡?),一人爲無道,百姓其何罪?"豐、鎬之民聞之,乃降文王。文王時(持)故時而教民

【夏世華 B】麃,疑讀爲"止"。據蘇説可知"麃、豸"古音可通。"豸、止"亦可通……"止,副詞,僅也。""多止"二字當屬下讀。"吾所知,多止一人爲無道……"文王此言……聲稱其攻伐的對象僅是無道之君……疑第一個"時"當讀爲"承"。《詩·周頌·賚》"時周之命",馬瑞辰《通釋》:"時與承一聲之轉。"

【劉信芳 C】麃,……應讀爲"存",《爾雅·釋詁》:"存,察也。"《漢書·文帝紀》"存問長老",注:"存,省視也。"

【按】◇降:李零隸定爲"陞",認爲是"降"字之訛;陳劍 A 直接釋爲"降"。按:陳劍 A 所言正確,此字和"陞"字形並不相同,"降、陞"原來古文字學界並不能很好地區分,現在已經完全可以

正確分別了①。又可參看簡 39 之"降"的考釋。◇廌：李零讀
"盡"；《讀本》讀作"矜"；蘇建洲 I 讀作"災"；林素清 A 讀爲"存"，
認爲是存活的意思；劉信芳 C 亦讀爲"存"，認爲是省視的意思；
夏世華 B 讀爲"止"，相關文句句逗亦有更動。按：此字應如林素
清説讀爲"存"，簡文相應的意思是"豐、鎬這兩國裏我所認識的舊
人還多存活，一個在上位的人無道，百姓有什麼罪過呢?"上博四
《曹沫之陳》簡 42"父兄不廌"的"廌"亦讀爲"存"②，與此同例。◇
時故時：第一個時字，李零如字讀；陳劍 A 讀爲"持"；邱德修 A 認
爲是"按照時間或遵循四時的規律"；張通海 A 把第一個"時"讀
爲"是"，後一個"時"連"而"讀爲"時而"；夏世華 B 讀爲"承"。
按：陳説較確。

簡 49

説明：本簡長 44.3 釐米，完簡。共 43 字。

拼合編聯：簡 49 與簡 50 編聯，從李零説。

釋文：

時，高下肥毳（磽）之利聿（盡）智（知）之。智（知）天之道，智
（知）地之利，思（使）民不疾。昔者文王之差（佐）受（紂）也，女
（如）是甾（狀）也。文王堋（崩），武王即立（位）。武王

集釋：

【李零 A】時，高下肥毳之利聿（盡）智（知）之。智（知）天之

---

① 參看滕壬生《楚系簡帛文字編（增訂本）》，湖北教育出版社 2008 年，其中
"陛"字收入第 1194～1195 頁（但仍混有"降"字），"降"字收入第 1191～
1192 頁；李守奎、曲冰、孫偉龍《上海博物館藏戰國楚竹書（一—五）文字
編》，作家出版社 2007 年，其中"陛"字收入第 626 頁、"降"字收入第 70～
71 頁。參單育辰《郭店簡〈尊德義〉、〈成之聞之〉、〈六德〉三篇整理與研
究》，吉林大學 2013 年博士後研究報告，其中對"升、降"的辨析。

② 單育辰《〈曹沫之陳〉文本集釋與相關問題研究》，吉林大學 2007 年碩士學
位論文，第 87～88 頁。

道,暂(知)地之利,思民不疾。昔者文王之差(佐)受也,女(如)是
牄(狀)也。文王堋(崩),武王即立(位)。武王

　　◇毳:從文義看,似應讀爲"磽"。"毳"有二音:一音"脆",爲
月部字;一同"橇",爲宵部字。這裏可能是用後一種讀法。◇不
疾:不患。◇女是牄也:以上是講文王。

　　【陳劍A】時,高下肥毳之利盡知之,知天之道,知地之利,思
民不疾。昔者文王之佐紂也,如是狀也。文王崩,武王即位。
武王

　　【讀本】讀作"肥磽"應該可從。"磽"是宵部;"毛"及從毛的
"庬、芼"等字古音均爲明紐宵部,故不用改釋。此外,《荀子·王
制》:"相高下,視肥磽,序五種。"《淮南子·修務訓》:"宜燥濕肥磽
高下"……文句與簡文同。

　　【陳劍B】時,高下肥毳(磽)之利盡知之。知天之道,知地之
利,思民不疾。昔者文王之佐紂也,如是狀也。文王崩,武王即
位。武王

　　◇故時:疑所謂"故時、老的曆法"是指"夏時、夏曆"。夏曆合
於農事。《禮記·禮運》:"孔子曰:我欲觀夏道,是故之杞,而不足
徵也。吾得夏時焉……夏時之等,吾以是觀之。"《論語·衛靈
公》:"顏淵問爲邦。子曰:'行夏之時,乘殷之輅,服周之冕……'"
《左傳·昭公十七年》:"火出,於夏爲三月,於商爲四月,於周爲五
月。夏數得天。"

　　【按】◇毳:李零讀爲"磽",《讀本》有補充説明。二説是,上博
二《子羔》簡1亦有"肥磽"一詞,作"思毳"。◇故時:陳劍B疑指
"夏時、夏曆",殆是。

簡 50

説明:本簡長 44.5 釐米,完簡。共 41 字。

拼合編聯:簡 50 與簡 51 編聯,從李零説。

釋文：

曰："成（盛）惪（德）者，虗（吾）敚（説）而弋（代）之；其即（次），虗（吾）伐而弋（代）之。含（今）受（紂）爲無道，酮（昏）者（屠）百眚（姓），至（桎）約者（諸）矣（侯），天牆（將）戜（誅）安（焉），虗（吾）敊（勴）天畏（威）之。"武王於

集釋：

【李零 A】曰："成惪者，虗（吾）敚（悦）而弋（代）之。其即（次），虗（吾）伐而弋（代）之。含（今）受爲無道，酮（昏）者百眚（姓），至（制）約者（諸）矣，天牆（將）戜（誅）焉，虗（吾）敊（勴）天畏（威）之。"武王於

◇酮者："酮"讀"昏"，疑同《書·牧誓》的"昏棄"。"者"或讀爲"捨"（"捨"是書母魚部字，"者"是章母魚部字，讀音相近）。◇至約：疑讀"制約"（"制"是章母月部字，"至"是章母質部字，讀音相近）。◇敊：即"勴"，是贊助之義，《説文·力部》作"勴"，《爾雅·釋詁上》作"勴"。

【陳劍 A】曰："成德者，吾敚而代之。其次，吾伐而代之。今紂爲無道，昏者百姓，至約諸侯，天將誅焉。吾勴天威之。"武王於

【孟蓬生】◇至約："至"當讀爲"質"。"質約"爲同義連文，即訂立攻守同盟之義……《史記·蘇秦列傳》："至公子延。"索隱："至當爲質。謂以公子延爲質也。"……《左傳·昭公二十年》："黃池之役，先主與吳王有質。"杜預注："質，盟信也。"《戰國策》："夫胡之與齊非素親也，而用兵又非約質而謀燕也，然而甚於相趨者何也？何則？形同憂而兵趨利也。由此觀之，約於同形則利長，後起則諸侯可趨役也。"《戰國策·魏策》："王速受楚趙之約而挾韓魏之質，以存韓爲務，因求故地於韓，韓必効之。"《郝氏續後漢書》卷六十七："魏晉雖亦通使於吳，而約質不終，削而不録云。"《周易·坎》六四："内約自牖。"宋馮椅《厚齋易學》："約，質言也。"

【黃人二 A】◇"昏者百姓"之"昏者"……此詞例第五三簡亦

見,本簡文“者”字很少有讀爲“捨”者,疑讀“泯諸”。“百姓”爲“百官”,即《堯典》“平章百姓”之“百姓”也。《牧誓》於一般人民僅云“暴虐”,而不云“泯棄”。“泯諸百姓”意紂爲“百姓”所泯,至於紂與“百姓”父師、少師(比干)、微子互相泯棄之狀況,可參《微子》一篇。簡文與《子羔》“堯之取舜也,從者(諸)卉茅之中”之“者”字,語法地位相若。

【讀本】◇《管子·内業》:“敬守勿失,是謂成德。”成德,謂修成聖德,陳麗桂《新編管子》頁 1069。◇本簡的“敚”亦應釋爲“説”。《吕氏春秋·孟冬(辰按:應作“秋”)紀·禁塞》:“凡救守者,太上以説,其次以兵。”高誘注:“説,説言也。”……《吕覽》所論述的順序(先説後兵)與簡文相似,則本簡的“説”亦指遊説之意。◇郭者:王引之《經義述聞》卷三《牧誓》“昏棄”條:“昏,蔑也,讀若泯。昏棄,即泯棄也……”“泯”明紐真部與“昏”曉紐文部,韻部真文關係密切,古籍常見通假。聲紐亦常互諧,如“每”(明之)與“悔”(曉之)……《尚書·泰誓中》:“今商王受……播棄犁老。”《史記·周本紀》:“今殷王紂……昏棄其家國。”◇季旭昇認爲讀作“桎約”,有箝制諸侯的意思。◇《爾雅·釋詁上》:“導、助,勸也。”郭璞注曰:“勸謂贊勉。”

【邱德修 A】成德,指言行一定並一致的修養,如《左傳·成公十三年》云:“不穀惡其無成德。”

【趙建偉】◇郭者:似可讀作“泯屠”,謂棄絕屠戮百姓。《尚書》的《泰誓》《牧誓》謂商王紂“作威殺戮、暴虐百姓”與此相近。

【陳劍 B】曰:“成德者,吾敚而代之。其次,吾伐而代之。今紂爲無道,昏者百姓,至約諸侯,天將誅焉。吾勸天威之。”武王於◇勸,助;“威”原寫作“畏”,兩字相通習見。“威”即《周易·繫辭下》“弦木爲弧,剡木爲矢,弧矢之利,以威天下”之“威”。《國語·越語上》記句踐伐吳之前“乃致其衆而誓之曰:‘……今夫差衣水犀之甲者三千,不患其志行之少恥也,而患其衆之不足也。

今寡人將助天威之……'"（據明道本）"助天威之"顯即簡文之"勵天威之"。《吳越春秋·句踐伐吳外傳》敘此事，字亦作"威"。而《國語》公序本"威"字作"滅"，顯然是由"威"因形近而誤爲"威"後再變爲"滅"。徐元誥《國語集解》572頁反以明道本作"威"者爲非，得簡文可正其誤。

【張通海 A】"至"不必讀爲他字，讀如字即可。"至"有"極、極端"義，如《易·坤》："至哉坤元。"《孟子·離婁上》："規矩，方員之至也"，"約"有"約束、節制"義，《論語·子罕》："博我以文，約我以禮。""至約"即"極端約束"。

【王輝 A】（李零）説是，無可疑。"䎽"即聞字，讀爲"昏"。"者"可讀爲"捨"。《易·萃》："君子以除戎器。"《釋文》："除本亦作儲。"……可見二字通用……"捨、棄"義近……《牧誓》："今商王受惟婦言是用，昏棄厥祀弗答，昏棄厥遺王母弟不迪。"王引之《經義述聞·尚書上》："昏，蔑也。讀曰泯。昏棄即泯棄也。"……語例亦同。

【范常喜 C】◇"式"在文獻中義爲"楷模，榜樣"，引申而有"效法"義，用作動詞，如《書·微子之命》："世世享德，萬邦作式。"……"成惪者，吾悦而式之。"大意爲"修成圣德者，我愛慕並且效法他"。◇伐，不當是"征伐"之義，在此可理解爲"誇美、贊許"……如《小爾雅·廣詁》："伐，美也。"……"其次，吾伐而式之。"大意爲"次於成德者，我贊美並且效法他"。◇我們更傾向於將（䎽）讀作"聞"，義爲"聽説、知道"……簡文前段云"紂爲無道"，所以壞名聲聞於百姓自然是可以理解的。簡文後段云"受不曆（知）亓未又（有）成正（政），而寽（得）遊（失）行於民之唇也"。當與此"聞諸百姓"相承。◇楚簡文字中"至"多可用作"致"……"致"義爲"招致、致使"……約，義爲"邀結"或者"訂立共同應遵守的條件"……"至約者矦"當可讀爲"致約諸侯"，意爲"導致諸侯相約結"。簡文後文云"武王乃出革車五百輮（乘），𢏕（帶）虜（甲）三千,曰少(小)會者(諸)矦(侯)之帀(師)於啚(牧)之埜(野)"。亦恰可證明將"至約者矦"釋作"致約諸侯"是合理的。

【牛新房 A】"至約"似應讀爲"縶約","縶"指拘禁、束縛,"縶約諸侯"似指商紂拘禁文王之事(白于藍説)。

【蘇建洲 K】由彩版來看,字應從"曰"。不過,根據簡 53 亦有"至約"一詞,則不能排除本簡的 𥹩,乃"約"之誤寫……但是假設此處的"紐"並非誤寫,則不能讀作"約"。曰,匣月;約,影藥,聲紐同爲喉音,但韻部遠隔。筆者以爲或可讀作"制斂"……曰,匣月;斂,來談……爲通轉關係。

【白于藍 D】"至"似當讀作"縶",即《説文》"𦥯"字,古有拘執之義。

【夏世華 B】此"弋"字,疑讀爲"翼"……"翼"在此訓輔翼之翼……(相關句)其意爲:有成德之人,我欣悦地輔助他……"即"似當讀爲"賊","即"與"則"及從"則"之字古多通用,"賊"從"則"聲,故可通用。"其賊"與"成德者"意義相對,指敗壞法度之人……弋,取也……"伐而弋之"即伐而取之……至約,疑讀爲"咥弱"……"咥"即嚙、咬之意……弱……即削弱、弱化。

【劉信芳 C】弋……應讀爲"式",用也……《左傳·莊公二十八年》"且旌君伐"注:"伐,功也。"……伐而式之,依其功勞用之。

【楊坤】強國篇稱湯武"乃能使説己者使耳",秦"乃使仇人役也"。以其文意比讀,則"式"者,使、役、用也。

【按】◇成惪(德):李零如字讀;《讀本》認爲是"修成聖德"。按:不如直接讀爲"盛德","盛德"典籍多見,而"成德"少見。◇敓:李零讀爲"悦";《讀本》讀爲"説",認爲指"遊説"之意。按:從文義看,《讀本》的説法是大體可信的。◇即:李零讀爲"次";夏世華 B 讀爲"賊"。按:李説是。◇第一個"弋"字:李零讀爲"代";范常喜 C 讀爲"式",認爲是"效法"義;劉信芳 C 亦讀"式",認爲是"用"義;夏世華 B 讀爲"翼"。按:李説是。◇伐:學者多認爲是“征伐”之義；范常喜 C 認爲是“誇美、贊許”之義；劉信芳 C 認爲是“功勞”義。按：范、劉二説曲折難信。◇第二個“弋”字：李零讀爲“代”；范常喜 C 讀爲“式”，認爲是“效法”義；劉信芳 C、楊坤亦讀“式”，認爲是“用”義；夏世華 B 釋“弋”爲“取”。按：李説是。◇“成（盛）德者，吾敓（説）而代之”意思是説“周之能成盛德者，是我勸説紂就能取代紂而爲王”；“其次，吾伐而代之”指“盛德之次，是我衹能攻伐紂而爲王”。◇鬧者百姓，至約諸侯：此句又見於簡 53。李零把“鬧者”讀爲“昏捨”，疑同《書·牧誓》“昏棄厥肆祀弗荅；昏棄厥遺王父母弟不迪”的“昏棄”，把“至約”讀爲“制約”；孟蓬生把“至約”讀爲“質約”；黃人二 A 把“鬧者”讀爲“泯諸”；《讀本》引季旭昇説把“至約”讀爲“桎約”，認爲“有箝制諸侯的意思”；趙建偉把“鬧者”讀爲“泯屠”；張通海 A 認爲“至約”即“極端約束”；范常喜 C 把“鬧者”讀爲“聞諸”，並認爲其中“聞”義爲“聽説、知道”，把“至約”讀爲“致約”；牛新房引白于藍説（又見白于藍 D）把“至約”讀爲“繫約”，認爲“‘繫’指拘禁、束縛，‘繫約諸侯’似指商紂拘禁文王之事”；蘇建洲 K 認爲“約”或可隸定爲“紖”，“至紖”或讀爲“制斂”；夏世華 B 讀“至約”爲“哑弱”。按：“鬧”讀爲“昏”應該沒有問題，而“者”應依趙建偉讀爲“屠”；“至”應依季旭昇讀爲“桎”，但“桎約諸侯”並非如其言是“有箝制諸侯的意思”，而應如白于藍所言“指商紂拘禁文王之事”，但並不須要像白説那樣把“至”讀爲“繫”。我們把“鬧者百眚（姓），至約者（諸）矦（侯）”轉寫爲“鬧（昏）者（屠）百眚（姓），至（桎）約者（諸）矦（侯）”。首先看“鬧（昏）者（屠）”二字，屠，定紐魚部；者，章紐魚部，二字古音近，“屠”即從“者”聲，所以“者、屠”二字相通是沒有問題的。“昏屠”猶言“昏殺”，《逸周書·商誓解》云：“今在商紂，昏憂天下，弗顯上帝，昏虐百姓，奉天之命。”其中之“昏虐百姓”與此“昏屠百姓”文例頗近。李零把“昏者”讀爲“昏捨”，但一是“者、捨”這兩個聲系的字在出土材料和傳世文獻中通假之例較少；二是把“者”讀爲“捨”遠不如把它讀爲“屠”更直接。其次看“至（桎）約”二字，典籍多見“文王桎梏”一類話，如《鶡冠子·世兵》：“舜有不孝，堯有不慈，文王桎梏，管仲拘囚。”《呂氏春秋·貴直論·過理》：“糟丘酒池，肉圃爲格，雕柱而桔（梏）諸侯，不適也。”簡文中的“桎”猶《鶡冠子》之“桎梏”、《呂氏春秋》之“桔（梏）”。而“約”在典籍中有“拘囚束縛”之義，如《呂氏春秋·審應覽·具備》：“湯嘗約於郼薄矣。”《焦氏易林·中孚》：“比，威約拘囚，爲人所誣。皋陶平理，幾得脱免。”所以，此處“桎、約”二字爲同義連用，相當於典籍中的“束縛桎梏”。當然，簡文中的“桎約諸侯”在簡文中也可能祇是泛指拘囚諸侯而言，並不見得像白于藍所説的僅僅指拘禁文王。◇戲：李零讀爲“勵”；陳劍 B 引《國語·越語上》《吳越春秋·句踐伐吳外傳》證成之，確。

簡 51

説明：本簡長 44.5 釐米，完簡。共 43 字，其中合文 1。

拼合編聯：簡 51 與簡 52 編聯，從李零説。

釋文：

是虖（乎）复（作）爲革車千轐（乘），繃（帶）虘（甲）蠤（萬）人，戊午岂=（之日），涉於孟㵒（津），至於共、緣（滕）之𨶵（間），三軍大軓（犯）。武王乃出革車五百轐（乘），繃（帶）虘（甲）三千，

集釋：

【李零 A】是虖（乎）复（作）爲革車千轐（乘），𢧵（帶）虘（甲）蠤（萬）人，戊午岂=（之日），涉於孟㵒（津），至於共、緣（滕）之𨶵（間），三軍大軓（範）。武王乃出革車五百轐（乘），𢧵（帶）虘（甲）三千，

◇革車：戰車。《孫子·作戰》提到“革車千乘”。◇𢧵虘：即“帶甲”，指披帶鎧甲的戰士。《孫子·作戰》“帶甲十萬”是百人一乘的乘法，這裏則是十人一乘的乘法。◇戊午岂=：“岂”下有合

文符，爲“之日”二字。戊午之日，《書·泰誓·序》：“惟十有一年，武王伐殷，一月戊午，師渡孟津，作《泰誓》三篇。”《史記·周本紀》“一月”作“十二月”，可能是改殷正爲周正，但日期亦爲戊午。◇涉於孟瀘：“瀘”即“津”。《書·泰誓》說“惟十有三年春，大會于孟津”，“惟戊午，王次于河朔”。◇共縢：共，在今河南輝縣。縢，待考，應與共地鄰近。二地在孟津至殷都朝歌（在今河南淇縣）的路上。◇軋：即“範”，指合於規矩。◇革車五百鞸：“鞸”即“乘”。革車五百乘，爲上“革車千乘”的一半。《書·牧誓·序》作“戎車三百兩”，《逸周書·克殷解》作“周車三百五十乘”，《孟子·盡心下》作“革車三百兩”，《史記·周本紀》作“戎車三百乘”，俱與此不同。◇虎三千：即“帶甲三千”。此數比上“帶甲萬人”也少很多。《書·牧誓·序》作“虎賁三百人”，《孟子·盡心下》作“虎賁三千人”，《史記·周本紀》作“虎賁三千人，甲士四萬五千人”。

　　【陳劍 A】是乎作爲革車千乘，帶甲萬人，戊午之日，涉於孟津，至於共、縢之間，三軍大犯。武王乃出革車五百乘，帶甲三千，

　　【何琳儀】◇軋：指祭祀。《說文》：“範，範軷也。”“軷，出將有事於道，必先告其神。立壇四通，樹茅以依神爲軷，既祭軷轢於牲而行爲範。《詩》曰，取羝以軷。”簡文特指三軍出行前的祭祀。

　　【許全勝】◇縈：縈，從“卷”省聲，即綣字……在簡中應讀爲管蔡之“管”。“縈、綣、管”上古皆在元部，聲母同屬見系，音極近。郭店簡《窮達以時》第六簡“管夷吾”之“管”作“关”……是皆爲“縈、管”二字可通之例。武王伐紂，曾駐軍於管。利簋銘文記武王征商事云：“辛未王在寓師。”于省吾釋“寓”爲“管”，甚是。武王在管，又見於《周書》，《大匡》《文政》二篇皆有“惟十有三祀，王在管”之語。共在今河南輝縣，管在今河南鄭州附近，共、管之間爲進攻牧野必經之要衝。◇軋：謂應讀爲“犯”，《說文》：“犯，侵也。”此猶《荀子》“選馬而進”之“進”也。

　　【鄭玉姍】◇帶：此字從糸，冀聲，爲“被〈披〉”之異文。《古文

四聲韻》中"羮"作羮，與此字形左邊偏旁類似。"羮"與"皮"同爲並紐，作爲聲符應可通。糸部與衣部古多互用之證……"披甲"一詞古亦多見：《史記·項羽本紀》："於是漢王夜出女子滎陽東門被甲二千人。"

【鄒濬智】◇𢃇：就字形言，𢃇與楚簡從糸從帶的字如包山 2.231 𢃇，同構而形近，而鄭先生所舉羮形與𢃇字左半部形構稍遠（羮下從雙"又"，𢃇下近"大"形）……故𢃇作爲"縷"的可能性不高。再就文法言，先秦文獻中，"被（披）甲"多作動詞謂語，而"帶甲"多作名詞，後常接數詞述語、補語。如依原釋文，將𢃇字釋作"帶"，後接賓語"甲"，視"帶甲"爲造句式名詞，借代作"兵士"，似較合於當時慣用文法。故原書隸定𢃇作"帶〔繐〕"應無誤……《容成氏》51（戰國晚期）的"巾"構件漸訛近"大"形……據楚簡"帶"或"帶"構件其下"巾"構件訛變近"大"形的線索，至少可解決包山 157 𧪬 的隸定問題……𧪬 應從"言"從"帶"。就字意言，《玉篇·言部》諦字："諟諦，審諦。"

【于凱】◇武王伐紂，師渡孟津之事，又見於《書序》及《史記·周本紀》。《書序》作："惟十有一年，武王伐殷，一月戊午，師渡孟津。作《太誓》三篇。"《史記·周本紀》作："〔武王〕乃遵文王，遂率戎車三百乘，虎賁三千人，甲士四萬五千人，以東伐紂。十一年十二月戊午，師畢渡盟津，諸侯咸會。"《書序》《史記》均以"戊午"之日爲周師渡孟津，但前者言"一月戊午"，後者言"十二月戊午"，兩者月份的差異，當是殷、周建正不同所致。《容成氏》簡 51 亦以"戊午之日，涉於孟津"，與《史記》和《書序》所載正合。

【邱德修 A】"紾"字，即《說文》的"紾"字……至於其地望，則待考。

【陳偉 C】共地在朝歌西南不遠，正當武王自孟津（今河南孟津縣東）渡河伐紂的途中，當時行軍路線，古書或有記述。《荀子·儒效》："武王之誅紂也，行之日以兵忌，東面而迎太歲，至氾而汎，至懷而壞，至共頭而山隧……遂選馬而進，朝食于戚，暮宿於百泉，厭旦於牧之野，鼓之而紂卒易鄉，遂乘殷人而誅紂。”楊倞注：“共，河內縣名。共頭，蓋共縣之山名。”《淮南子·兵略訓》：“王伐紂，東面而迎歲，至汜而水，至共頭而墜，彗星出而授殷人其柄。”許慎注今本作：“共頭，山名，在河曲共山。”……竹書中的共，可能是指共城，也可能是指共城之北的共山。如果竹書與《荀子》等書所說武王伐紂之師所至爲一事（這種可能性應該較大），由於前者所記的共是與滕相伴而標誌地望，後者的共頭乃是一具體地點，那麼竹書之共當指共城，而《荀子》等書中的共頭則位於共、滕二地之間……竹書“共”後之字，亦見於《古陶文彙編》5.7 與《十鐘山房印舉》3.50，即“絭”字。楚簡中還有一種將“糸”寫在左旁的形體，學者也看作是同一個字。對於望山 2 號簡中這種寫法的字，朱德熙等指出：“從‘糸’從‘关’（‘朕’字所從），當是‘滕’字異體。”在《容成氏》中恐當讀爲“滕”。春秋早期衛國有滕邑，在《左傳·閔公二年》與共邑並見。當時狄人伐衛，“及敗，宋桓公逆諸河，衛之遺民男女七百有三十人，益之以共、滕之民爲五千人”……竹書“共、滕之間”與《荀子》《淮南子》中武王伐紂所至的“共頭”應即一事。共山，《太平寰宇記》共城縣“共山”條云：在縣北十里……今在輝縣市北約 2.5 公里處。滕邑大致應在共山的另外一側，即其以北處；其距離也當不致太遠。

【陳劍 B】是乎作爲革車千乘，帶甲萬人，戊午之日，涉於孟津，至於共、縢（滕）之間，三軍大訛。武王乃出革車五百乘，帶甲三千，

◇《上博簡〈容成氏〉的竹簡拼合與編連問題小議》徑釋爲“縢”。當時僅是就字形而釋，後來裘錫圭説，《左傳·閔公二年》有“衛之遺民，男女七百有三十人。益之以共、滕之民，爲五千人，立戴公以廬于曹”。“共、滕”即簡文之“共、縢”。

【吳良寶】關於武王伐紂的行軍路線，古書中有一些記載可以

參考。《荀子·儒效》:"武王之誅紂也,行之日以兵忌,東面而迎太歲,至汜而汜,至懷而壞,至共頭而山隧……遂選馬而進,朝食於戚,暮宿於百泉,厭旦於牧之野,鼓之而紂卒易鄉,遂乘殷人而誅紂。"類似的文字也見於《淮南子·兵略訓》:"王伐紂,東面而迎歲,至汜而水,至共頭而墜,彗星出而授殷人其柄。"……繇字實從关得聲(《説文》作"岕"),即"朕"字所從的聲旁;而卷字從"关"聲(《説文》作"喬"),二者不宜混同……繇字應從"朕"聲,可釋讀爲"滕",而非"卷"。《左傳·閔公二年》:"衛之遺民男女七百有三十人,益之以共、滕之民爲五千人,立戴公以廬於曹。"杜預注:"共及滕,衛别邑。"這個"滕",應該就是上引簡文的繇地,今地不可確指。但由上引簡文可知,滕地也在黄河以北,距共地的位置不會太遠。

【王志平 B】◇軋:疑讀爲"乏"。此意指武王率領"革車千乘,帶甲萬人",至共、管之間時,"三軍大乏",因而他才簡選"革車五百乘,帶甲三千,以小會諸侯之師於牧之野"。

【王輝 A】◇鎜原隸作"繇",右旁實即"关"……"鎜"與"卷"通用。《楚辭·九思》:"心緊鎜兮傷懷。"《考異》:"緊鎜一作縊綣。"……卷爲戰國魏邑。《史記·秦本紀》:"(昭襄王三十二年)客卿胡傷攻魏卷,取之。"正義引《括地志》云:"故卷城在卷州原武縣西北七里。"原武即今河南原陽縣原武鎮……共、卷二地相距不足百里。

【按】◇鎜:李零隸定爲"繇"如字讀;陳劍 A 釋爲"滕",但未做説明;許全勝隸定爲"鎜"讀爲"管";陳偉 C 隸定爲"鎜"讀爲"滕"、陳劍 B 引裘錫圭説讀爲"滕"、吴良寶隸定爲"繇"讀爲"滕",此三説皆引《左傳·閔公二年》"益之以共、滕之民爲五千人"爲證;王輝 A 讀爲"卷"。按:陳、裘、吴三説是正確的。◇軋:李零讀爲"範",認爲指"合於規矩";何琳儀讀爲"範",認爲指"祭祀";許全勝讀爲"犯";王志平 B 讀爲"乏"。按:許説是正確的,

"犯"字的這種用法《左傳》常見,如《左傳·莊公十年》"蒙皐比而先犯之"、《左傳·襄公十七年》"宵犯齊師"等。◇繡:李零未隸定,但讀爲"帶",鄒濬智有補充説明;鄭玉姍認爲從糸,㡿聲,釋爲"被(披)"。按:釋爲"帶"是正確的。"帶甲"一辭典籍常見,""可隸定爲"繡",其實即楚文字(包山簡 231)形的訛變,祇是其所從的"帶"形訛變爲"辛"形,包山簡 270 亦是類似訛變。而是由更早的形體如(如《子犯編鐘》,《新收》1011)形演變的。

簡 52

説明:本簡長 44.3 釐米,完簡。共 45 字。

拼合編聯:簡 52 與簡 53 編聯,從李零説。

釋文:

㠯(以)少(宵)會者(諸)矦(侯)之帀(師)於畕(牧)之埜(野)。受(紂)不智(知)亓(其)未又(有)成正(政),而昇(得)遊(失)行於民之辱(脣)也,或(又)亦记(起)帀(師)㠯(以)逆之。武王於是虖(乎)素完(冠)巺(冕),㠯(以)造

集釋:

【李零 A】㠯少(小)會者(諸)矦(侯)之帀(師)於畕(牧)之埜(野)。受不智(知)亓未又(有)成正(政),而昇(得)遊(失)行於民之辱(朕)也,或亦记(起)帀(師)㠯逆之。武王於是虖(乎)素完(冠)巺(冕),㠯告

◇畕之埜:即"牧之野",牧邑的野,古書亦稱"牧野"。牧在殷都朝歌的郊區(在今河南淇縣的東北),周圍的野叫"牧野"(古人以"國"以外爲"郊","郊"以外爲"野",這裏的"野"是郊邑以外的"野"),周滅商的"牧野之戰"發生於此,古書屢言之。◇素完巺:即"素冠冕",亦所以臨凶事。巺,從"弁、元"。

【陳劍 A】以小會諸侯之師於牧之野。紂不知其未有成政,而得失行於民之辰(朕?)也,或亦起師以逆之。武王於是乎素冠冕,

以告

【黃德寬 A】◇弁："冠𠮷"……第二字也當讀"弁"，從"元"乃蒙"冠"字而類化訛變。

【陳偉 A】◇宵：字本作"少"，原釋文讀爲"小"，未作解釋。"小會諸侯"似無説。"少、宵"皆從小得聲，疑當讀爲"宵"。《説文》："宵，夜也。"《國語·周語下》："王以二月癸亥夜陳，未畢而雨……王以黃鐘之下宮，布戎於牧之野，故謂之厲，所以厲六師也。"韋昭注："二月，周二月。四日癸亥，至牧野之日。夜陳師，陳師未畢而雨。"《禮記·祭統》："夫祭有三重焉：獻之屬，莫重於祼，聲莫重於升歌，舞莫重於《武宿夜》，此周道也。"孔疏引皇侃所述《書傳》云："武王伐紂，至於商郊，停止宿夜，士卒皆歡樂歌舞以待旦，因名焉。"這與讀"少"爲"宵"可以相合。

【楊澤生 B】◇脣：不一定須要改讀。《説文》嘴脣的"脣"作"𦟢"；而震驚的"震"作"脣"，《説文·口部》："脣，驚也。""脣"字後來用作嘴脣的"脣"，而"震"則挪用了它的驚懼義。當然，爲了避免誤會，簡文"脣"最好釋作"震"。《逸周書·作雒》："二年，又作師旅，臨衛政殷，殷大震潰。"……朱右曾云："衛在殷南。'政'讀爲'征'。震，懼。"據此和前面所引簡文的上文："武王乃出革車五百乘，帶甲三千，以小會諸侯之師於牧之野。"簡文"脣"義爲驚懼，而"正"應讀作"征"。簡文大意是説，受（紂）不知道武王的征伐未到，而成敗得失出在殷民的震懼，有些人又帶領軍隊迎接他們。

【增】蘇建洲……釋"格"可從，但"格"的意思應由至、來這個基本義引申爲歸附、歸順或投奔，簡文"或亦起師以格之"大意是有人又起兵或帶領軍隊歸附周武王他們。

【蘇建洲 F】◇脣：疑讀作"則"。脣，船紐文部；則，精紐職部。聲紐舌齒鄰紐，韻部主要元音相同。《書·吕刑》"制以刑"，《墨子·尚同中》引"以"作"則"。而"以"（余之）、"夷"（余脂），雙聲，韻部之脂可通……另外，《左傳·宣公十一年經》"楚子陳侯鄭伯盟于辰陵”，《穀梁傳》“辰陵”作“夷陵”，所以“則”與“辰”可通。《國語·晉語五》：“今宋人弑其君，是反天地而逆民則也。”韋昭注：“則，法也。”……簡文意謂“對民間的法則作錯誤行爲的破壞”。

【蘇建洲 G】◇逯……仔細觀察筆劃，似從“耤”（音“借”，見紐月部）。此字在曾侯乙簡及出土戈銘均作“戠”（見鐸）的聲旁。季旭昇以爲在此應讀作“格”，亦是見紐鐸部。《逸周書·武稱》“窮寇不格”，孔晁注：“格，鬥也。”……簡文大概亦有“打鬥、格殺”之意……“亦”是接連上句而來，則“之”應指“人民”，而非武王之師……簡文意謂：“紂以爲自己有成功的政績，就有恃無恐，他除了對人民遵守的法則作錯誤行爲的破壞，也興師來格殺反抗的人民。”

【讀本】唇，即“辰”的繁體。民之辰，可以解成百姓的日子，《毛詩·小雅·小弁》：“天之生我，我辰安在。”毛傳：“辰，時也。”

【何有祖 A】◇唇：頗疑“唇”讀如脣齒之脣。《説文通訓定聲》801 頁：“唇，驚也，從口，辰聲。”“唇”後來用作脣齒的脣。這裏的“行”當作“言”解。《爾雅·釋詁》：“行，言也。”這裏的“正”當讀作“政”，“成政”當指“善政”，即好的政績。這句話的意思是：受不知道自己沒有施行善政，（他的）得與失早就在民衆脣齒間言説了，即早有評論。用現代的話説，受在民衆中的口碑不好。

【邱德修 A】“成政”一詞與上文“成德”類似，謂真正了解政治及身體力行，理想與現實兼顧的政治模式……行，信也；“失行”即“失信”……“唇”訓“震驚”的意義，亦文從字順，詞義顯然……“而得失信於民之震也”，謂如此一來，結果弄得政府失信於民，而人民大爲震驚，民心思變，至爲明顯。

【陳劍 B】以少（宵）會諸侯之師於牧之野。紂不知其未有成政，而得失行於民之辰（？）也，或亦起師以逆之。武王於是乎素冠弁，以造

【張通海 A】◇“少”可釋爲“稍”，意爲“略微”，典籍中此字也常這樣訓釋，如《戰國策·趙策》“太后之色少解”。◇在簡帛研讀課上，劉信芳指出，釋爲“唇”的字實是由上“石”下“句”二個部件構成，字釋爲“厚”，且與文義恰合。就形、義來看，此説可從。

【王輝 A】《論衡·率性》：“揚脣吻之音，聒聖賢之耳。”“脣”即口、嘴。紂之得失流行於民之口，足見其惡名遠揚。

【白于藍 B】該字當隸定爲“石”，讀爲“厚”。郭店簡《老子》甲簡 36 有“甚愛必大費，厚藏必多亡”語。其中，“厚”字作⿱石句，可分析爲從石句聲，上古音“厚”爲匣母侯部字，“句”爲見母侯部字，兩字聲母同爲喉音，韻則疊韻，故“厚”或可從句聲作……故⿱石句可能與⿱石句爲一字，亦是“厚”字。“厚”字古有深意。《吕氏春秋·辯土》：“必厚其靮。”高誘注：“厚，深。”……簡文“夏（得）遊（失）行於民之石（厚）也”之“夏（得）”於此當讀爲“德”。“得、德”古常可互通。上博簡（二）《民之父母》篇簡 12 之“屯夏（得）同明”，今本《禮記·孔子閒居》作“純德孔明”，即其例。“失行”一詞見於典籍……引申之亦可指錯誤、過失，如《史記·儒林列傳》：“夫主有失行，臣下不能正言匡過，以尊天子，反因過而誅之，代立踐南面。非弑而何也？”……又可指亂。《禮記·樂記》：“《武》亂皆坐，周、召之治也。”鄭玄注：“亂，謂失行列也。”……“夏（德）遊（失）行於民之石（厚）也”蓋謂［受不知其］德亂於民深矣。

【連劭名】“脣”當讀如字。“民之脣”如言“民之口”。《論語·季氏》云：“天下有道，則庶人不議。”

【單育辰舊稿】應讀爲“而/得/失行/於民之脣也”，就是説得到“失行”（無道）的名聲於人民的脣吻之間。

【趙平安 C】⿰目免 望山 M2.35……⿰目免 信陽楚簡 M2.13……⿰目免 包山楚簡 258……從單獨使用的覞字和筧字所從偏旁看，“覞”下從“又”，“又”譌變爲“人”……在古文字裏作偏旁時，“人”和“元”可以通作……所以《容成氏》中的“覞”（下從元）應該徑直隸作“覞”。

"冠冕"即古書中的"冠弁"。《周禮・春官・司服》:"凡甸,冠弁服。"鄭玄注:"甸,田獵也。冠弁,委貌。"

【孫飛燕 H】簡文當斷讀爲"而/得失/行於民之脣也",即紂的得失成敗行於百姓之口脣,這與"口之宣言也,善敗於是乎興"表達的含義是一致的。

【劉信芳 C】而得(德)遊(失)行於民之𠂤(厚)也。

【按】◇冕:李零隸定爲"堯",讀爲"冕";黄德寬 A 釋爲"弁";趙平安 C 隸定爲"兒"讀"弁"。按:"冕、弁"古常通用,如果從後世用字習慣來看,讀爲"冕"還是好一些。◇少:李零讀爲"小";陳偉 A 讀爲"宵";張通海 A 釋"少"爲"稍"。按:"少會、稍會"無義可説,陳偉 A 讀爲"宵"可從。◇脣:陳劍 A 讀爲"朕";楊澤生 B、邱德修 A 訓"脣"爲"震";蘇建洲 F 讀作"則";《讀本》引季旭昇讀爲"辰";何有祖 A 讀爲"脣齒"之"脣",王輝 A、連劭名亦有此説;張通海 A 引劉信芳説釋爲"厚"(又見劉信芳 C),白于藍 B 亦有此説。按:"脣齒"之"脣"一説勉强可通,其他諸説或於字形不合,或於古代語言習慣不合。◇而得失行於民之脣也:何有祖 A 讀爲"而/得失/行於民之脣也",王輝 A、孫飛燕 H 亦有類似説法;白于藍 B、劉信芳 C 釋"𠭇(得)"爲"德",讀爲"𠭇(德)失行於民之𠂤(厚)也"。我們以前斷讀爲"而/得/失行/於民之脣也",現在看來,何有祖 A、王輝 A、孫飛燕 H 的説法要更好些,應斷讀爲"而/得失/行於民之脣也"。◇逆:李零釋爲"逆";蘇建洲 G 釋爲"達",讀爲"格",訓"格殺",楊澤生 B 則訓"格"爲"歸附"。按:從楚簡用字看,"逆"是正確的。

簡 53

説明:本簡長 44.5 釐米,完簡。共 44 字。

拼合編聯:此爲現存的最末一支簡,此簡的後面大概如李零所説脱去一支或兩支整簡,然後才是本篇的最末尾。這裏暫按脱去一支整簡處理。

釋文：

吝（類）于天，曰："受（紂）爲亡（無）道，餌（昏）者（屠）百眚（姓），至（桎）約者（諸）矦（侯），豔（絶）穜（種）忞（侮）眚（姓），土玉水酉（酒），天牁（將）或（誅）安（焉），虗（吾）骰（勵）天畏（威）之。"武王素虖（甲）吕（以）申（陳）於豎（殷）蒿（郊），而豎（殷）☐☐☐☐

集釋：

【李零 A】吝（閔）于天，曰："受爲亡道，餌（昏）者百眚（姓），至（制）約者（諸）矦，豔（絶）穜（種）忞（侮）眚（姓），土玉水酉（酒），天牁（將）或（誅）焉，虗（吾）骰（勵）天畏（威）之。"武王素虖（甲）吕申（陳）於豎（殷）蒿（郊），而豎（殷）

　　◇吝：即"閔"，哀憐之義，字亦作"愍"。◇豔穜：即"絶種"，指滅族。◇土玉水酉："酉"即"酒"。意思是視玉如土，視酒如水。◇而豎：簡文未完，下有脱簡。

【陳劍 A】閔于天，曰："紂爲無道，昏者百姓，至約諸侯，絶種侮姓，土玉水酒，天將誅焉，吾勵天威之。"武王素甲以陳於殷郊，而殷

【徐在國 A】◇豎：《包山楚簡》182 🔣、《古璽彙編》2582 🔣、《古璽彙編》2581 🔣，舊多釋"啟"，認爲從"攴、户"……（與"豎"相較）當釋爲"殷"。

【蘇建洲 B】◇豎：殷，甲骨文……西周金文……從"身"作，而上述🔣、🔣明顯不從"身"，所以是否就是"殷"是可以懷疑的。《郭店》的"所"作🔣（3.33）、🔣（6.31），其"户"旁與🔣、🔣、《包山》182 作🔣同形。……所以🔣舊隸爲從"攴、邑"應是可信的。🔣、🔣亦應隸作從"攴、邑"。而"啟"古音溪紐脂部；殷，影紐文部，聲古同爲喉音，韻則旁對轉，換言之，這是替換聲符的現象，似不可將🔣、🔣直接釋爲從"殷"聲。至於🔣簡文中當作姓氏用，古有"啟"姓，《通志·氏族略·以名爲氏》曰："出自姒姓，夏禹之子名啟，其後

以其名爲氏。"所以 🔲 不論改釋與否,字形分析亦不可直接説從
"殷"。至於《璽彙》2581 作 🔲,左旁與璽印文字"門"字所從的
"户"相似,吳振武、何琳儀釋爲"啟"可信,恐不須改釋。《璽彙》
2582 亦然。

【趙彤】◇𩫖:蘇建洲認爲《容成氏》簡 53 原釋從邑從殷之字
當爲從"啟"。今按:蘇先生的意見從字形上看應該是没有問題
的。我們再補充一點,族名之"殷"字在上古當讀影母微部。《禮
記・中庸》:"壹戎衣而有天下。"鄭玄注:"衣讀如殷,聲之誤也,齊
人言殷聲如衣。今姓有衣者,殷之冑與。"《吕氏春秋・慎大》:"夏
民親郼如夏。"高誘注:"郼讀如衣,今兖州人謂殷氏皆曰衣。"張樹
錚《"齊人言殷聲如衣"補釋》(《方言歷史探索》19～26 頁)指出:
"齊地正是殷人故地,'殷'應當是他們的自稱,恐怕不能設想殷人
自己把'殷'念訛了……因此,很可能'殷'本來就音'衣'……事實
真相很可能是恰恰相反,是西方人(周人)'言衣聲如殷'。"張先生
的意見應該是對的。《容成氏》此字當釋作"𩫖",讀爲"殷"。

【讀本】眚:即"種姓",《史記・匈奴列傳》:"父子兄弟死,取其
妻妻之,惡種姓之失也。故匈奴雖亂,必立宗種。"

【邱德修 A】"忞"字,即"懲"字之省體……"滅"音亡列切,明
紐,十五部;而"忞"字音莫侯切,明紐,三部;二字古聲同,可以互
借。"𩫖種忞眚"即"絶種滅姓"……承上文句式於"𩫖"下可補一
"𦰩"字……謂在殷郊……。

【陳劍 B】吿(類)于天,曰:"紂爲無道,昏者百姓,至約諸侯,
絶種侮姓,土玉水酒,天將誅焉,吾勵天威之。"武王素甲以陳於殷
郊,而殷

◇"造吿"原釋讀爲"吿閔",諸家無異説。"吿"字作 🔲,跟簡
22"謁吿"之"吿"作 🔲 比較,其上端有明顯不同,而跟郭店簡《窮
達以時》簡 11"造父"之"造"作 🔲 相近。《郭店楚墓竹簡》146 頁注
[一三]引"裘按"云:"楚簡'吿'字中的上端皆直,此'吿'字上端則

向左斜折，與楚簡'告'（劍按此字當是排印有誤）、'佶'等字所從之'告'相同，故此字無疑當讀爲'造'。有學者指出'造'字所從之'告'與祝告之'告'本非一字，是有道理的。"據此將此字直接改釋爲"造"。"告"疑當讀爲古書裏指軍隊出征之禮中的類祭之"類"，字亦或作"禷"，《説文·示部》："禷，以事類祭天神。""類、告"上古音來母雙聲、韻部物文對轉，中古又都是合口三等字，其可以相通。《周禮·春官·大祝》："掌六祈以同鬼神示，一曰類，二曰造，三曰禬，四曰禜，五曰攻，六曰説。""類、造"並舉。《禮記·王制》："天子將出征，類乎上帝，宜乎社，造乎禰。"前人多據此將"類、宜、造"三種祭祀的對象截然分開。實則《周禮·春官·肆師》云："凡師甸，用牲于社宗，則爲位。類造上帝，封于大神，祭兵于山川，亦如之。"可見"造"祭亦可施於上帝。"類造上帝"即簡文此處"造類於天"，皆謂舉行祭祀將征伐之事報告上天，既以祈福佑，亦表示承天之命"恭行天罰"（下文所告之辭歸結爲"天將誅焉，吾勴天威之"，正即此意）。偽古文《尚書·泰誓上》敘武王渡孟津後告諸侯云："予小子夙夜祗懼，受命文考，類於上帝，宜於冢土，以爾有衆，厎天之罰。"亦可參考。

【張通海 A】"告"可讀爲"祰"，《説文·示部》："祰，告祭也。從示，告聲。"況且前面講武王"素冠冕"，一副虔敬；後面歷數"受爲無道"的種種罪狀……（或讀如字，"告"本身就有"上告、告祭"之義）。

【王志平 B】絕踵侮生：《尚書·泰誓》"斮朝涉之脛，剖賢人之心"，孔傳："冬月見朝涉水者，謂其脛耐寒，斮而視之。比干忠諫，謂其心異於人，剖而觀之，酷虐之甚。"《韓詩外傳》卷十："昔殷王紂殘賊百姓，絕逆天道，至斮朝涉，刳孕婦，脯鬼侯，醢梅伯。"《淮南子·主術》："紂殺王子比干而骨肉怨，斮朝涉者之脛而萬民叛。"《水經注·淇水》："老人晨將渡水，而沈吟難濟。紂問其故，左右曰：'老者髓不實，故晨寒也。'紂乃於此斮脛而視髓也。"

【大西克也】"告 A"（辰按：指 🔲 形）和"告 B"（辰按：指 🔲 形）大概是一字之分化，所以偶然寫錯是不無可能的……《容成氏》簡 52 的"告 B"有可能讀作"造"……簡文"造閔於天"大概是告閔而祭天的意思。《周禮·春官·肆師》"類造上帝"，"造"似可用以祭天。但是《周禮正義》第 1481 頁對此作注説："明此造，非大祝六祈之造，類上帝外別無造上帝也。諸經亦唯有造於祖禰，無造上帝。"陳劍將簡文"告𣝔於天"讀作"造類於天"……"類"爲來母物部合口字……"𣝔"爲來母真部開口字……兩者通假範圍似有不同……我以爲簡文"告 B"能否讀"造"，還有待研究。

【王青】閔，通"暋"，義爲强横。《尚書·康誥》"殺人越於貨，暋不畏死"；《孟子·萬章下》引用這句話爲"殺越人於貨，閔不畏死"。故簡文此處釋爲"暋"較好，"告暋"即向上天報告商紂王的强横殘暴。

【夏世華 B】疑"造"字當屬上句讀，"𣝔"如李説讀爲"閔"，訓勉，自勉勵之意……"武王素冠冕以造，閔于天曰"，其意爲武王身著素服以"造"祭呼號於天，言將自勉力於天道。

【按】◇忞：李零讀爲"侮"；邱德修 A 讀爲"滅"。按：暫從李説。◇造①：李零釋爲"告"，連下"𣝔"字讀爲"告閔"；陳劍 B 釋爲"造"，連下"𣝔"字讀爲"造類"；張通海 A 讀爲"祮"，又以爲可如"告"字讀；大西克也亦釋爲"造"，但認爲"造"中"告"的訛寫，又認爲也可能不是訛寫而讀如"造"，"造閔於天"大概是"告閔而祭天"的意思；王青讀爲"告暋"；夏世華 B 把"造"屬上句讀，訓"閔"爲"勉"。按：此字作 🔲 形，確是"造"字②，此依陳劍説讀爲"造類"。◇暋：徐在國根據此簡而釋出了原先未能釋出的古文字"殷"字；蘇建洲 B 認爲此字應隸定爲從"𣅏、邑"，通"殷"；趙彤又有補充

---

① "告"字見簡 52，爲方便起見，移於此處討論。

② "造、告"在戰國文字中的字形分別可參看陳劍《釋造》，《甲骨金文考釋論集》，綫裝書局 2007 年，第 129～137 頁。

論證。按：蘇説於語音甚爲曲折，"醫"字上面寫的有點像"攺"其實是由"殷"的古文字字形演變而來的，與"攺"並無關係。

簡 53 反
説明：本簡爲簡 53 的背面，共 3 字。
拼合編聯：此簡屬標題簡。
釋文：
訟（容）城（成）氏（氏）
集釋：
【李零 A】訟（容）城（成）氏（氏）
◇訟城氏：即"容成氏"。這是原書的篇題，估計是在倒數第二、三簡的背面。篇題存，在第五十三簡，作"訟城氏"，從文義推測，當是拈篇首帝王名中的第一個名字而題之。此人應即《莊子·胠篋》所述上古帝王中的第一人：容成氏。可惜本篇第一簡已脱佚。

【黄人二 A】篇題"容成氏"，末字與簡文他處全作"是"者，並不相同，然假讀爲"氏"，不必懷疑。古書篇名、書名之命名條例，約略可從余嘉錫五種之説，整理者所言指古書篇題多摘首一二句爲篇名之例，爲余嘉錫所舉之第二例。然此類之篇名條例，亦有取於篇中之句與概括全篇要旨而爲之者。更甚，尚有兩名之例。若然，則簡文云古氏部分之竹簡，非必定排在最前。以體例言，簡文之命名體例，殆爲余嘉錫所言之"古書多無大題，後世乃以人名其書"……容成氏之身份有三：老子之師（史官之師）、黄帝之臣、上古之君。余嘉錫《管子提要辨證》："向、歆、班固條別諸子，分爲九流十家……明乎其所謂家者，不必是一人之著述也……學不足以名家，則言必稱師，述而不作。雖筆之於書，仍爲先師之説而已，原不必於一家之中，分別其孰爲手撰，孰爲記述也。"則簡文《容成氏》，依性質或容可列《漢書》卷三十《藝文志》春秋家中。

【趙平安 A】第 53 簡正反兩面的字迹，明顯有所不同。正面文字起筆和收筆比較細，多鋒芒，整體風格犀利粗獷，背面則筆畫均齊，風格秀媚，不像是一次書寫完成的。第 53 簡正面的文字和 1~52 簡係同時所書，篇題"訟城氏"應是脫簡之後補上去的。

【陳劍 B】容成氏

◇53 簡簡背記篇名"容成氏"，應已經到了篇末。原"説明"謂"推測後面的脫簡大概衹有一至二枚"，當可信。簡文已敘述至牧野之戰，估計下文至西周建立即全篇結束。

【邴尚白】古代傳説中的容成氏有二人：一爲上古之君，見於《莊子·胠篋》《淮南子·本經》《太公六韜·大明》作"庸成"……另一則是黄帝臣，見於《世本》《莊子·則陽》……容成氏爲史官，通曆算，又善養生之術，故陰陽家、房中家皆假託之。在簡文中，篇題"容成氏（氏）"末字與上古帝王皆寫作"某某是（氏）"不同，應該是爲了區别一般姓氏及遠古傳説帝王。因此，本篇篇題當爲託傳説中史官之容成氏以著述，而非"拈篇首帝王名中的第一個名字而題之"。

【牛新房 A】李零的説法是可靠的……誠如邴尚白所説，《容成氏》篇名作"訟城氏（氏）"，與篇中上古帝王名作"某某是（氏）"不同。但是，從字體看，"訟城氏"三字與正文顯然非同一人所書寫。推測看來，可能是古書多單篇流傳，往往無篇題，收藏者爲了方便查找閲讀，一般取篇首數字命名，或標明來歷，或標明所屬主人，這樣造成正文與篇題非一人所書寫也是可能的。所以，用字習慣及字體的不同並不能説明《容成氏》的篇名並非取自篇首古帝王中的第一個的名字作篇題……如前所述，《容成氏》是流行於楚地的戰國文獻，值得注意的是該篇所述上古帝王與《莊子·胠篋》篇極爲相似，且《莊子·胠篋》所述的上古帝王第一人就是"容成氏"。同屬楚地文獻的《淮南子》，也是同樣的情況。"容成氏"作爲上古帝王的第一人應是楚地的一種普遍的看法，那麼《容成氏》是取篇首古帝王中的第一人的名字作篇題的可能性應該是很大的……驗之出土文獻，《上海博物館藏戰國楚竹書》第二册中的《子羔》，篇題也寫於簡背，經裘錫圭重新編排後，寫有篇題的簡排在倒數第三簡，情況與《容成氏》相類，按李學勤的編排，也是如此。而《子羔》篇的篇題也是取篇首二字爲篇名。所以，不能因《漢書·藝文志》中有以"容成"命名者，就得出《容成氏》篇也是"以人名其書"者。

　　【按】◇容成氏：此是篇題，李零認爲篇題得名是"拈篇首帝王名中的第一個名字而題之"；黄人二Ａ、邴尚白都認爲其篇題或託傳説中史官容成氏以著述而得名，而與"篇首帝王名"無關；趙平安Ａ認爲此簡之字與正文之字非同一書手所書；牛新房根據典籍篇題得名及楚簡篇題書寫習慣，反駁黄人二Ａ、邴尚白二説而仍從李零説。按：李零、牛新房言篇題得名之由來是正確的。趙平安Ａ認爲此篇題字迹不同於正文亦是正確的。

第三章　有關《容成氏》的幾個問題

第一節　《容成氏》的内容及所謂的學派屬性

《容成氏》通篇敘述了自上古帝王直至堯、舜、禹、湯、周文王、周武王的事迹,全文 3000 餘字,内容十分豐富。由於學者力求把新發現的先秦竹書都儘可能的納入到先秦各種學派之中,《容成氏》的性質的問題也不可避免地擺到了桌面上。

目前討論《容成氏》性質的共有五種説法:

1.整理者李零認爲此篇是講"上古帝王傳説";裘錫圭認爲此篇是"戰國人所寫的一篇相當有系統的上古史"①;

2.姜廣輝、李存山、梁韋弦、王暉、牛新房、王青認爲此篇屬儒家②;

---

① 李零《容成氏釋文考釋》,《上海博物館藏戰國楚竹書(二)》,上海古籍出版社 2002 年,第 249 頁;李零《三代考古的歷史斷想——從最近發表的上博楚簡〈容成氏〉、燹公盨和虞逑諸器想到的》,《中國學術》第 14 輯,商務印書館 2003 年,第 189～190 頁;裘錫圭《新出土先秦文獻與古史傳説》,《李珍華紀念集》,北京大學出版社 2003 年。又載《北京大學中國古文獻研究中心集刊》第 4 輯,北京大學出版社 2004 年,第 38 頁。又載《中國出土古文獻十講》,復旦大學出版社 2004 年,第 19 頁。

② 姜廣輝《上博藏簡〈容成氏〉的思想史意義——上海博物館藏戰國楚竹書(二)〈容成氏〉初讀印象札記》,簡帛研究網 2003 年 1 月 9 日,http://www.jiAnBo.org/Wssf/2003/jiAngguAnghui01.htm;又載《中國社會科學院院報》2003 年 1 月第 3 版。李存山《反思經史關係:從"啟攻益"説起》,簡帛研究網 2003 年 1 月 20 日,http://www.jiAnBo.org/Wssf/2003/lichun-shAn01.htm;又《中國社會科學》2003 年第 3 期,第 75～85 頁。（轉下頁注）

3.李學勤認爲此篇屬縱橫家①；

4.趙平安、史黨社、郭永秉、饒宗頤、黃海烈認爲此篇屬墨家②；

5、吳根友、馬衛東認爲此篇屬雜家③。

我們認爲，《容成氏》通篇敘述了周之前的上古歷史，篇中並沒有作者的議論，而《容成氏》所述的故事，戰國時的諸子都有徵

（接上頁注）梁韋弦《郭店簡、上博簡中的禪讓學説與中國古史上的禪讓制》，《史學集刊》2006 年第 3 期，第 3～7 頁。王暉《出土文字資料與五帝新證》，《考古學報》2007 年第 1 期，第 20～21 頁。牛新房《〈容成氏〉研究》，華南師範大學 2007 年碩士學位論文，第 97～101 頁；牛新房：《楚竹書〈容成氏〉補議》，復旦大學出土文獻與古文字研究中心網 2008 年 2 月 23 日，http：//www.gwz.fudAn.edu.cn/SrcShow.Asp？Src_ID＝345。王青《論上博簡〈容成氏〉篇的性質與學派歸屬問題》，《河北學刊》2007 年第 3 期，第 102～106 頁。

① 李學勤《簡帛書籍的發現及其意義》，《社會科學報》2003 年 2 月；李學勤《簡帛書籍的發現及其意義》，《中國古代文明研究》，華東師範大學出版社 2005 年，第 307、313 頁。

② 趙平安《楚竹書〈容成氏〉的篇名及其性質》，《華學》第 6 輯，紫禁城出版社 2003 年，第 75～78 頁。史黨社《讀上博簡〈容成氏〉小記》，簡帛研究網 2006 年 3 月 6 日，http：//www.jiAnBo.org/Admin3/list.Asp？id＝1473。郭永秉《楚地出土戰國文獻中的傳説時代古帝王系統研究》，復旦大學 2006 年博士學位論文，第 69～74 頁；郭永秉《帝系新研——楚地出土戰國文獻中的傳説時代古帝王系統研究》，北京大學出版社 2008 年，第 132～134 頁；郭永秉《從〈容成氏〉33 號簡看〈容成氏〉的學派歸屬》，簡帛網 2006 年 11 月 7 日，http：//www.Bsm.org.cn/show_Article.php？id＝455。饒宗頤《由尊盧氏談到上海竹書（二）的〈容成氏〉——兼論其與墨家關係及其他問題》，《九州學林》，復旦大學出版社 2006 年，第 2～15 頁。

③ 吳根友《上博簡〈容成氏〉政治哲學思想探析》，《楚地簡帛思想研究（二）》，湖北教育出版社 2005 年，第 16～18 頁；吳根友《"傳賢不傳子"的政治權力轉移程序——上博簡〈容成氏〉篇政治哲學的問題意識及其學派歸屬問題初探》，《儒家文化研究》第 1 輯，生活・讀書・新知三聯書店 2007 年，第 164～166 頁。馬衛東《〈容成氏〉"文王服九邦"考辨——兼論〈容成氏〉的主體思想及其學派歸屬》，《史學集刊》2012 年第 1 期，第 68～75 頁。

引，所以，祇憑《容成氏》這些歷史故事就把它歸入某一學派，恐怕
是有問題的。這就如西晉時發現的《竹書紀年》一樣，它所述的歷
史散見於先秦典籍的諸子百家，我們也難以把它歸入哪一學派。
《容成氏》中還表明了"禪讓、德行、無刑罰而治、薄葬"等等思想，
但是這些思想在先秦諸子學派未形成以前即已存在，也不是哪一
家學派所獨有。所以，我們不如拋棄把《容成氏》歸入某個學派這
個想法，把它當成一篇單純的歷史書爲好。

第二節　《容成氏》中的古史體系與史觀

　　首先要明確的是，《容成氏》中所見的古史體系和傳世文獻所
見的古史體系是基本相合的。《容成氏》所敘絶大多數都能與傳
世文獻中的史事相參照，比如上古帝王依人民之材而爲用；舜耕
冐丘、陶河濱、漁雷澤；舜孝；舜與堯語；堯禪舜；堯有九子；禹治
水；后稷爲田、皐陶爲理、質爲樂正；舜禪禹；禹儉；禹建鼓於廷以
待人民訟告；禹薄葬；禹讓益；啓攻益；桀取二女琬及琰；桀築璿
室，飾瑶臺，立玉門；湯征桀；桀逃南巢；紂爲炮烙、桎梏、酒池；武
王征商，這些内容與典籍都是一樣的。

　　不過《容成氏》還有少一部分内容與傳世文獻有異，有些與典
籍記載有出入，可視爲傳聞異辭。如《容成氏》説堯處於丹府與藋
陵之間，而傳世文獻多説成堯生於丹陵；《容成氏》説桀逃南巢，又
逃蒼梧之野，但傳世文獻祇説桀死於南巢，並無再逃蒼梧之文，而
傳世文獻一般認爲舜崩蒼梧之野；《容成氏》説紂出武王於夏臺而
問之，從字面意思看，應是紂先把文王囚於夏臺，然後才能用"出"
這個字眼，但傳世文獻一般認爲桀囚湯於夏臺（但典籍中有武王
登夏臺以臨殷民的表述），而紂囚文王於羑里。

　　有些内容則爲傳世文獻未見，可以補典籍之缺，這些内容雖
然極少，但卻是《容成氏》最有價值的部分。如某帝王（帝王之名

已佚失)方爲三佸(可惜"佸"的意義難以落實)之事;禹爲號旗以別左右;湯爲關市之征而民怨;九邦叛紂,文王爲紂攻豐、鎬這些內容。尤其是《容成氏》中九邦叛紂,文王爲紂攻豐、鎬的內容,對於研究周初歷史有重要的作用,值得深入發掘:

《容成氏》中叛紂的九邦簡文説是豐、鎬、郍、䣙、邘、鹿、耆(黎)、崇、密須氏。《史記》説"(文王)明年,伐犬戎。明年,伐密須。明年,敗耆國。殷之祖伊聞之,懼,以告帝紂。紂曰:'不有天命乎? 是何能爲!'明年,伐邘。明年,伐崇侯虎。而作豐邑,自岐下而徙都豐"。這裏涉及了《容成氏》九邦中的"豐、邘、耆、崇、密須氏","鎬"即後來周武王所都之鎬京,但"郍、䣙、鹿"三邦不知應爲典籍中何國,應加以關注。

典籍多言文王被紂所囚是因爲崇侯虎之譖,如《史記·殷本紀》:"西伯昌聞之,竊歎。崇侯虎知之,以告紂,紂囚西伯羑里。"《史記·周本紀》"崇侯虎譖西伯於殷紂",但並未説崇侯虎爲紂之順臣,但到了後世的文獻中,如《韓非子·説疑》"紂有崇侯虎,晉有優施,此六人者,亡國之臣也",《説苑·雜言》"崇侯虎順紂之心,欲以合於意",則説崇侯虎助紂爲虐,這與《容成氏》中崇邦(若依《史記》此時崇之國君正爲崇侯虎)曾叛紂有抵牾。《容成氏》提到的被周人用武力降服的豐、鎬二邦,據其他文獻記載後來皆作了周人的最重要都邑,這也是很有意思的發現。

《容成氏》講文王被紂囚於夏臺,文王説:"雖君無道,臣敢勿事乎? 雖父無道,子敢勿事乎? 孰天子而可反?"這裏既可以表示文王對紂愚忠,也可以理解爲文王很有心機,表面討好紂,好讓自己脱身;文王爲紂討伐九邦,可以説文王討叛邦是對紂忠心耿耿,也未嘗不可以説文王利用這一點暗中壯大了周人實力,爲後來滅紂打下了基礎。《容成氏》的著者是從正面來肯定文王的行爲的,但我們從常理來推測,文王恐怕不會對紂那麼老實忠厚,而是權詐狡猾,要不他的兒子武王也不會在短時間內就把商紂滅掉了,

《淮南子·道應》:"文王歸,乃爲玉門,築靈臺,相女童,擊鐘鼓,以待紂之失也。紂聞之,曰:'周伯昌改道易行,吾無憂矣!'乃爲炮格,剖比干,剔孕婦,殺諫者。文王乃遂其謀。"就把文王刻劃得很有心機。

《容成氏》與傳世文獻最大的不同之處有二:一是對上古帝王名的表述,一是對九州名的表述。因爲這兩個問題比較複雜,我們把它們放到第三、四節做專門研究。

《容成氏》所反映的史觀也是值得注意的。孫飛燕曾歸納過《容成氏》中的諸如"尚賢""恭儉以得國、驕泰以失國""反對戰爭,主張實行與民休息的簡易之政""君臣之分"這樣的思想[1],但這些是《容成氏》中所體現的對社會治理的一些思想,與史觀無關。所謂的史觀,是從歷史的角度對社會的演進、朝代的更替以及歷史事件的産生發展所進行的思考。從《容成氏》中可以看出,《容成氏》著者視上古時代爲最理想的社會,但越往後社會秩序就越衰退,是持一種社會退化的史學觀念,這和春秋戰國時期大多數學派,如儒道墨所持有的觀念是一致的。《容成氏》著者認爲,在 容成氏、大 汾(盈一庭)氏的時代,是治而不賞,官而不爵;在 尊 盧氏、赫胥氏、喬結氏、倉頡氏、軒轅氏、栓(祝)丨(融?)氏、墉遷氏的時代,是一其志,而寢其兵,而官其材;到了某帝王(帝王名簡文殘損)就"始爵而行禄"了,其後有吳週就評論道"德速衰矣"(這句話正是《容成氏》著者要表達出來的),並採取了措施,使天下安定。

《容成氏》表達:在堯、舜、禹的時代,他們講求禪讓,堯禪舜、舜禪禹、禹讓益,但禹子啓攻益自取,這又是一個大變革,離道德準則甚遠了。夏末王桀驕泰淫佚,湯聞而攻之。但湯得天下後人民仍不安定,並且其徵關市之税的行爲導致了疾疫大作。後有伊

---

① 孫飛燕《〈容成氏〉文本整理及研究》,清華大學 2010 年博士學位論文,第 122~135 頁。

尹輔佐，采取了措施，方才"得衆而王天下"；到了商末紂又暴虐無道，而此時周文王以德服人，到了武王伐紂而滅之，武王説："盛德者，吾説而代之；其次，吾伐而代之。"雖然周文武仍爲聖王，但這已與作者眼中的理想社會、禪讓理念相去甚遠了①。

第三節　《容成氏》中所見的上古帝王

《容成氏》中涉及堯、舜、禹之前的上古帝王共見於三簡：

1.簡 35 下：⊡氾（盈－庭）氏

此簡上段已殘去，殘存的第一個字作⊡形，諸家皆未釋，我們與上博三《周易》簡 9 的"⊡（氾－盈）"字相比，發現二者有一致的地方，我們懷疑此字亦爲"盈"字之殘，從"盈"的音韻考慮，簡文的"□盈氏"應即文獻中的"大庭氏"，"盈"喻母耕部，"庭"定母耕部，二字古音近。馬王堆帛書《十大經・順道》："黄帝問力黑曰：'大莛（庭）氏之有天下也，不辨陰陽，不數日月，不識四時，而天開以時，地成以財。其爲之若何？'力黑曰：'大莛（庭）之有天下也，安徐正静，柔節先定。晃濕恭儉，卑約生柔，常後而不失體。正信以仁，慈惠以愛人。端正勇，弗敢以先人。中情不刺，執一毋求。刑於女節，所生乃柔。□□□正德，好德不爭。立於不敢，行於不能。戰示不敢，明執不能。守弱節而堅之，胥雄節之窮而因之。若此者其民勞不□，飢不怠，死不怨。不曠其衆，不以兵邾，不爲亂首，不爲怨媒，不陰謀，不擅斷疑，不謀削人之野，不謀劫人之宇。慎案其衆，以隨天地之蹤。不擅作事，以待逆節所窮。見地奪力，天逆其時，因而飭之，事還克之。若此者，戰勝不報，取地不反。戰勝於外，福生於内。用力甚少，名聲章明。順之至也。'"

---

① 《容成氏》著者所持的"退化説"史觀亦可參看黄人二《再讀容成氏並論其史觀爲兩漢古文家經説之一源》，《上海博物館藏戰國楚竹書（二）研究》，中山大學 2005 年博士後出站報告，第 85～90 頁。

其中"莖"即讀爲"庭",而楚文字"呈"多讀爲"盈",此即本簡"汭"可讀爲"庭"之證,且帛書"大莖(庭)氏之有天下也"和本簡句式相當一致,其内容也可與簡文互參①。

大庭氏,古文獻的記載不是很多,但有一種説法值得注意:

(1)《禮記·月令》:"其帝炎帝,其神祝融。"鄭玄注:"此赤精之君,火官之臣,自古以來,著德立功者也。炎帝,大庭氏也;祝融,顓頊氏之子,曰黎,爲火官正者。"孔穎達正義引何胤云:"《春秋説》云:'炎帝號大庭氏,下爲地皇,作耒耜,播百穀,曰神農也。'"

(2)《禮記·祭法》"有虞氏禘黄帝而郊嚳",孔穎達正義引《春秋命歷序》:"炎帝號曰大庭氏,傳八世,合五百二十歲;黄帝一曰帝軒轅,傳十世,二千五百二十歲;次曰帝宣,曰少昊,一曰金天氏,則窮桑氏,傳八世,五百歲。次曰顓頊,則高陽氏,傳二十世,三百五十歲;次是帝嚳,即高辛氏,傳十世,四百歲。"

(3)《左傳·昭公十八年》:"梓慎登大庭氏之庫以望之。"孔穎達正義:"大庭氏,古天子之國名也。先儒舊説皆云:'炎帝號神農氏,一曰大庭氏。'服虔云:'在黄帝前。'鄭玄《詩譜》云:'大庭在軒轅之前',亦以大庭爲炎帝也。"

看來,"大庭氏"古有即"炎帝"一説,其事迹則不算少了。但這些典籍又云"炎帝"又號"神農氏",則與本篇及典籍既有"大庭氏"又有"神農氏"的情況抵牾不合。不過古史傳説人名、事實多混淆不清,我們也没有深究的必要。

我們舊曾認爲簡 35 下＋43 上在簡 1＋2＋3 之前而在簡 31 之後,現根據典籍所云"大庭氏"在"黄帝"(軒轅氏)之前,以及《莊子·胠篋》《漢書·古今人表》、《太平御覽》卷七八引《遁甲開山圖》、《初學記》卷九引《帝王世紀》、司馬貞《三皇本紀》、《金樓子》"大庭氏"都非常靠前;以及《莊子·胠篋》《漢書·古今人表》《金

① 馬王堆帛書《十大經·順道》之"大莖(庭)氏"一段諸語承王輝先生示知,特此致謝。

樓子》中“容成氏、大庭氏”相聯的情況，把簡 35 下＋43 上提前至篇首，並認爲簡 35 下之前殘缺了半支簡；簡 43 上之後殘缺了半支簡；然後再與簡 1 連讀。這樣重新排序之後，則《容成氏》的篇首只應殘缺半支簡了。

　　2.簡 1：⬚尊⬚膚（盧）氏、茖（赫）疋（胥）氏、喬結氏、倉頡氏、軒緩（轅）氏、訢（神）戎（農）氏、桎（祝）｜（融?）氏、墻遷氏

　　此簡能明確和典籍對上的有“⬚尊⬚膚（盧）是（氏）、茖（赫）疋（胥）是（氏）、倉頡是（氏）、軒緩（轅）是（氏）、訢（神）戎（農）是（氏）”這五個帝王名，具體對讀可參看下文第四節《〈容成氏〉與其他文獻的對讀》，此不贅。

　　其中較爲麻煩的是和典籍難以對讀的“喬結氏、桎｜氏、墻遷氏”這三個帝王名：

　　（1）桎｜氏：“桎｜”兩字，李零隸首字爲“樟”，第二字未隸定；廖名春隸定爲“樟屯”，讀爲“混沌”；何琳儀隸定爲“樟｜”，亦讀爲“混沌”，陳立從之；邱德修 A 釋爲“樟虺”；陳劍 B 隸定爲“栲｜”；單育辰 B 隸定爲“桎｜”，疑讀爲“祝融”，葉曉鋒從之隸定，並讀爲“朱明”；陳劍 F 釋首字爲“杭”；張金良隸定爲“樟乀”，讀爲“伏羲”；李銳 B 釋爲“皇覃”或“狟神”。我們曾根據文獻中上古帝王的名號及音韻，猜測“桎｜”可能釋爲“祝融”，寫入“集釋”中（參本書第 44～46 頁按語）。

　　（2）喬結氏：廖名春讀“高辛氏”，許全勝從之；黃人二 A 讀爲“僑極氏”，陳立從之。但這幾字音韻相差頗遠，故難信從。

　　（3）墻遷氏：廖名春讀“伏羲氏”，《讀本》從之。但“墻”與“伏”、“遷”與“羲”語音實在難通。

　　我們曾反復查看典籍中所出現的上古帝王名，確實難以發現有與“喬結氏、墻遷氏”字形或語音相合者。陳劍 B 曾説：“這些在古人看來就屬縹緲難稽的上古帝王名，在流傳的過程中或湮没不顯，有幾個没有保存在現有古書裏，是實屬正常的，似不必一定

要在古書中找到對應者。"這不失爲一種合理的辦法。不過先秦兩漢舊籍現今存世不少,《容成氏》中的"喬結氏"與"壎遲氏"是不是在典籍中一點蛛絲馬迹都没留下呢? 我們現在還難以下這個斷語。

3.簡 32 上、簡 5:又昊逈

簡 32 上的"又昊逈"被整理者李零釋爲"來亦逈";簡 5 的"又昊逈"被整理者李零釋爲"有無通",這樣考釋之後,就看不出是一個帝王名了。

郭永秉 A 把簡 32 上與簡 5 的這三個字對比而把相關文字釋爲:"以讓于又昊逈,又昊逈曰""又昊逈匡天下之政十又九年而王天下",由此得知"又昊逈"是"讓"和"匡"這兩個動詞的受動者和施動者,一定是一個古帝王名。郭永秉 A 認爲"又昊逈"可讀爲"有無終",其中"有"是专有名词前的一個虚詞;郭永秉 B 又改釋爲"有虞逈",認爲"有虞"即"有虞氏","逈"爲"有虞部族首領的名字",是"在部族名稱後加上部族首領私名"的例子。

郭永秉認爲"又昊逈"是一個上古帝王名,這是正確的。不過不論郭永秉 A 讀爲的"有無終",還是郭永秉 B 又改釋爲的"有虞逈",在典籍中皆無所見。從簡文中看,"又昊逈"這個帝王在本篇中花了很大篇幅來講,但如郭永秉所釋,於典籍皆無所徵考,這真不能不讓人困惑。從簡文上古帝王的排列順序看,這個"又昊逈"在"堯"之前爲王,典籍中處於相同位置的是"顓頊"或"嚳","又昊逈"有没有可能是"顓頊"或"嚳"的異名呢? 這個問題現在解決不了,還有待以後新材料的發現。

第四節　《容成氏》中所見的九州

《容成氏》中九州的説法與傳世文獻有異,它涉及的九州名爲:夾州、涂州、競州、簹州、藕州、習州、鄩州、敍州、虘州,其中涂州即傳世文獻的徐州，騆州即傳世文獻的荊州，鄸州即傳世文獻的揚州，敔州即傳世文獻的豫州，這四者的關係都是語音通假關係，可以很明顯地識出。

但後五個州名——夾州、競州、篙州、藕州，虘州，與傳世文獻中九州的關係就不那麼容易看出了。如夾州，李零懷疑相當於文獻中的"兗州"，蘇建洲 D、陳偉 B、沈建華、史傑鵬從之；晏昌貴 A 認爲相當於"冀州"，朱淵清從之；黃人二 B、邱德修 B 讀爲"陝州"；凡國棟認爲夾州之稱與夏人有關。競州，李零懷疑相當於文獻中的"青州"或"營州"；蘇建洲 D 認爲相當於"青州"，易德生 A 從之；晏昌貴 A 認爲與傳世文獻九州劃分不同。篙州，李零懷疑可讀爲"莒州"，在莒國一帶；晏昌貴 A 認爲與傳世文獻九州劃分不同；易德生 A 讀爲"徐州"（易德生 C 讀"滄州"爲"兗州"）；尹宏兵讀爲"莒州"，並認爲"營、莒"二字形近而易誤。藕州，李零釋爲"蒏州"，疑相當於文獻中的"并州"；蘇建洲 D 亦釋"蒏州"，讀爲"幽州"；晏昌貴 A、陳偉 B 釋"藕州"，認爲相當於文獻中的"并州"；白于藍 B 釋爲"荓（并）州"；邱德修 B 認爲州名因"蔓水"而得名；凡國棟認爲州名得名與沠水有關。虘州，李零認爲相當於文獻中的雍州，其名或與沮水有關；晏昌貴 A、黃人二 B 亦認爲州名得名於滬（沮）水；陳偉 B 認爲"篙"可讀爲"阻"，與訓爲雍塞的"雍州"的"雍"可相通；凡國棟認爲州名得名於"漆渠"。

我們認爲，雖然《容成氏》與傳世文獻九州名表面上看差別很大，但兩者之間不是在意義上有關聯，就是在語音上有通假關係，這兩者之間衹是用字不同，本質上並沒有多大的區別。

爲了方便起見，我們先把《容成氏》中的九州名與傳世文獻中的九州名用表格的形式對照如下。這個表格的傳世文獻部分我們基本仿照了蘇建洲所設計的表格①，但書名順序和九州順序我

————————

① 蘇建洲《上海博物館藏戰國楚竹書（二）校釋》，花木蘭文化出版社 2006年，第 140 頁。

們與之不同。書名的順序我們大致按古書的成書年代排列；九州
的順序我們按《容成氏》所載的順序排列。我們又於表格首行加
了一個《容成氏》的州名（其州名的考釋是我們采納各家的觀點綜
合而成，參看本文"集釋"部分），以求方便與傳世文獻對照。

書　名	九					州					
容成氏	夾	澮(徐)	競(青)			藕					虘
禹　貢	冀	徐	青	兗			荆	揚	豫	梁	雍
職方氏	冀		青	兗	并 幽		荆	揚	豫		雍
呂　覽	冀	徐	青	兗	幽		荆	揚	豫		雍
爾　雅	冀	徐		兗 營	幽		荆	楊	豫		雝

　　表格書名部分的"禹貢"指《尚書·禹貢》，"職方氏"指《周
禮·夏官·職方氏》、"呂覽"指《呂氏春秋·有始覽·有始》、"爾
雅"指《爾雅·釋地》。其中《容成氏》所述九州的部分見於本篇簡
24 下＋25＋26＋27＋28。我們再把"集釋"中有關九州的解釋摘
出，以更好地認識《容成氏》中的九州名和傳世文獻中九州名的
關聯：
　　1.在意義上有關聯的三個：
　　(1)夾州（比較傳世文獻的冀州）："夾"意爲夾持、夾輔，夾州
當得名於兩河夾持其間地，此與古書釋冀州正同。《釋地》："兩河
間曰冀州。"《有始》："兩河之間爲冀州，晉也。"【晏昌貴 A】
　　(2)藕州（比較傳世文獻的并州）：我們懷疑此字"艸"頭之下
的部分從二人側立取義，是"耦"的象形字。《左傳·襄公二十九
年》杜預注："二人爲耦。"并，《說文》："相從也。"在古文字中，"并"
是在"从"（二人相隨狀）的下部附加一二道橫劃，表示二人並立或
相連。"耦"的辭義與之相通。因而竹書中的"藕"恐當讀爲"耦"，
是用一個意義相近的詞指稱《職方氏》中的并州。【陳偉 B】

（3）虘州（比較傳世文獻的雍州）：《漢書·地理志上》右扶風“雍”注引應劭云：“四面積高曰雍。”《經典釋文·爾雅·釋地》引李巡云：“河西其氣蔽壅，厥性急凶，故曰雍。雍，壅也。”又引《太康地記》云：“雍州兼得梁州之地，西北之位，陽所不及，陰氣壅閼，故取名焉。”大致皆以壅塞爲説。竹書用字……或可讀爲“阻”。阻訓險隘、障隔，與這些對雍州的説法相通。【陳偉 B】辰按：在《漢書·天文志》中，還有更重要的文獻可以證明“雍、虘”二字在意義上有關聯：“土與金合國亡地，與木合則國饑，與水合爲雍沮，不可舉事用兵。”①晉灼注：“沮音沮溼之沮。水性雍而潛土，故曰雍沮。一曰，雍，填也。”王先謙補注（《漢書補注》卷二六）：“《天官書》作‘穰而擁閼’，《五行傳》云：‘占曰爲雍沮。’”“沮、虘”可通。《詩·周頌·振鷺》“振鷺于飛，于彼西雝”，毛傳“雝，澤也。”《漢書·鄒陽傳》“是以申徒狄蹈雍之河”，顏師古注：“雍者，河水溢出爲小流也。”《列子·黃帝》“雍水之潘爲淵”，《釋文》云：“河水決出還復入也。”此注本自《爾雅·釋水》：“灉，反入。”郭璞注：“即河水決出復還入者。”雍州之“雍”恐取此義，以與訓下溼之“沮”對應。

2.在意義上可能有關聯的一個：

（4）敘州（比較傳世文獻的豫州）：豫州得名之由，《爾雅·釋州國》：“豫州地在九州之中，京師東都所居，常安豫也。”《經典釋文》引《春秋元命苞》：“豫之言序也，言陽氣分布，各得其處，故其氣平靜多序也。”竹書州名本作“敘”。“敘、序”音同義通，均有順序、次序之義。如果竹書用字有特定含義的話，則《春秋元命苞》對豫州之名的解釋較爲近實。【陳偉 B】

3.在語音上有關聯的四個：

（5）淆州（比較傳世文獻的徐州）：從明都澤的位置看，疑即

---

① 《尚書·禹貢》：“九河既道，雷夏既澤，灉、沮會同。”“灉”即“雍”，不過舊多釋“灉、沮”爲二水名，不知是舊釋有誤，還是它與《漢書·天文志》所云不同。

《禹貢》等書的徐州。【李零 A】

　　（6）競州（比較傳世文獻的青州）：競，群紐陽部；青，清紐耕部……考慮到地理位置，沂水在今山東臨朐一帶，正好與青州所在“東方爲青州，齊也”（《呂氏春秋·有始覽·有始》）相差不遠。【蘇建洲 D】

　　（7）䚢州（比較傳世文獻的荊州）：即“荊州”，見《禹貢》等書。【李零 A】

　　（8）鄢州（比較傳世文獻的揚州）：即“揚州”，見《禹貢》等書。【李零 A】

　　4.其關聯還有待進一步研究者一個：

　　（9）篝州（比較傳世文獻的營州）：春秋莒國銅器以“篝”自稱其國名。莒國之域在沂水一帶。《禹貢》無莒州，疑簡文“莒州”即莒國一帶。按：二州似在古齊、莒之地。【李零 A】《爾雅·釋地》：“齊曰營州。”以齊地爲營州，僅見於《釋地》……“營、莒”二字形近而易誤，《容成氏》的年代又較早，很可能爲戰國早期，則《釋地》之“營州”很可能由《容成氏》之“莒州”演變而來。【尹宏兵】辰按：簡文的“篝（莒）州”很可能是“營州”，不是沒有可能，不過在楚文字中，“莒”的寫法一般作“篝”，與“營”相去較遠，如果“莒、營”二字真存在演變關係的話，也可能發生在戰國其他各系文字中或秦漢時期。

第五節　《容成氏》與其他文獻的對讀

　　《容成氏》有非常多的内容可以與傳世典籍相對照，這種對照，不僅有歷史事件與舊史記載的相合，也有辭句與傳世文獻的相合。爲了方便大家檢索，我們把它們列舉出來，並在後面標明此例是哪位學者最先指出的。我們所舉出的對照，基本是一句、幾句話或一個、幾個短語；或雖然沒有文字上的相應，但基本内容

可以比附;在特別的情況下,我們也列出了一些詞或詞組。可對
照的具體内容我們加了著重號來表示。簡文中大量的見於典籍
的詞句比如"天下、貴賤、方圓、伊尹、文王"等,實在没有列出的必
要;簡文有些内容在傳世典籍中所見甚夥且大家耳熟能詳,如"堯
舜禪讓、牧野之戰"等,我們一般省略或擇要列舉幾條。下面的引
文,我們都已按原書做了核校,與本文"集釋"中各家所引者常有
不同。

1.簡 1:[尊]盧氏、赫胥氏、喬結氏、倉頡氏、軒轅氏、神農氏、桎
丨氏、墉遷氏之有天下也。

(1)《莊子·胠篋》:昔者容成氏、大庭氏、伯皇氏、中央氏、栗
陸氏、驪畜氏、軒轅氏、赫胥氏、尊盧氏、祝融氏、伏戲氏、神農氏,
當是時也,民結繩而用之,甘其食,美其服,樂其俗,安其居,鄰國
相望,雞狗之音相聞,民至老死而不相往來。【李零 A】

(2)《太平御覽》卷七六引《六韜》:昔柏皇氏、栗陸氏、驪連氏、
軒轅氏、赫胥氏、尊盧氏、祝融氏,此古之王者也。未使民,民化;
未賞民,民勸。此皆古之善爲政者也。至於伏羲氏、神農氏,教化
而不誅;黄帝、堯、舜,誅而不怒。古之不變者,有苗有之,堯化而
取之。堯德衰,舜化而受之;舜德衰,禹化而取之。又,《資治通鑑
外紀》卷一上引《六韜·大明》作:伯皇氏、栗陸氏、黎連氏、軒轅
氏、共工氏、尊盧氏、祝融氏、庸成氏、混沌氏、昊英氏、有巢氏、朱
襄氏、葛天氏、陰康氏、無懷氏。【李零 A】

(3)《漢書·古今人表》:上上聖人:太昊帝宓羲氏、炎帝神農
氏、黄帝軒轅氏、少昊帝金天氏、顓頊帝高陽氏、帝嚳高辛氏;上中
仁人:女媧氏、共工氏、容成氏、大庭氏、柏皇氏、中央氏、栗陸氏、
驪連氏、赫胥氏、尊盧氏、混沌氏、昊英氏、有巢氏、朱襄氏、葛天
氏、陰康氏、亡懷氏、東扈氏、帝鴻氏。【李零 A】

(4)《太平御覽》卷七八引《遁甲開山圖》:女媧氏没,大庭氏王
有天下,五鳳異色。次有柏皇氏、中央氏、栗陸氏、驪連氏、赫胥

氏、尊盧氏、祝融氏、混沌氏、昊英氏、有巢氏、葛天氏、陰康氏、朱
襄氏、無懷氏，凡十五代皆襲庖犧之號。自無懷氏已上，經史不
載，莫知都之所在。【李零 A】

（5）《初學記》卷九引《帝王世紀》：及女媧氏没，次有大庭氏、
柏皇氏、中央氏、栗陸氏、驪連氏、赫胥氏、尊盧氏、混沌氏、有巢
氏、朱襄氏、葛天氏、陰康氏、無懷氏，凡十五世，皆襲庖犧之號。
【李零 A】

（6）司馬貞《三皇本紀》：自人皇已後有五龍氏、燧人氏、大庭
氏、柏皇氏、中央氏、卷須氏、栗陸氏、驪連氏、赫胥氏、尊盧氏、渾
沌氏、昊英氏、有巢氏、朱襄氏、葛天氏、陰康氏、無懷氏，斯蓋三皇
已來有天下者之號。【李零 A】

（7）《金樓子》卷一：容成氏、大庭氏、柏皇氏、中央氏、栗陸氏、
驪連氏、赫蘇氏、宗盧氏、祝和氏、渾沌氏、昊英氏、有巢氏、朱襄
氏、葛天氏、陰康氏、無懷氏。【筆者】

（8）羅泌《路史》卷三：《丹壺書》云：皇次四世、蜀山傀傀六世、
渾敦七世、東户十七世、皇覃七世、啓統三世、吉夷四世、九渠一
世、狶韋四世、大巢二世、遂皇四世、庸成八世，凡六十有八世，是
爲因提之紀；倉頡一世、柏皇二十世、中央四世、大庭五世、栗陸五
世、麗連十一世、軒轅三世、赫胥一世、葛天四世、宗盧五世、祝融
二世、昊英九世、有巢七世、朱襄三世、陰康二世、無懷六世，凡八
十有八世，是爲禪通之紀。【李零 A】

2.簡 1：其德酋清

（1）郭店《尊德義》簡 13：教以樂，則民淑德清牺。【黄人二
A】【孫飛燕 B】

（2）《史牆盤》：青幽高祖。【劉洪濤】

（3）《説苑・政理》：昔者堯、舜清微其身，以聽觀天下，務來賢
人。【筆者】

3.簡 2＋簡 3：而官其材。於是乎喑聾執燭，矇戉（瞽）鼓

瑟，跛躄守門，侏儒爲矢，長者酥（懸）氒（鎛），僂者坆（枚）數，瘦【2】者煮鹽，｛氒｝亶者漁澤，齎棄不㒷（舉）。

（1）《國語·晉語四》：官師之所材也，戚施直鎛，蘧蒢蒙璆，侏儒扶盧，矇瞍循聲，聾聵司火。童昏、嚚瘖、僬僥，官師之所不材也，以實裔土。夫教者，因體能質而利之者也。【李零 A】

（2）《禮記·王制》：瘖、聾、跛、躄、斷者、侏儒、百工，各以其器食之。【李零 A】

（3）《淮南子·齊俗》：伊尹之興土功也，修脛者使之跖钁，強脊使之負土，眇者使之準，傴者使之塗，各有所宜，而人性齊矣。【陳劍 B】

（4）《管子·入國》：所謂養疾者，凡國、都皆有掌養疾，聾、盲、喑啞、跛躄、偏枯、握遞，不耐自生者，上收而養之疾官，而衣食之，殊身而後止。此之謂養疾。【張通海 A】

（5）《呂氏春秋·季春紀·盡數》：形氣亦然，形不動則精不流，精不流則氣鬱。鬱處頭則爲腫爲風，處耳則爲挶爲聾，處目則爲𥉂爲盲，處鼻則爲鼽爲窒，處腹則爲張爲府，處足則爲痿爲蹶。輕水所多禿與癭人，重水所多尰與躄人，甘水所多好與美人，辛水所多疽與痤人，苦水所多尪與傴人。【讀本】【劉信芳 B】

（6）《劉子·適才》：故伊尹之興土功也，修脛者使之蹠钁，強脊者使之負土，眇目者使之準繩，傴僂者使之塗地。因事施用，仍便效才，各盡其分而立功焉。【李若暉】（辰按：此文襲自《淮南子·齊俗》）

4. 簡 3：凡民俾（罷）𢼸（羸）者，教而誨之，飲而食之，思（使）役百官而月青（省）之。

（1）張家山漢簡《二年律令·傅律》：當傅，高不盈六尺二寸以下，及天烏者，以爲罷癃。【裘錫圭】

（2）睡虎地秦簡《法律答問》：罷𤷏（癃）守官府。【筆者】

（3）《詩經·小雅·綿蠻》：飲之食之，教之誨之。【李承律】

(4)馬王堆三號漢墓《十問》:舜曰:"必愛而喜之,教而謀之,歊而食之,使其禎堅強而緩事之。"【沈培 B 引陳劍説】

(5)《荀子·王制》:故姦言、姦説、姦事、姦能、遁逃反側之民,職而教之,須而待之,勉之以慶賞,懲之以刑罰。安職則畜,不安職則棄。五疾,上收而養之,材而事之,官施而衣食之,兼覆無遺。【筆者】

5.簡 4 下:不賞不罰

(1)《莊子·天地》:昔堯治天下,不賞而民勸,不罰而民畏。【陳劍 B】

(2)《大戴禮記·誥志》:是故不賞不罰,如民咸盡力。【王志平 B】

(3)《司馬法》:有虞氏不賞不罰而民可用,至德也;夏賞而不罰,至教也;殷罰而不賞,至威也;周以賞罰,德衰也。【王志平 B】

(4)《太平御覽》卷六三三引《慎子》:孔子云:"有虞氏不賞不罰,夏后氏賞而不罰,殷人罰而不賞,周人賞且罰。罰,禁也;賞,使也。"【王志平 B】

6.簡 6:昔堯尻(處)於丹府與藋陵之間

(1)《太平御覽》卷八十引《帝王世紀》:帝堯,陶唐氏,祁姓也。母曰慶都,孕十四月而生堯於丹陵,名曰放勳。

(2)《宋書·符瑞志上》:帝堯之母曰慶都,生於斗維之野……孕十四月而生堯於丹陵,其狀如圖。【李零 A】

7.簡 4 下:不刑不殺
　簡 6:不刑殺而無盜賊

(1)《史記·禮書》:古者帝堯之治天下也,蓋殺一人、刑二人而天下治。【王志平 B】

(2)《孔叢子·論書》:子張問曰:"堯舜之世,一人不刑而天下治何? 則以教誠而愛深也。"【王志平 B】

(3)《太平御覽》卷八十引《尚書大傳》:堯舜之王天下,一人不

刑而四海治。【王志平 B】

8.簡 6：不勸而民力，不刑殺而無盜賊，甚緩（寬）而民服。

（1）郭店《性自命出》簡 52＋53：未賞而民勸，均富者也；未刑而民畏，有心畏者也。【李承律】（辰按：釋文有訂正。）

（2）《莊子·天地》：昔堯治天下，不賞而民勸，不罰而民畏。今子賞罰而民且不仁，德自此衰，刑自此立，後世之亂自此始矣。【陳劍 B】

（3）《大戴禮記·誥志》：是故不賞不罰，如民咸盡力。【王志平 B】

（4）《司馬法》：有虞氏不賞不罰而民可用，至德也；夏賞而不罰，至教也；殷罰而不賞，至威也；周以賞罰，德衰也。【王志平 B】

（5）《呂氏春秋·長利》：當堯之時，未賞而民勸，未罰而民畏，民不知怨，不知説，愉愉其如赤子。今賞罰甚數，而民爭利且不服，德自此衰，利自此作，後世之亂自此始。【李承律】

（6）《新序·節士》：昔堯之治天下，舉天下而傳之他人，至無欲也；擇賢而與之其位，至公也。以至無欲至公之行示天下，故不賞而民勸，不罰而民畏。舜亦猶然。【李承律】【黄人二 C】

9.簡 9：履地戴天

（1）《大戴禮記·虞戴德》：歛此三者而一舉之，戴天履地，以順民事。【王志平 B】

（2）《左傳·僖公十五年》：君履后土而戴皇天，皇天后土實聞君之言。【王志平 B】

（3）《吳越春秋·王僚使公子光傳》：吾聞父母之讎，不與戴天履地。【王志平 B】

10.簡 9：會（合）在天地之間，而橐（包）在四海之内

《墨子·辭過》：凡回於天地之間，包於四海之内，天壤之情，陰陽之和，莫不有也，雖至聖不能更也。【史黨社】

11.簡 13：昔舜耕於鬲丘，陶於河濱，漁於雷澤

（1）郭店《窮達以時》簡2＋3：舜耕於尼山，陶笞（搏）【2】於河
臣（澹）。【李零A】

（2）《墨子・尚賢上》：古者舜耕歷山，陶河瀕，漁雷澤。【牛新
房A】

（3）《墨子・尚賢中》：古者舜耕歷山，陶河瀕，漁雷澤。【于凱】

（4）《韓非子・難一》：歷山之農者侵畔，舜往耕焉，朞年，甽畝
正。河濱之漁者爭坻，舜往漁焉，朞年而讓長。東夷之陶者器苦
窳，舜往陶焉，朞年而器牢。【張通海A】

（5）《吕氏春秋・孝行覽・慎人》：舜耕於歷山，陶於河濱，釣
於雷澤，天下説之，秀士從之，人也。【于凱】

（6）《管子・版法解》：舜耕歷山，陶河濱，漁雷澤，不取其利，
以教百姓，百姓舉利之。【漢達文庫】

（7）《太平御覽》卷八一引《尸子》：舜兼愛百姓，務利天下。其
田也，荷彼耒耜，耕彼南畝，與四海俱有其利。雷澤也，旱則爲耕者
鑿瀆，儉則爲獵者表虎，故有光若日月，天下歸之若父母。【筆者】

（8）《淮南子・原道》：昔舜耕於歷山，朞年，而田者爭處墝埆，
以封畔肥饒相讓；釣於河濱，朞年，而漁者爭處湍瀨，以曲隈深潭
相予。【筆者】

（9）《史記・五帝本紀》：舜耕歷山，歷山之人皆讓畔；漁雷澤，
雷澤上人皆讓居；陶河濱，河濱器皆不苦窳。【于凱】

（10）《史記・五帝本紀》：舜耕歷山，漁雷澤，陶河濱，作什器
於壽丘，就時於負夏。【李零A】

（11）《新序・雜事第一》：昔者舜……耕於歷山，歷山之耕者
讓畔；陶於河濱，河濱之陶者器不苦窳；漁于雷澤，雷澤之漁者分
均。及立爲天子，天下化之，蠻夷率服。【張通海A】

（12）《説苑・反質》：歷山之田者善侵畔，而舜耕焉；雷澤之漁
者善爭陂，而舜漁焉；東夷之陶器窳，而舜陶焉。故耕、漁與陶非
舜之事，而舜爲之，以救敗也。【漢達文庫】

（13）《列女傳·賢明》：昔舜耕于歷山，漁于雷澤，陶于河濱，非舜之事，而舜爲之者，爲養父母也。【漢達文庫】

12.簡13：昔舜……孝養父母，以善其親。

（1）《尚書·堯典》：（虞舜）父頑，母嚚，象傲。克諧以孝，烝烝乂，不格姦。【漢達文庫】

（2）《孟子·離婁上》：舜盡事親之道而瞽瞍厎豫，瞽瞍厎豫而天下化，瞽瞍厎豫而天下之爲父子者定，此之謂大孝。【漢達文庫】

（3）《大戴禮記·五帝德》：舜之少也，惡頷勞苦，二十以孝聞乎天下。【漢達文庫】

（4）《史記·五帝本紀》：舜父瞽叟頑，母嚚，弟象傲，皆欲殺舜。舜順適不失子道，兄弟孝慈。欲殺，不可得；即求，嘗在側。舜年二十以孝聞。【李零 A】

（5）《新序·雜事第一》：昔者舜自耕稼陶漁而躬孝友，父瞽瞍頑，母嚚及弟象傲，皆下愚不移。舜盡孝道，以供養瞽瞍。瞽瞍與象爲浚井塗廩之謀，欲以殺舜，舜孝益篤，出田則號泣，年五十，猶嬰兒慕，可謂至孝矣。【漢達文庫】

13.簡14：堯於是乎爲車十又五乘，以三從舜於畎畝之中。

（1）上博二《子羔》簡8：故夫舜之德，其誠賢矣，由諸畎畝之中，而使君天下而稱。【黃人二 C】

（2）《孟子·告子下》：舜發於畎畝之中。【黃人二 C】

（3）《尸子·仁意》：是故堯舉舜於畎畝。【筆者】從《群書治要》引，又見汪繼培《尸子》輯本，收於《二十二子》中。

14.簡14＋8上＋8下：舜【14】於是乎始語堯天地人民之道。與之言政，敓（悅）簡以行；與之言樂，【8上】敓（悅）和以長；與之言禮，敓（悅）尃（博）以不逆。

（1）上博二《子羔》簡5：堯之取舜也，從諸草茅之中，與之言禮，悅尃（博）☐【馬承源】

（2）《太平御覽》卷八一引《尸子》：堯聞其賢，徵諸草茅之中。

與之語禮,樂而不逆;與之語政,至簡而易行;與之語道,廣大而不窮。又《太平御覽》卷一五六引《尸子》作:堯聞之賢,舉之草茅之中。與之語禮,樂而不逆;與之語政,至簡而易行;與之語道,廣大而不窮。又《藝文類聚》卷十一:堯聞之賢,舉之草茅之中。與之語禮,樂而不逆;與之語政,至簡而易行;與之語道,廣大而不窮。【劉樂賢】

(3)《路史》卷二一:而堯志得,始尚見帝,帝館之於貳室,亦享帝,迭爲賓主。語禮,樂詳而不孛;語政,治簡而易行;論道,廣大而亡窮;語天下事,貫昵條達,咸叶於帝,而咸可底績。【劉樂賢】

15.簡12下:堯有子九人,不以其子爲後,見舜之賢也,而欲以爲後。

(1)《山海經·海内經》:帝俊有子八人,是始爲歌儛。【王志平B】

(2)《孟子·萬章上》:帝使其子九男二女,百官牛羊倉廩備,以事舜於畎畝之中。【于凱】

(3)《呂氏春秋·慎行論·求人》:堯傳天下於舜,禮之諸侯,妻以二女,臣以十子,身請北面朝之,至卑也。【于凱】

(4)《呂氏春秋·孟春紀·去私》:堯有子十人,不與其子而授舜;舜有子九人,不與其子而授禹;至公也。【于凱】

(5)《淮南子·泰族》:堯乃妻以二女,以觀其内;任以百官,以觀其外;既入大麓,烈風雷雨而不迷,乃屬以九子,贈以昭華之玉,而傳天下焉。【筆者】

(6)《史記·五帝本紀》:於是堯乃以二女妻舜以觀其内,使九男與處以觀其外。舜居嬀汭,内行彌謹。堯二女不敢以貴驕事舜親戚,甚有婦道。堯九男皆益篤。【李零A】

16.簡24下+25:手足 胼胝 ,面乾黸,脛不生之毛。𦥑(開)滜(塞)湝(皆)流,禹親執枌(畚)耜

(1)《莊子·天下》:昔者禹之湮洪水,決江河而通四夷九州

也,名川三百,支川三千,小者无數。禹親自操橐耜而九雜天下之川;腓无胈,脛无毛,沐甚雨,櫛疾風,置萬國。【劉樂賢】

(2)《荀子·非相》楊倞注引《尸子》:禹之勞,十年不闚其家,手不爪,脛不生毛,偏枯之病,步不相過,人曰禹步。【徐在國A】

(3)《韓非子·五蠹》:禹之王天下也,身執耒臿以爲民先,股無胈,脛不生毛,雖臣虜之勞,不苦於此矣。【劉樂賢】又,《太平御覽》卷八二引《韓子》作:禹之王天下也,身執木畚,以爲民先。股無完胈,體無生。雖臣虜之勞,不若於此矣。【王志平B】

(4)《呂氏春秋·恃君覽·行論》:禹不敢怨,而反事之,官爲司空,以通水潦,顔色黎黑,步不相過,竅氣不通,以中帝心。【筆者】

(5)《呂氏春秋·慎行論·求人》:禹……不有懈墮,憂其黔首,顔色黎黑,竅藏不通,步不相過,以求賢人,欲盡地利,至勞也。【筆者】

(6)《淮南子·要略》:禹之時,天下大水,禹身執虆臿,以爲民先,剔河而道九歧,鑿江而通九路,辟五湖而定東海。又《太平御覽》卷五五五引《淮南子》作:禹之時,天下水,禹身執畚插。當此之時,死陵者葬陵,死澤者葬澤。節財薄葬焉。又《太平御覽》卷七六四引《淮南子》:禹身執畚錘,以爲民先,疏河而導之九支,鑿山而通九洛,辟五湖而寧東海。【劉樂賢】

(7)《史記·秦本紀》:禹鑿龍門,通大夏,決河亭水,放之海,身自持築臿,脛毋毛,臣虜之勞不烈於此矣。【漢達文庫】

(8)《史記·李斯列傳》:禹鑿龍門,通大夏,疏九河,曲九防,決淳水,致之海,而股無胈,脛無毛,手足胼胝,面目黎黑,遂以死于外,葬於會稽。【孟蓬生】

(9)《劉子·知人》:禹爲匹夫,未有功名。堯深知之,使治水焉。乃鑿龍門,斬荊山,導熊耳,通鳥鼠,櫛奔風,沐驟雨,面目黧黔,手足胼胝,冠絓不暇取,經門不及過,使百川東注於海,西被於流沙,生人免爲魚鼈之患。【孟蓬生】。

17.簡 24 下＋25:以陂明都之澤,決九河【24 下】之渶(遏)

(1)《尚書·禹貢》:導菏澤,被孟豬。(又,《史記·夏本紀》作:道荷澤,被明都。【李零 A】

(2)《尚書·禹貢》:導河積石,至于龍門,南至于華陰,東至于厎柱,又東至于孟津;東過洛汭,至于大伾;北過降水,至于大陸;又北播爲九河,同爲逆河,入于海。【晏昌貴 A】

(3)《尚書·益稷》:洪水滔天,浩浩懷山襄陵;下民昏墊。予乘四載,隨山刊木。暨益奏庶鮮食。予決九川,距四海;濬畎澮,距川。【王志平 B】

(4)《周禮·夏官·職方氏》:正東曰青州,其山鎮曰沂山,其澤藪曰望諸,其川淮泗,其浸沂沭。【晏昌貴 A】

(5)《爾雅·釋水》:九河:徒駭、太史、馬頰、覆鬴、胡蘇、簡、絜、鉤盤、鬲津。【李零 A】

(6)《墨子·兼愛中》:古者禹治天下……東方漏之陸,防蓋(孟)諸之澤,灑爲九澮,以楗東土之水,以利冀州之民。南爲江、漢、淮、汝,東流之,注五湖之處,以利楚、荊、越與南夷之民。【許全勝】

(7)《孟子·滕文公上》:禹疏九河,瀹濟漯而注諸海,決汝漢,排淮泗而注之江,然後中國可得而食也。【晏昌貴 A】

(8)《荀子·成相》:禹有功,抑下鴻,辟除民害逐共工,北決九河,通十二渚疏三江。【晏昌貴 A】

(9)《呂氏春秋·愛類》:昔上古龍門未開,呂梁未發,河出孟門,大溢逆流,無有丘陵沃衍,平原高阜,盡皆滅之,名曰鴻水。禹於是疏河決江。【黃錫全】

(10)《淮南子·要略》:禹之時,天下大水,禹身執虆垂,以爲民先,剔河而道九歧,鑿江而通九路,辟五湖而定東海。又《太平御覽》卷七六四引《淮南子》:禹身執畚鍤,以爲民先,疏河而導之

九支,鑿山而通九洛,辟五湖而寧東海。【王志平 B】

(11)《史記·李斯列傳》:禹鑿龍門,通大夏,疏九河,曲九防,決渟水,致之海。【孟蓬生】

(12)《國語·周語》:其後伯禹念前之非度……高高下下,疏川導滯,鍾水豐物,封崇九山,決汨九川,陂鄣九澤,豐殖九藪,汨越九原,宅居九隩,合通四海。【許全勝】

(13)《吳越春秋·越王無餘外傳》:疏九河於潛淵,開五水於東北,鑿龍門,闢伊闕。【許全勝】

18.簡 25:禹通淮與沂,東注之海,於是乎競(青)州、莒州始可處也。

(1)《尚書·禹貢》:海岱及淮惟徐州。淮、沂其乂,蒙、羽其藝。【李零 A】

(2)《周禮·夏官·職方氏》:正東曰青州,其山鎮曰沂山,其澤藪曰望諸,其川淮泗,其浸沂沭。【晏昌貴 A】

19.簡 25+26:禹乃通蔞(淶)與易,東注之【25】海,於是乎藕州始可處也。

《周禮·夏官·職方氏》:正北曰并州,其山鎮曰恒山,其澤藪曰昭餘祁,其川虖池、嘔夷,其浸淶、易。【陳偉 B】

20.簡 26:禹乃通三江、五湖,東注之海,於是乎荊州、揚州始可處也。

(1)《周禮·夏官·職方氏》:東南曰揚州,其山鎮曰會稽,其澤藪曰具區,其川三江,其浸五湖。【李零 A】

(2)《尚書·禹貢》:淮海惟揚州。彭蠡既豬,陽鳥攸居。三江既入,震澤厎定。【李零 A】

(3)《管子·輕重戊》:夏人之王,外鑿二十虻,韂十七湛,疏三江,鑿五湖,道四涇之水,以商九州之高,以治九藪。【許全勝】

(4)《呂氏春秋·仲夏紀·古樂》:禹立,勤勞天下,日夜不懈,通大川,決壅塞,鑿龍門,降通漻水以導河,疏三江五湖,注之東

海,以利黔首。【蘇建洲 D】

(5)《吕氏春秋·慎大覽·貴因》:禹通三江、五湖,決伊闕,溝廻陸,注之東海,因水之力也。【蘇建洲 D】

(6)《淮南子·本經》:舜乃使禹疏三江五湖,闢伊闕,導瀍、澗,平通溝陸,流注東海。鴻水漏,九州乾,萬民皆寧其性。【許全勝】

(7)《新書·脩政語上》:故鬢河而導之九牧,鑿江而導之九路,釃五湖而定東海。【漢達文庫】

(8)《説苑·君道》:故疏河以導之,鑿江通於九派,釃五湖而定東海。【許全勝】

(9)《漢書·溝恤志》:於吴,則通渠三江、五湖。【蘇建洲 D】

21.簡 26+27:禹乃通伊、洛,併里(瀍)、澗,東【26】注之河,於是於(乎)豫州始可處也。

(1)《尚書·禹貢》:荆、河惟豫州。伊、洛、瀍、澗,既入于河。【李零 A】

(2)《淮南子·本經》:舜乃使禹疏三江五湖,闢伊闕,導瀍、澗,平通溝陸,流注東海。鴻水漏,九州乾,萬民皆寧其性。【許全勝】

22.簡 27:禹乃通涇與渭,北注之河,於是乎虘州始可處也。

(1)《尚書·禹貢》:黑水西河惟雍州:弱水既西,涇屬渭汭。漆、沮既從,灃水攸同。【李零 A】

(2)《周禮·夏官·職方氏》:正西曰雍州,其山鎮曰嶽山,其澤藪曰弦蒲,其川涇汭,其浸渭洛,其利玉石。【筆者】

23.簡 27+28:禹乃從漢以南爲名谷五百,從【27】漢以北爲名谷五百。

(1)《莊子·天下》:昔者禹之湮洪水,決江河而通四夷九州也,名川三百,支川三千,小者无數。禹親自操橐耜而九雜天下之川;腓无胈,脛无毛,沐甚雨,櫛疾風,置萬國。【劉樂賢】【李承律】

(2)《吕氏春秋·有始覽·有始》：凡四海之內，東西二萬八千里，南北二萬六千里，水道八千里，受水者亦八千里，通谷六，名川六百，陸注三千，小水萬數。【李承律】

24.簡 28：天下之民居奠，乃勯（力）食，乃立后稷以爲絚（田）。

(1)《左傳·昭公二十九年》：后土爲社；稷，田正也。有烈山氏之子曰柱爲稷，自夏以上祀之。周棄亦爲稷，自商以來祀之。【蘇建洲 E】

(2)《管子·法法》：舜之有天下也，禹爲司空，契爲司徒，皋陶爲李，后稷爲田。【張富海】

(3)《説苑·君道》：當堯之時，舜爲司徒，契爲司馬，禹爲司空，后稷爲田疇，夔爲樂正，倕爲工師，伯夷爲秩宗，皋陶爲大理，益掌歐禽。【漢達文庫】

25.簡 29：民乃實，驕怠始作，乃立皋陶以爲李（理）。

(1)《書·舜典》：帝曰："皋陶！蠻夷猾夏，寇賊姦宄。汝作士，五刑有服，五服三就；五流有宅，五宅三居。惟明克允。"【李零 A】

(2)《管子·法法》：舜之有天下也，禹爲司空，契爲司徒，皋陶爲李，后稷爲田。【李零 A】

(3)《大戴禮記·五帝德》：使禹敷土，主明山川，以利於民；使后稷播種，務勤嘉穀，以作飲食；羲和掌曆，敬授民時；使益行火，以辟山萊；伯夷主禮，以節天下；夔作樂，以歌籥舞，和以鐘鼓；皋陶作士，忠信疏通，知民之情；契作司徒，教民孝友，敬政率經。【陳偉 A】

26.簡 30＋16：舜乃欲會天地之氣而聽用之，乃立質以爲樂正。質既受命，作爲六律六【30】郘（吕），辨爲五音，以定男女之聲。

(1)《吕氏春秋·仲夏紀·古樂》：帝堯立，乃命質爲樂。質乃效山林谿谷之音以作歌，乃以麋鞈置缶而鼓之，乃拊石擊石，以象上帝玉磬之音，以致舞百獸。【李零 A】

（2）《呂氏春秋·仲夏紀·古樂》：帝舜乃令質修《九招》、《六列》、《六英》，以明帝德。【李零 A】

27.簡 19：乃因近以知遠，去苛而行簡。

《大戴禮記·四代》：此昔者先王之所以爲天下也。小以及大，近以知遠。【王志平 B】

28.簡 19：夫是以近者悦絅（怡），而遠者自至。

（1）《論語·子路》：葉公問政。子曰：“近者悦，遠者來。”【周波 B】

（2）《韓非子·難三》：葉公子高問政於仲尼，仲尼曰：“政在悦近而來遠。”【周波 B】

（3）《孔子家語·辨政》：公問政於夫子，夫子曰：“政在悦近而來遠。”【周波 B】

29.簡 20：思（使）民毋惑

《孔子家語·賢君》：吾欲使民無惑，吾欲使士竭力，吾欲使日月當時，吾欲使聖人自來，吾欲使官府治理。爲之奈何？【李承律】

30.簡 21：禹然後始行以儉，衣不褻（襲）美，食不重味，朝不車逆，舂不毇米，盬（醢）不折骨。

（1）上博四《曹沫之陳》簡 11 上：居不褻（襲）文，食不貳盬（醢）。【陳劍①】

（2）《周禮·秋官·司儀》：主君郊勞，交擯，三辭，車逆，拜辱，三揖，三辭，拜受，車送，三還，再拜。【李零 A】

（3）《呂氏春秋·季春紀·先己》：於是乎處不重席，食不貳味，琴瑟不張，鍾鼓不脩，子女不飭，親親長長，尊賢使能，期年而

---

① 陳劍《上博竹書〈曹沫之陳〉新編釋文（稿）》，簡帛研究網 2005 年 2 月 12 日，http://www.jiAnBo.org/Admin3/2005/chenjiAn001.htm；又 confucius2000 網 2005 年 2 月 13 日，http://www.confucius2000.com/Admin/list.Asp? id=1596。

有扈氏服。【筆者】

　　(4)《淮南子·主術》:故古之君人者,其慘怛於民也,國有飢者,食不重味;民有寒者,而冬不被裘。【筆者】

　　(5)《淮南子·主術》:於是堯乃身服節儉之行,而明相愛之仁,以和輯之。是故茅茨不翦,采椽不斲,大路不畫,越席不緣,大羹不和,粢食不毇,巡狩行教,勤勞天下,周流五嶽。【王志平 B】

　　(6)《史記·吳太伯世家》:越王句踐食不重味,衣不重采,弔死問疾,且欲有所用其衆。【孟蓬生】

　　(7)《史記·遊俠列傳》:家無餘財,衣不完采,食不重味,乘不過軥牛。【筆者】又,《漢書·遊俠列傳》:家亡餘財,衣不兼采,食不重味,乘不過軥牛。【孟蓬生】

　　(8)《列女傳》卷六:堯舜自飾以仁義,雖爲天子,安于節儉,茅茨不翦,采椽不斲,後宮衣不重采,食不重味。【筆者】又,《太平御覽》卷三八引《列女傳》:昔者堯舜桀紂俱爲天子,堯舜安于節儉,茅茨不剪,采椽不斫,後宮衣不曳地,食不重味,至今數千歲天下歸善。【王志平 B】

　　(9)《梁書·周捨傳》:歷掌機密,清貞自居,食不重味,身靡兼衣。【孟蓬生】

　　31.簡22:禹乃建鼓於廷,以爲民之有詁〈訟〉告者皼(鼓)焉。毆(擊)鼓,禹必速出,冬不敢以寒辭,夏不敢以暑辭。

　　(1)《管子·桓公問》:禹立建鼓於朝,而備訊唉。【劉樂賢】又,《三國志·魏志·文帝紀》裴松之注引《管子》:禹立建鼓於朝,而備訴訟也。【于凱】又,《路史》卷二十二引《管子》:禹立建鼓于朝,而備辭訟。【晏昌貴 B】

　　(2)《路史》卷二十二引《太公金匱》:禹居人上,慄慄如不滿日,乃立建鼓。【劉樂賢】

　　(3)《鬻子·上禹政》:禹之治天下也,以五聲聽。門懸鐘鼓鐸磬,而置鞀,以得四海之士。爲銘於簨虡,曰:"教寡人以道者擊鼓,教寡人以義者擊鐘,教寡人以事者振鐸,語寡人以憂者擊磬,語寡人以獄訟者揮鞀。"此之謂五聲。是以禹嘗據一饋而七十起,日中而不暇飽食,曰:"吾猶恐四海之士留於道路。"【白于藍 A】

(4)《淮南子·氾論》:禹之時,以五音聽治,懸鐘鼓磬鐸,置鞀,以待四方之士,爲號曰:"教寡人以道者擊鼓,諭寡人以義者擊鐘,告寡人以事者振鐸,語寡人以憂者擊磬,有獄訟者搖鞀。"當此之時,一饋而十起,一沐而三捉髮,以勞天下之民。【于凱】

(5)《説苑·反質》:臣聞禹立誹謗之木,欲以知過也。【晏昌貴 B】

(6)《淮南子·主術》:故堯置敢諫之鼓也,舜立誹謗之木,湯有司直之人,武王立戒慎之鞀。【陳劍 B】

(7)《鄧析子·轉辭》:堯置敢諫之鼓,舜立誹謗之木,湯有司直之人,武有戒慎之銘。【陳劍 B】

(8)《吕氏春秋·不苟論·自知》:堯有欲諫之鼓,舜有誹謗之木,湯有司過之士,武王有戒慎之鞀。【陳劍 B】

(9)《太平御覽》卷八十引《帝王世紀》:帝堯……置敢諫之鼓,天下大和。【王志平 B】

32.簡 33 下:下不亂泉。所曰聖人,其生易養也,其死易葬,去苛慝,是以爲名。

(1)《説苑·反質》:昔堯之葬者,空木爲櫝,葛藟爲緘,其穿地也下不亂泉,上不泄臭。故聖人生易尚,死易葬,不加於無用,不損於無益。【郭永秉 D】

(2)《漢書·楊王孫傳》:昔帝堯之葬也,窾木爲匱,葛藟爲緘。其穿,下不亂泉,上不泄殠。故聖王生易尚,死易葬也。不加功於亡用,不損財於亡謂。【郭永秉 D】

(3)《墨子·節葬下》:道死,葬會稽之山,衣衾三領,桐棺三寸,葛以緘之,絞之不合,通之不埳,土地之深,下毋及泉,上毋通臭。既葬,收餘壤其上,壟若參耕之畝,則止矣。【郭永秉 D】

（4）《吴越春秋·越王無余外傳第六》：（禹）命群臣曰："吾百世之後，葬我會稽之山，葦椁桐棺。穿壙七尺，下無及泉，墳高三尺，土階三等葬之。"【筆者】

（5）《越絶書·越絶外傳記地傳》：（禹）因病亡死，葬會稽。葦椁桐棺，穿壙七尺；上無漏泄，下無即水；壇高三尺，土階三等，延袤一畝。【筆者】

33.簡 33 下：去苛慝

（1）《春秋左傳·昭公十三年》：苛慝不作，盜賊伏隱，私欲不違，民無怨心。【漢達文庫】

（2）《國語·晉語》：武從二三子以佐君爲諸侯盟主，於今八年矣，内無苛慝，諸侯不二。【漢達文庫】

（3）《國語·晉語》：及臣之壯也，耆其股肱以從司馬，苛慝不産。【筆者】

（4）《淮南子·時則》：罪殺而不赦，誠信以必，堅愨以固，冀除苛慝，不可以曲。【漢達文庫】

34.簡 33 下＋34：禹有子五人，不以其子爲後，見【33 下】皐陶之賢也，而欲以爲後。皐陶乃五讓以天下之賢者，遂稱疾不出而死。禹於是乎讓益，啓於是乎攻益自取。

（1）《史記·夏本紀》：帝禹立而舉皐陶薦之，且授政焉，而皐陶卒。封皐陶之後於英、六，或在許。而後舉益，任之政。【李零 A】

（2）《史記·夏本紀》正義引《帝王紀》：皐陶生於曲阜……堯禪舜，命之作士；舜禪禹，禹即帝位，以咎陶最賢，薦之於天，將有禪之意，未及禪，會皐陶卒。【于凱】

（3）《晉書·束晳傳》引《竹書紀年》：益干啓位，啓殺之。【李存山】

（4）《戰國策·燕策一·燕王噲既立》：禹授益，而以啓爲吏。及老，而以啓爲不足任天下，傳之益也。啓與支黨攻益，而奪之天下，是禹名傳天下于益，其實令啓自取之。【李存山】

(5)《韓非子·外儲說右下》:古者禹死,將傳天下於益,啓之人因相與攻益而立啓。【李存山】

(6)《楚辭·天問》:啓代益作后,卒然離蠥,何啓惟憂,而能拘是達?【陳劍 B】

(7)《史記·夏本紀》:十年,帝禹東巡狩,至於會稽而崩。以天下授益。三年之喪畢,益讓帝禹之子啓,而辟居箕山之陽。禹子啓賢,天下屬意焉。及禹崩,雖授益,益之佐禹日淺,天下未洽。故諸侯皆去益而朝啓,曰:“吾君帝禹之子也。”於是啓遂即天子之位,是爲夏后帝啓。【李零 A】

(8)《孟子·萬章上》:禹薦益於天,七年,禹崩。三年之喪畢,益避禹之子於箕山之陰。朝覲訟獄者,不之益而之啓,曰:“吾君之子也。”謳歌者不謳歌益而謳歌啓,曰:“吾君之子也。”【李存山】

35.簡 35 中:[啓]王天下十又六年〈世〉而桀作。

(1)《史記·夏本紀》所述啓之後正爲十六世。【李銳 A】

(2)《太平御覽》卷八二引《竹書紀年》:自禹至桀十七世,有王與无王,用歲四百七十一年。【李銳 A】

(3)《大戴禮記·少間》:禹崩,十有七世,乃有末孫桀即位。【于凱】

36.簡 38:不量其力之不足,起師以伐岷山氏,取其兩女琰、琬。

(1)《左傳·昭公十一年》:桀克有緡,以喪其國。【李零 A】

(2)《太平御覽》卷一三五引《竹書紀年》:后桀伐㟭山,進女於桀二人,曰琬、曰琰。桀受二女,無子,刻其名於苕華之玉,苕是琬,華是琰,而棄其元妃于洛,曰末喜氏。【李零 A】

(3)《楚辭·天問》:桀伐蒙山,何所得焉?【李零 A】

(4)《韓非子·難四》:是以桀索岷山之女。【李零 A】

(5)《呂氏春秋·慎大覽·慎大》:桀迷惑於末嬉,好彼琬、琰,不恤其衆。【筆者】

37.簡38:妖北去其邦

《太平御覽》卷一三五引《竹書紀年》:后桀伐珉山,進女於桀二人,曰琬、曰琰。桀受二女,無子,刻其名於苕華之玉,苕是琬,華是琰,而棄其元妃于洛,曰末喜氏。【李零A】

38.簡38:哲(壓)爲丹宮,築爲璿室,飾爲瑤臺,立爲玉門。

(1)《文選·東京賦》注引《汲塚古文》:夏桀作傾宮、瑤臺,殫百姓之財。又,《文選·吳都賦》注引作:桀築傾宮、飾瑤臺。又,《文選·七命》注引作:桀作傾宮、飾瑤臺。【李零A】

(2)《太平御覽》卷八二引《紀年》:桀傾宮,飾瑤臺,作瓊室,立玉門。又,《路史》卷三十七引《汲塚古文册書》:桀飾傾宮,起瑤臺,作瓊室,立玉門。【李零A】

(3)《晏子春秋·內篇諫下》:及夏之衰也,其王桀背棄德行,爲璿室、玉門。殷之衰也,其王紂作爲傾宮、靈臺,卑狹者有罪,高大者有賞,是以身及焉。【李零A】

(4)《淮南子·本經》:晚世之時,帝有桀、紂,爲琁室、瑤臺、象廊、玉床,紂爲肉圃、酒池,燎焚天下之財,罷苦萬民之力。【李零A】

(5)《新序·刺奢》:桀作瑤臺,罷民力,殫民財,爲酒池糟隄,縱靡靡之樂,一鼓而牛飲者三千人。【漢達文庫】

(6)《列女傳·孽嬖》:造瓊室、瑤臺以臨雲雨,殫財盡幣,意尚不厭,召湯,囚之於夏臺,已而釋之。【筆者】

(7)《呂氏春秋·孝行覽·首時》:王季歷困而死,文王苦之,有不忘羑里之醜,時未可也。武王事之,夙夜不懈,亦不忘王門之辱,立十二年,而成甲子之事。《戰國策·趙策三·希寫見建信君》作:“武王覊於玉門。”此事又見《太平御覽》四八六引《尸子》《韓非子·喻老》。【陳劍B】

39.簡39:德惠而不費

(1)《論語·堯曰》:子曰:“君子惠而不費,勞而不怨,欲而不貪,泰而不驕,威而不猛。”子張曰:“何謂惠而不費?”子曰:“因民

之所利而利之,斯不亦惠而不費乎?"【白于藍 B】

(2)《大戴禮記・曾子立事》:君子恭而不難,安而不舒,遜而不諂,寬而不縱,惠而不儉,直而不徑,亦可謂知矣。【白于藍 B】

40.簡 39:然後從而攻之,陞自戎(陑)遂

(1)《尚書・湯誓・序》:伊尹相湯伐桀,升自陑,遂與桀戰于鳴條之野。作《湯誓》。【李零 A】

(2)《呂氏春秋・仲秋紀・簡選》:殷湯良車七十乘,必死六千人,以戊子戰於郕遂,禽推移、大犧,登自鳴條,乃入巢門,遂有夏。【許全勝】

(3)《尚書・湯誓》:夏師敗績,湯遂從之。【孫飛燕 D】

41.簡 39+40:入自北【39】門,立於中余(塗)。桀乃逃之歷山氏,湯或(又)從而攻之,降自鳴條之遂,以伐高神之門。桀乃逃之南巢氏。

(1)《太平御覽》卷八二引《尸子》:桀放於歷山,紂殺於鄗宮,無道故也。【許全勝】

(2)《荀子・解蔽》:桀死於亭(鬲)山,紂縣於赤斾。【許全勝】

(3)《山海經・大荒西經》:有人無首,操戈盾立,名曰夏耕之尸。故成湯伐夏桀于章山,克之,斬耕厥前。【許全勝】

(4)《太平御覽》卷八二引《帝王世紀》:湯來伐桀,以乙卯日戰於鳴條之野。桀未戰而敗績,湯追至大涉,遂禽桀於焦,放之歷山,乃與妹喜及諸嬖妾同舟浮海,奔於南巢之山而死。【許全勝】

(5)《書・湯誓・序》:伊尹相湯伐桀,升自陑,遂與桀戰于鳴條之野。作《湯誓》。【李零 A】

(6)《史記・夏本紀》:桀走鳴條遂,放而死。【許全勝】

(7)《史記・殷本紀》:桀敗於有娀之虛,犇桀於鳴條,夏師敗績。【李零 A】

(8)《墨子・明鬼下》:湯以車九十兩,鳥陣鴈行,湯乘大贊,犯遂下衆,人之螃遂,王乎禽推哆、大戲。【許全勝】

(9)《淮南子·主術》:然湯革車三百乘,困之鳴條,擒之焦門。
【許全勝】

(10)《書·仲虺之誥》:成湯放桀于南巢,惟有慚德。【李零 A】

(11)《國語·魯語》:桀奔南巢,紂踣于京,厲流于彘,幽滅于
戲,皆是術也。【許全勝】

(12)《逸周書·殷祝解》:湯曰:"欲從者從君。"桀與其屬五百
人去居南巢。【李存山】

(13)《太平御覽》卷八二引《紀年》:湯遂滅夏桀,桀逃南巢氏。
【李零 A】

(14)《太平御覽》卷八二引《尸子》:於是湯以革車三百乘,伐
于南巢,收之夏宮,天下甯定,百姓和輯。【許全勝】

(15)《吕氏春秋·仲秋紀·簡選》:殷湯良車七十乘,必死六
千人,以戊子戰於郕遂,禽推移、大犧,登自鳴條,乃入巢門,遂有
夏。【許全勝】

(16)《吕氏春秋·仲秋紀·論威》:此夏桀之所以死於南巢
也。【于凱】

(17)《淮南子·本經》:於是湯乃以革車三百乘伐桀于南巢,
放之夏臺。【許全勝】

(18)《淮南子·修務》:湯……乃整兵鳴條,困夏南巢,譙以其
過,放之歷山。【許全勝】

(19)《列女傳·孽嬖》:于是湯受命而伐之,戰于鳴條。桀師不
戰,湯遂放桀,與末喜、嬖妾同舟流于海,死于南巢之山。【許全勝】

(20)《孟子·離婁下》:舜生於諸馮,遷於負夏,卒於鳴條,東
夷之人也。【許全勝】

42.簡 20＋41:湯或(又)從而攻之,【40】遂逃去,之蒼梧之野。

(1)《禮記·檀弓上》:舜葬於蒼梧之野,蓋三妃未之從也。
【李零 A】

(2)《山海經·海内南經》:蒼梧之山,帝舜葬于陽,帝丹朱葬

于陰。【于凱】

（3）《史記·五帝本紀》：舜……踐帝位三十九年，南巡狩，崩於蒼梧之野。【于凱】

43．簡 36＋37：於是【36】乎有喑、聾、跛、⚫、癭、窶、僂始起。

《韓詩外傳》卷三：太平之時，無痀瘻、跛眇、尫蹇、侏儒、折短，父不哭子，兄不哭弟，道無褓負之遺育。然各以其序終者，賢醫之用也。【劉釗 B】【于凱】

44．簡 37：乃執（戢）兵欽（禁）暴

（1）《左傳·宣公十二年》：夫武，禁暴、戢兵、保大、定功、安民、和眾、豐財者也，故使子孫無忘其章。【孫飛燕 A】

（2）《册府元龜》卷四○一《將帥部》：蓋夫戢兵禁暴者，武之德；明罰飭法者，戰之器。未有捨茲道而能貞夫師律者也。【孫飛燕 A】

（3）《册府元龜》卷四一八《將帥部》：蓋武之有七德，其戢兵禁暴之爲急矣。【孫飛燕 A】

45．簡 42 下：湯王天下三十又一世而紂作

（1）據《史記·殷本紀》和殷墟卜辭，商朝凡三十一王。【李零 A】

（2）《國語·晉語四》：商之饗國三十一王。【于凱】

（3）《大戴禮記·少間》：成湯卒崩，殷德小破，二十有二世，乃有武丁即位……武丁卒崩，殷德大破，九世，乃有末孫紂即位。【于凱】

（4）《史記·殷本紀》集解引《汲冢紀年》：湯滅夏以至於受，二十九王，用歲四百九十六年。【于凱】

46．簡 44：九成之臺

（1）郭店《老子》甲本簡 26：九城之峯。又，馬王堆帛書《老子》和傅奕本亦作“九成之臺”；嚴遵本作“九重之臺”；王弼本作“九層之臺”。【李零 A】

(2)《吕氏春秋·季夏紀·音初》:有娀氏有二佚女,爲之九成之臺,飲食必以鼓。【李零 A】

(3)《大戴禮記·少間》:紂不率先王之明德,乃上祖夏桀行,荒耽于酒,淫泆於樂,德昏政亂,作宮室高臺,汙池土察,以爲民虐,粒食之民,忽然幾亡。【筆者】

47.簡 44:是乎作爲九成之臺,寘盂炭其下,加圜木於其上,思(使)民道之。能遂者遂,不能遂者入而死。

(1)《文選·陸佐公石闕銘》李善注引《六韜》:紂患刑輕,乃更爲銅柱,以膏塗之,加於然炭之上。使有罪者緣焉,滑跌墮火中,紂與妲己笑以爲樂,名曰炮烙之刑。【李零 A】

(2)《荀子·議兵》:紂剖比干,囚箕子,爲炮格之刑,殺戮無時,臣下懍然莫必其命,然而周師至而令不行乎下,不能用其民。【李零 A】

(3)《韓非子·喻老》:居五年,紂爲肉圃,設炮烙,登糟丘,臨酒池,紂遂以亡。【李零 A】

(4)《淮南子·俶真》:逮至夏桀、殷紂,燔生人,辜諫者,爲炮格,鑄金柱,剖賢人之心,析才士之脛,醢鬼侯之女,菹梅伯之骸。【趙平安 B】

(5)《新序·刺奢》:紂爲鹿臺,七年而成,其大三里,高千尺,臨望雲雨,作炮烙之刑,戮無辜,奪民力,冤暴施於百姓,慘毒加於大臣。【趙平安 B】

(6)《列女傳》:百姓怨望,諸侯有畔者,紂乃爲炮格之法,膏銅柱,加之炭,令有罪者行其上,輒墮炭中,妲己乃笑。又,《史記·殷本紀》索引引鄒誕生云:見蟻布銅斗,足廢而死,於是爲銅格,炊炭其下,使罪人步其上。【趙平安 B】

(7)《史記·殷本紀》:百姓怨望而諸侯有畔者,於是紂乃重刑辟,有炮格之法。【于凱】

48.簡 44+45:不從命者,從而桎梏之,於是【44】乎作爲金桎三千。

（1）《呂氏春秋·貴直論·過理》：糟丘酒池，肉圃爲格，雕柱而梏諸侯，不適也。【陳劍 B】

（2）《新書·君道》：紂作梏數千，睨諸侯之不諂己者，杖而梏之。【陳劍 B】

49.簡 45：或（又）爲酒池，厚樂於酒，尃（附）夜以爲槿（淫），不聽其邦之政。

（1）《大戴禮記·少間》：紂不率先王之明德，乃上祖夏桀行，荒耽于酒，淫泆於樂，德昏政亂，作宮室高臺，汙池土察，以爲民虐，粒食之民，忽然幾亡。【漢達文庫】

（2）《史記·殷本紀》正義引《太公六韜》：紂爲酒池。回船糟丘而牛飲者三千余人爲輩。【李零 A】

（3）《韓非子·喻老》：居五年，紂爲肉圃，設炮烙，登糟丘，臨酒池，紂遂以亡。【李零 A】

（4）《呂氏春秋·貴直論·過理》：糟丘酒池，肉圃爲格，雕柱而梏諸侯，不適也。【陳劍 B】

（5）《淮南子·本經》：晚世之時，帝有桀、紂，爲琁室、瑤臺、象廊、玉床，紂爲肉圃、酒池，燎焚天下之財，罷苦萬民之力。【筆者】

（6）《史記·殷本紀》：大冣樂戲於沙丘，以酒爲池，縣肉爲林，使男女倮相逐其閒，爲長夜之飲。【李零 A】

（7）《韓詩外傳》卷二：昔者桀爲酒池糟隄，縱靡靡之樂，而牛飲者三千。【漢達文庫】

（8）《韓詩外傳》卷四：桀爲酒池，可以運舟，糟丘足以望十里，一鼓而牛飲者三千人。【于凱】

（9）《説苑·反質》：紂爲鹿臺糟丘，酒池肉林，宮牆文畫，彫琢刻鏤，錦繡被堂，金玉珍瑋，婦女優倡，鍾鼓管絃，流漫不禁，而天下愈竭，故卒身死國亡，爲天下戮。【漢達文庫】

（10）《新序·節士》：桀爲酒池，足以運舟；糟丘，足以望七里，

一鼓而牛飲者三千人。【筆者】

50.簡45＋46：於是乎九邦叛之，豐、鎬、郍、蠶、于（邘）、鹿、【45】耆（黎）、崇、密須氏。

(1)《禮記·文王世子》：文王謂武王曰："女何夢矣？"武王對曰："夢帝與我九齡。"文王曰："女以爲何也？"武王曰："西方有九國焉，君王其終撫諸？"文王曰："非也。古者謂年齡，齒亦齡也。我百，爾九十，吾與爾三焉。"文王九十七乃終，武王九十三而終。【李零 A】

(2)《尚書·西伯戡黎》正義引《尚書大傳》：文王受命，一年斷虞芮之質，二年伐邘，三年伐密須，四年伐犬夷，五年伐耆，六年伐崇，七年而崩。【李零 A】

(3)《史記·周本紀》：明年，伐犬戎。明年，伐密須。明年，敗耆國。殷之祖伊聞之，懼，以告帝紂。紂曰："不有天命乎？ 是何能爲！"明年，伐邘。明年，伐崇侯虎。而作豐邑，自岐下而徙都豐。【李零 A】

51.簡46：文王聞之，曰："雖君無道，臣敢勿事乎？ 雖父無道，子敢勿事乎？ 孰天子而可反？"

《吕氏春秋·恃君覽·行論》：昔者紂爲無道，殺梅伯而醢之，殺鬼侯而脯之，以禮諸侯於廟。文王流涕而咨之。紂恐其畔，欲殺文王而滅周。文王曰："父雖無道，子敢不事父乎？ 君雖不惠，臣敢不事君乎？ 孰王而可畔也？"紂乃赦之。【劉樂賢】

52.簡46＋47：紂聞之，乃出文王於【46】夏臺之下而問焉。

(1)《史記·夏本紀》：桀不務德而武傷百姓，百姓弗堪。迺召湯而囚之夏臺，已而釋之。【李零 A】

(2)《藝文類聚》卷九二《太公六韜》曰：武王登夏臺，以臨殷民。又，《太平御覽》卷九二〇引《太公六韜》：武王登憂臺，以臨殷民。【子居】

53.簡49：高下肥毳（磽）之利盡知之。

（1）《荀子·王制》：相高下，視肥墝，序五種，省農功，謹蓄臧，以時順脩。【讀本】

（2）《淮南子·修務》：於是神農乃始教民播種五穀，相土地之宜，燥濕肥墝高下，嘗百草之滋味、水泉之甘苦，令民知所避就。【讀本】

54.簡50、簡53：紂爲無道，昏者（屠）百姓，至（桎）約諸侯，絕種侮姓，土玉水酒，天將誅焉，吾勴天威之。

（1）《北堂書鈔》卷一一四引《六韜》：太公曰："夫紂無道，流毒諸侯，欺侮群臣，失百姓之心，秉明德以誅之。"【筆者】

（2）銀雀山漢簡《六韜》：太公望曰："夫受爲无道，忍☐百生（姓）。君方（秉）明德而誅之。"①【筆者】

55.簡50、簡53：吾勴天威之

（1）《國語·越語上》：句踐既許之，乃致其衆而誓之曰："……今夫差衣水犀之甲者億有三千，不患其志行之少恥也，而患其衆之不足也。今寡人將助天威之。"【陳劍B】

（2）《吳越春秋·句踐伐吳外傳》：越王會軍列士而大誡衆，而誓之曰："……今夫差衣水犀之甲者十有三萬人，不患其志行之少恥也，而患其衆之不足也。今寡人將助天威。"【陳劍B】

56.簡51：戊午之日，涉於孟津

（1）《尚書·泰誓·序》：惟十有一年，武王伐殷，一月戊午，師渡孟津，作《泰誓》三篇。【李零A】

（2）《尚書·泰誓》：惟十有三年春，大會于孟津……惟戊午，王次于河朔，群后以師畢會。【李零A】

（3）《史記·周本紀》：十一年十二月戊午，師畢渡盟津，諸侯咸會。【李零A】

57.簡51：至於共、滕之間，三軍大犯。

---

①　銀雀山漢墓竹簡整理小組《銀雀山漢墓竹簡［壹］》，文物出版社1985年，第120～122頁。

(1)《荀子·儒效》：武王之誅紂也，行之日以兵忌，東面而迎太歲，至氾而汎，至懷而壞，至共頭而山隧……遂選馬而進，朝食于戚，暮宿於百泉，旦厭於牧之野，鼓之而紂卒易鄉，遂乘殷人而誅紂。【陳偉 C】【吳良寶】

(2)《淮南子·兵略》：武王伐紂，東面而迎歲，至氾而水，至共頭而墜，彗星出而授殷人其柄。【陳偉 C】【吳良寶】

(3)《左傳·閔公二年》：及敗，宋桓公逆諸河，宵濟。衛之遺民男女七百有三十人，益之以共、滕之民爲五千人。立戴公以廬于曹。【陳偉 C】【陳劍 B 引裘錫圭説】【吳良寶】

58.簡 51：武王乃出革車五百乘，帶甲三千【51】

(1)《逸周書·克殷解》：周車三百五十乘，陳于牧野，帝辛從，武王使尚父與伯夫致師，王既以虎賁戎車馳商師，商師大敗。【李零 A】

(2)《孟子·盡心下》：武王之伐殷也，革車三百兩，虎賁三千人。【李零 A】

(3)《尚書·牧誓·序》：武王戎車三百兩，虎賁三百人，與受戰于牧野。作《牧誓》。【李零 A】

(4)《淮南子·本經》：於是湯乃以革車三百乘伐桀于南巢，放之夏臺；武王甲卒三千破紂牧野，殺之于宣室。【筆者】

(5)《史記·周本紀》：武王……遂率戎車三百乘，虎賁三千人，甲士四萬五千人，以東伐紂。十一年十二月戊午，師畢渡盟津，諸侯咸會。【李零 A】

59.簡 52：以少（宵）會諸侯之師於牧之野。

(1)《國語·周語》：王以二月癸亥夜陳，未畢而雨……王以黃鐘之下宮，布戎于牧之野，故謂之厲，所以厲六師。【陳偉 A】

(2)《禮記·祭統》孔穎達疏引皇氏云：師説《書傳》云：“武王伐紂，至於商郊，停止宿夜，士卒皆歡樂歌舞以待旦，因名焉。”【陳偉 A】

參考論著(含相關論著)目録

安徽大學古文字研究室《上海楚竹書(二)研讀記》,簡帛研究網
　　2003 年 1 月 13 日,http://www.jiAnBo.org/Wssf/2003/
　　chengyAn01.htm;又載《上博館藏戰國楚竹書研究續編》,上
　　海書店出版社 2004 年,第 425～433 頁。此文在集釋中簡稱
　　【安大】。

白于藍《〈容成氏〉編連問題補議》,《第四屆國際中國古文字學研
　　討會論文集——新世紀的古文字學與經典詮釋》,香港中文
　　大學 2003 年 10 月,第 301～308 頁。又《上博簡(二)〈容成
　　氏〉編連問題補議》,《華南師範大學學報(社會科學版)》2004
　　年第 4 期,第 91～94 頁轉 105 頁。此文在集釋中簡稱【白于
　　藍 A】。

——《讀上博簡(二)札記》,《上博館藏戰國楚竹書研究續編》,
　　上海書店出版社 2004 年,第 484～494 頁。又載《江漢考古》
　　2005 年第 4 期,第 69～74 頁。按:集釋以此文爲準。此文
　　在集釋中簡稱【白于藍 B】。

——《上海博物館藏竹簡〈容成氏〉“凡民俾敔者”考》,《文物》
　　2005 年第 11 期,第 88～90 頁轉 96 頁。此文在集釋中簡稱
　　【白于藍 C】。

——《簡牘帛書通假字字典》,福建人民出版社 2008 年。此文
　　在集釋中簡稱【白于藍 D】。

——《〈簡牘帛書通假字字典〉部分按語的補充説明》,《新果
　　集——慶祝林澐先生七十華誕論文集》,科學出版社 2009
　　年,第 632～642 頁。此文在集釋中簡稱【白于藍 E】

———《戰國秦漢簡帛古書通假字彙纂》,福建人民出版社
　　2012 年。

邴尚白《〈容成氏〉的篇題及相關問題》,《上博館藏戰國楚竹書研
　　究續編》,上海書店出版社 2004 年,第 367～371 頁。此文在
　　集釋中簡稱【邴尚白】。

陳秉新《〈上海博物館藏戰國楚竹書(二)〉補釋》,《江漢考古》2004
　　年第 2 期,第 89～91 頁。此文在集釋中簡稱【陳秉新】。

陳家寧《〈史記〉商周史事新證圖補(壹)——殷、周、秦〈本紀〉新證
　　圖補》,天津人民出版社 2011 年。

陳　劍《上博簡〈容成氏〉的拼合與編連問題小議》,簡帛研究網
　　2003 年 1 月 9 日,http://www.jiAnBo.org/Wssf/2003/
　　chenjiAn02.htm。又《上博簡〈容成氏〉的竹簡拼合與編連問
　　題小議》,《上博館藏戰國楚竹書研究續編》,上海書店出版社
　　2004 年,第 327～334 頁。此文在集釋中簡稱【陳劍 A】。

———《上博楚簡〈容成氏〉與古史傳説》,台北中國南方文明研
　　討會會議論文,2003 年 12 月。又見復旦大學出土文獻與古
　　文字研究中心網 2008 年 7 月 31 日,http://www.gwz.
　　fudAn.edu.cn/SrcShow.Asp? Src_ID=479。此文在集釋中
　　簡稱【陳劍 B】。

———《釋上博竹書和春秋金文的"羹"字異體》,台北中國簡帛
　　學國際論壇 2007 會議論文,2007 年 11 月。又見復旦大學
　　出土文獻與古文字研究中心網 2008 年 1 月 16 日,http://
　　www.gwz.fudAn.edu.cn/SrcShow.Asp? Src_ID=295。此
　　文在集釋中簡稱【陳劍 C】。

———《〈容成氏〉第 2、3 兩簡改接於第 37 簡之後的問題》,復旦大
　　學出土文獻與古文字研究中心網所屬學術討論子論壇 2008
　　年 10 月 11 日,http://www.gwz.fudAn.edu.cn/ShowPost.
　　Asp? ThreAdID=675)。此文在集釋中簡稱【陳劍 D】。

———《楚簡"羿"字試解》,芝加哥中國簡帛學國際論壇 2008 會議論文,2008 年 10 月。又載《簡帛》第 4 輯,上海古籍出版社 2009 年,第 135～159 頁。此文在集釋中簡稱【陳劍 E】。

———《試説戰國文字中寫法特殊的"亢"和從"亢"諸字》,《出土文獻與古文字研究》第 3 輯,復旦大學出版社 2010 年,第 152～182 頁。又見復旦大學出土文獻與古文字研究中心網 2010 年 10 月 7 日,http://www.gwz.fudAn.edu.cn/SrcShow.Asp? Src_ID=1276。此文在集釋中簡稱【陳劍 G】。

陳民鎮《釋"叚(假)"》,簡帛網 2010 年 11 月 12 日,http://www.Bsm.org.cn/show_Article.php? id=1332。

陳民鎮、江林昌《"西伯戡黎"新證——從清華簡〈耆夜〉看周人伐黎的史事》,《東嶽論叢》2011 年第 10 期,第 44～51 頁。

陳　立《上博簡(二)補釋四則》,《上博館藏戰國楚竹書研究續編》,上海書店出版社 2004 年,第 541～546 頁。此文在集釋中簡稱【陳立】。

陳麗桂《談〈容成氏〉的列簡錯置問題》,《上博館藏戰國楚竹書研究續編》,上海書店出版社 2004 年,第 335～345 頁。此文在集釋中簡稱【陳麗桂】。

陳斯鵬《上博藏簡(二)釋字二篇》,《上博館藏戰國楚竹書研究續編》,上海書店出版社 2004 年,第 520～522 頁。此文在集釋中簡稱【陳斯鵬 A】。

———《戰國簡帛文學文獻考論》,中山大學 2005 年博士學位論文。又《戰國簡帛文獻與文學考論》,中山大學出版社 2007 年。此文在集釋中簡稱【陳斯鵬 B】。

陳　偉《〈上海博物館藏戰國楚竹書(二)〉零釋》,簡帛研究網 2003 年 3 月 17 日,http://www.jiAnBo.org/Wssf/2003/chenwei03.htm。又載《武漢大學學報(哲學社會科學版)》2004 年第 4 期,第 497～499 頁。按:上文的第 9 則未收入此文。此文在集釋中簡稱【陳偉 A】。

———《竹書〈容成氏〉所見的九州》,《中國史研究》2003 年第 3 期,第 41～48 頁。又《〈容成氏〉所見的九州》,《新出楚簡研讀》,武漢大學出版社 2010 年,第 154～165 頁。此文在集釋中簡稱【陳偉 B】。

———《竹書〈容成氏〉共、滕二地小考》,《文物》2003 年第 12 期,第 89～91 頁。又載《新出楚簡研讀》,武漢大學出版社 2010 年,第 165～169 頁。此文在集釋中簡稱【陳偉 C】。

———《竹書〈容成氏〉零識》,《第四屆國際中國古文字學研討會論文集——新世紀的古文字學與經典詮釋》,香港中文大學,2003 年 10 月,第 295～300 頁。又,見簡帛網 2005 年 11 月 13 日,http://www. Bsm. org. cn/show_ Article. php? id＝72。又《〈容成氏〉零識》,《新出楚簡研讀》,武漢大學出版社 2010 年,第 169～174 頁。此文在集釋中簡稱【陳偉 D】。

———《禹之九州與武王伐商的路線》,《亞細亞地域文化活用研究中心報告集 II(2003 年度)》,早稻田大學 21 世紀 COE 項目亞細亞地域文化活用研究中心,2004 年。又《禹之九州與武王伐商的路線——以竹書〈容成氏〉爲例看楚簡的史料價值》,《珞珈講壇(第二輯)》,武漢大學出版社 2007 年。按:此文筆者未見。

———《"刉"字試説》,簡帛網 2009 年 4 月 15 日,http://www. Bsm. org. cn/show_ Article. php? id＝1026。此文在集釋中簡稱【陳偉 E】。

陳偉武《戰國竹簡與傳世子書字詞合證》,《第四屆國際中國古文字學研討會論文集——新世紀的古文字學與經典詮釋》,香港中文大學 2003 年 10 月,第 204～205 頁。此文在集釋中簡稱【陳偉武】。

陳英傑《楚簡札記二則》,簡帛研究網 2005 年 2 月 7 日,http://

www. jiAnBo. org/Admin3/2005/chenyingjie001. htm。又《楚簡札記五種》,《文字與文獻研究叢稿》,社會科學文獻出版社 2011 年,第 103～115 頁。此文在集釋中簡稱【陳英傑 A】。

———《讀上博簡(二)札記五則》,簡帛研究網 2005 年 2 月 15 日,http://www.jiAnBo.org/Admin3/2005/chenyingjie002. htm。此文在集釋中簡稱【陳英傑 B】。

陳泳超《堯舜傳説研究》,南京師範大學出版社 2000 年。

程　燕《説樊》,簡帛網 2011 年 1 月 6 日,http://www.Bsm.org.cn/show_Article.php? id=1363。此文在集釋中簡稱【程燕】。

程元敏《天命禹平治水土》,《上博館藏戰國楚竹書研究續編》,上海書店出版社 2004 年,第 311～326 頁。

大西克也《戰國楚系文字中的兩種"告"字——兼釋上博楚簡〈容成氏〉的"三佸"》,《簡帛》第 1 輯,上海古籍出版社 2006 年,第 81～96 頁。此文在集釋中簡稱【大西克也】。

鄧少平《讀〈容成氏〉札記一則》,簡帛研究網 2007 年 10 月 17 日,http://jiAnBo. sdu. edu. cn/Admin3/2007/dengshAoping 001.htm。又見簡帛網 2007 年 12 月 22 日,http://www. Bsm.org.cn/show_Article.php? id=763。此文較上文略有增補。此文在集釋中簡稱【鄧少平 A】。

———《説〈容成氏〉"堯戔貤而岜₌實"》,復旦大學出土文獻與古文字研究中心網 2009 年 1 月 1 日,http://www.guwenzi. com/SrcShow.Asp? Src_ID=587。此文在集釋中簡稱【鄧少平 B】。

———《〈容成氏〉簡 43 的位置》,復旦大學出土文獻與古文字研究中心網 2009 年 3 月 2 日,http://www.gwz.fudAn.edu. cn/SrcShow.Asp? Src_ID=712。此文在集釋中簡稱【鄧少平 C】。

丁四新《楚簡〈容成氏〉"禪讓"觀念論析》,簡帛網 2005 年 11 月 8

日, http://www.Bsm.org.cn/show_Article.php? id＝54。

又載《簡帛考論》, 上海古籍出版社 2007 年, 第 196～216 頁。

董　珊《也説〈容成氏〉"強弱不辭讓"句》, 簡帛網 2008 年 3 月 16

日, http://www.Bsm.org.cn/show_Article.php? id＝803。

又見復旦大學出土文獻與古文字研究中心網 2008 年 3 月

16 日, http://www.gwz.fudAn.edu.cn/SrcShow.Asp? Src_

ID＝377。此文在集釋中簡稱【董珊】。

凡國棟《上博簡〈容成氏〉地理問題專題研究》, 武漢大學 2006 年

碩士學位論文。

———《〈容成氏〉"九州"得名原因試探》,《楚地簡帛思想研究

（三）——"新出楚簡國際學術研討會"論文集》, 湖北教育出版

社 2007 年, 第 212～219 頁。此文在集釋中簡稱【凡國棟】。

范常喜《上博二〈容成氏〉簡 14 補説》, 簡帛網 2006 年 1 月 14 日,

http://www.Bsm.org.cn/show_Article.php? id＝174。此

文在集釋中簡稱【范常喜 A】。

———《試説〈上博五·三德〉簡 1 中的"暝"——兼談楚簡中的相

關諸字》, 簡帛網 2006 年 3 月 9 日, http://www.Bsm.org.

cn/show_Article.php? id＝278。此文在集釋中簡稱【范常

喜 B】。

———《〈上博二·容成氏〉武王伐紂"誓詞"新釋》, 簡帛網 2007

年 6 月 10 日, http://www.Bsm.org.cn/show_Article.php?

id＝579。又載《中國歷史文物》2010 年第 6 期, 第 70～74

頁。此文在集釋中簡稱【范常喜 C】。

———《上博簡〈容成氏〉和〈天子建州〉中"鹿"字合證》, 簡帛網

2007 年 8 月 10 日, http://www.Bsm.org.cn/show_Article.

php? id＝695。又載《古文字研究》第 28 輯, 中華書局 2010

年, 第 431～434 頁。此文在集釋中簡稱【范常喜 D】。

———《〈上博二·容成氏〉簡 36"治湯"補議》, 簡帛網 2008 年 3

月 15 日,http://www.Bsm.org.cn/show_Article.php? id＝802。又載《中國文字學報》第 3 輯,商務印書館 2010 年,第70～74 頁。此文在集釋中簡稱【范常喜 E】。

———《戰國楚簡"刉"字述論》,復旦大學出土文獻與古文字研究中心網 2010 年 11 月 2 日,http://www. gwz. fudAn. edu. cn/SrcShow.Asp? Src_ID＝1298。此文在集釋中簡稱【范常喜 F】。

范麗梅《上博楚簡考釋四則》,台北中國簡帛學國際論壇 2007 會議論文,2007 年 11 月。此文在集釋中簡稱【范麗梅】。

飛　虎《試説〈容成氏〉的"德惠而不瑕"》,復旦大學出土文獻與古文字研究中心論壇學術討論子論壇,2009 年 7 月 16 日,http://www. gwz. fudAn. edu. cn/ShowPost. Asp? ThreAdID ＝1732。此文在集釋中簡稱【飛虎】。

馮勝君《郭店〈緇衣〉"渫"字補釋——兼談戰國楚文字"枼"、"桀"、"枀"之間的形體區別》,台北中國簡帛學國際論壇 2007 會議論文,2007 年 11 月。此文在集釋中簡稱【馮勝君 A】。

———《〈容成氏〉賸義掇拾》,香港承繼與拓新——漢語語言文字學國際研討會會議論文,2012 年 12 月。此文在集釋中簡稱【馮勝君 B】。

顧史考《"刉"字讀法試解》,《古文字研究》第 28 輯,中華書局2010 年,第 496～503 頁。此文在集釋中簡稱【顧史考】。

郭永秉《釋上博簡〈容成氏〉的"無終"——兼論 31、32 號簡的位置》,簡帛研究網 2005 年 9 月 4 日,http://www.jiAnBo.org/Admin3/list.Ap? id＝1426。此文在集釋中簡稱【郭永秉 A】。

———《從上博楚簡〈容成氏〉的"有虞迵"説到唐虞史事的疑問》,confucius2000 網 2005 年 11 月 4 日,http://www.con-fucius2000.com/Admin/list. Asp? id ＝ 2054。又見簡帛研究網,2005 年 11 月 7 日,http://www.jiAnBo.org/Admin3/

2005/guoyongBing001.htm。又《從上博楚簡〈容成氏〉的"有虞迵"説到唐虞傳説的疑問》,《出土文獻與古文字研究》第 1 輯,復旦大學出版社 2006 年,第 313～325 頁。按:此文即【郭永秉 A】的修改稿,較原文有很大更動。此文在集釋中簡稱【郭永秉 B】。又《上博簡〈容成氏〉的"有虞迵"和虞代傳説的研究》,《卿雲集三編——復旦大學中文學科發展八十五週年紀念論文集》,復旦大學出版社 2010 年,第 866～907 頁。又載《古文字與古文獻論集》,上海古籍出版社 2011 年,第 106～143 頁。按:此文即【郭永秉 B】的繁稿。

———《讀〈六德〉、〈子羔〉、〈容成氏〉札記三則》,簡帛網 2006 年 5 月 26 日,http://www.Bsm.org.cn/show_Article.php? id ＝353。又《戰國竹書剩義(三則)》,《語言研究集刊》第五輯,上海辭書出版社 2008 年。又載《古文字與古文獻論集》,上海古籍出版社 2011 年,第 93～99 頁。此文在集釋中簡稱【郭永秉 C】。又可參看簡帛網所屬簡帛研讀子論壇對此文的討論(帖子名爲"談《容成氏》中的'蓌价'",http://www.Bsm.org.cn/forum/viewtopic.php? t＝689)。在集釋中附入【郭永秉 C】。

———《楚地出土戰國文獻中的傳説時代古帝王系統研究》,復旦大學 2006 年博士學位論文。又《帝系新研——楚地出土戰國文獻中的傳説時代古帝王系統研究》,北京大學出版社 2008 年。此文比上文有所修改,集釋中以此爲主。此文在集釋中簡稱【郭永秉 E】。

———《從〈容成氏〉33 號簡看〈容成氏〉的學派歸屬》,簡帛網 2006 年 11 年 7 日,http://www.Bsm.org.cn/show_Article.php? id ＝455。又載《古文字與古文獻論集》,上海古籍出版社 2011 年,第 144～154 頁。此文在集釋中簡稱【郭永秉 D】。

———《關於〈容成氏〉33 號簡考釋的追記》,簡帛網 2007 年 3 月 4

日，http://www.Bsm.org.cn/show_Article.php? id＝530。

———《談〈容成氏〉"尃亦以爲槿"句的讀法》，復旦大學出土文獻與古文字研究中心網 2009 年 1 月 20 日，http://www.gu-wenzi.com/SrcShow.Asp? Src_ID＝675。又《上博簡〈容成氏〉所記桀紂故事考釋兩篇》，《簡帛》第 5 輯，上海古籍出版社 2010 年，第 223～238 頁。又載《古文字與古文獻論集》，上海古籍出版社 2011 年，第 155～173 頁。此文在集釋中簡稱【郭永秉 F】。

———《關於新蔡楚簡的"顓頊"》，《文史》2006 年第 4 輯，中華書局，第 80 頁。又《關於新蔡楚簡的"顓頊"及其他》，《古文字與古文獻論集》，上海古籍出版社 2011 年，第 155～173 頁。

———《釋上博藏西周寓鼎銘文中的"羹"字——兼爲春秋金文、戰國楚簡中的"羹"字祛疑》，復旦大學出土文獻與古文字研究中心網 2010 年 10 月 3 日，http://www.gwz.fudAn.edu.cn/SrcShow.Asp? Src_ID＝929。又《上博藏西周寓鼎銘文新釋——兼爲春秋金文、戰國楚簡中的"羹"字祛疑》，《出土文獻與傳世典籍的詮釋——紀念譚樸森先生逝世兩週年國際學術研討會論文集》，上海古籍出版社 2010 年，第 81～97 頁。又載《古文字與古文獻論集》，上海古籍出版社 2011 年，第 1～22 頁。

漢達文庫《楚竹書九〈容成氏〉與傳世文獻關係》，http://www.chAnt.org/scripts/jiAnBo2/info/177.htm。此文在集釋中簡稱【漢達文庫】。

何琳儀《滬簡二册選釋》，簡帛研究網 2003 年 1 月 14 日，http://www.jiAnBo.org/Wssf/2003/helinyi01.htm。又《第二批滬簡選釋》，《學術界》2003 年第 1 期，第 85～93 頁。又載《上博館藏戰國楚竹書研究續編》，上海書店出版社 2004 年，第 444～455 頁。按：此文把上文最後一條"三军大範"删去，集

釋時"三军大範"一條以上二文爲準,其他以此文爲準。此文
　在集釋中簡稱【何琳儀】。

何有祖《讀上博簡〈容成氏〉偶得》,簡帛研究網 2003 年 7 月 11
　日,http://www.jiAnBo.org/Wssf/2003/heyouzhu01.htm。
　此文在集釋中簡稱【何有祖 A】。

————《楚簡釋讀七則》,《江漢考古》2006 年第 1 期,第 91～93
　頁。按:此文的第 3、4 則即上文的第 1、3 則。此文在集釋中
　簡稱【何有祖 B】。

————《上博楚簡試讀三則》,簡帛網 2006 年 9 月 20 日,http://
　www.Bsm.org.cn/show_Article.php? id＝424。此文在集
　釋中簡稱【何有祖 C】。又可參看簡帛網所屬簡帛研讀子論
　壇對此文的討論(帖子名爲"上博楚簡試讀二則",發帖人"易
　泉",2006 年 9 月 16 日,http://www.Bsm.org.cn/forum/
　viewtopic.php? t＝903)。

黄德寬《〈戰國楚竹書〉(二)釋文補正》,簡帛研究網 2003 年 1 月 21
　日,http://www.jiAnBo.org/Wssf/2003/huAndekuAn01.htm。
　又載《學術界》2003 年第 1 期,第 78～84 頁。又載《開啓中華
　文明的管鑰——漢字的釋讀與探索》,北京師範大學出版社
　2011 年,第 219～226 頁。此文在集釋中簡稱【黄德寬 A】。

————《楚簡〈周易〉"𡴎"字説》,《中國文字研究》第 6 輯,廣西教
　育出版社 2005 年,第 1～3 頁。又載《開啓中華文明的管
　鑰——漢字的釋讀與探索》,北京師範大學出版社 2011 年,
　第 180～185 頁。此文在集釋中簡稱【黄德寬 B】。

黄海烈《上博簡〈容成氏〉的發現及其學派歸屬問題》,復旦大學出
　土文獻與古文字研究中心網 2008 年 5 月 26 日,http://
　www.gwz.fudAn.edu.cn/SrcShow.Asp? Src_ID＝443。

黄人二《讀上博藏簡容成氏書後》,簡帛研究網 2003 年 1 月 15
　日, http://www.jiAnBo.org/Wssf/2003/huAnrener01.

htm。又載《出土文獻論文集》，台中高文出版社 2005 年，第
231～246 頁。又載《上海博物館藏戰國楚竹書（二）研究》，
中山大學 2005 年博士後出站報告，第 74～84 頁。此文在集
釋中簡稱【黃人二 A】。

———《上博簡容成氏所述九州及相關問題探研》，《出土文獻論
文集》，台中高文出版社 2005 年，第 145～157 頁。又載《上
海博物館藏戰國楚竹書（二）研究》，中山大學 2005 年博士後
出站報告，第 91～99 頁。此文在集釋中簡稱【黃人二 B】。

———《〈孟子・萬章上〉篇諸章與上博藏簡〈容成氏〉涉及堯舜禪讓
之竹簡》，《儒家文化研究》第 1 輯，生活・讀書・新知三聯書店
2007 年，第 188～217 頁。此文在集釋中簡稱【黃人二 C】。

———《再讀容成氏並論其史觀爲兩漢古文家經説之一源》，北
京首屆中國經學學術研討會會議論文 2005 年 11 月。又載
《上海博物館藏戰國楚竹書（二）研究》，中山大學 2005 年博
士後出站報告，第 85～90 頁。

黃錫全《讀上博簡（二）札記（叁）》，簡帛研究網 2003 年 3 月 23
日，http://www.jiAnBo.org/Wssf/2003/huAngxiquAn03.
htm。又收入《讀上博簡（二）札記五則》，《第四屆國際中國
古文字學研討會論文集——新世紀的古文字學與經典詮
釋》，香港中文大學 2003 年 10 月，第 233～242 頁。集釋時
以此文爲準。此文在集釋中簡稱【黃錫全】。

———《讀上博簡（二）札記（肆）》，簡帛研究網 2003 年 5 月 16
日，http://www.jiAnBo.org/Wssf/2003/huAngxiquAn04.
htm。又收入《讀上博簡（二）札記五則》，《第四屆國際中國
古文字學研討會論文集——新世紀的古文字學與經典詮
釋》，香港中文大學 2003 年 10 月，第 233～242 頁。集釋時
以此文爲準。此文在集釋中簡稱【黃錫全】。

季旭昇《讀〈上博（二）〉小議》，簡帛研究網 2003 年 1 月 12 日，http://

www.jiAnBo.org/Wssf/2003/jixusheng01.htm。此文在集釋中簡稱【季旭昇 A】。

———《也談〈容成氏〉簡 39 的"德惠而不失"》,復旦大學出土文獻與古文字研究中心網 2009 年 1 月 25 日,http://www.gu-wenzi.com/SrcShow.Asp? Src_ID＝681。此文在集釋中簡稱【季旭昇 B】。

———《説"矵"》,東京戰國秦漢出土文字資料與地域性:漢字文化圈的時空與結構研討會會議論文,2009 年 9 月。此文在集釋中簡稱【季旭昇 C】。

姜廣輝《上博藏簡〈容成氏〉的思想史意義——上海博物館藏戰國楚竹書(二)〈容成氏〉初讀印象札記》,簡帛研究網 2003 年 1 月 9 日,http://www.jiAnBo.org/Wssf/2003/jiAngguAng-hui01.htm。又《上博藏簡〈容成氏〉的思想史意義》,《中國社會科學院院報》2003 年 1 月 23 日,第 3 版。

蔣重躍《"歷數"和"尚賢"與禪讓説的興起》,《管子學刊》2006 年第 3 期,第 78～83 頁。

蔣秋華《從上博簡〈容成氏〉之"四海"談起》,出土簡帛文獻與古代學術國際研討會會議論文,2005 年 12 月。

黎廣基《上博楚竹書(二)〈容成氏〉"弜(強)溺(弱)不絴諹,衆募(寡)不聖訟"考》,《簡帛》第 3 輯,上海古籍出版社 2008 年,第 63～72 頁。此文在集釋中簡稱【黎廣基】。

李承律《上海博物館藏戰國楚竹書〈容成氏〉の古帝王帝位繼承説話研究》,Seoul《大巡思想論叢》一七,2004 年 6 月。按:此文筆者未見。

———《上海博楚簡〈容成氏〉の堯舜禹禪讓の歷史》,《中國研究集刊》第 36 号,大阪大學 2004 年,第 75～97 頁。

———《古代人が書いた中國古代王朝史——楚簡研究のすすめ》,《歷史と地理》584,2005 年 5 月。按:此文筆者未見。

———《上海博物館藏戰國楚竹書〈容成氏〉譯注（上）》,《上海博物館藏戰國楚竹書〈昔者君老〉〈容成氏〉（上）譯注》,東京大學 2005 年,第 23～216 頁。此文在集釋中簡稱【李承律】(辰按：原文爲日文,收入集釋時據其意翻譯成中文)。

李春利《楚竹書〈容成氏〉中先秦史迹考》,陝西師範大學 2008 年碩士學位論文。此文在集釋中簡稱【李春利】。

———《"文王服九國"辨》,《滄桑》2011 年第 2 期,第 25～26 頁。

李存山《反思經史關係：從"啓攻益"説起》,簡帛研究網 2003 年 1 月 20 日,http://www.jiAnBo.org/Wssf/2003/lichunshAn01.htm。又載《中國社會科學》2003 年第 3 期,第 75～85 頁。此文在集釋中簡稱【李存山】。

李　零《容成氏釋文考釋》,《上海博物館藏戰國楚竹書(二)》,上海古籍出版社 2002 年,第 249～293 頁。此文在集釋中簡稱【李零 A】。

———《三代考古的歷史斷想——從最近發表的上博楚簡〈容成氏〉、燹公盨和虞述諸器想到的》,《中國學術》第 14 輯,商務印書館 2003 年,第 188～213 頁。

———《"邦無飢人"與"道母飢人"》,《文物》2012 年第 5 期,第 68～73 頁。此文在集釋中簡稱【李零 B】。

李玲玲《先秦諸子書中的堯舜禹傳説研究》,河北師範大學 2006 年碩士學位論文。

李　鋭《上博館藏楚簡(二)初札》,簡帛研究網 2003 年 1 月 6 日,http://www.jiAnBo.org/Wssf/2003/lirui01.htm。又《讀上博館藏楚簡(二)札記》,《上博館藏戰國楚竹書研究續編》,上海書店出版社 2004 年,第 523～531 頁。按：此文較上文多出"自爲芭爲"一條,集釋以此文爲準。此文在集釋中簡稱【李鋭 A】。

———《商朝的帝王數》,《中國史研究》2004 年第 3 期,第 9～

17 頁。

———《〈凡物流形〉釋讀》，簡帛研究網 2009 年 1 月 2 日，
　　http://www.BAmBoosilk.org/Admin3/2008/lirui007.htm。
　　此文在集釋中簡稱【李銳 B】。

李若暉《釋〈容成氏〉"婁者攺響"》，《上博館藏戰國楚竹書研究續
　　編》，上海書店出版社 2004 年，第 391～396 頁。此文在集釋
　　中簡稱【李若暉】。

李守奎、曲冰、孫偉龍《上海博物館藏戰國楚竹書（一—五）文字
　　編》，作家出版社 2007 年。此文在集釋中簡稱【李守奎 A】。

———《〈楚居〉中的樊字及出土楚文獻中與樊相關文例的釋
　　讀》，《文物》2011 年第 3 期，第 75～78 頁。此文在集釋中簡
　　稱【李守奎 B】。

李天虹《上博館藏竹書（二）雜識》，簡帛研究網 2003 年 9 月 17
　　日，http://www.BAmBoosilk.org/Admin3/html/litiAn-
　　hong01.htm。又《〈上海博物館藏戰國楚竹書（二）〉雜識》，
　　《武漢大學學報（哲學社會科學版）》2004 年第 4 期，第 500～
　　502 頁。此文在集釋中簡稱【李天虹 A】。

———《釋〈容成氏〉中的刈》，簡帛網 2006 年 1 月 24 日，http://
　　www.Bsm.org.cn/show_Article.php? id＝180。此文在集
　　釋中簡稱【李天虹 B】。

李運富《楚簡"樸"字及相關諸字考釋評議》，簡帛研究網 2003 年
　　1 月 22 日，http://www.jiAnBo.org/Wssf/2003/liyunfu01.
　　htm。又《楚簡"樸"字及相關諸字考辨》，簡帛研究網 2003 年 1
　　月 24 日，http://www.jiAnBo.org/Wssf/2003/liyunfu02.htm。
　　又載《中國出土資料研究》第 7 號，東京中國出土資料學會
　　2003 年，第 37～56 頁。

連劭名《上海博物館藏楚簡叢釋》，《簡帛考論》，上海古籍出版社
　　2007 年，第 256～272 頁。此文在集釋中簡稱【連劭名】。

梁韋弦《郭店簡、上博簡中的禪讓學説與中國古史上的禪讓制》，《史學集刊》2006 年第 3 期，第 3～7 頁。

梁振傑《走近原始儒家——戰國楚簡儒家思想研究》，河南大學 2007 年博士學位論文。

廖名春《讀上博簡〈容成氏〉札記（一）》，簡帛研究網 2002 年 12 月 27 日，http://www.jiAnBo.org/Wssf/2002/liAominchun03.htm。此文在集釋中簡稱【廖名春】。

林錦榮《上博楚竹書〈容成氏〉研究》，台灣大學 2007 年碩士學位論文。按：此文筆者未見。

林素清《楚簡文字叢釋（二則）》，杭州中國古文字研究會第十四次年會會議論文，2004 年 11 月。此文在集釋中簡稱【林素清 A】。

―――《讀〈容成氏〉札記》，《簡帛》第 2 輯，上海古籍出版社 2007 年，第 243～248 頁。此文在集釋中簡稱【林素清 B】。

―――《〈容成氏〉簡十四"免笠植褥萎藉而坐"試解》，台北中國簡帛學國際論壇 2007 會議論文，2007 年 11 月。此文在集釋中簡稱【林素清 C】。

林文華《〈容成氏〉"強弱不治諹，衆寡不聽訟"新解》，簡帛網 2008 年 3 月 21 日，http://www.Bsm.org.cn/show_Article.php?id＝805。又見復旦大學出土文獻與古文字研究中心網 2008 年 3 月 21 日，http://www.gwz.fudAn.edu.cn/SrcShow.Asp? Src_ID＝381。此文在集釋中簡稱【林文華 A】。

―――《〈容成氏〉零釋（二則）》，簡帛網 2009 年 5 月 23 日，http://www.Bsm.org.cn/show_Article.php? id＝1056。此文在集釋中簡稱【林文華 B】。

劉洪濤《上博竹簡〈容成氏〉"其德酋清"解》，簡帛網 2011 年 6 月 7 日，http://www.Bsm.org.cn/show_Article.php? id＝1490。此文在集釋中簡稱【劉洪濤】。

劉樂賢《讀上博簡〈容成氏〉小札》，簡帛研究網 2003 年 1 月 13

日，http://www.jiAnBo.org/Wssf/2003/liulexiAn02.htm。又載《上博館藏戰國楚竹書研究續編》，上海書店出版社2004年，第353～357頁。按：此文較上文略有修改。集釋以此文爲準。又載《戰國秦漢簡帛叢考》，文物出版社2010年，第12～15頁。此文在集釋中簡稱【劉樂賢】。

劉起釪《〈禹貢〉寫成年代與九州來源諸問題探研》，《九州》第3輯·先秦歷史地理專號，商務印書館2003年，第2～13頁。

劉信芳《上博藏竹書試讀》，簡帛研究網2003年1月9日，http://www.jiAnBo.org/Wssf/2003/liuxinfAng01.htm。又《學術界》2003年第1期，第94～97頁。此文在集釋中簡稱【劉信芳A】。

———《楚簡〈容成氏〉官廢疾者文字叢考》，《古文字研究》第25輯，中華書局2004年，第323～327頁。此文在集釋中簡稱【劉信芳B】。

———《楚簡帛通假彙釋》，高等教育出版社2011年。此文在集釋中簡稱【劉信芳C】。

劉　釗《〈容成氏〉釋讀一則》，簡帛研究網2003年3月15日，http://www.jiAnBo.org/Wssf/2003/liuzhAo01.htm。又載《上博館藏戰國楚竹書研究續編》，上海書店出版社2004年，第351～352頁。此文在集釋中簡稱【劉釗A】。

———《容成氏釋讀一則（二）》，簡帛研究網2003年4月6日，http://www.jiAnBo.org/Wssf/2003/liuzhAo02.htm。此文在集釋中簡稱【劉釗B】。

羅　琨《楚竹書本〈榮成氏〉與商湯伐桀再探討》，《甲骨文與殷商史》新一輯，綫裝書局2008年，第5～22頁。

羅新慧《〈容成氏〉、〈唐虞之道〉與戰國時期禪讓學說》，《齊魯學刊》2003年第6期，第104～107頁。

———《從上博簡〈子羔〉和〈容成氏〉看古史傳說中的后稷》，《史

學月刊》2005 年第 2 期,第 14～20 頁。此文在集釋中簡稱
【羅新慧】。

馬保春《由楚簡〈容成氏〉看湯伐桀的幾個地理問題》,《中國歷史
文物》2004 年第 5 期,第 39～46 頁。

馬承源主編《上海博物館藏戰國楚竹書(二)》,上海古籍出版社
2002 年。

———《子羔釋文考釋》,《上海博物館藏戰國楚竹書(二)》,上海
古籍出版社 2002 年,第 188～189 頁。此文在集釋中簡稱
【馬承源】。

馬　楠《楚簡與〈尚書〉互證校釋四則》,《出土文獻》第 2 輯,中西
書局 2011 年,第 215～220 頁。此文在集釋中簡稱【馬楠】。

馬衛東《〈容成氏〉"文王服九邦"考辨——兼論〈容成氏〉的主體思
想及其學派歸屬》,《史學集刊》2012 年第 1 期,第 68～
75 頁。

孟蓬生《上博竹書(二)字詞札記》,簡帛研究網 2003 年 1 月 14
日,http://www. jiAnBo. org/Wssf/2003/mengpengsheng
01.htm。又載《上博館藏戰國楚竹書研究續編》,上海書店出
版社 2004 年,第 472～477 頁。此文在集釋中簡稱【孟蓬生】。

牛淑娟《上海博物館藏戰國楚竹書(二)研究概況及字編》,吉林大
學 2005 年碩士學位論文。此文在集釋中簡稱【牛淑娟】。

牛新房《〈容成氏〉研究》,華南師範大學 2007 年碩士學位論文。
此文在集釋中簡稱【牛新房 A】。

———《楚竹書〈容成氏〉補議》,復旦大學出土文獻與古文字研
究中心網 2008 年 2 月 23 日,http://www.gwz. fudAn. edu.
cn/SrcShow.Asp? Src_ID＝345。按:此文即【牛新房 A】一
文的部分内容。

———《戰國竹書研究方法探析》,華南師範大學 2010 年博士學
位論文。此文在集釋中簡稱【牛新房 B】。

———《楚竹書〈容成氏〉補議》,《中國歷史文物》2010 年第 4 期,第 73～77 頁。按:此文與《楚竹書〈容成氏〉補議》相較,去掉第三節"學派歸屬",上面的同名文章加了對▨字的考釋。此文在集釋中簡稱【牛新房 C】。

———《楚竹書〈容成氏〉學派歸屬試探》,《華南師範大學學報(社會科學版)》2010 年第 2 期,第 113～115 頁。

彭邦本《〈容成氏〉、陶寺遺址與禹啟之際古史傳説瑣議》,《紀念徐中舒先生誕辰 110 週年國際學術研討會論文集》,巴蜀書社2010 年,第 288～292 頁。

彭裕商《禪讓説源流及學派興衰———以竹書〈唐虞之道〉、〈子羔〉、〈容成氏〉爲中心》,《歷史研究》2009 年第 3 期,第 4～15 頁。

淺野裕一《上博楚簡〈容成氏〉中的禪讓與攻伐》,台北日本漢學的中國哲學研究與郭店、上海竹簡資料會議論文,2003 年 12月。按:此文筆者未見。又載《清華學報》新 3312,2003 年。按:此文筆者未見。又《上博楚簡〈容成氏〉における禪讓と放伐》,《中國研究集刊》第 36 号,大阪大學 2004 年,第 55～74 頁;又《〈容成氏〉的禪讓與放伐》,收入《戰國楚簡研究》,台北萬卷樓圖書股份有限公司 2004 年。按:此文筆者未見。此文在集釋中簡稱【淺野裕一】。

凌　瑜、秦樺林《釋楚竹書〈周易〉之"爻"》,《周易研究》2007 年第5 期,第 16～17 頁。按:此文的早期文本爲:秦樺林《釋"爻""▨"》,簡帛研究網 2004 年 8 月 17 日,http://www.jiAnBo.org/Admin3/html/qinhuAlin01.htm。但此早期文本並未提到《容成氏》中的相關字。此文在集釋中簡稱【秦樺林】。

邱德修《從上博〈容成氏〉簡揭開大禹治水之謎》,簡帛研究網2003 年 1 月 31 日,http://www.jiAnBo.org/Wssf/2003/qi-udexiu01.htm。

———《上博楚簡〈容成氏〉注譯考證》,臺灣古籍出版有限公司

2003 年。此文在集釋中簡稱【邱德修 A】。

———《〈上博簡・容成氏〉用字構詞研究》,台北《修辭論叢》第 5
　輯,2003 年,第 190～214 頁。按:此文筆者未見。

———《上博楚簡(一)(二)字詞解詁》,臺灣古籍出版有限公司
　2005 年。此文在集釋中簡稱【邱德修 B】。

裘錫圭《新出土先秦文獻與古史傳説》,《李珍華紀念集》,北京大
　學出版社 2003 年,第 233～241 頁。又載《北京大學中國古
　文獻研究中心集刊》第 4 輯,北京大學出版社 2004 年,第
　36～57 頁。又載《中國出土古文獻十講》,復旦大學出版社
　2004 年,第 18～45 頁。

———《讀上博簡〈容成氏〉札記二則》,《古文字研究》第 25 輯,中華
　書局 2004 年,第 314～317 頁。此文在集釋中簡稱【裘錫圭】。

曲英傑《禹畫九州考》,《九州》第 3 輯・先秦歷史地理專號,商務
　印書館 2003 年,第 14～33 頁。

饒宗頤《由尊盧氏談到上海竹書(二)的〈容成氏〉——兼論其與墨
　家關係及其他問題》,《九州學林》,復旦大學出版社 2006 年,
　第 2～15 頁。

單育辰《佔畢隨録之三》,簡帛網 2007 年 12 月 1 日,http://
　www.Bsm.org.cn/show_Article.php? id＝754。又《〈容成
　氏〉中的"端"和"屨"》,《湖南省博物館館刊》第 5 輯,嶽麓書社
　2009 年,第 376～378 頁。此文在集釋中簡稱【單育辰 A】。

———《〈容成氏〉新編聯及釋文》,復旦大學出土文獻與古文字研
　究中心網 2008 年 5 月 21 日,http://www.guwenzi.com/Src-
　Show.Asp? Src_ID＝438。此文在集釋中簡稱【單育辰 B】。

———《佔畢隨録之九》,簡帛網 2009 年 1 月 19 日,http://
　www.Bsm.org.cn/show_Article.php? id＝977。此文在集
　釋中簡稱【單育辰 C】。

———《新出楚簡〈容成氏〉與中國早期國家形成的研究》,吉林

大學 2008 年 985 工程研究生創新基金資助項目,完成日期:
2009 年 2 月 20 日。此文在集釋中簡稱【單育辰舊稿】。

———《佔畢隨録之十》,簡帛網 2009 年 6 月 19 日,http://
www.Bsm.org.cn/show_Article.php? id＝1095。此文在集
釋中簡稱【單育辰 D】。

———《佔畢隨録之八》,復旦大學出土文獻與古文字研究中心
網 2009 年 1 月 3 日,http://www.guwenzi.com/SrcShow.
Asp? Src_ID＝606。又《楚文字兩考》,《簡帛》第 6 輯,上海
古籍出版社 2011 年,第 317～322 頁。此文在集釋中簡稱
【單育辰 E】。

———《〈容成氏〉雜談(三則)》,《簡帛研究二○○七》,廣西師範
大學出版社 2010 年,第 37～43 頁。

———《楚地戰國簡帛與傳世文獻對讀之研究》,吉林大學 2010
年博士學位論文,第 9 頁。此文在集釋中簡稱【單育辰 F】。

沈建華《甲骨文中所見楚簡"九邦"諸國》,《2004 年安陽殷商文明
國際學術研討會論文集》,社會科學文獻出版社 2004 年,第
273～277 頁。

———《楚簡〈容成氏〉州名與卜辭金文地名》,《古文字研究》第
25 輯,中華書局 2004 年,第 328～333 頁。此文在集釋中簡
稱【沈建華】。

沈　培《説上博簡〈容成氏〉中的"脛不生之毛"》,《出土文獻與古
文字研究》第 1 輯,復旦大學出版社 2006 年,第 33～44 頁。
此文在集釋中簡稱【沈培 A】。

———《周原甲骨文裏的"囟"和楚墓竹簡裏的"囟"或"思"》,《漢
字研究》第 1 輯,學苑出版社 2005 年,第 345～366 頁。又見
簡帛網 2005 年 12 月 23 日,http://www.Bsm.org.cn/show_
Article.php? id＝139、http://www.Bsm.org.cn/show_Article.
php? id＝140。此文在集釋中簡稱【沈培 B】。

施謝捷《〈容成氏〉釋文》,電子版,未刊。

史黨社《讀上博簡〈容成氏〉小記》,簡帛研究網 2006 年 3 月 6 日,http://www.jiAnBo.org/Admin3/list.Asp? id＝1473。此文在集釋中簡稱【史黨社】。

史傑鵬《上博簡〈容成氏〉字詞考釋二則》,《江漢考古》2007 年第 1 期,第 92～94 頁轉第 72 頁。此文在集釋中簡稱【史傑鵬】。

蘇建洲《上博楚竹書〈容成氏〉、〈昔者君老〉考釋四則》,簡帛研究網 2003 年 1 月 15 日,http://www.jiAnBo.org/Wssf/2003/sujiAnzhou04.htm。又《上博楚簡考釋三則》,《考古與文物 2005 增刊·古文字論集(三)》。按:上文第一則又收入此文,爲其中第二則,且有修改。集釋時上文第一則以此文爲準,其他以上文爲準。此文在集釋中簡稱【蘇建洲 A】。

———《上博楚竹書(二)考釋四則》,簡帛研究網 2003 年 1 月 18 日,http://www.jiAnBo.org/Wssf/2003/sujiAnzhou 05.htm。此文在集釋中簡稱【蘇建洲 B】。

———《〈郭店〉、〈上博〉從"桀"之字再議》,簡帛研究網 2003 年 2 月 8 日,http://www.jiAnBo.org/Wssf/2003/sujiAnzhou08.htm。

———《〈容成氏〉柬釋(一)》,簡帛研究網 2003 年 3 月 27 日,http://www.jiAnBo.org/Wssf/2003/sujiAnzhou14.htm。此文在集釋中簡稱【蘇建洲 C】。

———《〈容成氏〉柬釋(二)》,簡帛研究網 2003 年 3 月 29 日,http://www.jiAnBo.org/Wssf/2003/sujiAnzhou15.htm。此文在集釋中簡稱【蘇建洲 D】。

———《〈容成氏〉柬釋(三)》,簡帛研究網 2003 年 4 月 3 日,http://www.jiAnBo.org/Wssf/2003/sujiAnzhou16.htm。此文在集釋中簡稱【蘇建洲 E】。

———《〈容成氏〉柬釋(四)》,簡帛研究網 2003 年 4 月 16 日,http://www.jiAnBo.org/Wssf/2003/sujiAnzhou17.htm。此文

在集釋中簡稱【蘇建洲 F】。

―――《〈容成氏〉柬釋（五）》,簡帛研究網 2003 年 5 月 24 日, http：//www.jiAnBo.org/Wssf/2003/sujiAnzhou18.htm。此文在集釋中簡稱【蘇建洲 G】。

―――《〈上博（二）·容成氏〉補釋一則》,簡帛研究網 2003 年 7 月 11 日,http：//www.jiAnBo.org/Wssf/2003/sujiAnzhou23.htm。辰按：此文即【蘇建洲 I】之第一則。此文在集釋中簡稱【蘇建洲 H】。

―――《〈容成氏〉譯釋》,收入《〈上海博物館藏戰國楚竹書（二）〉讀本》,台北萬卷樓圖書股份有限公司 2003 年,第 103～182 頁。此文在集釋中簡稱【讀本】。

―――《〈上博（二）·容成氏〉補釋三則》,簡帛研究網 2003 年 9 月 5 日,http：//www.BAmBoosilk.org/Wssf/2003/sujiAnzhou24.htm。此文在集釋中簡稱【蘇建洲 I】。

―――《〈容成氏〉補釋一則》,簡帛研究網 2004 年 3 月 6 日, http：//www. jiAnBo. org/Admin3/html/sujiAnzhou01. htm。又《楚簡文字考釋五則》,《2004 年文字學學術研討會論文集》,里仁書局 2005 年,第 273～276 頁。此文在集釋中簡稱【蘇建洲 J】。

―――《上海博物館藏戰國楚竹書（二）校釋》,臺灣師範大學 2005 年博士學位論文。又花木蘭文化出版社 2006 年。此文在集釋中簡稱【蘇建洲 K】。

―――《楚簡文字考釋四則》,簡帛網 2008 年 10 月 11 日, http：//www.bsm.org.cn/show_article.php? id＝883。此文在集釋中簡稱【蘇建洲 L】。

孫飛燕《〈容成氏〉"執兵欽癢,兼導于民"試解》,confucius2000 網 2007 年 8 月 4 日,http：//www.confucius2000. com/qhjB/rongchengshi.htm。又載《湖北大學學報》2009 年第 1 期,第

24～27 頁。此文在集釋中簡稱【孫飛燕 A】。

───《讀〈尊德義〉札記一則》,簡帛網 2007 年 11 月 27 日,http://www.Bsm.org.cn/show_Article.php? id＝753。此文在集釋中簡稱【孫飛燕 B】。又可參看簡帛網所屬簡帛論壇,簡帛研讀子論壇對此文的討論(帖子名爲"'其德酉清'也許可以讀爲'其德幽靜'",http://www.Bsm.org.cn/forum/viewtopic.php? t＝1294)。在集釋中附入【孫飛燕 B】。

───《也談〈容成氏〉"渫"字》,簡帛網 2008 年 5 月 10 日,http://www.Bsm.org.cn/show_Article.php? id＝826。此文在集釋中簡稱【孫飛燕 C】。

───《讀〈容成氏〉札記二則》,復旦大學出土文獻與古文字研究中心網 2009 年 1 月 27 日,http://www.guwenzi.com/SrcShow.Asp? Src_ID＝666♯_ednref16。又《讀〈容成氏〉札記》,《出土文獻》第 1 輯,中西書局 2010 年,第 194～197 頁。按:第二文第二則即第一文第二則。此文在集釋中簡稱【孫飛燕 D】。

───《〈容成氏〉簡六"戔貤"試解》,復旦大學出土文獻與古文字研究中心網 2009 年 5 月 30 日,http://www.guwenzi.com/SrcShow.Asp? Src_ID＝801。又《〈容成氏〉字詞考釋二則》,《中國文字》新 36 期,2011 年,台北藝文印書館股份有限公司,第 47～54 頁。按:第一文即第二文的第一則。此文在集釋中簡稱【孫飛燕 E】。

───《〈容成氏〉"思役百官而月青之"試解》,復旦大學出土文獻與古文字研究中心網 2009 年 8 月 27 日,http://www.guwenzi.com/SrcShow.Asp? Src_ID＝881。又《〈容成氏〉字詞考釋二則》,《中國文字》新 36 期,2011 年,台北藝文印書館股份有限公司,第 47～54 頁。按:第一文即第二文的第二則。此文在集釋中簡稱【孫飛燕 F】。

———《〈容成氏〉中堯讓賢部分的簡序調整芻議》,復旦大學出
土文獻與古文字研究中心網 2009 年 10 月 19 日,http://
www.guwenzi.com/SrcShow.Asp? Src_ID＝945。此文在
集釋中簡稱【孫飛燕 G】。

———《〈容成氏〉文本整理及研究》,清華大學 2010 年博士學位
論文。此文在集釋中簡稱【孫飛燕 H】。

———《讀〈容成氏〉札記》,《出土文獻》第 1 輯,中西書局 2010
年,第 194～197 頁。此文在集釋中簡稱【孫飛燕 I】。

———《〈容成氏〉研究綜述》,《中國史研究動態》2010 年第 7 期,
第 12～17 頁。

孫衛華《〈容成氏〉尚賢思想辨析》,《楚地簡帛思想研究(二)》,湖
北教育出版社 2005 年,第 19～30 頁。

田　煒《釋〈容成氏〉"其德酋清"》,簡帛網 2006 年 10 月 25 日,
http://www.Bsm.org.cn/show_Article.php? id＝444。此
文在集釋中簡稱【田煒】。

全衛敏《從尚賢到禪讓——戰國政治思想變化的一個側面》,《南
都學壇(人文社會科學學報)》2005 年第 3 期,第 31～34 頁。

王　暉《楚竹書〈容成氏〉錯簡問題與原始氏族社會研究》,《陝西
歷史博物館館刊》第 13 輯,2006 年,第 47～53 頁。此文在
集釋中簡稱【王暉】。

———《大禹治水方法新探——兼議共工、鯀治水之域與戰國之
前不修堤防論》,《陝西師範大學學報(哲學社會科學版)》
2008 年 2 期,第 27～36 頁。

王　輝《讀上博楚竹書〈容成氏〉札記(十則)》,《古文字研究》第
25 輯,中華書局 2004 年,第 318～322 頁。此文在集釋中簡
稱【王輝 A】。

———《楚文字柬釋二則》,西安中國文字學會第四屆學術年會
論文集,2007 年 8 月。又載《高山鼓乘集——王輝學術文存

二》,中華書局 2008 年,第 237～239 頁。此文在集釋中簡稱【王輝 B】。

———《古文字通假字典》,中華書局 2008 年。此文在集釋中簡稱【王輝 C】。

王坤鵬《楚簡〈容成氏〉史地問題研究評議》,簡帛網 2010 年 10 月 15 日,http://www.Bsm.org.cn/show_Article.php? id=1322。

———《〈容成氏〉三題》,簡帛網 2010 年 10 月 18 日,http://www.Bsm.org.cn/show_Article.php? id=1323。此文在集釋中簡稱【王坤鵬】。

———《楚簡〈容成氏〉與〈史記〉所記古史的比較研究》,吉林大學 2011 年碩士學位論文。

王　黎《從上博簡〈容成氏〉說中國早期國家的起源與統治形式》,天津師範大學 2007 年碩士學位論文。

王連成《"強弱不辭讓"說補證》,簡帛研究網 2008 年 3 月 16 日,http://jiAnBo. sdu. edu. cn/Admin3/2008/wAngliAncheng004.htm。按:此文論證不正規,故不入集釋。

———《簡文"其德酋清"和"尊德義"探微》,簡帛研究網 2007 年 1 月 13 日,http://www.jiAnBo.org/Admin3/2007/wAngli-Ancheng001.htm 按:此文論證不正規,故不入集釋。

王　青《論上博簡〈容成氏〉篇的性質與學派歸屬問題》,《河北學刊》2007 年第 3 期,第 102～106 頁。

———《〈容成氏〉注釋論說》,《新出簡帛文獻注釋論說》,台灣書房出版有限公司 2008 年,第 195～264 頁。此文在集釋中簡稱【王青】。

王慶衛《從出土文獻對戰國禪讓思想的思考》,《陝西歷史博物館館刊》第 13 輯,2006 年,第 84～91 頁。

王　韜《〈容成氏〉文本集釋》,吉林大學 2007 年碩士學位論文。此文在集釋中簡稱【王韜】。

王　瑜《〈容成氏〉所見舜帝事迹考》,《四川文物》2006 年第 1 期,
　　第 34～37 頁。

———《上博簡(二)〈容成氏〉研究》,西北大學 2006 年碩士學位
　　論文。此文在集釋中簡稱【王瑜】。

———《〈容成氏〉的竹簡編連及相關問題——兼與黄人二等商
　　榷》,《社會科學評論》2008 年第 2 期,第 41～47 頁。

王志平《〈容成氏〉中製樂諸簡的新闡釋》,《上博館藏戰國楚竹書
　　研究續編》,上海書店出版社 2004 年,第 397～411 頁。此文
　　在集釋中簡稱【王志平 A】。

———《上博簡(二)札記》,《上博館藏戰國楚竹書研究續編》,上
　　海書店出版社 2004 年,第 495～510 頁。此文在集釋中簡稱
　　【王志平 B】。

———《再論〈容成氏〉中的"方爲三俈"》,《華學》第 8 輯,紫禁城
　　出版社 2006 年,第 147～154 頁。此文在集釋中簡稱【王志
　　平 C】。

魏宜輝《利用戰國竹簡文字釋讀春秋金文一例》,《史林》2009 年
　　第 4 期,第 151～153 頁。此文在集釋中簡稱【魏宜輝 A】。

———《説"匋"》,復旦大學出土文獻與古文字研究中心網 2011
　　年 9 月 29 日,http://www.gwz.fudAn.edu.cn/SrcShow.
　　Asp? Src_ID=1668。此文在集釋中簡稱【魏宜輝 B】。

吴根友《上博簡〈容成氏〉政治哲學思想探析》,《楚地簡帛思想研
　　究(二)》,湖北教育出版社 2005 年,第 8～18 頁。又《"傳賢
　　不傳子"的政治權力轉移程序——上博簡〈容成氏〉篇政治哲
　　學的問題意識及其學派歸屬問題初探》,《儒家文化研究》第
　　1 輯,生活·讀書·新知三聯書店 2007 年,第 155～166 頁。

吴良寶《説上博簡〈容成氏〉中的"滕"地》,《古籍研究》卷上,安徽
　　大學出版社 2004 年,第 96～97 頁。此文在集釋中簡稱【吴
　　良寶】。

吳　　鋭《從〈容成氏〉所記桀逃亡路線看夏文化與西部的關係》，《人文雜誌》2007 年第 2 期，第 159～164 頁。

夏世華《〈上博二·容成氏〉拼合與編連問題復議》，簡帛網 2009 年 6 月 5 日，http://www.Bsm.org.cn/show_Article.php? id＝1064。此文在集釋中簡稱【夏世華 A】。

───《上海博物館藏楚竹書〈容成氏〉集釋》，《楚地簡帛思想研究》第 4 輯，崇文書局 2010 年，第 112～172 頁。此文在集釋中簡稱【夏世華 B】。

小　　塿《説〈容成氏〉的"壓爲丹宫"》，復旦大學出土文獻與古文字研究中心網 2008 年 4 月 27 日，http://www.gwz.fudAn.edu.cn/SrcShow.Asp? Src_ID＝414。又郭永秉《上博簡〈容成氏〉所記桀紂故事考釋兩篇》，《簡帛》第 5 輯，上海古籍出版社 2010 年，第 223～238 頁。此文在集釋中簡稱【小塿】。

謝維揚《從豳公盨〈子羔〉篇和〈容成氏〉看古史記述資料生成的真實過程》，《上海文博論叢》2009 年第 3 期，第 56～62 頁。

徐　　衍《〈上博楚竹書(二)〉文字考釋》，北京語言大學 2007 年碩士學位論文。此文在集釋中簡稱【徐衍】。

徐在國《上博竹書(二)文字雜考》，簡帛研究網 2003 年 1 月 14 日，http://www.jiAnBo.org/Wssf/2003/xuzAiguo02.htm。又載《學術界》2003 年第 1 期，第 98～103 頁。此文在集釋中簡稱【徐在國 A】。

───《説楚簡"叚"兼及相關字》，簡帛網 2009 年 7 月 15 日，http://www.Bsm.org.cn/show_Article.php? id＝1113。此文在集釋中簡稱【徐在國 B】。

許全勝《〈容成氏〉補釋》，簡帛研究網 2003 年 1 月 14 日，http://www.jiAnBo.org/Wssf/2003/xuquAnsheng01.htm。又《〈容成氏〉篇釋地》，《上博館藏戰國楚竹書研究續編》，上海書店出版社 2004 年，第 372～378 頁。按：此文即上文之第

六則、七則，集釋時上文之第六則、七則以此文爲準，其他以
　　上文爲準。此文在集釋中簡稱【許全勝】。

許文獻《"枼"字與從"枼"之字相關問題再釋》，《中國學術年刊》第
　　28 期（春季號），2006 年，第 213～235 頁。此文在集釋中簡
　　稱【許文獻】。

禤健聰《上博楚簡釋字三則》，簡帛研究網 2005 年 4 月 15 日，
　　http：//www.jiAnBo.org/Admin3/2005/xuejiAncong002.htm。
　　此文在集釋中簡稱【禤健聰】。

顔世鉉《上博楚竹書散論（四）》，簡帛研究網 2003 年 2 月 20 日，
　　http：//www. jiAnBo. org/Wssf/2003/yuAnshixuAn02. htm。
　　此文後收入下文之第十一、十二則：《上博楚竹書（一）、（二）
　　讀記》，《臺大中文學報》第 18 期，2003 年，第 27～29 頁。此
　　文在集釋中簡稱【顔世鉉 A】。

———《讀楚簡札記二則》，簡帛研究網 2004 年 3 月 21 日，
　　http：//www.jiAnBo.org/Admin3/list. Asp？ id＝1124。又
　　《上博楚竹書文字釋讀札記五則》，《簡帛》第 1 輯，上海古籍
　　出版社 2006 年，第 187～197 頁。按：此文之第二則即上文
　　之第二則，且略有修改。集釋時以此文爲准。此文在集釋中
　　簡稱【顔世鉉 B】。

晏昌貴《上博簡〈容成氏〉九州柬釋》，簡帛研究網 2003 年 4 月 6
　　日，http：//www. jiAnBo. org/Wssf/2003/yAnchAnggui01.
　　htm。又《〈上海博物館藏戰國楚竹書（二）〉中〈容成氏〉九州
　　柬釋》，《武漢大學學報（哲學社會科學版）》2004 年第 4 期，
　　第 503～506 頁。此文在集釋中簡稱【晏昌貴 A】。

———《〈容成氏〉中的"禹政"》，《上博館藏戰國楚竹書研究續
　　編》，上海書店出版社 2004 年，第 358～366 頁。又《上博藏
　　戰國楚竹書〈容成氏〉中的"禹政"》，《楚文化研究論集》第 6
　　集，湖北教育出版社 2005 年，第 384～392 頁。按：集釋時以

此文爲準。此文在集釋中簡稱【晏昌貴 B】。

———《竹書〈容成氏〉九州考略》,《歷史環境與文明演進:2004
　　年歷史地理國際學術研討會論文集》,商務印書館 2005 年。
　　按:此文未見。

楊東晨《跟隨武王伐紂的"八國"考》,《蘇州鐵道師範學院學報(社
　　會科學版)》1995 年第 4 期,第 34～40 頁。

———《古史傳説人物容成氏考——兼述容成氏與陝西安康的
　　關係》,《安康學院學報》2007 年第 1 期,第 8～11 頁轉
　　21 頁。

楊　坤《上博竹書〈容成氏〉跋》,簡帛網 2012 年 4 月 19 日,
　　http://www.Bsm.org.cn/show_Article.php? id=1668。此
　　文在集釋中簡稱【楊坤】。

楊澤生《〈上海博物館所藏竹書(二)〉補釋》,簡帛研究網 2003 年
　　2 月 15 日,http://www.jiAnBo.org/Wssf/2003/yAngzesh-
　　eng02.htm。又《上博竹書考釋(三篇)》,《第四屆國際中國古
　　文字學研討會論文集——新世紀的古文字學與經典詮釋》,
　　香港中文大學 2003 年 10 月,第 277～294 頁。按:此文收入
　　上文第三、六、七,集釋時以此文爲準。又《〈容成氏〉考釋(五
　　則)》,《戰國竹書研究》,中山大學出版社 2009 年,第 171～
　　178 頁。此文在集釋中簡稱【楊澤生 A】。

———《上海博物館所藏竹書札記》,簡帛研究網 2003 年 4 月 16
　　日,http://www.jiAnBo.org/Wssf/2003/yAngzesheng03.
　　htm。又《讀上博竹書札記六則》,《古文字研究》第 25 輯,中
　　華書局 2004 年,第 353～356 頁。按:此文删去上文第七、八
　　則,集釋時第七、八則以上文爲準,其他以此文爲準。又《〈容
　　成氏〉考釋(五則)》,《戰國竹書研究》,中山大學出版社 2009
　　年,第 171～178 頁。按:此文較上文略有增補,其增補意見
　　以【增】的形式補入。此文在集釋中簡稱【楊澤生 B】。

葉舒憲《大禹的熊旗解謎》,《民族藝術》2008 年第 1 期,第 41~
　　45 頁。

———《〈容成氏〉夏禹建鼓神話通釋——五論"四重證據法"的
　　知識考古範式》,《民族藝術》2009 年第 1 期,第 98~108 頁。

葉曉鋒《關於楚簡中的"丨"字》,復旦大學出土文獻與古文字研究
　　中心網 2008 年 5 月 29 日,http://www.gwz.fudAn.edu.cn/
　　SrcShow.Asp? Src_ID=446。此文在集釋中簡稱【葉曉鋒】。

易德生《上博楚簡〈容成氏〉"莒州"和"競州"新議》,簡帛網 2006
　　年 1 月 1 日,http://www.bsm.org.cn/show－artide.php?
　　id=163。又簡帛研究網 2006 年 2 月 5 日,http://www.
　　jiAnBo.org/Admin3/list.Asp? id=1461。此文在集釋中簡
　　稱【易德生 A】。

———《〈容成氏〉"莒州"爲"徐州"補注》,簡帛研究網 2006 年 3
　　月 27 日,http://www.jiAnBo.org/Admin3/list.Asp? id=
　　1481。又簡帛網 2006 年 3 月 15 日,http://www.Bsm.org.
　　cn/show_Article.php? id=288。此文在集釋中簡稱【易德
　　生 B】。

———《上博楚簡〈容成氏〉九州芻議》,《江漢論壇》2006 第 5 期,
　　第 106~108 頁。此文在集釋中簡稱【易德生 C】。

———《從楚簡〈容成氏〉九州看〈禹貢〉的成書年代》,《江漢論
　　壇》2009 第 12 期,第 77~80 頁。

易　泉《〈容成氏〉的"民乃賽"考釋補證》,簡帛論壇之簡帛研讀子
　　論壇 2011 年 12 月 22 日,http://www.Bsm.org.cn/BBs/
　　reAd.php? tid=2860。此文在集釋中簡稱【易泉】。

尹宏兵《〈容成氏〉與"九州"》,《楚地簡帛思想研究(三)——"新出
　　楚簡國際學術研究會"論文集》,湖北教育出版社 2007 年,第
　　220~236 頁。此文在集釋中簡稱【尹宏兵】。

于　凱《上博楚簡〈容成氏〉疏札九則》,簡帛研究網 2003 年 9 月

24 日，http://www.jiAnBo.org/Admin3/list.Asp? id＝
1010。又《上博館藏戰國楚竹書研究續編》，上海書店出版社
2004 年，第 379～390 頁。此文在集釋中簡稱【于凱】。

———《傳統中國社會保障制度的歷史淵源》，《中南民族大學學
報(人文社會科學版)》2004 年 4 月第 24 卷，第 255～
257 頁。

———《從上海博物館所藏楚簡〈容成氏〉看夏商史迹》，《中南民
族大學學報(人文社會科學版)》2006 年 6 月第 26 卷，第
18～20 頁。

詹子慶《讀〈上博楚簡·容成氏〉有感》，大連全國首屆東周文明學
術研討會會議論文，2004 年 6 月。又《中國古代社會與思想
文化研究論集》，黑龍江人民出版社 2006 年，第 322～
325 頁。

張伯元《讀簡札記(二則)》，簡帛研究網 2011 年 1 月 19 日，
http://www.jiAnBo.org/Admin3/2011/zhAngBoyuAn001.
htm＃_ftnref2。此文在集釋中簡稱【張伯元】。

張崇禮《釋〈容成氏〉39 號簡的“斫刺”》，復旦大學出土文獻與古
文字研究中心網 2009 年 1 月 25 日，http://www.guwenzi.
com/SrcShow.Asp? Src_ID＝678。此文在集釋中簡稱【張
崇禮 A】。

———《釋〈容成氏〉的“長者擣度”》，復旦大學出土文獻與古文
字研究中心網 2010 年 6 月 18 日，http://www.gwz.fudAn.
edu.cn/SrcShow.Asp? Src_ID＝1188。此文在集釋中簡稱
【張崇禮 B】。

———《釋楚文字中的“冥”》，復旦大學出土文獻與古文字研究中
心網 2012 年 4 月 18 日，http://www.gwz.fudAn.edu.cn/Src-
Show.Asp? Src_ID＝1848。此文在集釋中簡稱【張崇禮 C】。

張德良《上博竹簡〈容成氏〉研究述評》，北京多元視野中的中國歷

史——第二屆中國史學國際會議青年論壇會議論文，2004年8月。按，此文未見。

——《上博藏楚竹書〈容成氏〉研究》，清華大學2005年碩士學位論文。

張富海《讀楚簡札記五則》，《古文字研究》第25輯，中華書局2004年，第357～360頁。此文在集釋中簡稱【張富海】。

張　傑《〈容成氏〉的思想傾向簡析》，香港中文大學簡帛資料研究工作會議，2008年6月。按：此文筆者未見。

張　峰《夏桀若干事迹考辨——以出土楚簡與傳世文獻比較爲基點》，《北方論叢》2012年第3期，第91～93頁。

張金良《釋乁》，復旦大學出土文獻與古文字研究中心網2009年2月3日，http://www.guwenzi.com/SrcShow.Asp? Src_ID＝685。此文在集釋中簡稱【張金良】。

張通海《〈上博簡〉（一、二）集釋》，安徽大學2004年碩士學位論文。此文在集釋中簡稱【張通海A】。

——《上博簡〈容成氏〉補釋數則》，《中國文字研究》第6輯，廣西教育出版社2005年，第66～69頁。此文在集釋中簡稱【張通海B】。

——《上博簡〈容成氏〉補釋數則（二）》，西安中國文字學會第四屆學術年會論文集，2007年8月。此文在集釋中簡稱【張通海C】。

張新俊《説饎》，簡帛研究網2004年4月29日，http://www.jiAnBo.org/Admin3/html/zhAngxinjun03.htm。又見《上博楚簡文字研究》，吉林大學2005年博士學位論文，第131～135頁。此文在集釋中簡稱【張新俊A】。

——《上博楚簡文字研究》，吉林大學2005年博士學位論文。此文在集釋中簡稱【張新俊B】。

趙建偉《讀上博竹簡（二）札記七則》，簡帛研究網2003年11月9

日，http://www.jiAnBo.org/Admin3/list.Asp? id＝1037。又收入《楚簡校記》，《楚地簡帛思想研究(三)——"新出楚簡國際學術研究會"論文集》，湖北教育出版社 2007 年，第179～191 頁。此文在集釋中簡稱【趙建偉】。

趙平安《楚竹書〈容成氏〉的篇名及其性質》，《華學》第 6 輯，紫禁城出版社 2003 年，第 75～84 頁。又載《新出簡帛與古文字古文獻研究》，商務印書館 2009 年，第 248～254 頁。此文在集釋中簡稱【趙平安 A】。

———《〈容成氏〉所載"炮烙之刑"考》，《上博館藏戰國楚竹書研究續編》，上海書店出版社 2004 年，第 346～350 頁。又載《新出簡帛與古文字古文獻研究》，商務印書館 2009 年，第255～259 頁。此文在集釋中簡稱【趙平安 B】。

———《上博簡釋字四篇》，《簡帛》第 4 輯，上海古籍出版社 2009年，第 205～213 頁。此文在集釋中簡稱【趙平安 C】。

趙　彤《對楚簡𤓅𢏌二字隸定的一點意見》，簡帛研究網 2003 年 3月 21 日，http://www.jiAnBo.org/Wssf/2003/zhAotong01.htm。此文在集釋中簡稱【趙彤】。

鄭傑祥《商湯伐桀路線新探》，《中原文物》2007 年第 2 期，第 37～40 頁。

鄭公渡(復旦大學出土文獻與古文字研究中心研究生讀書會)《清華簡〈尹至〉、〈尹誥〉研讀札記(附:〈尹至〉、〈尹誥〉、〈程寤〉釋文)》，復旦大學出土文獻與古文字研究中心網 2011 年 1 月5 日，http://www.gwz.fudAn.edu.cn/Srcshow.Asp? Src_ID＝1352 其中鄭公渡在 2011 年 1 月 10 日的發言。此文在集釋中簡稱【鄭公渡】。

鄭玉姍《上博簡二〈容成氏〉51 簡𢁥字考釋》，簡帛研究網 2003 年1 月 16 日，http://www.jiAnBo.org/Wssf/2003/zhenyush-An02.htm。此文在集釋中簡稱【鄭玉姍】。

周　波《楚文字字詞札記》,簡帛研究網 2003 年 10 月 9 日,http://
　　www.BAmBoosilk.org/Admin3/html/zhouBo01.htm。此文在
　　集釋中簡稱【周波 A】。

───《讀〈容成氏〉、〈君子爲禮〉札記(二則)》,《出土文獻與古
　　文字研究》第 1 輯,復旦大學出版社 2006 年,第 331～341
　　頁。此文在集釋中簡稱【周波 B】。

周鳳五《楚簡文字零釋》,苗栗第一屆應用出土資料國際學術研討
　　會會議論文,2003 年 4 月。此文在集釋中簡稱【周鳳五 A】。

───《上博四〈昭王與龔之脽〉新探(初稿)》,芝加哥中國古文
　　字:理論與實踐國際研討會會議論文,2005 年 5 月。此文在
　　集釋中簡稱【周鳳五 B】。

周書燦《上博簡〈容成氏〉九州補論》,武漢楚簡・楚文化與先秦歷
　　史文化國際學術研討會會議論文,2011 年 10 月。又載《史
　　學集刊》2012 年第 3 期,第 91～95 頁。

朱淵清《禹畫九州論》,簡帛研究網 2003 年 8 月 7 日,http://
　　www.jiAnBo.org/Wssf/2003/zhuyuAnqing03.htm。又《〈容
　　成氏〉夾州、涂州、敍州考》,《上博館藏戰國楚竹書研究續
　　編》,上海書店出版社 2004 年,第 412～424 頁。此文在集釋
　　中簡稱【朱淵清】。

竹田健二《戰國楚簡〈容成氏〉における身體障害者》,《福祉と文
　　化》三,2004 年 2 月。按:此文未見。又《〈容成氏〉中有關身
　　心障礙者之論述》,《出土文獻研究方法論文集初集》,臺灣大
　　學出版中心 2005 年,第 219～231 頁。

子　居(網名)《上博二〈容成氏〉再編連》,復旦大學出土文獻與古
　　文字研究中心網 2008 年 6 月 7 日,http://www.gwz.
　　fudAn.edu.cn/SrcShow.Asp? Src_ID＝452。此文在集釋中
　　簡稱【子居】。

───《關於"上愛其政"向陳劍先生請教一下》,復旦大學出土

文獻與古文字研究中心網所屬學術討論子論壇,2008 年 11
月 27 日,http://www.gwz.fudAn.edu.cn/ShowPost.Asp?
ThreAdID＝824,其中陳劍 2008 年 11 月 28 日的跟帖(此文
在集釋中簡稱【陳劍 F】);其中"戰國時代"(網名)2008 年 11
月 28 日的跟帖(此文在集釋中簡稱【戰國時代】)。

鄒濬智《〈上博·容成氏〉五十一簡 𠂤 字商議——兼談"楚簡'帶'
構件演變"與包山 2.157 𥎿 字》,簡帛研究網 2003 年 1 月 27
日,http://www.jiAnBo.org/Wssf/2003/zoujunzhi02.htm。
此文在集釋中簡稱【鄒濬智】。